大正デモクラシーの時代と貴族院

西尾林太郎 著

成文堂

目次

挿表目次

挿図目次

序　問題への視角

明治憲法は、その第一条および第四条においてそれぞれ「大日本帝国ハ万世一系ノ天皇之ヲ統治ス」、「天皇ハ国ノ元首ニシテ統治権ヲ総攬シ此ノ憲法ノ条規ニ依リ之ヲ行フ」としていた。しかし、この二つの条文によって天皇主権が規定されていたにも拘らず、明治憲法体制は高度に分権主義的であった。すなわち、帝国議会は立法を、内閣は行政を、裁判所は司法をそれぞれつかさどり、それらの国家機関はそれぞれ天皇大権の委任を受け、各々の分野でその権能を行使した。同時に、それらは互いに独立を維持しつつ、相互に抑制し合うものでもあった。

分権主義は行政と立法においてさらに徹底される。内閣の閣僚は内閣総理大臣に督励されつつも、個々に独立して天皇に対し責任を負った。また陸海軍はその編成について内閣の統制下にありながらも、統帥権の行使ということで内閣から独立するものであった。さらに、枢密院は諮詢機関として天皇に直隷し、内閣を掣肘した。帝国議会はどうか。それは貴族院、衆議院の二院に分かれ、衆議院が有する予算先議権を別とすれば、その権能についてそれぞれが互いに対等であった。ちなみに、明治憲法の国定注釈書とも言うべき伊藤博文の著書『憲法義解』（明治二二年初版）では、この点について「両院は或る特例を除く他平等の権力を有ち、一院独り立法の事を参賛すること能はず」（『憲法義解』岩波文庫、六六ページ）と述べられている。

このように、多元的かつ分権的な諸々の国家機関の相互の抑制と均衡とが、明治憲法下における立憲政治の重要な初期条件の一つであった。

では、大雑把に言って、このような条件の下で、立憲政治はどのように展開して行ったのであろうか。今日とは異なり、議院内閣制ではないその政治システムにおいては、内閣と帝国議会とは、拮抗し、取引・妥協し、そして時には協同しながら立憲政治を展開していった。それらは、明治から大正期にかけては藩閥的要素に、昭和期においては軍閥的要素にそれぞれ大きく左右されながら、明治国家の国家権力を担ったのである。

しかしながら、かかる視点にたって、既存の政治史研究なかんづく議会政治史研究を俯瞰する時、大きな欠落が存在することに気付かされる。貴族院に関する研究が非常に少ないのである。中央レベルの政治に限ってみても、政党や政党政治の研究あるいは軍部や官僚機構を中軸に置いた研究が大多数を占める中で、貴族院そのものや貴族院を軸とした政治史研究は極めて手薄な状況が長らく続いてきた。著書に限って言えば、平成一四（二〇〇二）年二月に刊行された、小林和幸氏の『明治立憲政治と貴族院』（吉川弘文館刊）を別にすれば、比較的まとまったものとして、元貴族院議員であった故水野勝邦氏が実質的な執筆者である『貴族院の会派・研究会史』（尚友倶楽部編・刊）および私自身もその執筆に加わった『貴族院と華族』（霞会館編・刊）があるぐらいである。(1)

それでは、今まで貴族院研究が等閑視されて来た理由とは何であろうか。憲法起草者その人である伊藤博文は、『憲法義解』において、貴族院の役割について述べ、「政権の平衡を保ち、政党の偏張を制し、横議の傾勢を撐へ、憲法の堅固を扶け、上下調和の機関」（前掲書、六七ページ）たることをそれに期待していたのであった。そして明治二三（一八九〇）年に成立した貴族院は、初期議会より大正期にかけて、しばしば藩閥政府を援護し、衆議院や政党を帝国議会内の支持基盤とした内閣と対立した。ちなみに大正一三（一九二四）年冒頭、吉野作造は貴族院について「外形丈から観れば」と留保しつつ「議会創設当事の如く貴族院は最早政府の傀儡ではない」（『現代政治講話』、大正一五（一九二六）年刊、一九二ページ）と述べているが、その是非はともかく吉野の目には開設当時の貴族院は藩閥政府の傀儡と映じていたのであった。貴族院はその成立の当初より、政党中心の衆議院を掣肘することが期待され、その意味でそれは政党政治の実現とその発展の抵抗勢力そのものであると考えられてきたのである。そのため、戦前はもとより今日に至るまで、貴族院＝反動として一方的にレッテルが貼られるか、無視されてきたのではないだろうか。そのことが、他の分野に比べ、貴族院に関する研究を大きく遅らせてきたものと考えられる。

ところで、貴族院は一貫して衆議院や政党、そしてそれを基盤とする内閣に対する抵抗勢力ではなかったし、その内部においても、反政党的であり藩閥・官僚政府支持勢力がその全てではなかつた。例えば、初期議会において近衛篤麿や谷干城らが率いた貴族院の会派は、伊藤博文らの藩閥政府を攻撃し、衆議院における民党に勝るとも劣らないほどにそれを大いに苦しめたのである。そして下っては大正時代の開幕早々に、薩摩閥内閣であった第一次山本内閣を衆議院の野党ではなく、貴族院が世論の支持を受けつつ、それを総辞職に追い込んだ。このような政治的な環境にあっては、貴族院の政党に対する妥協と協力が無かったならば、本格的政党内閣と言われ、三年余りにわたった原敬内閣の時代はたぶん無かったであろうし、大正一三（一九二四）年から昭和七（一九三二）年にかけての、政党内閣の時代はおそらく出現しなかったか、又はもっと別の形になっていたのではないだろうか。

先にも述べたように、帝国議会において貴衆両院は、その権限に関して対等であった。すなわち、貴族院は予算先議権を除いて衆議院と対等な権限すなわち予算案や法律案について、衆議院と同等な審議・議決権が与えられていた。しかし、その組織は衆議院が介入できない勅令によった。それもその修正や変更には貴族院の同意を必要とする、明治憲法下において類例を見ない特別な勅令（貴族院令）であった。(2)こうした、いわば鉄壁に守られているが故に、総合的に見れば衆議院を凌駕する権能を有する貴族院に対し、衆議院や政党あるいは歴代の内閣はどのように対応し、政治を動かしてきたのであろうか。本書はこのような問題意識に基き、衆議院や政党の動向はもとより、枢密院や軍部などの動向も視野に入れつつ、明治期から大正期に至る議会政治の展開について、貴族院を中心に描こうとするものである。

このことは、明治憲法体制下において最も民主的とされる、大正デモクラシー期の政党政治の時代を作り出した政治的条件を探ることでもある。さらにこのことを通して、貴族院は反動という、ステレオタイプ的認識からそれを解き放ち、先に述べた多元的かつ分権的な政治システムのひとつの重要な要素として貴族院を位置付け、日本近代政治史におけるその歴史的意味について考察することをも課題としたい。

さて、ここで本書が考察の対象とする時代について若干述べておきたい。本書は、桂園内閣期（明治三九〔一九〇六〕年一月～明治四五〔一九一二〕年三月）から第二次護憲運動後の第一次加藤高明（護憲三派）内閣成立までの、およそ一八年間をその対象とする。「大正デモクラシーの時代」に昭和初年における政党内閣期を含めるかどうかは別として、(3)この一八年間はその時代にすっぽりと包摂される。従って、本書は、貴族院という視座から「大正デモクラシーの時代」についての検討を必然的な課題とする。本書の表題を「大正デモクラシーの時代と貴族院」とする理由は、ここにある。

ところで、今ここで「大正デモクラシー」やその時代区分等について一々検討を加えるつもりはない。考察の対象とする時代の〈個性〉を想起できれば、それで十分であると考えるからである。ただ、「大正デモクラシーの時代」の歴史的意味について若干述べておきたい。この時代の政治的特徴について一言で表現するなら、それは藩閥政治家とそれと結びついた官僚グループによる寡頭制が融解して行く過程であった。それはまたR・ダール（Robert A. Dahl）の概念を借用して言うならば、「競争的寡頭制」の状態にあった明治憲法体制がその状態を昂進し、更にそれをポリアーキー（polyarchy）と呼ばれる政治体制へと急速に変化して行く過程であった。

ここにダールは自著『ポリアーキー―異議申立てと参加―』で、〈公的異議申立て〉（pablic contestation の機会の寡多）と〈政治参加〉（participation）の広がりの大小という二つの尺度を以て、政治体制の比較やその変遷について検討することを提案した。(4) この著作での彼の提案に対する私なりの理解を図示すると、図1のようになる。すなわち、〈公的な異議申立て〉と政治参加が共にある程度保障され実現されている体制が「ポリアーキー」である。この言葉を使うことによって、「体制」を意味する概念以外にも広く「制度」、「理想」または「実態」についてケースバイケースで、あるいは混用されつつ、曖昧で多義的に使われて来た「デモクラシー」という語を使わないでも済むともダールは言う。[5] それはさておき、競争的寡頭制（Competive oligarchy）とは限られた人々又はその集団が〈異議申立て〉をする一方で権力の獲得を目指すことが可能な政治体制であり、閉鎖的ヘゲモニー（Closed hegemony）では政府に対して〈異議申立て〉はできない、すなわち政治的自由は保障されず、政治参加を認められる人々は極めて限られている。第四象限の包括的ヘゲモニー（Inclusiveness hegemony）とは、民衆の多くが政権への讃美こそすれ政権への〈異議申立て〉のできない、ナチ体制のような政治体制である。

図1　R. ダールの「4つの政治体制」

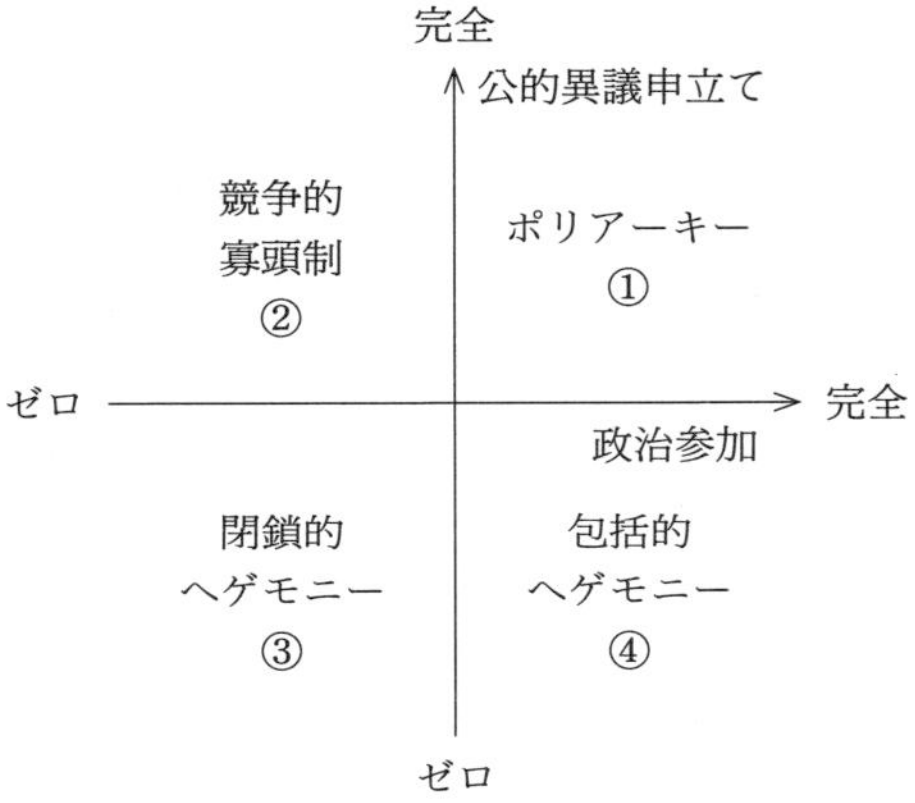

以上のダールによるモデルで以て明治維新以降、本書が扱う時期までの日本の政治を考えてみるとどうか。本書が問題とする「一八年間」はいかなる意味をもつであろうか。明治六年政変、明治一四年政変という大きな政変を経て、自由民権運動や国会開設運動という形で〈異議申立て〉勢力が芽ばえ、成長して来たが、他方でそれは、「富国強兵」の実現と憲法制定に向けて薩長藩閥専制体制を生み出すこととなった。〈異議申立て〉は厳しく制限され、場合によっては半ば非合法ですらあった。もちろん、民衆は一部の地方政治を除き、政治から閉め出されていた。この時期の政治体制は閉鎖的ヘゲモニーであったと言ってよい。

ところが、明治二二年（一八八九）年に憲法が制定され、翌年帝国議会が開設されると、事態は大きく変化する。自由党と改進党のいわゆる民党は、衆議院において藩閥政府系の吏党を圧倒し、藩閥政府に肉薄した。その〈異議申立て〉の際のスローガンは「政費節減・民力休養」であった。藩閥政府は超然主義に立ちながらも、民党の協力を得なければ、「富国」や「強兵」の実現もあり得ず、結局、民党という〈異議申立て〉勢力との妥協と共存をはからざるを得なかった。かかる傾向は、ロシアをめぐる北東アジア地域の緊張の激化と共に強まることすらあれ、弱まることはなかった。さらに日露戦争の遂行は有権者の数を倍増させ、〈政治参加〉の裾野は大きく拡大した。また、その戦後経営に関し財政上はもちろん、国民再統合をめぐって政治的にも大きな困難が予想された。かかる状況の中で、〈異議申立て〉勢力の中心である政友会と閉鎖的ヘゲモニーを担って来た藩閥専制の担い手である山県・桂系官僚グループ（＝官僚派）とが交互に政権を担当する、桂園内閣の時代が到来することとなった。二つの勢力が競合し、その力が伯仲するが故の、政権交代である。すなわち、桂園内閣期において明治憲法体制は競争的寡頭制化を一層昂進して行ったのである。

さらに大正期となり、藩閥官僚勢力が政権を担ったが、何れも第一次護憲運動、シーメンス事件に伴う山本内閣弾劾そして米騒動と、民衆や政党の〈異議申立て〉が相継ぎ、それらは何れも倒壊を余儀なくされた。しかし、このように競合的寡頭制化をより昂進した明治憲法体制ではあったが、大正初年ではポリアーキーに達することはなかった。米騒動後、原内閣が誕生した。これはまさしく、閉鎖的ヘゲモニーを担った藩閥官僚勢力と〈異議申立て〉勢力の均衡が破られたことを意味する。すなわち、明らかに後者が優位となったのである。しかし、かかる〈異議申立て〉勢力の強大化は政友会主導でなされた。そのため、強大化した政友会勢力に対抗するために、閉鎖的ヘゲモニーを担った勢力の主力であった、山県・桂系官僚グループのかなりの部分は、〈異議申立て〉勢力内にあって政友会との競合集団であった憲政会を、非公式にまたは公然と支持するようになった。こうして〈異議申立て〉勢力に対する閉鎖的ヘゲモニーの担い手勢力の融解が進行していく。もっとも後者においては、その担い手の再生産が極めて困難であったこともその原因の一半ではあろう。

さて、原が指導する政友会は自らの組織の拡大に熱心であり、選挙権の納税条件を大幅に緩和し、政治参加の裾野を一層広げはした。しかしながら、政党内閣制の定着に熱心であったかと言えば、そうではない。原政友会にとって競争すべきは野党第一党の憲政会ではなく、融解しつつあった閉鎖的ヘゲモニーの担い手勢力であった。また一方、巨大化した政友会では利害対立が激化しつつあり、強力なリーダーシップなくして組織の維持管理が困難となりつつあった。以上のような二重の矛盾を内包しつつ、競争的寡頭制は、原―高橋政友会内閣の後、三代にわたる超然内閣を誕生させた。初代は原―高橋内閣の海相加藤友三郎が、二代目は薩派の巨頭山本権兵衛が、三代目は内大臣平田東助と共に山県有朋の幕僚であった枢密院議長清浦奎吾が、それぞれ内閣の首班となった。明治・大正期における最後の超然内閣の首班清浦は、山県没後、かつての閉鎖的ヘゲモニーを担った生き残りのひとりであった。

何れにせよ、右に述べた二重の矛盾を持つ限り、明治憲法体制は、競争的寡頭制としての維持が困難であった。それを清算したのが第二次護憲運動である。この運動を契機として、政友会は分裂しさらに縮小した。同時に清浦は失脚した。そして二年ぶりに政党内閣が復活した。この護憲三派内閣による男子普選の実現とその後の政党内閣――二大政党制の成立によって、明治憲法体制における競合的寡頭制はほぼ完全にその機能を停止した。ポリアーキーのシステムがそれに代って作動を開始していたのである。

こうして見ると、本書で問題とする一八年間は、図1における第二象限②の上半分あたりと右半分あたりの交叉部分を、点として表示される各内閣が上下左右にと行きつ戻りつした時代であると言えるであろう。

さて、以下に本書の構成を示すことにする。第一章と第二章で、桂園内閣期において政友会を中心とする政党勢力の浸透が貴族院にどのように及んだかについて論じ、第三章では大正期前半における最大会派・研究会内部の指導体制の変化について論ずる。続く第四章において、寺内内閣時代の多額納税者議員選挙の実相について明らかにする。護憲三派内閣下の第五〇議会において、「微温的改革」と言われながらも、貴族院令は公布以来最も大きな改正がなされた。これによって多額納税者議員制度は大きな変革が加えられた。従って、大正七（一九一八）年の選挙は、その改正以前の貴族院令の下での最後のものであった。

つづく第五章では、原内閣による「貴衆縦断」の過程を貴族院の側から考察し、同時に原内閣下の貴族院における議会審議の実態について、「五校昇格問題」＝中橋文相二枚舌問題を中心に検討する。

さらに第六章では、原内閣の陣容をそのまま継承した高橋内閣と貴族院の関係について明らかにする。原内閣時代に政治の表舞台に準主役として登場した研究会が、この政権の中枢にまで影響力を及ぼしていることが、明らかにされる。すなわち、高橋内閣末期に、与党政友会では、党内が総裁派、反総裁派に分かれて対立し、政局にもそれが影響した。政友会は一時分裂に危機に見舞われたが、党の長老で総裁派に属した岡崎邦輔が研究会を巻き込みつつ分裂回避の行動に出た。この時、彼は普選をタブーとした政友会をして、教育改革と普選を掲げさせることにより高橋内閣の延命をはかり、党内における高橋総裁の求心力を回復しようとした。

第七章および第八章ではいわゆる「中間内閣」の時代における、貴族院と中間内閣との関りについて、加藤友三郎内閣と清浦内閣を中心に考察する。特に加藤内閣期における、外交をめぐる枢密院と内閣の対立問題について貴族院がいかに動いたかを検討する。後者については、その組閣をめぐる政界の動きを、研究会や政友会に焦点をあてつつ検討したい。この時の各政治勢力の政治的空間における配置や体験が、その後における第二次護憲運動と加藤高明内閣を準備していくことが明らかになるであろう。

なお、本書の全体を通じて貴族院の最大会派である研究会のリーダー水野直（みずの　なおし）が遺した日記や手帳などの資料（「水野直関係文書」として国立国会図書館憲政資料室に寄託されている）を大いに活用したい。この資料の発掘について私自身も多少なりとも関わったが、いまだ誰も本格的に活用するに至っていない。大正期の貴族院についての考察するにあたり、この新出資料を自ら駆使してみたい。

最後に、資料について。本書では刊行されている、いないを問わず、いくつかの「日記」が資料として使われている。「原敬日記」、「松本剛吉政治日誌」、「西原亀三日記」、「田健治郎日記」、「水野直日記」、「水野直懐中手帳」などがそれである。それらの引用に際し、繁を避けて「〇年〇月〇日の条」とだけ表示することにしたい。また、以上の日記類を含め引用した資料中に〔 〕を付した部分がある。これは一部を除き、筆者によるものである。さらに、本書において資料等の引用にあたり旧漢字を新漢字に改めたことをお断りしておく。

（1） 戦後における貴族院研究の流れについて論じたものとして、有谷三樹彦「貴族院研究の動向と課題」（『久留米大学法学』第三二・三三合併号、一九九八年、一一二〜二〇一頁所収）がある。有谷氏は貴族院政治史およびそれに関連する政治史研究の諸論文を網羅しつつ、それを体系的に整理し論評している。

（2） 明治二二年二月、勅令第一一号として公布された貴族院令第一三条には「将来此ノ勅令ノ条項ヲ改正シ又ハ増補スルトキハ貴族院ノ議決ヲ経ヘシ」とある。

（3） 松尾尊兊氏によれば、「大正デモクラシー」の始点を日露戦争直後に求めることではほぼ一致が見られるが、その終末については大正末年とする説（信夫清三郎、三谷太一郎、松尾尊兊の三氏）と満州事変前とする説（今井清一、金原左門の両氏）とがある（『国史大辞典』第八巻〔吉川弘文館、一九八七年刊〕、七七五頁）。

（4） Robert A. Dahl, POLYARCHY – Participation and opposition – (Yale University Press, 1971), p6〜8。ダールはこの著書七ページの第一－二図で、ここに取り上げる四つの政治体制について述べているが、それらは何れも、例えばpolyarchiesというように複数形になっている。また、その各々に関しても、二つの尺度に従って様々な位相が考えられようし、他の所では「準ポリアーキー」と言う如く、「正」、「準」を各々に冠しつつ、その各々の体制における大雑把な分類－二分法－を試ている。また、その尺度であるが、同じく第一－二図では、縦軸は“Liberalization (public contestation)”－「自由化（公的異議申立て）」、横軸は“Incusiveness (participation)”－「包摂（参加）」とそれぞれなっている。本書では、私自身が表現として納得できる（ ）内のものを採った。

（5） R・A・ダール、高畠通敏訳『現代政治分析』（岩波書店、一九九九年）、一〇八頁。

第一部　政党と官僚派

第一章　桂園内閣期の貴族院——政友会の挑戦——

一　はじめに

明治三九（一九〇六）年一月七日、政友会総裁である侯爵西園寺公望を首班とする内閣が成立した。その陣容は次の如くであった。首相兼文相（臨時）・西園寺公望、外相・加藤高明、内相・原敬、蔵相・阪谷芳郎、陸相・寺内正毅、海相・斎藤実、法相・松田正久、農商務相・松岡康毅、逓相・山県伊三郎。

こうして、いわゆる桂園時代の幕が切って落された。明治三九年一月から明治四五＝大正元（一九一二）年に至るこの時期においては、山県・桂系官僚グループと政友会を中心とする政治の主導権をめぐる争いは顕在化することなく、一応の安定した状態を迎えつつあった。このことは、第四次伊藤内閣の倒壊（明治三四年五月）以来、明治国家の権力構造の中に沈潜しつつあった貴族院の存在をにわかにクローズアップさせることになった。すなわち、官僚機構および陸軍とならんで貴族院を政党勢力に対抗するための重要拠点とした山県・桂系官僚グループにとって、貴族院は、立法府にあって衆議院を媒介としつつ勢力伸張を続けて来た政党勢力に対抗する防波堤としてますます重要な〝戦略〟拠点となるに至った。反面、政友会にとってそれは山県・桂系官僚グループの政治力を削ぐための絶好の〝攻撃〟目標となったのである。

それでは、こうした時期において貴族院内部ではいかなる動きがなされたのであろうか。本章はかかる貴族院の実相を明らかにすることを課題とするものである。以下、桂園時代の政治過程において、貴族院が最も政局の焦点となった事例を検討しつつ、その課題を果したい。その事例とは①郡制廃止問題、②子爵堀田正養・男爵千家尊福の西園寺内閣への入閣、③研究会における堀田除名事件、④貴族院令の改正、の四つである。なお「桂園時代」の貴族院について小林和幸氏は、その著書『明治立憲政治と貴族院』（吉川弘文館、二〇〇二年）第三章第二節「桂園内閣期における貴族院の統制と自制」で論じている。そこで検討されている事項は長短の差こそあれ、右の①〜④と重なる所が少なくない。本章では小林氏の視点と立論とは若干別の視点で、すなわち「桂園内閣」後の、大正期における貴族院の政治構造をも視野に入れつつ、「桂園内閣」期の貴族院の動向について検討を加えることにしたい。

二　郡制廃止法案

先に挙げた新内閣の陣容に明らかな如く、西園寺や原は組閣にあたり、代表的で最も有力な反政党勢力である侯爵山県有朋とそのグループに対して配慮することを怠らなかった。陸軍元師であり山県・桂系官僚の総帥であった山県有朋の養嗣子伊三郎の入閣は、それを如実に示している。このことはまた、原自身も「要するに山県元帥との関係なり」(1)とその日記のなかで認めるところであった。そして、松岡の農商務相への起用は桂前首相の「貴族院の都合宜しからん」(2)との助言によるものであった。松岡は元司法官僚で、明治二四年一二月に勅選議員となり、特定の会派には入らなかったが、明治三〇年に男爵議員が「木曜会」を発足させると、それに入会した。二四名中、男爵ではなかったのは彼ひとりであった。その後、木曜会は拡大し、第二二議会当時、四九名の会員（うち、勅選議員は四名）を擁していた。それにしても、桂が松岡を推した理由は不詳である。

ところで、第一次西園寺内閣が最初に迎えた議会は第二二議会（明治三八年一二月二八日〜同三九年三月二七日）であった。この議会は前内閣である桂内閣によって召集されたもので、従って日露戦争後の戦後経営に関わる全ての法案と次年度予算案は桂内閣の手で準備されていた。特に、鉄道国有化法案をめぐり、貴衆両院での審議は紛糾した。

内閣においても政府案に加藤外相が反対して辞任する有様であった。このように第二二議会にほとんど準備するところがなかった西園寺内閣であったが、施政上消極的であったかといえば、実は必ずしもそうではない。西園寺内閣は内相原敬を中心に、山県・桂系官僚グループに対して政治的振さぶりをかけて来たのである。かかる西園寺内閣の動きは、原内相による郡制廃止法案ならびに市制・町村制改正法案の第二二議会への提出となって現れた。(3)

ここで郡制とは、町村と中央との中間に位置する自治体として明治一〇年代半ばから同年二〇年代初頭にかけて政府部内でその設置が計画され、明治三二（一八九九）年に至って全国的に施行をみた地方自治制度である。この制度は、当時わが国の最重要課題のひとつであった条約改正実現の前提条件としての地方自治制確立という要請のもとで計画され、施行されたものである。従って、それは必ずしもわが国の伝統的な自治制度のしからしむるところから出発して計画・整備されたのではなく、対外的必要性に応じて半ば〝人工的〟に作り出された制度であった。従って、地域的な差こそあれ一般に、郡制自体の実体的基盤は脆弱であったと言ってよい。それればかりではない。財政的にも郡の基盤は脆弱であった。すなわち、郡は町村の如き独自の課税権を有しなかったがために、その歳入の圧倒的な部分は町村分賦金によって占められており、その他、府県補助金や国庫補助金を含めて考えれば、歳入のほとんどを外部に依存していた。このように郡は独自の税収入をもたない上に、それを補う財産収入も極めて少なかったのである。要するに、郡とは名ばかりの〝自治体〟であった。

かかる郡制に対する批判は制定•施行当時から政界やジャーナリズム界においてかなり強かったようである。が、この制度が山県を中心に検討され制定されたものであったために、その廃止は困難であると広く考えられていた。しかるに原はこの困難な課題に挑戦した。すなわち、彼は日露戦後の地方財政の膨張傾向を考慮しつつ強固な財政基盤をもつ町村の造出をはかるべく、町村合併を促進し、それをほぼ全国的規模で推進させたのである。この町村合併によって造り出される「大町村」は、とりも直さず名ばかりの自治体である郡の存立を著しくおびやかすものであった。こうして、原内相は町村合併を積極的に推進することで、郡制廃止の客観的状況を導出しようとしていたのである。

さて、先に述べたように、西園寺内閣の手になる郡制廃止法案は、同じく市町村制改正法案と共にまず衆議院に提出された。両法案は明治三九年三月一九日にほぼ全会一致で衆議院を通過し、ただちに貴族院に送られた。両法案の衆議院通過の数日前すでに、原内相は貴族院の各派交渉委員を首相官邸に招き、他の法案と共に郡制廃止法案についても説明している。その時の様子について彼は次のように日記を記している。「郡制廃止には起草者等も居るに付異論多く、余も亦鉄道問題にて非常に多用なりし故実は捨置きたれば反対の空気蔓延したる由なりし故、過日山県元師を訪ふて之を説明し、賛成たらざるも強き反対者たらしめざる事を計り、又一昨日清浦奎吾を訪ふて賛成を求めたり。彼は表面は兎に角反対者たるなり、又昨夕は貴族院木曜会にも出席して説明したれば、本日に至りては彼等も大に動き始めたるが如し。此問題は衆議院は殆ど全会一致にて賛成し又国民にも異議者なく、先年児玉源太郎内相たりし時地方官に諮問し四五名を除くの外皆な廃止に賛成し、又先頃余が地方官に諮問せし時も二名を除くの外異議者なく、曩に反対せしものすら廃止に賛成せし程なるも、貴族院には山県系多くは廃止を好まざるに因るなり(4)」。

この「日記」にある如く、原内相は、当時内相として郡制の制定の責任着であった山県や山県系官僚グループの重鎮であり研究会の実力者のひとりであった男爵清浦奎吾(勅選議員)、そして山県内相の次官として郡制制定に関与した子爵芳川顕正(勅選議員、研究会)を訪問して、郡制廃止法案提出の事情を説明すると共に、彼らが「強て反対論を鼓吹するものにはあら(5)」ざるように工作を試みている。しかし、郡制廃止法案は市町村制改正法案と共に特別委員会に付託されたが、結局、審議未了のまま廃案となった。原内相は、第二二議会の閉会式を翌日に控え、議会での成果に一応の満足を示しながら、郡制廃止法案について「郡制廃止並市町村制の改正案は貴族院に於て握潰しとなりたるは遺憾なれども、又他日相当の時機もあるべく、要するに郡制廃止に関して山県元帥反対なるに因り其鼻息を窺ふものは多く賛成し得ざるに因るなり、貴族院の進歩的案件を賛成せざるは必ずしも彼らの蒙昧のみにも非らずして他に如此原因あるなり」と「日記」(6)に記し、郡制廃止法案不成立の原因を貴族院における山県有朋の影響力の大きさに求めている。

ところで、山県系勅選議員が貴族院における郡制廃止反対派の主たる勢力ではあったが、その中堅議員の中から政府案に対し積極的に賛成をする者もあった。すなわち、郡制廃止賛成を強硬に唱えたのは、それぞれ茶話会および無所属の中堅であった船越衛（男爵勅選議員、茶話会）と松平正直（男爵勅選議員。無所属系）とである。第二二、二三議会にあって山県系勅選議員として郡制廃止反対の急先鋒のひとりであった小松原英太郎は後年回顧して、船越、松平は「もともと郡制制定に反対の意見を有し、山県公が内相として郡制の起草を命じ、愈々之を法律に制定しやうといふ時に至って、地方官の中にも郡を自治団体とすることに異論を唱へるものがあって、船越松平両氏はその急先鋒であった」とし、そしてさらにその関係上「茶話会、無所属の幹部の意見が区々となり、他の場合の如く、幹部先づ一致して、それから他の意見を纏めるといふ工合に行かなくなったのである」(7)と述べている。また、研究会設立以来の会員でありその長老として知られた加納久宜（子爵、旧上総国一宮藩主家当主）は鹿児島県知事時代の経験から、以前より郡制廃止を主張し、今回も当初より政府案支持を表明すると共に、研究会常務委員会に対し、郡制廃止法案に限り自由論題とすることを要請していたのである。この時、内務省幹部は、第二二議会において貴族院で審議未了となった郡制廃止法案の次期帝国議会通過を目指して各方面に了解工作を続けていたようであった。例えば、当時内務省地方局長であった床次竹二郎は「それから一年間、原さんを初め僕等は、機会ある毎に郡廃について……殊に貴族院の諒解を得べく絶えず努めた」(8)と後年述懐する如く、了解工作の主たる対象は貴族院であった。なかんづく、その中心は、当時八〇名余の会員を有し、幸倶楽部の中核である茶話会と連携することによって貴族院の最有力会派としての地位にあった研究会に向けられたのである。

研究会の指導者として貴族院に大きな威望を有する堀田正養（子爵、旧近江国宮川藩主家当主）と原敬とが会見したのは、第二三議会の開会をほぼ二か月後に控えた明治三九年一〇月三一日である。これは、安楽兼道警視総監を通じて文相牧野伸顕（明治三九年三月二七日に就任）の義兄であり、研究会において堀田の配下のひとりであった三島弥太郎（子爵、元福島県令三島通庸の嗣子）の斡旋で実現したものであった。この会見で原は、「就職已来の方針、処置等の大略」や堀田らの「憂慮すると云ふ社会党問題」について彼自身の方針を告げると共に、「郡制廃止に付き賛成を求め、兎に角感情又は誤解により問題を決する事なき様希望する旨を告げ(9)」たのである。こうしてこの長時間にわたる会談を契機として両者の交渉は継続され、翌年一月には「事情全く疎通したるものの如し(10)」と原内相をして言わしめる程にまで両者の意思は疎通するようになったのである。

こうして、かなり周到な準備がなされ、西園寺内閣は再度、郡制廃止法案を第二三議会に提出した。同案は明治四〇年三月二日に衆議院を通過して貴族院に送付された。同案は即日、一五名の委員から成り、曽我祐準（土曜会）を委員長とする特別委員会に付託されたが、相前後して政府および山県・桂系官僚グループの双方によって院内多数派工作をめぐる激烈な競争が引き起こされた。それにしても政府内部には原と同じ創立以来の政友会会員であった松田正久のように、この段階での郡制廃止にこだわらない閣僚もいたが、原は廃止法案の第二三議会通過を目指した。彼は「郡制を廃止して山県系を一挙に倒し、其惰力によって今年〔明治四〇年―西尾註〕の府県会議員総選挙を終わり、明年の衆議院総選挙に臨み、政党の全勢力を伸張して大いに国政に利せん(14)」と考えていたのである。従って、これに対する山県・桂系の官僚勢力の抵抗は第二二議会に比べて更に大きなものとなっていた。

すなわち、山県の意を受けた大浦兼武、清浦奎吾、平田東助、小松原英太郎、一木喜徳郎、関清英ら幸倶楽部系の勅選議員らが「必死に(15)」その貴族院通過を阻止すべく行動する一方、他方で政府側は、一木によれば「公にすれば刑事上の問題をも惹起するが如き手段を敢て執るに至り、百万手を尽して反対論者を懐柔し、変節を強要した」[16]のであった。また原内相を中心とする政府側が同案の成立に執着する余り、衆議院でかなり強引な手段、すなわち「強迫」や買収といった手段を弄したことについては、茶話会所属の勅選議員である田健治郎の「日記」にも次のようにふれられている。「原内相提出同案于上下院、大同進歩〔大同俱楽部と憲政本党―西尾註〕二党連合反対之、勢将危、原氏大散財賄、強迫誘拐、無所不至、獲得於金票之勝、上院有気瞻之士深憎其暴慢」[17]。

ところで、郡制廃止法案について研究会が態度を明確にするまでは、同案通過をめぐる貴族院部内の状勢はかなり流動的であり、研究会を除外すれば、同案成立について事態は西園寺内閣にとってかなり有利に展開していたようでもあった。ちなみに、三月九日付の『報知新聞』は、研究会以外の「他の会派目下の情態を監察するに孰れも研究会の如く一議決の下に会員の全部が歩調を整へて進退するやうの明白なる行動無く賛否両論者雑然として会内に錯綜するを見るなり」[18]と述べ、研究会を除いた各会派について次の如く賛成者と反対者の数を試算している。

	賛成	反対
木曜会	三九	一三
土曜会	三〇	一二
茶話会	二〇	三六
無所属	二一	二七
実業俱楽部	九	無
純無所属	二六	一六
計	一四五	一〇四

表1　第23議会貴族院各派議席数および構成

	総数	皇	公	侯	伯	子	男	勅	多
研究会	81			1	12	62	2	4	
茶話会	46							38	8
木曜会	52						46	6	
無所属派	44			1		2	4	33	4
土曜会	42		1		3	5	3	15	15
実業倶楽部	8								8
純無所属	89	13	9	27	2	1	1	29	7
合計	362	13	10	29	17	70	56	125	42

酒田正敏『貴族院会派一覧－1890～1919』（日本近代資料研究会刊、1974）より作成

院内のこのような状況の中で研究会は、三月八日に総会を開いた。その結果は、一二対四二の多数をもって郡制廃止案を否決するということであった。(19) 総会の決議が院内における各自の行動を拘束し、かつ八一名の会員を有する同会の総会が郡制廃止法案反対の決議をしたことによって、右表における優劣が逆転することは明らかである。ちなみに、第二三議会開会当日における各派の議席数とその構成とを表示すれば、表1の通りである。皇族議員は出席することはなかったし、公・侯爵議員も少なくともこれまでは特定の会派に加わっていない限り、出席して採決に加わることはほとんどなかった。あっても極めて少数かつ例外的であった。そこで、総議員数三六二名より、会派に属さない、すなわち純無所属の皇族・公爵・侯爵議員の合計四九名を引くと、三一三名となり、棄権者が無いとした時、採決時の過半数は一五七名である。『報知新聞』の調査を基礎に考えるならば、郡制廃止法案はあと五三名の反対者で否決されることになる。研究会員八一名のうち五三名の分が否決票として使われてもなお、研究会は二八票を残している。この数は、政府案反対側が多少切り崩されたとしても、それを補足できる数でもあろう。郡制廃止法案の命脈は実質的に三月八日で尽きかけたと言ってよい。このような結果について原は「……賛成者は尚多少ありしも、午後に至り欠席者もあり、又反対に翻へされたる者ありて此結果を見たりと云ふ、要するに堀田正養、正親町実正等が平田東助に説かれたる為めならん、堀田は最初反対、中頃賛成、後に反対に変じたるなり」(20) としながらも、郡制廃止法案は「始めより山県系の勢力如何を試んが為めに提

出せしものにて、幸に通過すれば大に地方制度の刷新をなし山県系の其貴族院に於ける勢力の恃むに足らざるを公表すべし、不幸にして否決せらるゝも是れ貴族院が与論に反するものなり」[21]と断じ、あくまで強気の姿勢を変えなかった。そして彼は、一四日には研究会の堀田を招いて、堀田が否決よりもよしとして、西園寺や原に申出た政府案の「握潰」を「不体裁卑屈なる行動」(「原敬日記」明治四〇年三月一二日の条)として排し、あくまでも通過を望むが、通過が不可能ならば研究会の意のままにするようにとの内閣の意向を伝えている。

こうして、一度は政府案支持に傾きかけた研究会首脳であったが、警視総監安楽兼道が研究会常務員三島弥太郎から内話されたことであるとして原に報告したところによれば、「山県系の平田東助、小松原英太郎等は堀田を訪問し是非反対しくれよと哀訴し、又一方に於ては多年提携し来りたる茶話会は研究会と絶縁せざるを得ずと威嚇し遂に反対せしめたる」[23]のであった。

さて、貴族院本会議が曽我を委員長とする特別委員会の審議報告を受けて、郡制廃止法案の第二読会に入るについて採決を行ったのは、三月二一日であった。先ず曽我委員長より委員会での審議結果に関する報告があった。同委員会は四対九の多数で政府原案に賛成するというものであった。その後、一木、鎌田栄吉両勅選議員がそれぞれ反対、賛成の立場より一時間から一時間半にも及ぶ長時間の演説をし、引続き指名点呼による記名投票が行なわれた。その結果、一〇八対一四九の多数で政府案は否決された。数字からすれば、先の『報知新聞』の「予想」での投票総数はほとんど変らない。しかし、法案に対する賛否の数は逆転している。ところが、この採決には研究会票八一票が入っているので、反対派も賛成派もともに四〇名余りの棄権者を出したということがわかる。

この問題に対する各方面の関心の高さを示してかこの日の傍聴席は普通席、婦人席、衆議員席、官吏席のいずれも「珍らしく人の黒山をなし」[24]ていた。そして、貴族院議長徳川家達が採決の結果を報告するや「急霰の如き拍手は先づ研究会より揚り、次で茶話会、無所属派より起り、死者の如く議席に倚った平田東助男さへ、覚えず中腰になって拍手し、大浦兼武、関清英、一木喜徳郎、柴田家門等の諸豪相顧みて破顔微笑した」[25]。また、一木はこのことについて「この時程愉快なことは他には無つた」[26]と後年回顧している。従来、討論にも決議にも貴族院の議場において拍手がおこること自体が極めて稀なことと思われるが、このような「急霰迅雷の如」[27]くわきおこった拍手は、とりも直さず山県・桂系官僚グループの凱歌であると共に、貴族院本会議場の緊張がいかに強いものであったかを物語り、同時にそれは貴族院における官僚グループのその勢力の〝健在ぶり〟を改めてその内外に示すものであったと言えるのである。

三　堀田正養と千家尊福の入閣

鉄道拡張一二年計画に関する追加予算をめぐってかねてより対立していた阪谷芳郎蔵相と山県伊三郎逓相は、明治四一（一九〇八）年一月一三日、ついに辞表を奉呈した。翌一四日には西園寺内閣の閣僚全体が辞表を奉呈したが、伊藤博文や桂の奔走で阪谷、山県両大臣を除き全ての辞表が却下された。そのため、法相松田正久と内相原敬とがそれぞれ蔵相と逓相とを兼任することにより西園寺内閣は継続されることになった。西園寺内閣はもはや三たび郡制廃止法案を議会に出すことをせず、同内閣はこの体制で第二四議会を乗り切った。すなわち、来年度予算はもとより、五七件にのぼる政府提出法案は一つも否決されることなく、その全てが可決成立した。

ちなみに、第二四議会の最終日、原は内相充任中における三回の議会について回想しつつ、第二四議会に関し次のように述べている。「今回に至りては全く原案の通可決したり、是れ従来の議会中其例を見ざる所にして政党に根拠を有する政府の力なる事明かなり。殊に政府党たる政友会の如きは何時も議場に多数の出席を見て総ての案に通過を計りたり。貴族院も亦従来の態度に異りて漸次政府に接近し殊に木曜会の如きも大いに接近したり。即ち此等の事実は憲政上の一進歩と認むるに難しからざるべす」[28]。

この原の日記の記述をふえんするならこうである。すなわち、第二四議会における衆議院の総議席三七八議席中、与党＝政友会が一八〇とほぼ過半数を制していた。これに対し、貴族院は総議席数三六八で、皇族議員や公・侯爵議員など議事に参加しないのを常態とした五七名の議員を除いた数三一一の過半数は一五六である。「殆んど政府党」の木曜会会員数五二、「大いに接近した」研究会のそれは八〇で、合計一三二であった。衆議院と異なり、貴族院の場合、過半数にはいささか距離があるが、大勢指向性の強い貴族院においては、木曜会－研究会が院の大勢を容易に形成し、政府支持の流れを貴族院に作り出すことができよう。原はまさしく「此等の事実」を「憲政上の一進歩」と認めるものであった。

さて、西園寺内閣の議会乗り切りの見込みが立った頃、すなわちその会期の半ばを過ぎた二月半ごろより兼任大臣の任を解き専任大臣をもってこれに替えようとする動きが、閣内および政友会部内に現れて来た。例えば、原は「貴族院木曜会の千家尊福（東京府知事）を逓信に、若槻〔礼次郎－西尾註〕次官か鶴原定吉〔政友会所属の衆議院議員－西尾註〕かを大蔵に」(29)と考慮していた。しかるに、この閣僚補充の動きは二月下旬から三月中旬にかけて、千家に加えて堀田正養の入閣実現に向け、新たな展開をみせることになった。

そのきっかけとなったのは報知新聞記者辰巳豊吉の原敬訪問である。辰巳は堀田と非常に親しい新聞記者であり、原の家にも出入していた。彼が原内相を官邸に訪問したのは二月二一日であった。この日辰巳は「貴族院に於ける重立たる者が現内閣と提携するの必要を認めて今期議会に於ても着々現内閣を援助するの意思を以て進行し来れり、今後も斯くなさんとするに就ては堀田正養を入閣せしめらるゝこと出来得ざるものにや」(30)と堀田の入閣を原に要請したのである。これに対し原は明言を避けた。が、「貴族院木曜会の首領千家尊福を入閣せしむること」を「兼ての意見」(31)としていた彼は、堀田の入閣を「政策上最も妙」であり、「木曜、研究両会が現内閣を賛成するに至らば貴族院に於ける形勢一変し憲政上一大進歩をなし得べきか」(32)と考え、以後その実現に向けて尽力するのであった。

　ところで、堀田は最初から西園寺内閣への入閣を希望していたわけではなかったようである。すでに述べたように、郡制廃止問題をきっかけとして原と堀田との間には「事情全く疎通したるものの如し」と原をして言わしめる程の意思疎通のパイプが設定されていたようであった。が、何しろ研究会はその結成以来一貫して非政党主義の立場をとり続けて来たし、従来茶話会および茶話会が主導する幸倶楽部と提携して院内活動をして来た関係上、この時の政界および一般の常識からすれば、研究会の「首領」とも言うべき堀田の西園寺＝政友会内閣への入閣は破天荒な出来事と言ってよかった。後年辰巳が回顧するところによれば、研究会内部にあって堀田入閣の原動力になったのは松平直平（予爵）と関博直（子爵）の二人である。松平は明治三八、三九年度の二か年間、常務委員として堀田を中心とした堀田―岡部―正親町の「三頭政治」を支えたひとりであった。辰巳によれば彼は「伯爵平田東助さんとも親善の間柄であるから官僚系との交渉事件でも生じたら調法《ママ》な人物であった。而して氷のやうな男で打算的性質に富めるに拘らず頗る熱心に堀田さんの入閣を希望し慫慂したので堀田さんを動かすには必要欠くべからざる」(33)人物であった。また関は「伯爵万里小路通房さんの弟で公家出身の俊才であった。而して進歩党時代に犬養毅さんなどゝ交渉し、政党生活の消息にも通ずるだけあって同族と反りが合わず、久しく轗軻不遇の境遇に陥つていたのを堀田さんから救ひ出されて貴族院に再び議席を有したのだから堀田さんの入閣問題には全力を挙げて賛成した」(34)のであった。

　さて、辰巳とこの二人は松平邸や関邸に集まり、しばしば「密議を凝らした(35)」。そして彼らは逡巡する堀田を熱心に説得したのである。また、三島弥太郎をはじめ堀田の「親近なる会員」に対する工作は主に松平があたった(36)。中でも一年余り後に、堀田を除名した中心人物を目されることになる三島弥太郎に対し、松平が会見したのは、辰巳が原から堀田入閣について大筋で了解を得てから四日後の二月二五日である。辰巳は次のように言う。すなわち「西園寺内閣終末の頃から、そろそろ反対に方向を転換した三島弥太郎と雖も、多年の恩顧には背かれないと見え、二月二五日松平さんに会見し、堀田さんの蹶起に同意を表して以来、屢ば堀田さんを訪ふて参画するところあり。当時有力なる多数の会員が陰に陽に閥族官僚の牽制作用を蒙ったに拘らず、概ね堀田さんの出盧を止み難きものと認めたので、研究会の態度に関しては最早多くの顧念を要しなかった[37]」。

しかしながら、堀田は西園寺内閣への入閣については承諾したものの、「出来ることなら自ら求めて平地に波瀾を捲き起す必要もなかろう。故に此の場合幸倶楽部に対しても調和作用を施すが宜しい[38]」として茶話会所属の平田東助との同時入閣を希望したのである。堀田は茶話会との提携の維持を望んでいた。それは堀田が保守的であるということにもよろうが、「研究会より自身が入閣すると共に幸倶楽部よりも一有力者を入閣せしめたなら、即ち双方の闘争を避け貴族院と内閣との諒解が成り隋て内閣の寿命をも比較的に延長出来る[39]」のではないか、という一時的ではあるが政治的でもある堀田の配慮によるものであった。ともあれ、二月二七日、辰巳を介して堀田側は入閣の意志を原に伝えた。原は辰巳の再訪について次のように日記に記している。「辰巳豊吉再び来訪し、堀田正養の件に関し本人は固より三島弥太郎等も之を賛成し、研究会を挙げて現内閣に投ぜんとするの意思決定したり[40]」。

さて、三月四日、入閣問題をめぐって堀田と原は初めて正式な会談をもった。ここで原は堀田に対し「此まで研究会を率て堀田の執り来れる態度につき今後一致の行動をなし得べきや[41]」と改めて問い、「従来政府は貴族院に善ければ衆議院に悪しく、衆議院に善ければ貴族院に悪しく、現内閣は即ち其後者に在るものなるが斯くては憲政上甚だ妙ならず、衆議院に於ける多数党即ち政友会と貴族院に於ける研究会並木曜会と提携して国政を運用せば憲政上裨益する所甚だ多かるべし、故に若し貴殿に於て入閣の意思あり、而して研究会を纏めて賛成の行動をなさしむることを得ば、余の意見と全く一致するものなり[42]」と述べた。これに対して堀田は「自分入閣する已上は研究会は一団となりて賛成に纏ること保証することを得べし[43]」と答えると共に、「入閣するとせば茶話会は如何にするや[44]」と、原に対して未だ「茶話会に未練ある[45]」ことをほのめかすのであった。

しかし、この会談も含めてその後の会談においても、平田の入閣や茶話会との提携は原の容れるところではなかった。すなわち、原は「衆議院に於ける大同倶楽部の行動並に貴族院に於ける現内閣反対の行為は皆な茶話会に属する山県系の奸策に出づるものなりと、政友会員は深く之を憤り居るものなり、故に現に閣員の補欠に関し政友会より挙ぐること能はざるも、責めて山県系の蛮骨を入るゝことなきを望むとは政友会一般の意思」[46]であると、堀田の意向を拒絶した。結局、堀田は茶話会の動向いかんにかかわらず入閣することを承諾した。

これより前、木曜会の指導者であり東京府知事でもあった男爵千家尊福も最初は西園寺内閣への入閣を逡巡した[47]。彼が躊躇するのは、堀田の場合とは異なり「全ク家事之都合」＝負債整理という私的ないわば消極的な理由からであった。しかし、千家はこの問題について「十分助力相談ニ相応[49]」ずるという原の申出に応ずる形で入閣を受諾した。千家は、第二三議会において郡制廃止問題処理をめぐって貴族院の大勢が決した時点でもなお、木曜会をできる限りまとめ、大多数の同会員をして政府案支持へと向わせていたのである。この意味で、今回の西園寺内閣の千家への入閣招請は、木曜会の政府への協力に対する報酬という意味もあった。

ところで、原が千家に対して入閣交渉をしたのは三月二三日である。千家の入閣に関して本人の基本的な同意を得るに至った際の千家との会談内容について、原は西園寺首相に宛て次のように報告している。「……内話中何レニ就職スヘキヤト尋ネ候付、夫レハ貴君之承諾ヲ得タル上ニテ役割ハ決定可相成或ハ現任者中ニ人替なとも可有之旨申候処、成ル丈ケ面倒ナキ所ヲ望ム文部なとニテハ閉口ナリト申居候ニ付全ク何レトモ申談候。又他之一名も貴族院より入るゝ訳カと尋ネ候ニ付多分然ラント申候処、実ハ今夕会合者中或ハ然ランと感シタル者アリト申候（是レハ堀田同席ニ付同氏之事と存候）。是点御含相願候。拝命之時機相尋ネ候付多分明日又ハ明後朝（宮中之御都合モアラン）ト申置候。本人ハ明朝改メテ参上御受可致ト申候ニ付夫レハ必要ト申程ニハ無之是より直ニ電話ニテ首相ニ相通シ置キ可申又首相モ夫々江御相談之為メ出掛ラルゝ事モアランと申候処、御不在と否ニ拘ラズ兎ニ角参上可致と申候[50]」。在宅か否かに関らず、わざわざ明朝改めて西園寺首相を訪問したいとする所に、千家は入閣することの嬉しさを隠し切れないようである。

こうして、堀田正養と千家尊福の西園寺内閣への入閣が決った。堀田入閣のきっかけを作った辰巳には、三月二四日の夜、松平からその旨に関する手紙で知らされた。手紙を受け取った辰巳が松平邸にかけつけると、松平は「満面喜色を湛えつつ、堀田が三月二二日に西園寺首相と会見したことや親任式奏請そして三月二三日の研究会常務委員会で堀田自身が以上の点を報告したと、直近の経緯につき辰巳に伝えた」[51]。さて、堀田、千家の入閣決定に伴い、松田正久が大蔵大臣専任となり、原敬も同様に逓信大臣を免ぜられ、かわって堀田は逓信大臣、千家は司法大臣にそれぞれ就任した。三月二五日のことである。原はこの日の「日記」に今回の内閣改造の政治的効果と与党である政友会内部での反響とについて次の如く記している。「此更迭により木曜会は純然たる政府党となり、研究会亦従来の態度を改めて現内閣に接近する筈なれば政友会の助力範囲は多少貴族院に及ぶの端も啓きたるなり、前内閣系の政権に渇せる人々は失望落胆せしなるべく、而して政友会中入閣を内々欲望したる一二名の者を外にして、一般は是れにて内閣の堅固になれるを信じ満足を表し居るが如く見ゆ[52]」。

しかしながら、この人事が下院の野党に与えた衝撃は大きかったようである。特に、第二三議会以来、元桂内閣逓相であり山県系勅選議員であった大浦兼武の影響力を強く受け、反政友会の旗幟をより鮮明にしつつあった大同倶楽部のそれは非常に大きかったようであった。例えば三月二六日『東京朝日新聞』は、大同倶楽部におけるこの辺の事情を「非常な打撃で殆んど意気銷沈の体[53]」と報じている。また下院第二党であった憲政本党の領袖のひとりは、この新たな事態について「政府の基礎にに幾分の堅固を加へたるもの[54]」と評する一方、「之に就て第一に失望したるものは無論前内閣派と大同倶楽部なるべく殊に現内閣にして愈持続せらるゝ事とならば総選挙に於て第一に不利益を蒙るものは無論大同派なると共に前内閣派の憤慨想ひ見るべく両者の間更に一大鴻溝を生じたる間違いなし」[55]と述べている。

それでは貴族院内部での評価はいかなるものであっただろうか。三月二八日付『東京朝日新聞』は、尚友会員で研究会所属の「壮年有為の某議員」と「幸倶楽部に属する有力議員」による堀田および千家の入閣に関する談話を掲載している[56]。

研究会所属議員は次のように言う。「両氏の適材なると否とは別問題として貴族院議員より内閣員を選択したるは憲政一進歩と云はざるを得ず。従来の実権に徴するに内閣員は概ね官吏より鰻登りしたる者のみなれば縁故引援の弊甚だしくして真正の憲法政治は実行し得られず。此点に就ては予等の豫て憂慮せる所なりしに今日其弊風を打破するの端を開きしは予等の聊か満足する所なり。但松岡農相の如きは貴族院議員なりと雖も其出身は議員としてにあらず。議員としての入閣は今回の両子を以て嚆矢とす。予等は現内閣殊に西園寺首相には恩もなければ怨みもなし。只立憲政治の上より公平に観察するときは一新例を開きたるを満足す。然れども露骨に云ふときは両氏共徳望手腕はあるならんと雖も堀田子は六三歳、千家男は六一歳共に己に頽齢に入る。戦後今日の内閣に立ちて果して能く其手腕を揮ひ得るやは疑問たらざるを得ず。貴族院中他に其人なきにあらず。惜むべし」。他方、幸倶楽部所属議員は不快な色をあらわにして述べる。曰く「西園寺首相が堀田子千家男を入閣せしめしは研究会と木曜会とを操縦せんとの心底に出しは云ふ迄もなし。広き意味を以て云へば貴族院を懐柔せんとの策に出しものなり。成程両子共貴族院に多数を有する両団体領袖の一人たるに相違なきも其団体は政党にあらざれば規則の如きものを以て束縛する能はず。加之ならず両団体とも先輩としては是迄両氏を尊敬したるも政治問題に至っては服従せざる者多かりし。況や入閣の今日以後に在ては一層服従せざるもの多きに至らん。現に研究会中には離散の徴候あり。貴族院操縦の為二氏を入閣せしめたるは偶以て反感の度を増したる者に非ざるか。予等は将来の事実に徴せんのみ」。

従来の行きがかりからして、この内閣改造人事が、茶話会を中心にする幸倶楽部系の議員の反感を買ったことは十分納得の行くところである。では、この時、幸倶楽部と提携関係にあった研究会の内部における反響はどうであったか。

まず右に挙げた研究会所属の子爵議員はかなり好意的に堀田と千家との入閣を受けとめている。また、堀田の入閣につき尽力した辰巳豊吉は堀田の逓相就任直後に逓相の秘書官に就任したが、彼は、この点につき「堀田さんの入閣は政界に深甚の注意を惹起した。それは閥族政治家や官僚一味に一大衝動を与えたばかりでない。研究会は異常の影響を蒙り、是非の批評、善悪の議論が会の内外に行はれた。旧大名華族が国務大臣に任ぜられたのは破天荒だったといふので歓喜措かなかった者も多かった[57]」と後年述懐している。要するに研究会部内では賛否両論が入り乱れていたようである。しかし、四月三日には研究会とその実質的選挙母休と言える尚友会とが、連合して堀田の大臣就任祝賀会を烏ノ森の湖月楼で開いている。そして「この夜来り会する実に一〇五名に上り、当時六十余名〔公式には八一名―筆者註〕の会員しか有せなかった研究会としては未曽有の盛況と称せられた[58]」のであった。こうしてみると、堀田の西園寺内閣への入閣は少なくともその当初において、おおむね研究会部内で積極的にか消極的にか容認されていたと言えるのではないだろうか。

四　第二次桂内閣と堀田の研究会除名

数か月前に貴族院より二閣僚を得てその基礎が強化されたはずの西園寺内閣であったが、明治四一年七月四日、首相西園寺は突如辞表を奉呈した。同年五月には任期満了にともなう第一〇回衆議院議員総選挙が行なわれ、その結果政友会はゆうに過半数を獲得していたため、この総辞職は、政界はじめ一般に奇異な感じを与えた。例えば巷間には専ら山県ら官僚派による西園寺内閣「毒殺」説が流れていたようである。総辞職の表向きの理由は西園寺首相の病気ということであったが、山県による「社会党取締の不完全」に関する上奏や寺内正毅陸相への辞職勧誘など西園寺内閣に対する山県の圧迫があったことは事実である。かくして、堀田正養、千家尊福の大臣就任期間は、わずか三ヶ月余と短くて終った。

辞表を奉呈した西園寺は後任に桂太郎を奏薦した。その結果、七月一二日桂に組閣の大命が降下した。いわゆる第二次桂内閣の成立である。内閣の陣容は左の如くである。首相兼蔵相・桂太郎、内相・平田東助、陸相・寺内正毅、海相・斎藤実、法相・岡部長職、文相・小松原英太郎、農商務相・大浦兼武、逓相・後藤新平。

以上で注目すべきは、研究会領袖のひとりである岡部の存在である。彼は研究会にあって正親町実正や加納久宜らと共に創立期からの会員で同会の重鎮であったが、「平昔、堀田子の権勢に圧せられて不満の念」(59)があったと言われる。そうだとしたら、岡部の第二次桂内閣への入閣は、明らかに山県・桂系官僚グループによる堀田の西園寺内閣入閣への対抗措置でもあった。そのことはさらに、明治四二年三月に正親町が桂内閣の下で賞勲局総裁に任ぜられたことによっても明らかである。こうして堀田－岡部－正親町という「三頭政治」の担い手は、政党勢力＝親政友会系グループと山県・桂系官僚グループとに分断されることとなった。

さて、桂内閣および山県－桂系官僚グループの貴族院への干渉が一つのピークに達したのは、堀田の研究会除名という事態であろう。かかる事態が突発する半年程前より貴族院内部には山県－桂系官僚グループの影響下より脱しようとする動きが活発となった。例えば、明治四一年一二月には、研究会を脱会した松木宗隆、広沢金次郎、柳沢保恵、柳原義光、吉井幸蔵、寺島誠一郎の六名の伯爵議員は、伯爵大木遠吉や伯爵清閑寺経房ら反研究会系の伯爵議員と新たに扶桑会を設立した(60)。他方、この年の秋頃からその翌年一月にかけて、子爵者の間で反研究会系の子爵議員選出団体の組織化が進められつつあった。この研究会所属議員の選出団体である尚友会に対抗して組織された団体が談話会であり、その中心に子爵秋元興朝がいた。秋元は帝国議会に議席こそ有しなかったが、創立以来の政友会員であった。この談話会が公式に発会式を華族会館で挙げたのは、明治四二年二月二日であったが、それまでの組織活動がかなりの効果を収めたのであろう、それから一か月程して秋元は原敬に対し「大分形勢も可なれども尚は多少の不足あり[61]」と述べ、子爵議員選挙有権者間における多数派工作が比較的順調に運んでいることを示唆している。

おそらく、こうした動きが政府や山県系官僚グループを少なからず刺激したにちがいない。彼等の研究会への干渉はますます積極的なものになったようで、すでに三月上旬には堀田は研究会内部で「如何ともなすべきなきにまで「孤立[62]」させられてしまっていたのである。そしてどうやら、研究会内部にあって堀田の「孤立」にむけて動いていた人々の中心に三島弥太郎がいるようであった。ちなみに、原敬が四月七日に桂首相を訪問して会談した折、彼は「三島弥太郎が堀田を悪口して廻はる事を話し其迫害をなす事[63]」を桂首相に告げた。これに対し桂は、「三島を弁護し且つ堀田なる人は其性格甚だ卑しき人なり[64]」と、堀田に対し全く冷淡な態度を示した。桂は研究会内部の反堀田勢力と連携しているかのようであった。

さて、堀田が研究会と尚友会とを除名されたのは、明治四二年四月一七日のことである。この日、両会は臨時総会を開き堀田の除名を決議したのである。除名の理由は次の三点であった。①研究会を政党組織へと改編しようとした、②研究会の内部事情を新聞記者に曲解して暴露し、会の平和を乱した、③談話会に欵を通じた形跡がある[65]。この三点が事実かどうかは別として、そのいずれかをとってみても、第一次西園寺内閣期を通じて研究会に設定されて来た政友会とのパイプを切断しようとする意志が堀田排斥派にあったことは否めない。

この問題について原敬は次のように述べる。「貴族院研究会が堀田正養を除名せり、其理由とする所は秋元子爵の談話会に関係を有したること、政党関係を貴族院に持込たること等に在りと云ふも、皆悉く虚構にて、秋元は現に余に堀田に入会を勧めくれよと先頃来談ありて而かも久しく彼れに取次がざりし程なれば其無根なるは明かなる事実なり、政党関係云々固より根拠なし、要するに三島等官僚派は堀田を会中に置きては意の如くならざるに因り除名せしものと思はる」[66]。三島弥太郎はこの時まで、常務委員としていわば堀田の配下と考えられて来た。ちなみに、先の郡制廃止問題について堀田と当時の原内相との会談を斡旋してこれを実現させている。しかるに堀田除名事件の直後より「堀田の首を斬ったのは三島で、三島は堀田が首を切りて、研究会の首脳者たる地位を乗っ取った、三島は多年の恩ある親分の堀田を殺した」と、三島についてとかく世間で話題になった[67]。

ところで、四月一七日付の研究会・尚友会総会の決議書と除名通知を手にした堀田は、官職に「在職中」の岡部長職を四月一九日に実施された多額納税者議員新入会員招待大会の会場でつかまえ、次のように彼に迫った。「子〔岡部〕を別席に招き、告ぐるに近事の出来事たるや、一派が予との面会を避けて、事の茲に至れる次第を究めずんば従らに種々の誤解を世上に伝るに過ぎざるべし。故に急速之を究めて相当の処分を行ふべきにあらずや、而かも貴下等の仲間には一個の申含ありて自分に挨拶し難きものあらんも、貴下は目下在職中なるに依り其途を開くに難からざるべしと信ずる」[68]と。要するに「一派」や「貴下等の仲間」が自分を疎外する理由やそれに至った経緯等について互いに話し合える場を設定するように、堀田は岡部に対し申入れたのである。四月七日に原が桂に対して述べたことを考え合わせる時、堀田よりかつての「四天王」はじめ側近たちが離れ、かついかに激しく彼を疎外したかがわかるであろう。

『読売新聞』によれば、堀田を排斥した「張本」とは三島以下一八名であり、その「一八人組」は左記の人々であった[69]。また、以下のうち、※を付した人物は明治四二年五月の時点での常務委員である。

正親町実正（伯）、堤功長（子）、岡部長職（子）、鳥居忠文（子）、松平康民（子）、新荘直陳（子）、稲垣太祥（子）、※三島弥太郎（子）、※入江為守（子）、青木信光（子）、※牧野忠篤（子）、※酒井忠亮（子）、前田利定（子）、松平親信（子）、水野直（子）、　波田野敬直（男、勅選）、※吉川重吉（男）、岡田良平（勅選）

これによれば、実に七名の常務委員のうち五名が堀田排斥に関与していることになる。事の真相はともかくとして、堀田の配下とも言うべき三島が突如として〈反堀田〉へと旗幟を変更したかげには、恐らく桂内閣をはじめとする山県・桂系官僚グループの強い働きかけがあったとみて差し支えないであろう。

他方、こうした研究会内部での権力構造の変動に一年ほど先立って、山県・桂系の官僚グループにより協同会が組織された。これは、木曜会所属議員の選出母体である二七会を切崩し、山県閥系統の男爵議員をできる限り多く貴族院に送り込もうとする趣旨に出たものである。協同会は大浦兼武（男爵）を中心として組織された。明治四一年四月六日、大浦は同志の男爵者一〇余名を幸倶楽部に集め、「男爵協同会」の設立について協議した(70)。その結果、同年四月一六日に華族会館においてその事実上の発会をみたのである。時あたかも堀田、千家の西園寺内閣入閣の直後だけに、山県・桂系官僚グループによるその対抗措置であったとも考えられよう。

この日、協同会の幹事に選出された男爵田健治郎は、〈事実上の発会式〉の模様を次のように「日記」に記している。「四時半赴華族会館、臨男爵協同会、会者二十余人、近時男爵中有設二七日会者、会員越一七〇人、男爵議員之選挙、帰予其掌裏、其専横可憂、故今有志者相謀設此会、獲同志者二五人、玆開初会也、乃選挙小沢武雄、船越衛、松平正直、吉川重吉、坪井九八郎、真田幸世及予七人、為幹事、共喫晩餐、談笑数刻而別(71)」。要するに、会員一七〇名を擁する二七会が男爵議員選挙を牛耳り、その専横ぶりには憂うべきものがある、それに対抗するべく今ここに二五名の同志が「男爵協同会」を組織し、七人の幹事を置くこととなった。田もそのひとりに選ばれていた。

こうして成立した協同会であるが、「田健治郎日記」に窺う限りでは、この年の終りまでまとまった活動をしていないように思われる。が、第二五議会召集の直前より俄然その活動が活発になって来る。すなわち、一二月八日に田が幸倶楽部で男爵吉川重吉に会い協同会の拡大について話合ったのに引続き、同月二五日には平田内相の下で「協同会振作方策」について話し合われている。「午後一時与平田男、大浦、松平、有地、船越、吉川諸男会于内相官邸、協議協同会振作方(72)」。

こうした政府側の反木曜会(=反二七会)の動きは、以後、船越衛、松平正直、田健治郎、吉川重吉を中心に活発に展開されて行ったのである。そして、第二五議会の会期中に二七会は分裂し、四〇名もの会員が新たに協同会に入会した。さらに一年後には、杉溪言長以下一七名の男爵議員が木曜会を脱会して新たに「清交会」を発足させるなど、男爵議員たちは山県・桂系勅選議員集団のために大いに奔弄されたのである。

五　貴族院令の改正

第二五議会の開会と相前後して、山県・桂系官僚グループおよび政府による有爵互選議員(伯、子、男爵の各被互選者)や各爵互選権保有者に対する多数派工作がにわかに活発となった。例えば、前節の末尾にもふれた如く、二七会から四〇名もの会員が一挙に脱会し、次いで袖を連ねて協同会に入会するという事態が発生している。また、研究会にあって親政友会勢力の代表者と目された堀田正養は会内において孤立させられつつあった。

貴族院の内外がこのような状況にある時、桂内閣は突如貴族院令改正案を同院に提出した。この改正案の意図は、比例配分方式による現行の貴族院令第四条第二項の有爵互選議員の定数に関する規定を、各爵互選議員数を具体的な数で明示する規定へと変更しようとするものであった。すなわち、伯子男爵互選議員の定数について、現行の勅令では、その総数は一四三名以内とし、各爵互選議員の定数はそれぞれ伯、子、男爵者数に比例して定めるが、その数は各爵者総数の五分の一を超えない、と規定されていた。これに対して、政府案は有爵互選議員の数を「伯爵一七人以内、子爵七〇人以内、男爵六三人以内トシ、各爵ノ五分ノ一ヲ超過スヘカラス」とするものであった。

ところで、今回の改正案は、先の第二一議会において同じく桂内閣が提出したものと意図するところは全く同一であった。すなわち、それによれば、伯爵、子爵および男爵議員はそれぞれ一七人以内、七〇人以内、五六人以内と規定され、さらに各爵議員共その総数の五分の一を超過してはならない、とされていた。政府によれば、新叙爵者や有爵互選議員数の増加とそれに伴う勅選議員数の増加傾向に歯止をかけることに、その立法趣旨があった。しかし、この案は第二一議会と同様に、男爵議員を中心に貴族院側の強い抵抗に会うことが予想された。すなわち、第二一議会では、政府案は否決され、現行の互選議員の総数のみを一四三名と定め各爵への配分はその各爵者数に比例した「按分比例」主義によって定めるとした修正案が、可決成立せられたのである。それ故、この修正案の成立によって桂内閣による原案の提出意図は殆んど覆えされたと言ってよい。明治二三年に実施された第一回伯子男爵議員の選出以来、子爵議員は一貫して七〇名の定数を維持して来たのに対し、三爵間にあって最も高い増加率を示した男爵者の選出議員数は、他の二爵に比して常に低く制限されていた。さらに、第二一議会は日露戦争の際中に召集されており、その戦勝のあかつきには男爵者総数が激増するであろうと考えられていたのである。すなわち、第二一議会における政府提出案は、こうした予測が立てられる中で男爵議員の数を現行の五六人に制限しようとする意図をもつものであった。

要するに、桂内閣は、以上のような意図を持ち、第二一議会において挫折を余儀なくされた貴族院令改正案の第二五議会における成立を、再度試みていたのであった。

ちなみに、明治四一年一二月末で、伯、子、男爵の各有爵者数はそれぞれ一〇一、三七六、三七七であり、現行の貴族院令第四条に基づいて、伯、子、男三爵の合計議員数一四三名を各爵者数によって比例配分すると、伯爵議員一六名、子爵議員六三名、男爵議員六四名となる。すなわち、現行法では、明治四四年（一九一一）七月に実施が予定される互選議員選挙後においては、一名の差ではあるが、数的にみて有爵議員における主導権は子爵議員から男爵議員へと移動することになる。しかも、明治四一年一二月二八日付の『東京朝日新聞』が説くように、「貴族の製造は如何にしても男爵に向って多く、第四回改選迄今後二ケ年間には又多少男爵者の増加を見るべきが故に以上〔現行の－西尾註〕の割合は更に男爵の利益に変更し来る者と見ざるを得ざるなり」(73)という状態が依然続くと考えられたのである。要するに、現行の貴族院令では子爵者総数より男爵者総数が勝る限り、数において子爵議員より男爵議員の方が勝る。そのことは子爵議員中心の研究会に対し、男爵議員中心の木曜会の優位性へとつながる可能性があった。

従って、ほぼ二年後に有爵互選議員の改選を控え、前回と同様な内容の改正案に対しては、以前にも増して男爵議員を中心に貴族院の反発が予想されたのである。官僚閥の総師で桂内閣の後見人を以て任じていた山県有朋は、小田原の古稀庵にあって改正案提出に慎重を期するよう以下の如く桂首相に要望している。「貴族院令改正之事情ニ付縷々拝承。唯改正之目段十分確実なる勝算相立候上ニて御着手相成度候。十分之勝算不相立は決而御着手無之様相願候」(74)。

桂内閣がこの改正案を貴族院に提出したのは、明治四二（一九〇九）年三月二六日であった。これに先立って幸倶楽部無所属派の松平正直と同じく茶話会の田健治郎とは、すでに三月六日に「伯子男爵互選議員定員改正之得失并通過之順序」(75)について「協議」している。そして彼等はまた幸倶楽部の主要な議員を中心に改正案について賛同を取りつけるべく奔走したのである。例えば、田は三月八日の「日記」に「対奈良原男目賀田男、求有爵議員定員改正之賛同、得其承諾、報之松平男」(76)と記している。田は言うまでもなく山県系の勅選議員であるが、明治四〇年九月、華族に列せられ男爵に叙せられている。彼は同じ山県系の勅選議員で男爵でもあった奈良原繁や目賀田種太郎そしておそらく同じく松平正直とともに自らの男爵者グループではなく、子爵者グループの利益のために、この改正案成立を目指して奔走しようというのであった。ちなみに奈良原と松平は無所属派に、田と目賀田は茶話会にそれぞれ属していた。彼等は男爵者に対するアイデンティーよりも、山県系官僚もしくは政治活動の拠点である幸倶楽部に対する帰属意識の方が優先していたのである。

さて、政府案は、土曜会所属の公爵二條基弘（土曜会）を委員長とし、一五名から成る特別委員会に付託された。

この特別委員会の席上、桂首相や安広伴一郎法制局長官は、それぞれ改正案提出の趣旨を各爵議員数の維持と男爵数の増加に応じた男爵議員の定数補正にあると述べる一方、この改正案の議員数を将来長く維持して行きたい旨を明らかにした。

これに対して、同委員会の審議において反対派の中心人物のひとりと目された子爵曽我祐準を中心として、①三七七名の有資格者を有する子爵議員数を七〇名に据置く一方で三七八名の資格者を有する男爵議員数を六三名とするのは公平性を欠く、②男爵議員を七名増加しようとする根拠、の二点に質問が集中した。これについて桂と安広とが答弁したことを要約すれば、先ず第一については議員定数を有資格者数の観点のみによって定める必要はない、第二については互選議員の現在数一四三名を基礎としてそれに男爵の有権者増加に比例して七名の定員増をする、ということであった。要するに、桂内閣は子爵議員の定員数をその選挙権者総数の相対的減少にかかわりなく現行のままに据置く一方、男爵議員数をその有権者総数の相対的増加分だけ増やす、と言うのである。

このような政府側の説明について、例えば三月二一日付『東京朝日新聞』は「表面の理由は云々せらるゝ所ありしかど、それを信ずる者とては無く、世間に通用しつつある理由は、桂卿が子爵議員即ち研究会に私して其勢力を大にし、私して自ら其勢力に依頼せんとするに在りと云ふ」[77]と評している。また四月一二日付『報知新聞』は、この改正案について「木曜会の正敵たる研究会に私したる形跡あるは衆目の一致する所」であり、桂内閣によるその提出は「固より研究会の忠勤に酬ゆるが為なりしは論なし」[78]と述べている。

こうして改正案は専ら、研究会を優遇するためのもの、と政界およびジャーナリズム界において考えられていたようであった。はたして木曜会を中心に土曜会、扶桑会といった反研究会グループは大いに反発した。特に木曜会と扶桑会とは共に提携して原案修正をしようとした。こうした事態に対処するため、田は、堀田除名後の研究会のリーダーであり常務委員であった三島弥太郎、牧野忠篤(子爵)と幸倶楽部で協議している。「与三島子牧野子、会干

倶楽部、協議貴族院令改正案原案通過之方法、以有木曜会扶桑会為修正之企図、及夜帰」。(79)

ところが、ついに政府案は、七対八の多数で特別委員会において否決された。実は、この一人の差というのは委員長の二條基弘によるものであり、委員長を除く一四名の委員の間で可否が同数であったため、二條が採決に加ったのである。一四名の委員による採決の内訳は次の通りである。

賛成

三島弥太郎（子爵）、牧野忠篤（子爵）、松平康民（子爵）〔以上研究会〕

松平正直（男爵）、富井政章（勅選）、穂積八束〔以上無所属派〕

平山成信（勅選）〔茶話会〕

反対

曽我祐準（子爵）、桑田熊蔵（多額）〔以上、土曜会〕

千家尊福（男爵）、紀俊秀（男爵）、西五辻文仲（男爵）〔以上、木曜会〕

松木宗隆（伯爵）〔扶桑会〕

徳川頼倫（侯爵）〔純無所属〕

右の特別委員会委員における賛否の色分けは、政府案に対する諸会派の態度の有様をそのまま表わしている。特別委員会が政府案を否決したという事態は、桂内閣はもとより研究会と幸倶楽部（茶話会と無所属派が加盟）にとって衝撃であったであろう。二條委員長の本会議への審議報告を翌日に控え、三島、松平正直、武井守正（男爵、茶話会）、沖守固（男爵、無所属）および田（茶話会）が幸倶楽部に集って相談をしている。席上、政府による改正案を本会議で可決することで事態の逆転をはかることが確認されたものと思われる。すなわち、三月一九日付の田の「日記」に次のようにある。「此夜再赴幸倶楽部、与三島、松平、竹井、沖諸氏協議明日日程貴族院令改正案原案擁護之作戦計画[80]」。

ところで、その翌三月二〇日に開催された貴族院本会議では、まづ二條特別委員会委員長から原案否決の報告があり、続いて、平山成信（茶話会）と江木千之（茶話会）による政府案賛成演説が、曽我祐準（土曜会）と鎌田勝太郎（土曜会）による同反対演説がそれぞれなされた。引き続き採択の上第二読会に移った。政府案支持派はできるだけ早く次の段階の審議に移りたかったようである。この採択の内訳は、第二読会開会賛成一九〇、反対八二であった。

さて第二読会で、広沢金次郎（伯爵、扶桑会）は、問題の貴族院令改正案第四条第二項を「……前項議員ノ数ハ伯爵十九人以内、子爵七十人以内、男爵七十人以内トシ各爵ソノ総数ノ五分ノ一ヲ超過スヘカラス」と修正することを提案した。これによれば、政府原案の場合と比べて、伯爵議員および男爵議員をそれぞれ二人および七人増加させることとなる。広沢は修正案の提案理由として次のように述べる。すなわち「現行法によって按分割にすると伯爵は十六名コンマ幾らとなり、仮に十六名とすると子爵は六十三名、男爵は六十三、四名になると考へる。然るに政府原案は子爵を七名増し男爵を現状の儘に据置いている。斯かる原案は不公平も甚しきもの[81]」と彼は喝破したのであった。これに対し田は、①修正案によれば伯爵議員と子爵議員の増加分一六人を新たに加える結果、貴族院の総数は三八七人となり、貴衆両院の「権衡[82]」を失することになる、②有爵議員数と勅任議員数の差が更に拡大する、の二点をあげ、修正案に反対した。①について言えば、第二五議会における貴族院議員数三七一、衆議院議員数三八一であり、両院の構成員数に注目する限り、現行よりも修正案による方が両院の差は一〇→六という具合にむしろ縮まるのである。田は勘違いしているか、あるいは反対のための反対論を無理にしていたとしか言いようがない。しかし、修正案は七九対一八四を以って否決され、続いて政府原案が賛成多数でもって可決成立した。なお、三月二一日付『報知新聞』によれば、この時の第二読会開会に関する賛否の内訳は左の如くである。

賛成
研究会七八名、茶話会四二名、無所属派三三名、土曜会一〇名、扶桑会八名、純無所属一九名
反対
無所属派一名、木曜会四五名、土曜会二二名、扶桑会四名、純無所属一〇名

このときの賛成者と反対者のほとんどが、その後の修正案への反対者と賛成者へとそれぞれ転化したことは明らかである。

第二五議会開会当日の各会派別議員総数は研究会八〇名、茶話会五〇名、木曜会五三名、無所属派四五名、土曜会四名、扶桑会二一名、純無所属八八名であった。こうしてみると、研究会と幸倶楽部（茶話会と無所属派）そしてその反対派である木曜会はそれぞれ結束を堅くしていたことがわかる。特に研究会は本会議の欠席者をわずか二名しか出していない。これは政府案成立について同会がいかに熱心であったかを物語っている。

扶桑会はどうやら本会議の直前になって会派内で意見の分裂をみたようである。確かに扶桑会は従来の行きがかりからすれば桂内閣と研究会に対して対立関係にあった。が、政府案については伯爵者の〈既得権〉が保全されていたわけで、特に同案に対して異論を唱える必然性は無かったのである。多分、直前で、反政府・反研究会の立場から木曜会に同調しようとする四名とそれに難色を示す八名とに意見が分れたものと思われる。

また土曜会は一〇名の賛成者を出している。三月二〇日付『東京朝日新聞』によれば、同会が政府案について否定的な態度を決定したのは一九日の朝であり、その前にはむしろ「原案に有利なるもの」があったという。会員のなかにはその決定に不満であった者もかなりいたであろうし、また官僚出身の勅選議員を中心に何人かが幸倶楽部所属の勅選議員たちによって切崩されたとも考えられる。

とにかく、大多数による政府案の通過は、一九日に特別委員会において同案が否決されて以来、政府が「一期の

浮沈此時に在りと極力運動した結果」[83]であると言えよう。このことはまた、貴族院において山県・桂系勢力がなおも抜き難いものであることを示すものでもあった。

六　小選挙区制法案

明治四四年八月三〇日、三年余にわたった第二次桂内閣の後をうけて、第二次西園寺内閣が成立した。この内閣は、その施政下において二度の議会の経験をした。一回が通常議会、また一回が総選挙実施による臨時議会である。前者が第二八回議会であり、後者は第二九回臨時議会であって僅か三日で終了している。従って第二次西園寺内閣下における本格的な議会は第二八議会のみであった。内務大臣原敬の指揮のもとに衆議院議員選挙法改正案が提出されたのはこの第二八議会であった。

この法案は衆議院の最大定数を四五〇とし、当面現行定数三八一を四三一に変更するとともに、現行の大選挙区を廃し、小選挙区制を新たに導入しようとするものであった[84]。すなわち、それは現行の人口三万人以上の市部に設定された独立選挙区に加えて、各府県において市部を除く全地域を一選挙区とした大選挙区を廃止し、新たに郡部を基本単位とした定数を一とする選挙区を各府県ごとに複数設立することを目的としていた。当時、日露戦争遂行のために第一次桂内閣は大増税を行い、戦後も苦しい戦後経営のため税制そのものが据え置かれていた。その結果、戦前に比して直接国税一〇円以上という、有権者としての納税条件を満たす人々(男子)が急増していた。ちなみに、日露戦争開戦前に施行された第八回総選挙(明治三六年三月)における有権者総数は九五万八三二二名であったのに対し、戦後最初の総選挙である第一〇回総選挙(明治四一年五月)におけるそれは一五八万九六一七名であった[85]。戦前と戦後では、衆議院議員選挙の有権者総数は六六パーセント増となっていたのである。もとより、大選挙区制は小選挙区制に比べて相対的に小規模な政党にも当選者を出す可能性を与えるが、定数が一である後者はそれを著しく困難にする。言い換えれば、小選挙区制は大政党にとって極めて有利なのである。第一〇回総選挙の実績からすれば、当選者七〇の第二党・憲政本党、同じく第三党・大同倶楽部、猶興会の当選者二九（同数）に比べて、第一党である政友会の当選者は一八〇であり、小選挙区の採用は明らかに政友会にとって極めて有利であった。それ故、この法案が枢密院に諮詢された際、原によれば多くの顧問官に「政党拡張の便宜に出づるものと誤解[86]」されたのであり、山県系官僚の「策士等斯く中傷[87]」したと原をして言わしめたのであった。

原からすれば「誤解」であろうが、現行の大選挙区制が第二次山県内閣の下で導入されたものであり、枢密院議長が山県その人であることからすれば、枢密院のこの法案に対する姿勢は冷ややかであるのはけだし当然であった。二月三日、かつて伊藤博文の幕僚として衆議院議員選挙法の起草にあたった顧問官金子堅太郎は原のもとを訪れ、同じく伊藤の幕僚であった顧問官伊東巳代治とともに枢密院における「衆議院議員選挙法の通過に尽力することを内話[88]」するとともに、もと勅選議員で研究会員でもあった顧問官清浦奎吾が船越衛ら貴族院の幸倶楽部（茶話会、無所属派）と通謀し、枢密院の特別委員会においては「政府の意見をも聞かずして否決せん[89]」と述べたことを原に対して語っている。この時、原は「官僚系は貴族院にて其通過を防ぐは国民の怨府となる虞あるに因り之を枢密院にて喰止めんと画策せしものと如し[90]」との感想を持ったが、実際にはそうならなかった。

二月一〇日、枢密院特別委員会で衆議院選挙法改正案が否決されようとしたとき、金子と伊東がかわるがわる発言した。すなわち、金子は小選挙区制の採用は憲法制定当時よりの考えで、その後伊藤が大選挙区制に改めようとした時も自分はそれに反対した、と述べ、続いて伊東がその当時山県も大選挙区制に反対であったことを述べたのであった。その結果、「委員長等此山県反対なりしと云ふを聞きて―驚愕をしたるものゝ如く、遂に決定に至[91]」らなかった。結局、「通過せしむる事は大体に於て必要[92]」であるとの山県の判断により、改正案は総定員数を若干削減されただけで枢密院を通過した。現行法へと改正された明治三三年の時点ではともかく、山県が実際の所この時点で小選挙区制についていかなる評価を下したかは不明である。

さて、西園寺内閣はこの改正案をただちに帝国議会に上程し、明治四五年三月五日に、この法案は衆議院を通過した。そもそも第二八議会は、この改正案以外では政府にとって満足の行く成果を挙げた。貴族院に一部に反対があると言われた鉄道施設法案は、一部の修正が加えられたのみで貴族院を通過し成立した。(93)また、三月五日の時点で明治四五年度予算は、貴族院予算委員総会において無修正で可決された。この日、原は「幸倶楽部員等は予算を傷けんと企て研究会に交渉せしも、同会之に応ぜざりしに因り遂に全部を可決するに至りたるものなり」(94)と日記に記している。

これに対し、選挙法改正案について、貴族院は回付された当初より「反対する形勢」(95)であった。大選挙区制から小選挙区制への転換の当否もさることながら、同法案の別表すなわち各選挙区の設定とその内容に関し、少なからず問題点もあったのである。すなわち、この改正案では一三万人を標準として一郡もしくは複数の郡を組合せて一選挙区を設定したが、有権者一九万人の選挙区もあれば、有権者二〇万余りに定数二という選挙区もあって、衆議院における修正だけでも一府一〇県に及んだ。特に、栃木、山梨、鳥取等については、与党・政友会内部においても利害関係の調整がつかず、ついには最終的な決定を幹部に一任とせざるを得ない、というほどであった。(96)

もとより原は、改正案が小選挙区制の導入という点を別として欠陥を持つものであると、承知していた。従って「此際は強いて通過を計らず、自然の成行に任す」(97)こととし、原と並ぶ政友会のリーダー松田正久とも協議をした結果、「此際は不十分の法案は寧ろ成立せしめざる事」(98)とした。

さて、改正案が貴族院本会議に上程されたのを受けて、貴族院は一八名から成る「衆議院議員選挙法改正案」特別委員会を編成した。(99)会派別に記せば次の通りである。

研究会

三島弥太郎（子）、松平直平（子）、松平親臣（子）、水野直（子）、有松英義（勅選）

茶話会

浅田徳則（勅選）、江木千之（勅選）、浜口吉衛門（多額）

無所属派

有地品之允（男）、高木豊三（勅選）

土曜会

二條基弘（公）、久保田譲（男）、桑田熊蔵（多額）

幸倶楽部

川村鉄太郎（伯）

木曜会

鎌田栄吉（勅選）

純無所属

徳川頼倫（侯）、村田保（勅選）、石渡敏一（勅選）

それでは、貴族院通過を政府が必ずしも期待しない衆議院議員選挙改正案は、貴族院でいかに審議されたのであろうか。

原は第二回の特別委員会の審議で、江木千之の質問に答える形で、改正案すなわち小選挙制導入の長所を次の三点に要約している。①多数代表主義の実現を可能にすること。原は現実に「多数ヲ得テ居ル党派デモ必ズ多数ヲ得ルト云フ理想ニ協フモノデハナイ」[100]と大選挙区制に対し否定的であった。②穏健な人物の当選を容易にすること。

原は「大選挙区ハ穏健ナル思想ヲ有ッテ相当ノ位置名誉アル者ト雖モ競争ヲ致シテ多額ノ費用ヲ費ヤシテ選挙ヲ争ハナケレバ当選ハ出来ルモノデハナイ」[101]とする。③賄賂の防止等取締りが容易である。原は大選挙区の下では賄賂防止の取締りが困難であるが、「小選挙区ニ致シテ選挙ノ区域ヲ小サク致セバ取締リノ目モ十分届ク」[102]とする。このように原は多数代表を徹底する一方で、金銭によらなくとも「相当ノ位置名誉アル者」である地方名望家が苦労せず当選できる規模の選挙区すなわち小選挙区を理想とするのである。

　これに対し、江木は「尚ホ了解致シ兼ネル所」[103]があるとしつつ、大選挙区の持つ最も大きな利益とは、そこでの選挙戦は少数の候補者間による敵・味方の区別を明確にしたものではないので、「他方ノ平和ヲ得」[104]ることになるのではないか、と述べている。右の原による小選挙区導入の効用に関する説明と同じように、江木の導入しないことによる、すなわち大選挙区制存続の効用についての説明も意図する所は地方名望家秩序の維持であった。原の選挙法改正の目的は、言うまでもなく①にあるのではあるが、同じように②もまた重要なのであった。いや、原にとって①と②そして③をも全て同時に実現を可能とする装置が小選挙区制なのであった。

　従って特別委員会の第三回目の審議の折に、現行法となって一〇年を経過し、その間四回の総選挙を経て「今ヤ漸ク将ニ其運用ニ慣熟セント致シテ」[105]来たが、「選挙区ノ規定」にして現行法は必ずしも短所がないわけではないし、改正案も長所がないわけではないが、「現行法ノ規定ヲ再ビ改メテ旧法ニ類似シタル規定ニ復活セシムルコトスルニハ未タ新案ヲ下スノ資料ニ富メリトハ申サレヌノデゴザイマス」[106]との有松の発言で、今までの二つの選挙制度をめぐる諸論議が現状維持へと収斂することとなる。有松の発言は、小選挙区制の導入が憲法制定当時の伊藤博文や山県有朋ら元勲の構想すなわち「旧法」復活という正統性を持つ可能性を断つものでもあった。成程、原は選挙法改正の根拠について「旧法」復活を持ち出すことはしなかった、しかし、金子堅太郎や伊東巳代治ら旧伊藤系官僚はそれにこだわったし、枢密院特別委員会ではこれこそが問題であった。これに対し有松は制度化された法の存在そのものが問題であった。

こうして、三月一四日に開催された第三回の特別委員会の審議の場で、衆議院回付案（政府案）は、それを「大選挙区ニ修正スル」[107]（有地副委員長）という有松の意見に賛成多数であることを以ってして否決されたのである。『貴族委員会速記録』では「起立者多数」としてしか記録されていないが[108]『読売新聞』の記事によれば、この採択の内容は「大選挙区賛成者」一五、反対者二であり、反対者のひとりは慶応義塾塾長の鎌田栄吉であった[109]。なお、採決の後、改正案別表の選挙区画および全体にわたる審議のため別に小委員会を作ってはどうか、との浅田の動議が出て、それが可決された。その結果、有地副委員長（委員長は欠席）より、有松や浅田を含む七名がその委員に指名された。原はその日記において、この日の事情について、次のように記している。「貴族院選挙法委員会は午前に小選挙区制に多数反対し午後彼等集会して修正案を決定したり。前警保局長有松英義専ら反対をなして其所属研究会を教唆したるものなり[110]」。とも角、こうしてこの小委員会によって小選挙区法案は定員増以外は大幅に書き直されることになった。

こうした貴族院の動きに対し、山県系官僚勢力の中心的人物であり茶話会－幸倶楽部の大幹部とも言うべき、平田東助は心から満足していた。彼は有松からの報告に対し、次のような返事を送っている[111]。

選挙法に付ては老兄恰も特別委員に当られ、御迷惑さこそと御察申居候事に有之、一喜一憂とは即ち此事に御座候。乍然御苦心の結果、貴院は予定通り相纏り、十八名中僅かに二人を除き総て一致の体度に出候事、又一大快事に有之候。元田御対談の御模様恰も見るが如く、彼の平生を思ひ出て一笑を禁ずる能はず候。彼の告白は全く真面目に可有之、原の此度の遣り口は終に再び先年の郡制と同一の誤に陥り騎虎の勢と相成申候。此上は大体為無と存候も、若し協議会にまで至候はば断乎として勝敗を決すべく勿論に候得共、貴院としては寛宏の体度を示し、選挙区筋に属する問題は縦令ひ罰則の件たりとも、国家の大休戚に関せざる以上は譲歩する方

可然、大に戦略の存する所と存候。御一考を望む。三島、入江等、其他へ可然御伝へ奉願候。敬具

三月十八日夕　東助

有松老兄

ここで平田は、原内相さらに衆議院が貴族院側の修正案を認めなければ、両院協議会開催ということになろうが、その協議会では大選挙区制という国家の「大休戚」に関る問題以外は譲歩してもよい、と有松に申述べている。そしてさらに、研究会の領袖三島弥太郎や入江為守らに右のような自分の意見を伝えるように指示している。

もとより、改正法案については「強て通過を許らず」「自然の成行に任す(112)」とした原は、三月一三日、山県系官僚の一木喜徳郎（勅選、無所属派）経由で桂太郎より話があった「両院協議会に於て人員増加のみを認めて折合ふ(113)」という妥協案に乗らなかった。そしてそれは、現実に政府案特別委員会で実質的に小選挙区導入案が否決されても変わることはなかった。三月一五日、両院協議会開催を前にして三島が一木と同様に別表の人員増加と引換えに大選挙区案を認めることで「折合ふこと」を原に勧めに来たが、「案の骨子たる小選挙区制を今に至りて捨つる能はず(114)」と、原はそれを一蹴している。

では、原さらに政友会が、衆議院の最大可能定員四五〇（当面は三八一→四三二）すなわち最大可能な定員増六九という、大幅な定員増を犠牲にしてまでこだわったことは何であるのか。それは政党として「其主義を主張する事(115)」であった。さらに、「其主義を主張する事」とは何を意味するのか。

先にも述べた通り、多数代表と地方における名望家秩序の維持を同時に可能とする小選挙区制について広くアピールすることであった。妥協しなかった原に対して、貴族院は、本会議において圧倒的多数で「小選挙区制」案を否決することで応えた。すなわち、三月二〇日、貴族院本会議は衆議院議員選挙法中改正法律案特別委員会による修正案を賛成二〇一、反対二八の多数で可決した。言い換れば政府案は反対二〇一、賛成二八の圧倒的多数で否決

されたのである。ちなみにこの時、例えば第二三議会（明治三九年一二月〜同四〇年三月）開会時と比べて、貴族院における政友会の友党・木曜会はその会員数をほぼ五分の一に減らしていた。すなわち、そのリーダーである千家の個人的な経済状態の悪化や田ら山県系勅選議員による切り崩し工作とによって、木曜会は多数の脱会者を出していた。従って、それはもはや政友会にとって、貴族院における頼れる友党という勢力たり得なかった。

さて、続く三月二二日に開催された両院協議会では難行の末、午後七時に至り衆議院の議決通り可決をみた。翌二三日、衆議院がこの両院協議会での成案を可決したのに対し、貴族院は起立多数でそれを否決したのである。

七　むすびにかえて

以上みてきたように、桂園内閣期において、貴族院は、未だ山県や桂ら藩閥政治家とその配下にある官僚派の強い勢力圏内にあった。しかし、その反面、貴族院内部では政党勢力特に政友会と連動しつつ、山県・桂系の官僚グループすなわち官僚勢力の強い束縛から脱しようとするような動きが顕著であったこともまた事実である。研究会もその例外ではなかった。

が、それはともかく研究会を主軸とした貴族院の中心勢力が、権力構造の中核として政党制を積極的にか消極的にか容認していくのは、原内閣の成立（大正七年九月）以後のことである。すなわち、そこでは、研究会と茶話会の提携関係は崩壊しつつあり、これに代って政党内閣に協力的な巨大な研究会―「大研究会」が出現しつつあった。

（1）『原敬日記』（原奎一郎・林茂編、福村出版刊。以下、特に断らない限りは、これを用いた。）明治三九年一月七日の条。

（2）同、明治三九年一月七日の条。ただし、その後、原は明治三九年六月二二日に至り、その日記に「松岡は貴族院各団体と宜しと桂が云ふに付採用したるものなるが、事実は全く反対にて各派に軽蔑さられ居り」（同、明治三九年六月二二日の条）と記している。

(3) 郡制廃止法案をめぐる諸問題と原の政治指導との関りについては、三谷太一郎『日本政党政治の形成』(東大出版会、一九六七年)第一部第一章に詳しく論じられている。本節も三谷氏の研究に負う所が少なくない。
(4) 「原敬日記」明治三九年三月一四日の条。
(5) 同、同年三月一八日の条。
(6) 同、同年三月二七日の条。
(7) 有松英義編『小松原英太郎君事略』(木下憲刊、一九二四年)、一七四頁。
(8) 床次竹二郎「官僚と戦った郡制廃止」(東京朝日新聞社編刊『その頃を語る』一九二八年)、二七二頁。
(9) 「原敬日記」明治三九年一〇月三一日の条。
(10) 同、明治四〇年一月一八日の条。
(11) 同、明治三九年一一月一二日の条。
(12)(13) 同右。
(14) 同、明治四〇年一月一四日の条。
(15) 同、同年三月二一日の条。
(16) 有松、前掲書、一七五頁。
(17) 「田健治郎日記」(国会国書館憲政資料室所蔵複製本)、明治四〇年三月二一日の条。
(18) 明治四〇年三月九日付『報知新聞』。
(19) 「原敬日記」明治四〇年三月八日の条。
(20) 同右。
(21) 同、同年三月一〇日の条。
(22) 同、同年三月一四日の条。
(23) 同、同年五月二三日の条。
(24) 明治四〇年三月二二日付『報知新聞』。
(25) 同年三月二三日付『報知新聞』。
(26) 一木喜徳郎『一木先生回顧録』(河合弥八編刊、昭和二九年)四四頁。
(27) (23)と同じ。

(28)「原敬日記」明治四一年三月二六日の条。
(29) 同、同年二月一二日の条。
(30) 同、同年二月二一日の条。
(31)(32) 同右。
(33) 辰巳豊吉『研究会は目覚めた』(全一〇九頁、政治経済通信社、一九二六〔大正一五〕年)五三～五四頁。辰巳によれば本著が起稿されたのは大正一一年の夏のことであるが、「事情止み難いものがあって久しく篋底に蔵したが、今や漸くその事情も消滅したので今夏再びペンを操り、捜し出した家の日記に参照して補正を加へた」(はしがき「研究会並に政党の諸氏へ」より)という。この回想録の内容は少なくとも原敬日記と日時等に至るまでほぼ一致しており、かなり正確であると思われる。
(34) 同、五四頁。
(35) 同右。
(36) 同、五五頁。
(37) 同、七二頁。
(38) 同、六七頁。
(39) 同、七三頁。
(40)「原敬日記」明治四一年二月二七日の条。
(41) 同、同年三月四日の条。
(42)～(45) 同右。
(46) 同、同年四月一二日の条。
(47) この内、千家の入閣の経緯についてはすでに藤井貞文氏が「原敬日記」によってかなり明らかにしている。藤井「千家尊福の法相就任」(神道学会編『神道学』六七号、一九七〇年、所収)を参照。
(48) 明治四一年三月二三日付西園寺公望宛原敬書翰(『立命館大学人文科学研究所紀要』第七二号、一九八〇年、九九～一〇〇頁所収)。
(49)(50) 同右。
(51) 辰巳、前掲書、七九頁。
(52)「原敬日記」明治四一年三月二五日の条。
(53) 明治四一年三月二六日付『東京朝日新聞』。

(54)(55) 同右。
(56) 同年三月二八日付『東京朝日新聞』。
(57) 辰巳、前掲書、八二頁。
(58) 同、八二～八三頁。
(59) 阪本辰之助『子爵三島弥太郎伝』（昭文堂、一九三〇年）、八三頁。
(60) この時期の伯爵議員互選をめぐる研究会と反研究会勢力との抗争については、本書第二章を参照されたい。
(61) 「原敬日記」明治四二年三月六日の条。
(62) 同右。
(63) 同、同年四月七日の条。
(64) 同右。なお、「三頭政治」の後の三島体制を支えたひとり、入江為守は、後年（昭和八年）、当時の貴族院議長・徳川家達の呼びかけによって「実際上の参考」と「懐古の資料」収集のために組織された「旧話会」の席上で、明治四一年前後の研究会と幸倶楽部との関係について次の様に述べている。「研究会と幸倶楽部、それが始終親類付き合いをして親しく交わって意見を交換して居りました。そうして大抵意見の一致するように相談を決めて、そうして協力して問題に当るようにやった訳です。そういう状態でありますから、桂〔太郎〕公等はそれで幸倶楽部で研究会と非常に往来がありまして、無論情誼を以て交わるということでありました。度々自分の宅で晩餐会を催したこともありまして、真の情誼で交わって居りました」（㈳尚友倶楽部編刊〔内藤一成解題〕『新編旧話会速記』（尚友ブックレット17）、二〇〇四年刊、一五一頁）。
(65) 阪本、前掲書、八四頁。
(66) 「原敬日記」明治四二年四月一八日の条。
(67) 阪本、前掲書、八五頁。
(68) 「堀田氏の弁解」（明治四二年四月一九日付『読売新聞』所収）。
(69) 明治四二年四月一九日付『読売新聞』。
(70) 田健治郎伝記編纂会編刊『田健治郎伝』（一九三二年）、二二一頁。
(71) 前掲、「田健治郎日記」、明治四一年四月一六日の条。
(72) 同、同年一二月一八日、二五日の条。
(73) 明治四一年一二月八日付『東京朝日新聞』。

(74) 明治四三年三月八日付桂太郎宛山県有朋書簡（国会図書館憲政資料室所蔵『桂太郎関係文書』所収）。
(75) 前掲、「田健治郎日記」、明治四二年三月六日の条。
(76) 同、同年三月八日の条。
(77) 明治四二年三月二一日付『東京朝日新聞』。なお、桂と研究会との関係については註64を参照されたい。
(78) 明治四二年四月一二日付『報知新聞』。
(79) 前掲、『田健治郎日記』、明治四二年三月一七日の条。
(80) 同、同年三月一九日の条。
(81) 『大日本帝国議会誌』第七巻、七一一～七一二頁。
(82) 同、七一二頁。
(83) 明治四二年三月二〇日付『東京朝日新聞』。
(84) 原のリーダーシップと小選挙区制の問題については、三谷太一郎『日本政党政治の形成』（東大出版会、一九六七年）の第一部結章「『大正デモクラシー』状況への制度的対応―小選挙区制案」が詳しい。
(85) 遠山茂樹・安達淑子『近代日本政治史必携』（岩波書店、一九六一年）所収「総選挙政党別得票数一覧」を参照。
(86) 「原敬日記」明治四五年二月一五日の条。
(87) 同右。
(88) 同、同年二月三日の条。
(89)(90) 同右。
(91) 同、同年二月一〇日の条。
(92) 同、同年二月二一日の条。
(93) なお二月二八日に政友会系の勅選議員で警視総監でもあった安楽兼道が原を訪れ、幸倶楽部からこの法案に反対するように交渉を受けたが、その不可を唱えたとの三島弥太郎の伝言を伝えた（「原敬日記」明治四五年二月二八日の条）。また、この日鉄道院副総裁で研究会所属の勅選議員である平井晴二郎が来訪し、研究会においては「多少の条件を付して」まとまる旨を伝えた、と「原敬日記」四五年二月二八日の条にある。
(94) 「原敬日記」明治四五年三月五日の条。
(95) 同、同年三月八日の条。

(96) 明治四五年三月四日付『読売新聞』。
(97) 「原敬日記」明治四五年三月八日の条。
(98) 同右。
(99) 『第二十八回帝国議会貴族院〈衆議院議員選挙法中改正法律案特別委員会議速記録・第一号〉』（『帝国議会貴族院委員会速記録・明治篇二十八』（東大出版会、一九八八年）所収）を参照。なお、この委員会の委員長は研究会の三島弥太郎であった。この委員会は四回開催されたが、横浜正金銀行頭取として多忙であったためか、三島は一回（第二回の委員会）しか出席していない。従って、三回にわたる委員会の議事進行は副委員長の有地品之允があたっている。
(100) 同、第二号、一二頁。
(101) 同右。
(102) 同、一三頁。
(103) 同右。
(104) 同、一四頁。
(105) 同、第三号、三八頁。
(106) 同右。
(107) 同、四三頁。
(108) 同右。
(109) 明治四五年三月一五日付『読売新聞』。
(110) 「原敬日記」明治四五年三月一四日の条。
(111) 明治四五年三月一八日付有松英義宛平田東助書簡（東京大学法学部法政資料センター所蔵『有松英義関係文書』所収）。
(112) 「原敬日記」明治四五年三月八日の条。
(113) 同、同年三月一三日の条。
(114) 同、同年三月一五日の条。
(115) 同右。

第二章　桂園時代における有爵互選議員選挙
――伯爵議員の動向を中心として――

一　はじめに

周知の如く、貴族院を実質的に構成する中心的要素は、伯・子・男爵による有爵互選議員と官僚出身者によってその大半が占められる勅選議員とであった。彼らはそれぞれ多額納税議員や場合によっては一部公・侯爵議員を組み込んで院内会派を組織した。そしてその会派は、元老グループや政党、官僚機構および軍部などによって作り出される政治的磁場の中に自律的にか他律的にか政治史の軌跡を描いたのである。

ところで勅選議員の任期が終身であったのに対し、有爵互選議員のそれは七年であった。それ故、これら有爵互選議員を中心とする会派が院の内外において一定の政治的権威を有するためには、七年ごとの総改選(彼らのいわゆる総選挙)とその間に施行される補欠選挙(通常、欠員が生じて一〇日前後で、その実施が勅令より公示される)において、会員や入会予定者を確実に当選させることにより、会派の規模を維持し、かつ拡大させることが必要であった。そのため、いくつかの有力会派はいずれも互選達成のための互助的組織をもち、候補者の決定とその当選とを期した。さて、この選挙は主に貴族院伯子男爵議員選挙規則(明治二二年勅令七八号)と貴族院伯子男爵議員互選規程とによって規律された。その結果、①各爵における議員の数だけ各人が連記する完全連記制の採用、②委託投票の容認、の二点において、衆議院議員選挙や府県会選挙と大きく異なっていた。

では、かかる特質をもつ選挙において、諸々の院内会派や互助的組織は華族間にあっていかなる行動をし、その選挙過程はいかなるものであったのであろうか。本章はこのような問題意識に基づき、桂園内閣期における有爵互選議員をめぐる華族の動向について考察すると共に、この特徴的な選挙過程を明らかにしようとするものである。けだし、大正政変を目前に控えたこの時期は明治憲法体制の変容期であった。したがって、貴族院をめぐる政治的磁場の変化が有爵者の選挙にまで敬妙な影を落していたようで、この時期の彼らの選挙をめぐる動きは、他の時期のそれと比べてより激しいものがあった。そのことが却って、この選挙過程の特質をさらに明確にさせるであろう。以下、まず、桂園内閣期に至るまでの選挙体制について論ずることから始めよう。

二　研究会＝尚友会体制

有爵互選議員候補者の選出母体として尚友会が成立したのは、明治二五（一八九二）年七月二五日のことである。同会は、同年七月三〇日に実施が予定された子爵議員三名の補欠選挙に際し、貴族院における反藩閥勢力の指導者のひとりであった公爵近衛篤麿配下の院内会派「三曜会」と、同じく子爵谷干城が指導する「懇話会」とに対抗する形で組織された。これより前、谷干城提出のいわゆる「勤倹尚武」建議案採択の是非（第二議会）や選挙干渉をめぐる政府への追及（第三議会）をめぐり、三曜会と懇話会は、政府を支持する研究会と鋭く対立していたのである。

さて、尚友会は「同志」の「智識交換」や「親睦」を結成の趣旨とした（尚友会規則第一条）が、実際は研究会にその所属議員を確保することが成立目的であった。

ちなみに、先の補欠選挙の当選者はいずれも尚友会推薦者であり、第三位で当選した者の得票数が一四五であるのに対し、次点は九八票でその差はほぼ五〇である。(1) 第一回有爵互選議員選挙が実施されて以来、組織ぐるみでの互選の達成はこれが最初であった。それ故、有爵者の互選に際し、有権者であり被選者である会員を多数擁する組織が絶大な力を発揮することが、ここに証明されたのである。これ以後、子爵界において将来議員に当選するには尚友会の推薦が絶対有利と考えられたため、俄然、入会希望者が増加し、尚友会は研究会所属議員選出のための選挙母体としての役割を確立して行った。(2)

尚友会のこうした機能は、明治三〇（一八九七）年七月に実施された第二回総選挙にいかんなく発揮された。この選挙は、三曜会、および懇話会系の伯爵者および子爵者からなる反尚友会グループと尚友会とが激烈に対立する中で実施された。かかる華族界における激越な対立・抗争ぶりは、尚友会の重鎮である子爵野村靖をして、この選挙競争の弊害は各人の歳費（当時、二千円）狙いに基因するものであり、ことここに至っては伯・子・男爵議員の歳費を全廃すべきであると主張させる程のものであった。(3)ちなみに、投票用紙の配布をほぼ二〇日後に控えたころ、『報知新聞』は次のように尚友会の動向を伝えつつ、選挙戦ももはや終盤であると報じている。すなわち従来より尚友会は、「温柔なる華族を説きつけ、委任状と投票用紙とを取り上げ運動者に於て勝手気儘の人名を記入し、運動者自身幾多の投票を携えて」選挙会場に入場する弊があるが、「今日の選挙に際しても投票用紙の配布を待ち受け直ちに之を巻き上げんとて準備を怠りなし」(4)。もちろん、こうした〝戦術〟は専ら尚友会のみが使ったわけではないであろう。反尚友会側でも多かれ少なかれ、かかる投票用紙集めに奔走したのではないかと思われる。

結局、この選挙は子爵者を中心に尚友会側の勝利であった。この年の一二月に開会された帝国議会における所属会派別一覧(5)からすれば、研究会所属の伯爵議員および子爵議員の数はそれぞれ四名、四八名で、前者は改選前より二名少ない。千家を中心とした男爵議員については六名を再選したが、そのいずれも選挙直後より研究会および尚友会を脱会し、新任議員や他会派所属の議員と合体して新たに男爵議員を中心とした「木曜会」を結成した。子爵議員に至っては、七〇議席のうち四八議席を研究会が占めることになり、少なくとも子爵者については〈研究会＝尚友会〉の主導権が確立した。

この選挙の結果が判明した七月一一日、近衛篤麿は以下の如く日記を記し、憤まんをぶちまけている。「……子爵は尚友会予定の通りとなれりとの事、同会には高嶋子一昨夜より背後にありて尽力したりとの事、奇怪なる顕象というべし。尚友会なるもの未だ消滅の時期に達せず、益す其醜をさらさんとす。嗚呼貴族院の事言ふに忍びず、華族全体の為に浩嘆せずんばあるべからず」[6]。近衛によれば、時の松方内閣の陸相高島柄之助(子爵)が投票日前日の九日に至って票集めに尽力したようであった。

ところで研究会に所属しない者も含めると、尚友会推薦で当選した者の数は更に増える。この選挙で当選した子爵議員七〇名の内、非尚友会系の松平乗承を除いて他の六九名は全て尚友会の推薦者であった。もっとも、この選挙における七〇番目の得票者は松平と尚友会推薦の戸田忠義の二名であった。そこで貴族院伯子男爵議員選挙規則(明治二三年勅令第七八号)第一二条第二項の規定により、年長者の松平が当選と決ったのである。すなわち、得票数からみると、尚友会の推薦者はその全員が当選圏内に入っていることになる。それでは、尚友会の推薦者で研究会に入会していない二五名の存在はどう考えればよいのか。このなかには反尚友会系の指導者で最高点の二八七票で当選した谷干城と曽我祐準とがいる。第二回総選挙における子爵議員選挙では、投票者二九七(有権者三一七、棄権二〇)という数からして、ほとんど全員の尚友会員の票がなければともにこのような得票は望めなかったことはもちろんである。このように尚友会側が谷や曽我をはじめとして反「研究会＝尚友会」の立場をとる人々や無所属の人々を二〇名余りも推薦して、自派で七〇の議席を独占しないのは、同会が研究会のための集票装置であることをいくらかでもカモフラージュしようとする意図があったのではないだろうか。

さて、伯爵議員の選挙結果と子爵議員のそれとを得票数の上で比べてみると、注目すべきことがある。それは、当選者のうちの最低得票数と次点得票数(落選者の最高得票数)との落差の大小である。子爵者の互選では両者の落差が小さいのに対し、伯爵者の場合はそれが著しく大きいのである。

子爵議員選挙の最高得票数はすでに述べた如く二八七であるが、当選者の最低得票数は一五七であった。しかるに、同点落選者である戸田を除いて上位落選者とその得票数を何名か挙げると、本多正憲・一五〇、日野西光善・一四二、渡辺国武・一四一、三浦梧楼・一四〇、大給恒・一三二、伊集院兼寛・一三〇、佐竹義理・一三〇という具合であり、以下それぞれ僅少差で十数人が続く。この場合、当選ボーダーラインと次点との差は、同点落選者の存在を考慮に入れると一票、入れない場合は七票となり、その差は僅少である。これに対し、伯爵者の互選ではその差は一七票であり、投票者が七五名であることを考える時、この数は小さくない。次点者に次ぐ者の得票数は二五さらに一一、以下七と続く。なお、男爵議員選挙との同じような比較は、次点者を含めて上位落選者の得票が不明であるため、ここで試ることができない。が、かかる差は小さくなかったであろうと推測できる。

さて、こうした当選ボーダーラインと次点得票との落差の大小は何によって生ずるであろうか。これは、各爵における全体的な選挙調整機構の存在の有無によるものと思われる。すなわち、子爵者間にあっては尚友会と反尚友会グループとの熾烈な対立が存在して、全体的な候補者の調整が不可能であったのに対し、伯爵者の場合はそれが存在したのである。伯爵者においては投票用紙の配布に先立ち、島津忠亮(三曜会)、松浦詮(懇話会系無所属)、正親町実正(研究会)、万里小路通房(研究会)、広沢金次郎(議員未経験)の五人が交渉委員に挙げられ、専ら彼らが候補者選定につき伯爵者間を斡旋したのである。その結果、広沢以下五人の新任者と、交渉委員のうち広沢を除く四人の再選を含む合計一〇名の再選者を内定したのであった。(7) 伯爵者間において、こうした事前調整が可能であったのは、子爵者に比して総人数八〇余と有権者集団の規模がほぼその四分の一であったことが大きな原因であろう。さらに、「伯爵一般交際シ本爵ノ義務ヲ講究スル」(伯爵会規則第一条)ことを目的として明治二二年に成立した「伯爵会」が、季節ごとに懇親会を開き、全同爵者の意思疎通にたえず留意して来たことも相互の調整を可能とする上で役立ったであろう。

男爵者の場合も、伯爵者と同じく全体的調整がなされた。すなわち、伯爵議員候補者の決定と相前後して、男爵者の最長老のひとりである本田親雄（鹿児島出身、金鶏間祗候）と研究会創設メンバーのひとりであり、神道の最高権威のひとりである千家尊福（出雲大社宮司）とが作成した候補者リストが、ほぼ全男爵有権者に容認されたのである。(8)その結果、このリストと寸分違わない形で男爵議員が選出された。

ところで、子爵者間の互選はもとより、伯爵者や男爵者のそれにおいても尚友会は小さからざる影響力を有していたと思われる。何故なら、先にふれたように、伯爵者の場合は、四名の交渉委員の中に研究会の領袖として著名な正親町実正と、同会創立以来のメンバーで同会の重鎮であった万里小路通房の二名が加わっており、本選挙でも正親町自身が最高点で当選している。男爵者の場合も、その後静岡県知事や東京府知事さらに第一次西園寺内閣の法相に就任するほどの政治的経験と手腕を持つ千家尊福が、老齢の本田に対して候補者リスト作成にあたって主導力を発揮したことは容易に考えられる。こうしてみると、有爵互選議員の選出にあたって、〈研究会＝尚友会〉は、明治三〇年代に至って伯・子・男爵議員選出の主導権をほぼ握っていたと言うことができよう。

しかし、その後においても研究会＝尚友会は伯・子爵者間への勢力扶植を怠らなかった。もちろん、それは、厳密には、第三回総選挙実施までの期間における各爵補欠選挙について逐一検討しなければ断定できないことである。しかしながら、日露戦争下という特殊な状況にあったにせよ、明治三七年七月に実施せられた第三回総選挙の結果、ならびにそれから数か月して開かれた第二一議会における研究会所属議員の増加ぶりが、それを雄弁に物語っていよう。例えば、第二〇議会終了時（明治三七年三月二〇日）現在で、研究会所属の伯爵議員ならびに子爵議員はそれぞれ六名と、五八名であったが、第三回総改選を経た直後の第二一議会開会時（明治三七年一一月三〇日）では、各々一〇名および六一名と会員を増加させている。

他方、男爵者においては、すでに述べた如く、明治三〇年に千家の指導のもとで男爵議員団体「木曜会」が結成され、明治三四年には「二七会」と称する独自の議員候補者選出団体が組織された。その結果、尚友会所属の男爵者のほとんどがそれに移ることによって、男爵議員選挙は少なくとも形式的には研究会＝尚友会グループの手から離れていた。そして、この木曜会＝二七会は、第三回総選挙において定員増加分一七議席のほぼ全部を得ると共に、若干他派の議席を奪うことによって実に五四議席中四七議席を獲得したのである。

さらに、木曜会＝二七会は、第二一議会において桂内閣が提出した貴族院令改正案の審議を境に、研究会＝尚友会さらには山県・桂系藩閥勢力から次第に離脱し、それと対抗しつつあった。[9] すなわち、この改正案は有爵互選議員の定数是正を意図したものであったが、伯・子爵者に比して男爵者の現在数および日露戦争後に見込まれる男爵者の増加に見合う形で男爵議員の定数が改められていなかったので、男爵議員を中心に有爵議員の強い反発を受けた。結局、政府案は互選議員の定数制から比例配分制へと貴族院の大幅な修正を経て成立するが、こうした事態はさらに木曜会をして反山県・桂系藩閥官僚勢力の拠点でもあった政友会の側へと接近させたものと思われる。特に第二三議会において、前議会に引続き西園寺内閣によって提出され、政友会の山県系官僚勢力への挑戦を意味した「郡制廃止」法案の貴族院での審議にあたって、研究会や茶話会を中心として同院の大勢が否決の方向へと傾いてもなお、木曜会員の大多数は千家のもとに団結して政府案支持を貫いたのであった。[10] こうして、明治四〇年に至って、木曜会＝二七会グループは名実ともに研究会＝尚友会グループから離脱したことが明らかになった。

三　同志会の挑戦

研究会＝尚友会の主導性がゆるぎないものとなっていた伯・子爵の互選体制に対し、最初にその打破を試みたのは、伯爵大木遠吉である。彼は、佐賀藩を代表する官僚政治家大木喬任の嗣子である。また、彼は後年、政友会系の貴族院議員として政界に重きをなし、原内閣に法相として入閣し、その後高橋内閣の成立にあたり法相として留任、さらに政友会が準与党であった加藤友三郎内閣に鉄道大臣として入閣することになる。[11]

それでは、なぜ彼がその打破を試みようとしたのであろうか。この点については資料を欠き明らかに出来ないが、「伯大木遠吉」と題して『無名通信』に掲載された一連の記事の中に次のようにある。すなわち「彼〔大木―西尾註〕は平凡なる貴族的生活に厭くと同時に鬱勃たる政治的野心を抑さゆる能はず、貴族院に出て見たいといふことを親交ある宗伯に漏らした。宗は水滸伝を五遍迄繰返して読んだといふ男で、東洋的豪傑を以って自ら任じて居る。大木も豪傑趣味に於ては宗に下らない男だ。そこで意気全く投合して、補欠があったら必ず君を候補者に推薦しやうと誓った」[12]。

しかし、どうやら宗は尚友会の幹部に大木を推薦してはみたものの、補欠選挙の候補者とするまでには至らなかったようであった。従って大木は、来るべき補欠選挙に、尚友会の力を借りずに自力で議席を獲得せざる得ないようになったのであろう。それが次の選挙であった。

こうして大木は、室町公大の死去を受けて明治四〇（一九〇七）年一一月一六日に実施された伯爵議員補欠選挙に出馬し、研究会＝尚友会の推す川村鉄太郎（海軍大将川村純義の嗣子）と激しく争うことになった。室町は研究会に所属していたので、尚友会はその死去直後より公式に川村を来るべき補欠選挙の候補者としていた。それ故、大木の補欠選出馬は、研究会＝尚友会への挑戦状としての意味をもつものであった。

ところで、両者の対抗関係は補欠選挙の公示以前からかなり尖鋭になっていたようで、投票用紙の配布がまだない段階から、両陣営は「八票の差の多数で当選」（大木派）とか「三五対三九で当選」[13]（川村派）とかいう具合に、しきりに皮算用をするまでにそれぞれ集票工作を進めていた。こうして、投票用紙の配布以前にすでに両陣営では基礎的な票集めを完了し、投票用紙が配布された一〇月中旬以降、双方のいずれにも属さない中立派からいかに自派への委任をとりつけるかが、それぞれの陣営の最大の課題であった。一〇月一九日付『報知新聞』によれば、京都在住の伯爵者は大木の地盤であり、それに対して川村派から研究会所属の伯爵議員である広沢金次郎、柳原義光、松木宗隆の三名が大木の地盤の切崩をはかったが、大木派では鷲尾隆聚が京都に赴き、清閑寺経房や中院通規とともにその対抗措置に奔走したという。

他方、両派は自派の票固めにも余念がなかった。それは、投票用紙配布当日の朝に集中してなされた。先の『報知新聞』によれば、両派の運動員は「綱引車」にて自派への投票予定者を訪問し、再度その意思に変更がないことを確める一方、「賛否未定」の有権者の所で両派の運動員が鉢合せをするなど、「中々の括期《ママ》〔活気〕を呈した」という。

さて、その投票日当日に会場の華族会館に出頭したのは、川村派では川村自身と研究会所属の広沢、松木、柳原、寺島、万里小路ら八名、大木派では小笠原長幹、松平頼寿、松平直亮、徳川達孝ならびに大木自身の五名である。開票の結果、両候補者はそれぞれ三八票を獲得したが、先にもふれた選挙規則第一二条第二項の規定により二歳ほど年長の川村の当選が決った。この他、松平頼寿と奥平昌恭（尚友会）がそれぞれ一票獲得したので、有効投票はこの二票を含めて七八票である。それ故、実際は右の一三名を除いた六五名は全て選挙規則第一一条に基づく委託投票であったのである。

それでは、双方の陣営はそれぞれいかなる要素で構成されていたのか。まず川村派の中核は大きく分けて、旧薩摩藩出身者と研究会所属議員とで構成された。前者について言えば東郷平八郎、黒木為楨、樺山資紀、黒田清伸、伊東祐亨、伊地知正一郎がおり、後者については、先にあげた広沢以下五名の他に正親町実正、大原重朝、清棲家教、吉井幸蔵らがあげられる。これら研究会所属議員のうち寺島と吉井とは旧薩摩藩出身であり、このふたりがおそらく研究会―尚友会の方針を受けて、親戚関係を含めた薩摩系伯爵者の間を斡旋したのであろう。

他方、大木派であるが、川村陣営ほど支持基盤は体系立てられてはいないようである。しかし、郷党関係がその重要な一角を形成しているということでは変りがない。すなわち、旧佐賀藩出身の伯爵者は大隈重信以下四名と旧薩摩藩出身のそれと比べればいささか少数ではあったが、大木自身をのぞく三名のすべてが大木の支持者であった。むしろ郷党関係と言うより旧主関係が票集めに小さからぬ役割を果したと言うべきであろう。例えば、参謀総長奥保鞏は旧主筋にあたる小笠原長幹（旧小倉藩主家当主）が熱心な大木派の運動員であることにより、大木に投票するであろうと言われていたが、[14] 結果はその通りであった。また、大木は旧公家や旧大名家当主の票をかなり多く得ていると言える。川村派がこのグループから一六票を得ているのに対し、これからの大木への支持は二六名にものぼっている。なお、宮内大臣の田中光顕を除いて、土方元久や板垣退助以下四名の旧土佐藩出身の伯爵者から票を得ているのも、大木派の特徴である。

こうして大木は惜しいところで一敗地にまみれたが、彼が伯爵議員として貴族院に入るには半年を要しなかった。明治四〇年一二月一八日、伯爵宗重望と同松平直売とが突如議員を辞任した。その理由は大木に機会を与えるためであったと思われる。ともあれ、彼らの辞任を受けて翌年二月二八日に補欠選挙が行なわれた。これに大木は松平頼寿と共に当選したのである。この補欠選挙での投票者は七五名で、その内、大木と松平はともに七四票を獲得している。完勝である。実は、この補欠選挙に研究会＝尚友会側は候補者を立てなかったのであった。それでは先の補欠選挙で、〈研究会＝尚友会〉は大木派と激しく競争したのに対し、この選挙では研究会所属の宗の辞任に伴い何故候補を立てなかったのであろうか。

これより前、大木は補欠選挙において川村に敗れるや自派を反〈研究会＝尚友会〉組織に再編成し、これを「伯爵同志会」（以下、同志会とよぶ）と称していた。いわば、大木はじめ先の補欠選挙での旧大木派は、同志会としてなおも尚友会への挑戦を続けようとしていたのである。ところで、かかる大木たちの動きの背後には広橋賢光（伯爵）がいた、と言われる。華族や貴族院の観察者《ウォッチャー》として、しばしば『太陽』に記事を寄せていた西湖漁郎（もっともペンネームであろうが）によれば、「山気家余りあり」の広橋は各種の事業に手を出したが、何れも失敗し家財を蕩尽する憂目にあった。しかし、鋭意逆境から脱出しようとして、彼は「快腕」を発揮しはじめ、それが露骨となると周囲より危険視され、ついに彼は排斥されるに至った。[15] なるほど広橋は、明治三〇年七月実施の第二回総選挙（改選）では再選されず、同様に第三回のそれにおいても選出されることもなく、今日に至っていたのである。西湖は次のように続けて言う。すなわち、広橋は「爾来研究会に対して甚だ意の平かならざるものありしが如し。是れ渠〔かれ〕が伯大木対伯川村鉄太郎の競争戦に当たりて非研究派たる伯大木の参謀長として大いに活動したる所以にして、又其の終了後、伯爵同志会の組織を献策して飽まで研究会に対抗するの計を画したる所以なりと謂ふべし」。[16] 彼はこのように研究会を威嚇しつつ、研究会復帰の機会を待ったが何ら得るところがなかったので、彼は「伯爵少壮派の大捷〔大木と松平の補欠選挙当選－西尾註〕に乗じて其の手を子爵界にまで伸ばし、研究会破壊を目的とする子爵談話会の組織を策するに至り」[17]、その近親である勘解由小路資承と勘解由の学習院時代の旧友秋元興朝に働きかけたのであった。[18]

西湖によれば同志会もさることながら、談話会についても仕掛け人であり黒幕は広橋であった。他に資料を欠くので、西湖による記述を事実であると断定はできない。が、後年（大正五年一月）、広橋の実兄である藤波言忠（子爵、宮内官僚）が勅選議員に就任し、研究会入りを希望した時、研究会創立以来の会員である稲垣太祥は「同会ヲ乱ス虞アリ」[19] としてその入会に反対している。結局藤波は研究会に入ることはできず、純無所属であることを余儀なくされた。おそらく、大木や秋元の背後にいる広橋の存在を察知した稲垣は、その兄に対しても警戒したのではないか。ちなみに、後に見る如く、談話会側は宮内官僚に対しても大いに運動し、ある程度効果を挙げたようであった。稲垣はそこに広橋と共に藤波の影を見たのではないかと思われる。それ故に、「華族界の怪物を以って目せられた」[20] 広橋の兄である藤波の入会について、稲垣は拒否する姿勢を示したのではなかろうか。そうであれば、西湖の言うように、同志会や談話会の背後に広橋がいたことは十分考えられる。

さて、こうした中で、どうやら宗が研究会＝尚友会を裏切ったようである。先の「伯大木遠吉」によればこの辞任の事情は次の如くである。まず、大木と親しく、彼の政治論に共鳴した宗が、松平直亮を誘って議員を辞し、その補欠に大木と松平頼寿を推すことを決意して、極く秘密裡にその準備をすすめた。しかも、彼らの辞表は、同志会員であった徳川達孝（田安徳川家当主、兄家達は徳川宗家を継承）の手で、伯爵会を経由しないで直接その実兄である貴族院議長徳川家達に手渡された。そのため、宗と松平両名の辞職が公になった時にはすでに彼らの運動がかなり行き渡っており、正親町ら研究会＝尚友会側は「手を拱して彼等の為すがまゝに任せ[21]」ざるを得なかったのである。

ところで、大木と松平とがそれぞれ獲得した七四票は、先の補欠選挙における投票者とほぼ同数の彼らへの〝支持〟を意味するものである。このことは、とりも直さず研究会＝尚友会グループも大木や松平に投票したことを意味することでもある。もちろん、このことは正親町ら研究会側の政治的配慮にもよるであろうが、この選挙で大木と松平が各々七四票を得たことは、伯爵界において同志会の力がもはや抜き難い程にまで根をはっていることを示すものであったと言えよう。

明治四一年四月一三日、研究会所属の伯爵議員松浦詮が死去した。これに対して、同志会および研究会＝尚友会は、それぞれただちに補欠選挙の準備を開始した。それから間もなく、前者は京都在住の清閑寺経房を、後者は土方、東久世と並んで伯爵界の重鎮であり山県系官僚グループの実力者であった芳川顕正を、それぞれの候補者としたのである。

清閑寺と芳川とでは、政界はもちろん伯爵界における経験や威望とで、後者ははるかに前者に勝っていた。すぐ後でふれるように、芳川は尚友会において、事前に予定された、いわば補欠選挙待ちの候補者に擬せられていたわけではなかった。尚友会では次期補欠選挙待ちの候補者として奥平昌恭が予定されていたにもかかわらず、彼は松浦の死後突然候補者を辞退するに至った。芳川はそれを受けて尚友会の候補者に推されたのである。一方、清閑寺は、先に大木と川村とが争った補欠選挙に立候補することをかなり以前から予定しながらも、室町死去前後において立候補を断念し、大木にそれを譲った。従来、伯爵界では、東京および京都にそれぞれ居住する人数に比例する形で東京二・京都一の割合で議員を選出するのが慣行であった。それ故、明治四一年一〇月の時点で室町死去を受けた補欠選挙、またその前の坊城俊章（京都在住）死去によるそれ（明治三九年六月実施、東京在住で尚友会推薦の寺島誠一郎が当選）の二度にもわたって、京都在住の伯爵者たちは東京在住の伯爵者たちに議員立候補者の選定について譲歩していたのである。大木が川村と争った補欠選挙では、この清閑寺自身も大木に投票している。おそらく、京都在住の一部伯爵者たちは、東京居住の伯爵者なかんずく研究会＝尚友会に所属する人たちに対する不信やら不満があったであろう。前回の補欠選挙は大木および松平を貴族院に送り込むために、宗をはじめ同志会によって演出されたようであったので、それをして考えれば、清閑寺らにとって、今回の補欠選挙に彼自らが立候補することは当然のことのように思われたであろう。

さてこのころ、いかに両陣営の対立が根深くかつ劇甚であり、同志会側では研究会さらには子爵者による選挙干渉に対する不満が根強いものであったかは、以下の同志会所属者による五月二二日付『東京日日新聞』所載の談話記事に明らかである。ちなみに、同志会側はこの直後、左の記事と同一趣旨の檄文を同爵者間に配布していることからして、以下は同志会の公式見解であると考えて差支えない。

今回の補欠選挙に就き最初より芳川伯が候補者に立ちしならんには我々同志会負は歓迎せしに相違なかりしも、惜しい哉研究会所属の伯爵に於て松浦伯の危篤に陥れるや否や密かに奥平昌恭伯を候補者に擬し運動に従事したるに拘はらず、其の形勢非なるを見るや研究会所属子爵連中の忠告に依り急に候補者を変更し、芳川伯を推すに至りたる次第にて研究会子爵連中右の忠告を為すや子爵側に於て極力運動を引受け其の費用さへも研究会積立金の内より支出すべしとのことにて盛に運動中なり。故に今回の競争は謂はゞ研究会子爵対伯爵同志会と謂ふべくして主客顚倒し、肝腎の研究会所属伯爵は客位にありて傍観するものもありといふ奇観を現はし、公平に謂ふ時は貴族院に於ける研究会従来の行動は一概に非難すべきものにあらずと雖も同会には選挙機関として尚友会なるものを有し、子爵議員の選挙のみならず、伯爵議員の選挙の如きも同会の左右する所にして研究会領袖の意に満たざる者は伯爵と雖も終身議員たるを得ざるが如き形勢なりしを以て、我々同志者に於ても巳むを得ず伯爵同志会を組織したる次第なり。今人物論よりいへぼ芳川伯と清閑寺伯とは同日の論にあらずと雖も、芳川伯にして今回補欠選挙に勝たんか研究会の勢力は依然として選挙場裡に専横を極め子爵は勿論伯爵と雖も其人物の如何に論なく同会領袖の歓迎せざる者は終身議員たるを得ざるに至らん。苟くも伯爵にして子爵連中の制馭を受け議員たるを得ざるが如きは我々伯爵に於ては言ふべからざるの苦痛なり。研究会に於て芳川伯を推したるは正しく伯爵といはず子爵といはず選挙場裡に勢力を維持せんとするに在り。我々の芳川伯を推挙する能はざる所以のものは即ち研究会の干渉を脱せんと欲するに外ならず。

その後、尚友会側から、これと同趣旨の同志会例の檄文に対して反駁が加えられた(五月二二日)。そこにおいて尚友会側は、芳川擁立は同会所属の伯爵者の意見によるものであって、同会は必ずしも子爵中心に運営されてはいない、と主張していた。しかし、少くともこの主張の後段については明らかに詭弁である。この時の尚友会員は全部で一六〇名であり、そのうち子爵者およびその嗣子が一三八名で、他は伯爵者一六名、男爵者三名、侯爵者一名と勅選議員二名であったようである。[22] この時まで同会の幹事三名はほとんど子爵者が占めており、全会員の八六パーセントが子爵者という構成上の点からしても、伯爵者の自律性などはほとんど存在しなかったものとみてよかろう。

さて、芳川の擁立といい、右の尚友会の反駁といい、いずれも研究会＝尚友会が苦境に陥っていたかを示しているであろう。ちなみに大木は郷党の長老とも言うべき大隈重信に宛て、次の如く委託投票の手続にもふれつつ、同志会側への支援を確認する一方、同志会側が尚友会に対して有利に選挙戦に臨んでいる旨を報告している。[23]

謹啓先日来少々御不例ニ被為在候処其后如何候や。偏ニ御加養奉祈候。扨投票用紙もいよいよ配布ニ相成候間選挙場ニ御出被遊候や。将又委託被遊候哉。一両日中参趨之上御都合拝承致度存候。自然御委託之場合ニ者別紙委託証状封筒相添置候間御調印被下度事願候。今回ハ彼研究会之者共も必死狂奔罷在候得共、正邪之道者未ダ錯処不致ものと見へ大敵を受けながら日々優勢ニ赴き候畢境尊台始諸先輩之御配慮ニ基く事と奉存候。草々頓首。

五月廿四日　　遠吉

大隈伯爵殿
　　閣下

結局、この補欠選挙は同志会側の勝利に帰した。同志会側（清閑寺）三八票、研究会＝尚友会（芳川）三六票の得票であった。いま清閑寺、芳川各々への投票者を掲げると次の通りである。

清閑寺への投票者

□中院通規、□山科言縄、○冷泉為系、○大谷光瑩、油小路隆元、□滋野井実麗、園基資、□鷲尾隆衆、□津軽承昭、□松平頼寿、□上杉茂憲、□甘路寺義長、×南部利淳、□烏丸光亨、□阿部正桓、□中川久任、□小笠原長幹、□伊達宗基、□広橋賢光、□酒井忠道、□立花寛治、□徳川達孝、□松平直亮、□徳川達道、○東久世通禧、□大木遠吉、○宗重望、□大隈重信、○壬生基修、□真田幸正、□島津忠亮、×沢宣嘉、□前田利同、□土方久元、○亀井滋常、□大村純雄、×大給恒、○林博太郎

芳川への投票者

○伊東祐亨、○三条西実義、○橋本実頴、○（研）柳原義光、○井伊直忠、○葉室長通、○（研）正親町実正、

×柳沢保恵、○(研)万里小路通房、×勧修寺経雄、○(尚)姉小路公政、□戸田氏共、○堀田正倫、○(尚)奥平昌恭、○有馬頼万、○清水谷実英、○(研)松木宗隆、○(尚)松平直之、○黒田清仲、○(研)寺島誠一郎、○(研)川村鉄太郎、□山田英夫、○(尚)広沢金次郎、□副島道正、○(研)吉井幸蔵、□後藤猛太郎、○(研)大原重朝、○(研)清棲家教、○樺山資紀、○小松重春、○佐久間左馬太、山本権兵衛、○黒木為禎、○東郷平八郎、○児玉秀雄、×藤堂高紹

ここで、今回の選挙における各候補者への投票リストを明治四〇（一九〇七）年二月実施の補欠選挙（川村対大木）におけるそれと比較してみる。(24) 右において、大木と川村とが激しく争った補欠選挙の際、大木に投票した者には□を、同じく研究会＝尚友会系の川村に投票した者には○をそれぞれ付し、その補欠選挙に棄権した者には×を付しておく。何も記号が付されていないのは、その補欠選挙における去就が不明であるかあるいは無効投票となったかそのいずれかである。また、○を付した者で、明治四一年三月二六日に閉会した第二四議会の召集時における研究会所属議員にはさらに(研)を、議員ではないが明らかに尚友会員には(尚)をそれぞれ付した。なお前者が尚友会員であることは言うまでもない。こうしてみると、七か月ほどの時間的隔りを通して両陣営が激突した補欠選挙において、同一系統の候補者すなわち大木－清閑寺と川村－芳川への投票者はほぼ一定していることがわかる。この二の一定した投票者集団をそれぞれ同志会系、研究会＝尚友会系とすることができよう。すなわち、清閑寺への投票者で□が付された者は同志会員か同志会シンパであり、同じく芳川への投票者で○が付された者は尚友会員かそれに近い人物であると言えよう。伯爵者にしろ子爵者にしろ、このころの尚友会や同志会の陣容については、従来ほとんど不明であった。それ故、多少荒いやり方ではあるが、右のような手法でこのふたつの集団の構成員を推測することはそれなりに意味があると思われる。

清閑寺が芳川を抑えて当選したことは、少なくとも伯爵界において同志会の権威を大きく高めることになった。と同時に、研究会所属の伯爵議員の間で、同会幹部の正親町（安政二年＝一八〇〇年六月生）と彼よりも若い世代に属するいわゆる少壮派との対立が一挙に顕在化するに至った。少壮派とは松木宗隆（明治元年＝一八六七年六月生）、柳原義光（明治七年＝一八七五年九月生）、広沢金次郎（明治四年＝一八七一年七月生）、寺島誠一郎（明治三年＝一八七〇年九月生）、柳沢保恵（明治三年＝一八七〇年一二月生）の五名のことである。

四　反「官僚派」戦線

この対立は、一〇月二八日に同会の常務委員選挙を控えて、松木らのグループが正親町や万里小路に代って自派から候補者を立てるべく、正親町に対して常務委員の勇退を直接勧告したことに端を発していると言われている。[25]しかし、松木らの正親町はじめ研究会幹部に対する不満はかなり以前からあったようで、彼らは第二二議会における郡制廃止法案の審議について党議違反の行動をとったばかりか、第二四議会においても家禄掌典禄処分案に関して議場を離れ採決に加わらなかった。[26]苦手伯爵者たちのかかる反研究会的行為に加えて、今回の正親町への勇退勧告は、むろん研究会の子爵者たちを激昂させることになった。同会内部では松木らの行動に対する強硬論もあったようであるが、同会幹部は正親町も常務委員に選出しないかわりに、伯爵少壮派からも選ばない、との方針を決定した。いわゆる喧嘩両成敗である。しかし、この決定に不満な松木ら五名の伯爵者は、ついに一〇月二九日に研究会を脱会したのである。彼らは同時に尚友会も脱会したため、院内会派としても推薦団体としても二重の意味で純無所属であった。なお、この時の常務委員改選にあたり選出された吉井幸蔵は、翌三〇日に研究会を脱会し、松木らに合流した。

これに対し、同志会側は松木らに同会への参加を呼びかけたが、その交渉は難航した。しかし、第二六議会召集の直前となって、統一院内会派を組織することで両派の合意が成立し、一二月一八日、華族会館で新会派「扶桑会」の結成式が挙げられた。ここに伯爵議員グループは、次の如く非研究会＝扶桑会と研究会とに二分されることとなった。

扶桑会

島津忠亮、大村純雄、徳川達孝、大木遠吉、松平頼寿、清閑寺経房（以上、同志会）

広沢金次郎、柳沢保恵、柳原義光、松木宗隆、吉井幸蔵、寺島誠一郎（以上、研究会脱会組）

研究会

正親町実正、万里小路通房、清棲家教、大原重朝、川村鉄太郎（その後、扶桑会に参加）

かかる伯爵界における研究会＝尚友会の指導力の低下は、明治四二年九月実施の補欠選挙の結果に象徴的に現れている。この選挙は扶桑会所属の島津忠亮の死去にともなうものであった。同志会はただちに中川久任を候補者とする旨を表明したのに対し、研究会＝尚友会側はついに対立候補を立てるのを断念したのである。この時、中川は有権者九一名中六四名の支持を得て当選した。しかしながら、この数字は従来の一人選出の補欠選挙と比べて一〇票ほど少ない。投票の実施を直前にして『東京日日新聞』（九月一四日付）は、有権者九一名中、同志会系四八、無所属三七、研究会系六と両派の勢力分野を試算しているが、正親町ら尚友会所属者の同志会に対する嫌悪が反中川へと彼らを団結させ、その分が先の一〇票減となったのであろうか。

それはともかく、明治四〇年九月実施の補欠選挙からはじまり、明治四一年一月、同年五月、そして今回の明治四二年九月実施の補欠選挙の各時点を通過するたびに、同志会の力は確実に伸長し、少なくとも伯爵界においていまや研究会＝尚友会を圧倒していた。一方、このころ子爵界においても、尚友会が脅威にさらされつつあった。すなわち、明治四二（一九〇九）年二月、秋元興朝、相良頼紹、勘解由小路資承らによって子爵談話会（以下、談話会）が尚友会に対抗する新たな議員推選団体として成立した。なかでもその結成とその後における会の運営の中心となったのは秋元である。彼は創立時からの政友会員であり、すでに第一次西園寺内閣末期に「研究会に対抗すべき団体」[27]を組織することを原敬（内相）に進言していた。が、この時は原を中心に、政友会部内で木曜会の領袖である千家尊福の入閣が考慮されていたため、いたずらに研究会や茶話会などの山県－桂系官僚勢力を刺激しないようにとの原の配慮によって、秋元の言う新団体の組織化は一時見合されていたのである。

さて、新団体である談話会の発会式は明治四二年二月一日に華族会館で挙行されたが、反〈研究会－尚友会〉勢力である同志会、扶桑会、二七会は各々代表を送り、彼らはそれぞれ祝辞を述べた。したがって、談話会発会式はさながら反〈研究会－尚友会体制〉の総決起集会であり、その統一戦線の結成を広く訴えるものであった。ことに反〈研究会－尚友会〉の立場をとる伯爵者たちの談話会結成に対する期待は大きかったようで、前年一一月中旬から一二月にかけて、大木は自ら京都に赴き、京都在住の子爵者たちに新団体組織の意義とそれへの加入を説いて回るほどの熱の入れようであった。[28]

この談話会の初陣はこの年の七月に行われた補欠選挙においてである。この時、談話会は創立メンバーのひとりである相良を候補者に立てて尚友会と激しい選挙戦を展開したが、結果は九八票対一九六票の大差で敗退した。その後、同会は明治四四年の総選挙まで数度補欠選挙に候補者を立てたが、いずれも一〇〇票内外の大差で敗れている。この時尚友会幹事のひとりであった水野直は、明治四二年末における談話会の実勢を正会員八八、賛同者二二と推定しているが、[29]子爵議員選挙の有権者が三四〇名であることを考える時、談話会側が子爵議員選挙を御するに必要な会員数は、あと六〇名ばかりであった。豊富な資金の裏付けや選挙戦術の熟達とによって、談話会が二〜三〇名からなる中立派を手中に収めたり、尚友会の一部を切崩したりして、同会と均衡するかあるいは僅差で凌駕する可能性もあった。原が秋元に対して華族を「錦を着た乞食」[30]と評しているが、特に黄金戦術は〝貧乏華族〟の多かった子爵者を中心に多数派工作に最も有効な手段であったようである。それ故、数次の補欠選挙を経て談話会側の劣勢が明らかになってもなお、政友会をバックとする同会の存在は尚友会さらには研究会にとって脅威であり続けたのである。

こうして明治四一年から四二年にかけて貴族院内部の状況は徐々に変化しつつあった。それは「官僚派多数なるも非官僚派も漸次増加しつつあり、形勢一変の兆を示し居るものの如し(31)」と、原自身が見た通りであった。

すでに述べた如く、同志会は明治四二年九月の補欠選挙で尚友会に対して事実上の勝利を得、伯爵界における同会の地位は一段と強化されたようであった。この時、同志会は親政友会勢力としての立場を明らかにした。原の日記によれば、小笠原、大木、柳原、松木、徳川達孝と西園寺公望、原、松田正久ら政友会領袖および政友会系勅選議員安楽兼道とが築地の「新喜楽」で懇親会をもった(32)。実は、同志会と政友会の幹部とが会合をもったのはこれが最初ではなく、原自身病気のため急遽欠席を余儀なくしたが、一一月二五日以前にも、同志会の側から西園寺や原および秋元興朝を招待したことがあった。二五日の会合は政友会側によるその答礼の意味があったようである。この日の会合で、季節ごとに懇親会を開くことが両者間で申し合され、同志会と政友会との間に明確なパイプが設定されたのである。原は小笠原や大木らについて、「彼等の同志は尚ほ数人あり。何れも非官僚を主義とするものにて子爵談話会の為めにも大に尽力し無論政友会と提携するものなり(33)」と述べ、彼らを政治的パートナーとして高く評価している。

この時から翌年にかけて同志会と政友会との交流は活発となった。ただし、同志会幹部は、政友会との提携関係の存在や政党による両院縦断を是認するかの発言を控えていた。むしろ、大木は政党勢力の伸長を時代の趨勢として、衆議院はもちろん貴族院においても政党中心主義で行くことが望ましいとしながらも、「一特定政党が両院を縦断する両院共通政党主義が理想的のもので日本の議会政治にも、遠き将来に於て其の実を現はす時期が来るとしても、目下の処は所詮望む可からざることで、反って弊害こそ醸せ予期の如き善美の効果は、奏し得ざるものと断言するのである」[34]として、これを斥けていた。ところが、これと対照的に談話会を指導する秋元は、機会あるごとに両院縦断主義を呼吹していた。『東京日日新聞』をはじめとする諸新聞や『太陽』、『中央公論』などの有力雑誌には、両院縦断を主張する彼の談話記事や論説が散見される。例えば、『中央公論』明治四三年三月号誌上で、秋元は「憲法政治と貴族院」と題して次のように述べる。すなわち、両院縦断主義をして最悪の事態をもたらす可能性があると云々する人々がいるが、逆に「如何なる善い事でも必ず貫くことが出来る」と考えるのがその正しい解釈であり、今日の国際環境の下では国民全体が一体となって「富国強兵」に努力しなければならないことを考慮する時、「貴衆両院縦断」による政党政治が不可欠である、と。こうして、同志会と談話会との間には、〈研究会―尚友会〉体制打破という点では共通点が存在しつつも、両院縦断主義をめぐって相違点があるようであった。

しかし、これは両者がそれぞれ基盤を置く華族グループに対する微視的政策面での違いでしかないように思われる。そのことは原敬日記において確認できる。すなわち、明治四三年六月一一日に「伯爵同志会」が子爵の補欠選挙に候補を立てるべきだと、談話会側に申入れたのであるが、これをふまえて原は二つの団体が合して費用についても「篤と協議し」、「此際は兎も角今後は両爵相合して幹部を作ること必要なり」[35]と談話会会員の松井康義（子爵）に対し説諭している。原にとって両会は一体なのであり、合同可能なのであった。また、すぐ後にふれるように、同志会内部で政友会との接近が問題となるや大木は、将来にわたって政友会と提携関係を維持するつもりであるが、一時的に他会派に接触して同志会部内の不満を抑えるつもりである、と原に申し述べている。こうしたことからして、大木はじめ同志会幹部は、同爵者間に同会の勢力を扶植・維持するために、政友会との提携を意味する両院縦断主義への是認を公言しなかったのではないか、と考えられる。

五　同志会と非同志会派

ところで、明治四三年一月に至って、同志会員であり伯爵界の長老とも言うべき東久世通禧や土方久元の周辺から、同志会幹部の政友会接近を懸念する声があがり始めた。これに対して大木は、不偏不党の姿勢をとるため、一時的に非政友会系の又新会と会合を持ち、そうすることで「事実上弁明」の口実をつくろうとする旨を原に申し述べている。すなわち、大木は次の如く述べて、非政友会系でかつ非官僚派代議士の集団である又新会に接近することによって、政友会との関係についての政治的な中和を策した。(36)

拝啓　累日御繁用奉恐察候。伯爵連頃日来政友会諸君ト一堂ニ相会し候事、或る方面ニ於テ非常ニ掛念致候結果、同志会中の老人、即土方伯等へ色々中傷相試候為、老伯連ハ多少疑惑ヲ生し候傾向有之、此儘ニ放置候而は頗る不得策ニ付、我々の行動少し摸稜ニ致シ置侯必要有之、近日中ニ猶〔又〕新会の或者ト集会侯事ニ略ボ手順相立申候。左候ハヽ何れニ党し何れニ偏スル訳ニ非ズ、何派ニ関セズ意思疎通ヲ計ル趣旨ナリト事実上弁明相出来、老伯連モ安心可致、従而将来も都合よく可相成ト存候。右之次第一応尊聴迄御託申上度候。巨細ハ昨日長谷場氏ヲ訪問致し、逐一話置侯間、同氏より御聴取被下度侯。誠以貴族界ハ面倒至極の事情有之、うるさき事ニ御座候。草々頓首

一月廿八日　　　　遠吉

原敬殿

しかしながら、かかる又新会への接近策をもってしても、同志会内部では幹部への不信やら不満が依然としてくすぶり続け、五月から六月にかけて東久世、土方および松浦厚が相次いで脱会するに至った。東久世は脱会の理由

として次の三つを挙げている。[37] ①大木の皇室費増額への批判的言動があるなど、その行動に「穏当を欠く」、②素行の定まらない会員がいる、③「某大政党」の教唆に乗じて憲法の精神を無視し、貴族院の「本能」を没却しょうとする者がいること。このうち、③が大木ら同志会幹部の政友会接近を指すことは明らかであるし、それがいわゆる官僚派の主張であることは明白である。更に彼らは同志会を脱会するにとどまらず、伯爵会に議員候補者推薦権を集中させることによって、同志会を有名無実化しょうとしたのである。すなわち、東久世と土方と連名で、来るべき七月に開催予定の伯爵会総会において、かかる趣旨の条項を同会規約に追加する動議を提示する旨を同爵者に通知したのである。そして、これに呼応するかのように、六月二七日から三〇日にかけて正親町をはじめとする尚友会所属の四名の伯爵議員が伯爵会を脱会した。ここに、伯爵会規約改正の効果は、依然としてその会員が同会に留り続けた同志会員に対し集中して向けられようとしていた。

こうして伯爵会総会の開催を目前にして、同志会派と東久世や土方ら同志会脱会者たち、そして尚友会系の伯爵者を加えた非同志会派とによる自派拡大競争は熾烈になった。七月七日付『東京日日新聞』によれば、東久世や土方による伯爵会規約改正案に当初から賛同の署名をした者は二八名であり、その後三名がそれに新たに加わり、さらに中立派より一〇名、「或る部分」から一〇名内外がそれぞれ参加している模様であるので、非同志会派はほぼ五〇名であろう、と推定している。これらのうち、当初の署名者数はともかく、他の数字については必ずしも正確でないかも知れない。が、両派の勢力は伯仲していたと考えられよう。かかる状況下にあって、芳川は次のように桂に書翰を送り協力を要請した。[38]

爾来愈々御健勝奉慶賀候。陳者過日来屢次同志会解散之勧誘相試候へ共到底融合之見込無之、遂ニ分袂対立之姿ト相成候処、吾々同盟者ハ不変初一念改正伯爵会規約ニ順ヒ益々同盟者を糾合シ着々進其歩来場合、一事閣下之御援助ヲ仰度ハ佐久間、乃木、児玉三伯向背之事也。同志会派ハ即今頻りニ吾同盟者間ニ撹乱ヲ試ミ大木之如キハ先日来京都ニ出張運動最中ニ付、於当方モ無抜目防戦致居候。就テハ右之三伯ニハ是非々々吾々ニ被寄同情候様御一声賜候ハ、多幸之次第ニ御座候。御一声後ハ当方ヨリ人ヲ派シ親布衣〔ママ〕〔依〕頼為致可申存候。吾々同盟者ハ同志会ニ対比スレハ勿論多数ニ供ヘ共、伯爵全体ニ対シテハ過半数ニハ少々不足ニ候ヘハ是非三伯之同意を度〔ママ〕〔得度〕モノト存候。此意御了得至急御援助賜度願上候。本朝参殿可面陳心得候処、日曜故賜謁之程も難計ヲ恐レ乍略儀以書面相願候。御海容被下度候。敬具。

七月廿四日　　顕正

桂公爵閣下　　侍曹

ここに明らかな如く、伯爵会規約改正によって同志会を解散に追い込もうとする「同盟者」、すなわち非同志会派の運動の中心に芳川がいた。彼は非同志会員の拡大のため奔走していたのである。乃木希典は軍人として政治に関与することを嫌い、従来より貴族院議員の互選にも一貫して棄権して来た。また同じく旧長州藩出身の陸軍大将佐久間左馬太と故児玉源太郎の嗣子秀雄とは、明治四〇年一一月の補欠選挙以来、尚友会側の候補者に投票して来たが、今回については未だ去就を明らかにしていなかったのであろう。第四回有爵互選議員の総選挙をほぼ一年後に控え、芳川は必死の思いであったにちがいない。その後、彼は研究会所属の勅選議員でその辣腕ぶりが広く知られた関清英を通じて、山県・桂系の大物官僚である男爵大浦兼武に協力を要請したところ、「他爵間之事ニハ一切関係不致[39]」として拒絶されたが、芳川はあきらめず、「小生も此辺之事ニハ未熟故……可然御指揮被下侯ヘハ仕合之至ニ御座候[40]」と今度は直接桂に宛て、同志会対策について指示を仰いでいる。

芳川のかかる要望に対して、桂自身がどの程度応じたかは不明である。しかし、少なくとも桂配下の官僚グループは、芳川顕正や関清英の如く、〈研究会―尚友会〉勢力に対して好意的であり、多かれ少なかれ非同志会派を援助していたようであった。例えば、第二次桂内閣の下で警保局長職にあった有松英義は、第一次西園寺内閣に逓相として入閣した堀田正養にかわって研究会の指導者となった三島弥太郎に対し、談話会成立後の京都方面における有爵者の動向を詳しく報じ、次のように三島より感謝されている。「……御丁寧なる御書状を被下、御芳志奉深謝候。京都方面の模様委細御報知被下、大なる参考と相成なり申候。尚此後御聞込の事も入らせられ候はば、御しらせ被下候様奉願上候。近頃は先方にては連（ママ）〔意〕外に宮内官吏の間に運動いたし候様にて、此方面に於ては多少成効（ママ）〔功〕いたし候様に察せられ候に付当方にても此方面に向け防御示の手段を講ずる必要有之、目下考中に有之候。……」(41) 堀田正養が〈研究会－尚友会〉時代に京都方面をしばしば巡回し、その地盤としていたこともあって、三島は京都在住の華族の動向が大いに気になるところであった。また、宮内省方面に同志会や談話会の手が及んでいるようであるが、もと宮内官吏であった広橋賢光と現職の宮内官吏である藤波言忠の兄弟が動いていたのであろうか(42)。

ところで、七月上旬に開催が予定された伯爵会総会は八月になっても開催の目途がつかない状態であった。これは両勢力が均衡しており、総会までにできる限り自派の拡大をはかろうとして、相手側の切崩しを含め相互に多数派工作に腐心していたためであろう。

しかし、事態は徐々に同志会側に不利となりつつあった。すなわち、七月から八月にかけて同志会は、柳原や川村をはじめとして脱会者が出はじめたばかりか、非同志会派に対して妥協を望む声が会内の一部から出るに至ったのである。こうして、強硬論を主張して譲らなかった大木や小笠原がこのころより軟化したため、八月四日に大木、林、松平（頼寿）、奥平、広沢、副島が協議した結果、同志会の体面を毀損しない範囲で非同志会派に対する妥協案を作成し、東久世や土方に対する交渉を広沢と副島とに一任する旨が決定された。妥協案の要点は、①伯爵会が議員候補者選定権を有する、②同志会を伯爵会の詞査機関として存続させる、③非同志会の団体を解散する、④同志会脱会者の復帰、⑤議員候補者選定の際、東久世、土方、芳川の三名は厳正中立の立場をとる、の五点であった(43)。

ところが、一〇月中旬に至り、「同爵間の融和を計るに同志会の解散は焦眉の急務なり故に共存続は断じて不可なり」(44)と、非同志会側はこの妥協案を一蹴した。非同志会側は強気であった。八月二九日に華族監督強化のため宗秩寮が宮内省に新設され、その二日後に「常ニ厥躬ヲ顧ミテ言行ヲ慎ミテ敢テ或ハ失墜スルコトナキヲ期セヨ」とする勅語が華族に対して下された。第二次桂内閣のかかる措置は、貴族院議員さらには華族界への無言の圧力であったであろう。(45)ともあれ、非同志会側が同志会の存続を全く認めない以上、両者が妥協できる余地は今や全くなかった。その後、明治四四年に至るまで両者の接触は断続的になされたが、ついに両者が歩み寄ることはなく、同年七月の総選挙実施に至ったのである。その結果は同志会の惨敗であった。

六　むすび

明治四四（一九一一）年七月に実施された互選議員の改選は、伯爵者のそればかりか子・男爵者のそれにおいても共にいわゆる官僚派の圧勝であった。伯爵者の場合、定員一七名中同志会員は徳川達孝ひとりであった。この徳川は貴族院議長・公爵徳川家達の実弟である。そのことが、この徳川をして落選をまぬがれさせたのであろうか。ところで、当選ボーダーラインに一四票以上を欠いて、林、広沢、松平、大木、小笠原ら同志会員が落選者としてズラリと並んでいる。この一四票という数字は、かつて尚友会が伯爵者の互選にもかなり大きな影響力をもつようになったと考えられる明治三〇（一八九七）年の改選の場合（この時は一七票、既述）に著しく接近したものである。いわば、伯爵者の変革されつつあった選挙体制は、いまや以前のそれに復したのであった。

子爵者の場合は、尚友会の完勝である。すなわち、談話会は一名の当選者すら出すことができなかった。また、男爵者においては、明治四一年四月に山県や桂の配下にあった大浦兼武や田健治郎らによって創設された「協同会」が二七会を圧倒した。前者の当選者数が四三名であるに対し、後者はわずかに千家以下七名であった。こうして、明治四〇年から四二年にかけて、貴族院内と有爵互選議員の選挙権を有する華族間とに生じた反〈研究会＝尚友会〉および反官僚派の動きは、ことごとくその反対勢力よって圧殺されたのであった。

(1)『報知新聞』『東京日日新聞』『東京朝日新聞』などによる。
(2)尚友倶楽部編刊『貴族院の会派　研究会史・明治大正編』（一九八〇年刊）一八四頁。
(3)明治三〇年七月七日付『報知新聞』。
(4)同右。
(5)酒田正敏編『貴族院会派一覧』（日本近代史料研究会刊）を参照。
(6)「近衛篤麿日記」（同日記刊行会編、鹿島出版会、一九六八年刊）明治三〇年七月一一日の条。
(7)明治三〇年七月一一日付『東京日日新聞』。
(8)同右。
(9)この点については、小林和幸『明治立憲政治と貴族院』（吉川弘文館、二〇〇二年）、二八〇頁を参照。なお、第二五議会における貴族院令改正問題については、本書第一章第五節を参照されたい。
(10)この点については、本書第一章第二節を参照されたい。
(11)政治家としての大木は後年、多くの人々によってその豪放磊落ぶりが指摘される。ちなみに政友会所属の代議士・高橋光威（原内閣・内閣書記官長）も「人傑と云ふか、国士といふか、豪快伯の如き人物は、兎に角今の世に一寸求め難い」（高橋光威「原敬氏が狙ひをつけた男」（『大日本国枠会会報〈噫総裁大木伯〉』第二年五月号、一九二六年五月刊、二二頁）と大木について評している。成程、彼は理想家肌の政治家であった。例えば、第二次西園寺内閣の成立に際し、「海陸軍の統一と文教の振興」が必要であることを説いている。特に前者について次のように述べる。「それから、是は我輩の理想で、必ずしも今の内閣に要求するのでは無いが、海陸軍対立の現状を打破したい。海陸軍が対立の状態を為して居るから必要でもないものを均勢上から要求すると云ふ様な事も生ずる。是ではツマリ共倒れとなるの外は無い。そこで軍務省とでも云ふか、一個の国務本省の下に海陸軍を統一して甲乙左右もなく、両本位で行くが宜い。是は余程重望を負うた権威のある人で無くては断行の出来ぬ事であるが、是さえ出来れば冗費の節減も出来、総ての解決は着くのである」（大木遠吉「日本開国の神髄と現時の病弊」（大木遠吉『我が抱負』（実業之世界社、一九一二年）、三四頁。［原載『実業之世界』明治四四年五月号］））。他方で第二八議会における小選挙区制法案について、大局的見地に立ち「一党の節制、統一」を可能する政党の発展が必要であり、そのためには小選挙区制がよいと述べる一方、日本の政治を「お上御一人」の意思の発現とする穂積八束を「御誓文の御聖旨を忘れた帝国大学教授」として非難するバランス感覚の持主であった。

(12) 大木遠吉『我が抱負』、三三九頁～三四〇頁。なお、雑誌『無名通信』とは、当時、野依秀一が経営する実業之世界社から刊行された。なお、『無名通信』に連載された「伯大木遠吉」は、大木が『太陽』、『無名通信』等に発表した論説とともに、大木遠吉『我が抱負』(明治四五年、実業之世界社)に収められており、本書もこれによった。

(13) 明治四〇年一〇月一五日付『報知新聞』。

(14) 明治四〇年一〇月一六日付『東京日日新聞』。

(15) 西湖漁郎「華冑政治家の色彩　四」(『太陽』第二一巻五号、大正四年四月刊、所収)五七頁。

(16) 同、五八頁。

(17) 同、八〇頁。

(18) 同右。なお創立以来の研究会の会員であった、子爵山口弘達(旧常陸国牛久藩主家当主)は、後年、貴族院関係者によって組織された「旧話会」の座談会において、武者小路公共らが議員に出ようとする、同窓会のような「時の談話会」が、勘解由小路資承、櫛笥隆督、秋元興朝らによって「とんでもない選挙の方に持って行かれた」と回顧している(前掲『新編旧話会速記』、一五一頁)。

(19) 「水野直日記」(国会図書館憲政資料室所蔵『水野直関係文書』所収)大正五年一月九日の条。また、前掲の山口によれば、広橋は研究会創設に尽力し、「研究会のことは皆広橋さんがやって居って、場所も兄さんの藤波(言忠)子爵の別邸が永田町にありまして其処を始終貸して呉れるとか、殆ど自分の会のように研究会のことをやって呉れた」(同右、一一六頁)という。稲垣らにしてみれば、創草期の事情を知る広橋・藤波兄弟はけむたい存在であったのであろう。

(20) 西湖、前掲書、五七頁。

(21) 前掲『我が抱負』、三四〇頁。

(22) 五月二二日付同志会文書(明治四一年六月一二日付『東京日日新聞』に掲載)。

(23) 明治四一年五月二四日付大隈重信宛大木遠吉書翰(早稲田大学図書館所蔵『大隈文書』所収)。

(24) 明治四〇年一一月一七日付『報知新聞』と明治四一年六月二一日付『東京朝日新聞』の選挙結果に関する記事による。

(25) 明治四一年一〇月二六日付『東京日日新聞』。

(26) 同右。

(27) 「原敬日記」明治四二年三月六日の条。

(28) 明治四一年一二月一一日付『時事新報』。
(29) 尚友倶楽部編刊『貴族院の政治団体と会派』(一九八九年三月刊)五〇頁。
(30) 「原敬日記」明治四三年二月二三日の条。
(31) 同、明治四二年一一月二五日の条。
(32)(33) 同右。
(34) 大木遠吉「貴族院に於ける政党の将来」(『太陽』第一五巻一〇号、明治四二年七月刊、所収)六三頁。
(35) 「原敬日記」明治四三年六月一一日の条。
(36) 明治四三年一月二八日付原敬宛大木遠吉書翰(原敬文書研究会編『原敬関係文書・書翰編Ⅰ』、日本放送出版協会、一九八九年六月刊、所収)。
(37) 明治四三年六月一九日付『東京日日新聞』。
(38) 明治四三年七月二四日付桂太郎宛芳川顕正書簡(国立国会図書館憲政資料室所蔵『桂太郎関係文書』所収)。
(39) 明治四三年一二月一三日付桂太郎宛芳川顕正書簡(同)。
(40) 同右。
(41) 明治四二年五月一三日付有松英義宛三島弥太郎書簡(東京大学法学部近代日本法政資料センター所蔵『有松英義関係文書』所収)。
(42) 広橋・藤波兄弟については、本章第三節を参照されたい。
(43) 明治四三年八月一一日付『東京日日新聞』。
(44) 「一〇月一三日付土方久元・松浦厚署名同志会宛覚書」(明治四三年一〇月一四日付『東京日日新聞』に掲載)。
(45) この点については、櫻井良樹「宗秩寮の創設と日露戦後の貴族院」(『日本史研究』三四七号、所収)を参照。

第二部　大「研究会」に向けて

第三章　大正初年の研究会——三島体制の変容——

一　はじめに

堀田正養（子爵）の西園寺内閣入閣（明治四一（一九〇八）年三月）とその翌年における堀田の研究会および尚友会除名を機に、三島弥太郎の研究会における発言力が高まった。さらに、かって堀田を中心とした「三頭政治」を支えた岡部長職（子爵）や正親町実正（伯爵）がそれぞれ第二次桂内閣の司法大臣や賞勲局総裁に相ついで就任し、一時的にせよ研究会を離れることによって、三島の発言力はさらに高まり、彼を中心とした指導体制が確立して行った。かかる三島の指導体制の下で研究会は幸倶楽部（茶話会と無所属両会派によるクラブ組織）と連携することにより、貴族院の最大会派として政治的な権威をより一層高めることとなった。そして、明治四三（一九一〇）年一〇月、研究会と同会所属の子爵議員の選出母体であった尚友会に鋭く対立した談話会の実質的な壊滅によって、三島の指導体制は不動のものとなったと言ってよい。

ところで、酒井忠亮と並んで三島を支えた牧野忠篤の伝記『子爵牧野忠篤伝』（坂本辰之助著）に次の様にある。「研究会は、明治四三年以来、三島子が中心となり統一して来たが、大正五、六年に至り、会内が二派に分かれるの姿を呈し、牧野、酒井、堀河、榎本、山田を守旧派と云ひ、勢力の争ひが暗々裡に見られるやうになった。而して六年十一月の常務員改選に直面し、水野子が牧野子を排斥して松平直平子を其の後任とし、酒井子と牧野子を分離せしめ、除ろに三島子の勢力も其の程度を低下せんと企て居り、村上男が遠心力となって居る模様がある。[1]」

ところで三島を中心とした研究会における寡頭制すなわち、「三島体制」は大正八年（一九一九年）三月に、三島の死去をもって終焉した。すなわち、三島体制が存続したのはほぼ九年間であるが、右の『牧野忠篤伝』によれば、その後半には「守旧派」と「進歩派」との勢力争いがあったという。

一方、『牧野忠篤伝』よりも八年前に刊行された、ジャーナリスト山口愛川による『横から見た華族物語』には次のようにある。「研究会ではいつも新智識組と旧智識組との間に暗闘があった。前田利定、松平親信、水野直等の大学出は新智識組の牛耳をとり、入江為守、稲垣太祥、松平直平等は旧智識組を代表して居た。[2]」

山口が言うような、新智識組と旧智識組との暗闘という図式はいかにも単純すぎるが、ここで注目すべきは、研究会内部には対立が存在し、その対立の一方の当事者である「進歩派」（坂本）・「新智識組」（山口）の中心人物として、二人のジャーナリストが共通して想起する人物に前田利定、水野直が挙げられていることである。いわばこの二人、すなわち前田と水野は三島体制下における研究会の「勢力の争ひ」の〈キー・マン〉であろう。以下、この二人のキー・マンに注目しつつ三島を中心とした研究会の指導体制について考察してみたい。

二　三島体制下の「若手」

研究会は、明治三〇年代半ばより大正五（一九一六）年四月にいたるまでの期間、七名の常務委員による集団指導体制をとっていた。その任期は一年で、七名のうち三名は四月に、残り四名は一一月にそれぞれ改選された。三島は貴族院議員となった五年目の明治三四（一九〇一）年四月に常務委員に就任し、大正八年三月に死去するまでのほぼ一九年間、ほとんどその職にあって、研究会を指導し、さらには貴族院の動向に大きな影響力を持ち続けた。彼をこのような研究会さらには貴族院の指導者たらしめたのは、コーネル大学の修士号を有するという、この当時における卓越した学識と横浜正金銀行頭取や日銀総裁であったことに示される経営者・金融マンとしての実務能力、さらにまた明治三〇年に貴族院入りして以来折りにふれて示して来た雄弁家ぶりや政治的手腕による所が大きいであろう。政治的手腕という点では、特に第二五議会における貴族院令改正の実現と堀田正養の除名とが、三島の研究会における最高指導者としての地位を不動なものにしたと思われる。(3)

まず前者について言えば、明治四二年三月二〇日に貴族院本会議で可決された政府(第二次桂内閣)提出の「貴族院令中改正案」は第二一議会において成立した貴族院令修正案の内容を大きく変更するものであった。(4)第一章に見た如く第二一議会に桂内閣が提出した「貴族院令中改正案」に対し、それを審査した特別委員会は政府原案通り可決したが、本会議では、木曜会を中心として準備された修正案が一二九対一二八で可決された。日露戦争後、さらに増加が予想された男爵者を母体とする男爵議員や勅選議員たちによって互選各爵議員数をそれぞれ定数として定めるのではなく、総数一四三名を各爵者数で比例配分することを要求した修正案が支持されたのである。ところが、この改正貴族院令によると、男爵者数の増加いかんによっては、子爵議員定数の減少と男爵議員定数の大幅な増加が生じ、子爵議員を中心として研究会の院内における優位性が崩れることも想定された。従って、第二一議会における、この修正案の可決・成立は研究会内部に少なからざる動揺を与えたにちがいない。堀田を中心とした「三頭政治」の指導力が問われたであろう。

これに対し、第二次桂内閣は、第一次西園寺内閣期を経て、再度、貴族院令の改正を試みたのである。すなわち、首相桂太郎は改正後の貴族院令による選挙を一度も実施しないままに、各爵互選議員の定数化を策したのである。結局、この政府案は圧倒的多数で可決・成立されたが、原敬によれば、それは「数年来研究会の希望せし所にて官僚派維持の為め桂内閣提出したるもの」であった。(5)また、この改正案について、憲法学者佐藤立夫は「伝ふる所によれば研究会は政府援助の交換条件として子爵十人増加案即ち研究会員十人増加案を要求し、この結果本案提出に至ったと云ふので、当時新聞紙の如きは本案を三島案と称した」とコメントしている。(6)さらに、三島没後、『太陽』

に「研究会と三島子爵」と題する記事が掲載されたが、それはこの問題にもふれ「兎に角研究会の為めに院令の再改正を断行し、其の勢力発展の根基を固めて、其今日あらしめた所以のもの、一に当時に於ける子爵の苦心惨憺と其の奮闘努力によると謂はねばならぬ」[7]と、三島の功績について述べている。「三頭政治」の中心であり、先の第一次西園寺内閣の逓相であった堀田正養が「言動に信を置く能はす」[8]との理由で研究会を除名されたのは、右の貴族院令改正が実現したほぼ一ヶ月後のことであった。貴族院令改正実現後の研究会内部とその周辺の政治状況において、常務委員である三島が堀田除名にかかわっていなかったとはまず考えられない。いな、積極的に関与していたと言うべきであろう。かくして、三島は明治四二年における一連の事件において見せたであろう、その政治的手腕の故に、研究会の最高指導者となったのである。また、おそらくこの時、三島は桂を通じて、山県・桂系官僚の牙城とされた茶話会と茶話会が強い指導力を発揮する幸倶楽部に太いパイプを持つようになったと考えられるが、研究会が幸倶楽部と組むことによって、すなわち〈研—幸〉が貴族院の実質的な絶対過半数勢力[9]となることにより彼の研究会における指導体制は磐石となった。

ちなみに、大正五（一九一六）年一〇月に勅選議員として貴族院入りし、無所属派（幸倶楽部に属した）に属すようになった伊沢多喜男は、自らがその交渉委員となった大正六、七年を回顧して「僕が交渉委員となった時には、三島弥太郎が、研究会の党首とでもいふやうなものであつたが、大きな政治問題は、三島が一々幸倶楽部はどういふ方向で行くかと伺を立てにきたものだ。三島といふ人は円満で、勉強家だつたが、僕の交渉委員中の末輩に迄、駕を枉げて来て、意見を聞くのだ。殆ど幸倶楽部によつて、貴族院全体を支配していた」[10]と述べている。三島にとって幸倶楽部に対するパイプはまさしく彼の最も重要な政治的資源なのであった。

しかし、以上のものだけではなかったように思われる。彼は大磯と塩原に別荘を持ち、栃木県那須野には約六百町歩の農場を経営した資産家であった。このような資産家であることが、研究会における彼の威望の大きさと無関係ではない。例えば大正二年五月、研究会は新たに事務局や集会室等の入った建物―事務所―の新築をその総会において決議したが、結局建築費を十分調達できなかったためか、同年一二月には常務委員の牧野忠篤と前田利定とが連名で、三島より年利六パーセント、期間二年八か月という条件で七千円の融資を受けている[11]。それは総工費(二万五〇〇〇円)のほぼ三〇パーセントにあたる金額であった[12]。また、大正八年一月には、青木信光以下三名の常務委員が、二千円を年利五パーセントで一か年間、三島より借用している[13]。頻繁に研究会が三島より借金をしていたかどうか判然としないが、少なくとも三島は大正期において融資という形で研究会に対し、資金を少なからず提供していたことは容易に想像できよう。

他方、彼は周辺の人々やさらに対立する人への気配りを怠らなかった。例えば、彼は就職の面倒をみていた。ちなみに、大正二年九月、三島は、創立が予定された中央保険相互会社の社長に前田利定を推薦している[14]。後に見る如く、この時期、前田は研究会内において、反三島系であった。また直接三島というわけではないが、彼の僚友とも言うべき入江為守は、水野の資質を評価しつつ、水野が横浜正金銀行に何らかの職を得られるように再三三島に申入れをしている[15]。三島自身も水野の力量を評価する所が大きかったようで、『子爵三島弥太郎伝』には「……前年来極力奔走して平田、大浦、一木、近藤、村井、渋沢等諸氏に水野子を推賞した[16]」とある。また、水野直が個人的にしばしば融通していた(後述)青木は、大正五年一月、近日三島を訪問し、「将来収入に関する件[17]」を話すつもりであると、水野に語っている。三島はこの種の個人的な面倒をみていたか又は少なくともその相談を受けることも少なくなかったかもしれない。それればかりではない、三島は広く同爵者すなわち子爵全体について世話し、面倒を見ていたようであった。三島が死去した直後、雑誌『太陽』は「子爵が同爵者子弟の就職より冠婚葬祭に至るまでに斡旋して情実上より離るべからざる関係を結んだ[18]」と評する記事を掲げている。「兎に角三島子は徹頭徹尾世話好きであり、苦労人であった[19]」ようである。

ともあれ、前出『太陽』の記事によれば明治期において、ほとんど連日先輩や同僚を訪れ、その意見を聴取して自らの参考に資し、また同僚の為めに奔走、斡旋の労をとった。多い時は一日数十軒、少ない時でも一日四、五軒を下ることはなかったようであった。彼は「護謨《ゴム》輪の車」＝人力車をいち早く手に入れ、二人輓で朝から晩まで駆け回ったという。[20] また彼は坐談を好み、止むを得ない場合を除き手紙や電話で済ますというのではなく、直接会って話すことを好んだ。[21] かかる貴族院の会派の領袖としての生き方や手段はその後人力車という「護謨輪の車」から自動車という「護謨輪の車」へと代りはしたが、その後そっくり水野直に受けつがれることになる。[20] ちなみに、その後、水野は外国車を七年間で五台取りかえ、それぞれ乗りつぶしてしまった程自動車で走り回った。[22] また、明治末年において彼は「小三島」と称された。「人に接して円満で事に対して誠実なるは正に小三島だ」[23] と、ある新聞は彼を評している。

それにしても、三島のこの様な指導者としての態度もしくは姿勢は明治期の貴族院において極めて異色であった。前田利定は明治三九（一九〇六）年より議席に就いたが、その直後の研究会の指導者について次のように回顧している。「その当時でも研究会には常務委員といったやうな幹部があつた。ところでその幹部と平議員との関係が全く専制君主の下の百姓みたいなもので、その時分は、今防長倶楽部になつていると思ひますが、日本建ての家屋で三間か四間か下に座敷があつた。二階に大広間があつて常務委員なる者は一番奥の座敷に陣取つている。平議員はその中へはいることは出来ぬといつたやうなものですから、非常に幹部の力が強すぎてをつた。それで常務委員がわれわれ末輩を呼び寄せるには無論呼び捨てで、前田ちよつと来いといふ。最初は自分達は若くもあり新参であるから、先輩が呼び捨てにするのは無理もないと思つてをつたが、しかし段々やつている内に、いゝ加減に年とつた者でもやはり呼び付けられてゐるといふわけ、さういふやうなわけで、常務委員と平議員との関係が全く雲泥の違ひで、まあその時分の議員といふのは全く無自覚だつた。万事宜しく常務委員の指図に従つてをるといふ気分であっただらうと思ひます[24]」こうした雰囲気の中で、「常に進んで往訪し、謙譲して少しも威張らぬ[25]」三島の姿勢は会派内において多くの人々、特に「若手」から好感をもって迎えられ、彼の会派内における主導権の確立に役立つ所が少くなかったであろう。

ところで、前田と水野が子爵者間の貴族院互選議員に当選したのは、明治三七年の選挙においてであった。前田によれば、この選挙は前田や水野という、大学出が初めて出た選挙であり、七五名の子爵議員のうち水野は七五位、前田は七四位でそれぞれ当選した[26]。彼らは当選して研究会に入ったが、その後五年間、研究会とその所属議員の選挙母体である尚友会において具体的にどのような活動をして来たかについては、定かではない。ただ、この時期の水野と前田について、前田自身は後年次のように語っている。

「水野君との交友関係は、明治三七年から大正五年迄は、別に何と云ふことはないのだが、そりが合わないと云ふものか、非常に水野君が僕を敵視する。私も水野君に膝を屈しない。それはこう云ふ訳です。今日は是も故人になつたが、三島弥太郎と云ふ人……その前が堀田正養と岡部長職と正親町伯爵と、是が三頭政治と云ひまして、研究会を牛耳っていたのはこの三人です。それで三島君が堀田君の参謀長格でくっ付いていて居った。それが或る時分に堀田さんが失脚して三島君が研究会を牛耳る。その時分ですよ。丁度水野君が三島君の傘下へ行かうぢゃないかと云ふ。一緒にね。その時はまだ喧嘩しなかった。水野君が三島君の傘下へ行くかうぢゃないかと言った。僕はさう軽々しく親分を持つと云ふことは考へものだと言って考へさして貰ふと言ってる中に水野君は三島君の傘下に走った。さうして馳せ参じて僕を叩きにかかった。それは、随分宣伝が上手だったよ。それで僕は……是は故人に対して何んだが、お互様だから廊下で会っても話をしなかった[27]。」

前田によれば、堀田の研究会除名の前後、水野は、前田に対し、三島傘下に入るよう勧誘したが、それを躊躇した前田は水野と反目する関係となってしまった。このような二人の人間関係はともかく、彼等の両会における活動が判然とするのは明治四二年七月末においてであり、それは後出の「幹事日記」において確認できる。同年七月、尚友会は役員の改選を行い、一五名の評議員と三名の幹事をそれぞれ選出した。水野は堤功長、青木信光と共に幹事に選出された。後年、水野は青木とコンビを組んで研究会を動かすことになるが、この二人はここで初めて出会ったようでもなさそうである。実は青木と水野とは縁戚関係にあった。すなわち、水野の実の妹・富子は男爵川口武和の妻であり、川口の妹・楠枝は青木の妻であった。要するに、川口武和を介して、水野と青木とは一〇歳の年齢差こそあれ、親戚でもあった。さて、七月二六日に、幹事の事務引継が行なわれたが、この時　前田利定も他の評議員と共にこれに立ち会っている。(28)

水野が幹事となった時期の尚友会は、五三年余りのその歴史の中でおそらく最大の危機を迎えていた。すなわち、尚友会推薦者が子爵議員を独占する状態にある中で、政友会員であった秋元興朝を中心とする談話会がかかる状態を打破しようとしていた。完全連記の互選による子爵互選選挙では、有権者の過半数を会員とする団体が当選者全員を独占することになる。従って、尚友会と談話会との対立・抗争は子爵界の支配権争いという意味を有するものであった。いわば、尚友会は存亡の危機にあったと言ってよい。こうした状況の中で、水野の活躍は、特に情報管理と交渉面で目覚しいものがあった。彼が克明に記した「幹事日記」は、水野中心の記述ではあるがそのことを如実に物語っている。ちなみに、研究会—尚友会の会長の長老のひとり山口弘達(子爵)は、「旧話会」(第一章註64参照)の席上、述べて東大を卒業した直後の武者小路公共(明治四〇年独法科卒)らの貴族院入りを目指す動きを発端とした「談話会」問題担当を、彼とほぼ同一世代にあたる水野直(明治三六年政治科卒)に交代してもらったとし、「それであの通りの辣腕家で非常なことをやりまして、遂に談話会を崩してしまった。そういう訳であの時の選挙はすっかり水野子がやりました」(尚友倶楽部編刊『新編旧話会速記』、一五一頁)と、述懐している。

ところで、研究会の重鎮ではあったが、水野とは余り深い接触がなかったのであろうか、入江為守は水野の「幹事日記」にはほとんど出て来ない。しかし、彼は談話会問題が一段落した後、以下の様に水野の能力を評価しつつ、その横浜正金銀行への就職を三島に依頼している。

兼而申上居候水野子正金銀行執務乃件一昨日同子に面会乃節にも猶大に希望御座候旨承り候。右に就いて種々御事情も有乃候旨兼而拝承仕居り、此上強而願上候は恐縮乃至に存候得共、同子は学歴もあり有為乃人にも有乃候に付、尚友会乃雑務に鞅掌して年所を歴せしむるは如何にも惜しきものと存候。元来小生は同子と主義性格は相異致居候得共、其事務に熱心にて注意周到なるには敬服到居候。如此き人は可然広く世間へ出たして十分に手腕を振はしむる事当人に於いても仕合せ、又会に於いても名誉之事と考へ候。[29]

水野は横浜正金銀行で大いに仕事がしたかったようではあるが、この希望が叶ったかどうかは定かでない。多分実現しなかったのではなかろうか。後年の水野に関する記事や記録をみても、横浜正金銀行に関与した事実を見出すことはできない。しかしながら、その後、「尚友会之雑務に鞅掌年所を歴」したことによって得られた情報や人間関係が水野の政治的資源となって行く。

さて、前田の方が若干年長ではあったが、貴族院入りが同期で学歴も同じであるという、前田と水野ではあった。が、研究会の常務委員になったのは、前田の方が三年早かった。前田が常務委員になったのは、大正二（一九一三）年四月の改選においてである。三島や入江の周辺の三人の子爵者の話合いに新任の常務委員の選抜が委ねられていたようだが、改選の直前まで前田の常務委員会入りは決定していたわけではなくその結論が二転三転した。その辺の事情を入江は次の様に三島に書き送っている。

……（前略）……

牧野子に面会常務委員問題其後之模様承り候処、小生東京出発之際三子より承り候話とは又々変化致し、前田子をやめんとの儀も有之候由実に定見のなきには驚入候。水野子は自分より前田子を先きにする方宜敷と称し乍ら弥々と相成る時は内心何となく進まさる処あり。色々と考へ直して両子を説き、両子も又忽之に賛同する事と推測致し候。如此色々に変し候時は実際限なく候に付大抵之処にて強ても前田子に御決定相成候方可然、其影響も決して格別之事無之と確信致し候。水野子之説は従来多く裁〔ママ〕〔採〕用相成居候得共、余り之を用ひ過きる時は又会之為如何と懸念致し候。決して絶対に排斥する儀には無之只適宜に之を用ひ度しとの意に御座候。即或時には之を押へ候方会之為にも相成又本人之為と被存候。小生に於ては此際前田子さへ出らるれば後進の路を開く意味に於て喜て引退致す可く候意中に付此段宜敷御含み願上候。時候変転之際折角御自愛奉祈候。

早々頓首

為守

四月廿一日

三島大兄

牧野子も水野子が表面前田子を推し乍内心進まさる処ある事は推測致し居られ候模様に御座候。(30)

右の書簡にある三名の子爵者すなわち「三子」のうちの一人は水野であったことはまず間違いないところである。水野は口では自分より前田が先に常務委員になることを認めながらも、実際は心穏やかではなく、それに対して難色を示していた。先に見た様に、水野は前田に対し、ともに三島傘下に入ることを勧め、難色を示す前田を尻目に三島の元に走ったようであった。そして、ここに入江が記している如く、水野は三島体制維持のため多数献策をし、採用された。水野にしてみれば、そうした自分を差しおいて前田が、という思いがあったのであろう。これに対し、入江は「水野子之説は従来多く裁〔ママ〕用相成居候得共、余り之を用ひ過きる時は又会の為如何と懸念致し候」と水野に対し警戒している。また、この一言は、入江や三島が水野の主張を少なからず受け容れ、水野を評価しつつも、常務委員として入江もまた深く関わって来た三島体制にとって、水野は少なくとも警戒されるべき存在となりつつあったことを意味するものである。

こうして入江は水野ではなく、前田を常務委員とすることを条件に、自らは常務委員会のメンバーから外れてもよいと三島に申し入れている。ともあれ前田が常務委員となった時点では水野と前田は政治的に接近することはなく、少なくとも互いに反目し合っていた。ではこの二人はいつ頃接近したのであろうか。それについては判然としないが、シーメンス事件を経、さらに第二次大隈内閣末期の減債基金還元問題のころであった。

三　貴族院の覚醒と「若手」

シーメンス事件の余波を受けて、山本権兵衛内閣による大正四年度予算案が貴族院で大問題となった。それは結局、貴族院の同内閣への不信任を意味する、七五〇〇万円余りの海軍予算の削除という事態を招いた。この時、研究会は田健治郎らが主導権を持つ茶話会さらには幸倶楽部と足並みを合せ、予算削減に回ったことはよく知られている。この時前田は常務委員として、研究会の中枢にいた。これに対し水野は常務委員でこそなかったが、その中枢に極く近いところにいた。

シーメンス事件が問題となった第三一議会では、水野は三島をはじめとして、入江、前田、牧野、吉川、山田ら六名の常務委員や古参議員である稲垣太祥らと共に予算委員会の構成員に挙げられていた。さらに、彼は陸・海軍を担当する第四分科のメンバーであった。言うまでもなく、こうした院の構成は議会が召集されて早々に年内に完了し、両院は正月明けの本格的審議に備えた。年があけ、ロイター電によってシーメンス事件が海軍疑獄事件として政治問題となると、予算案の審議の帰趨は議会の内外で注目を集めた。特に山本内閣の準与党であった政友会の力で予算案が衆議院を通過すると、貴族院予算委員会の審議は俄然、世間の注目を集めるに至ったのである(31)。

さて、この時水野は「千会」というグループの中にいた。千会がいつ、どのような形で出来たか、またそれはどのような性格のものであったか。またさらにそのメンバーについてはどうか。何れも不明である。しかし、このグループが研究会の常務委員会と極めて近い存在であったことは、水野の懐中手帳の記述からほぼ確かである。

水野の大正三年二月の懐中手帳にはこの「千会」がたびたび出てくる。それを以下に示そう。二月六日「千会、久保田来邸、後藤、田、両氏ノ話　予算ヲ削減スル件」、二月九日「大雪、千会、海相ノ責任ノミ、山内ヨリ手紙」、二月一二日「千、常務委員会－有地男不平」、二月一五日「午前三派交渉、対山、千会、通可シ」、二月一七日「補一、千、常務会、久保田、首相ヲ訪ヒ更ニ三島子ヲ訪問、夜、千会合。研究会ニ財部ヲ招ク件ニ付有地男、曽我ヲ訪フ」、二月二〇日「吉川、入江、千会合全員ノ意見ヲ聞ク。田男来会、明日交渉。常務委員ニ招カル。外相入江子ニ面会」(32)。この千会とは常務委員会の非公式な諮問機関的なものであろうか。それにしても千会は、土曜会や幸倶楽部の反政府的な動きに対し、海相の辞任と引換えに予算案を通過させるかのような動きをしていた。二〇日に常務委員の吉川重吉と入江為守とが、千会全員の意見を聞き、この日さらに水野は「常務委員室ニ山田、吉川、前田三氏ニ招カル」(33)ことになった。

その翌日の夜、三島邸で常務委員会が持たれた。牧野はそれを欠席したが、他の常務委員は出席し、対政府強硬論を表明した。そのため、首相と同じ薩摩出身者であり、当初山本から蔵相に就任の要請を受けていた三島は「不快ノ念アリ」(34)といった様子であった。三島自身の個人的な感情はともかく、研究会は土曜会および幸倶楽部との協調路線すなわち、対政府強硬論へと明確に転ずることとなった。こうして、貴族院は予算委員会そして本会議において、共に圧倒的多数で七千万円余りの海軍予算削減を可決した。その後の両院協議会案も貴族院が否決したことにより、山本内閣は貴族院によって倒壊に追い込まれたのである。帝国議会開設以来二五年の歴史において未曽有の事態であった。

さて、山本内閣の後継内閣は第二次大隈内閣であったが、対華二一か条問題、選挙干渉問題、大浦内相買収問題によって、その指導力は大正四年(一九一五年)後半に至って大きく低下しはじめた。こうした中、第三七議会の開会前より、貴族院の一部では、大隈内閣の倒閣を目指す動きがあった(35)。幸倶楽部の中枢を握る、田健治郎ら山県系の勅選議員たちのインフォーマルな組織「十金会」(36)では、一二月八日の集会で来るべき議会に臨む方針が「講究」され、その結果「減債基金復活之件」が内々に決定された(37)。そしてその方針はただちに諸会派に伝達された。ちなみに、大正五年一月三日、水野は鎌倉より東京に戻る列車で、土曜会のリーダーのひとりの久保田譲(第一次桂内閣文相、男爵、勅選議員)と出会い、その際「減債基金ニ関スル研究会ノ様子ヲ問」(38)われている。この田のいわゆる「減債基金復活」をめぐり、第三七議会において貴族院は政府と鋭く衝突することになった。

それでは「減債基金復活」とはいかなるものか。それは、当時より広く「減債基金還元」問題とも言われていた。日露戦費調達のために発行された膨大な国債の元金償還のため毎年五千万円をその基金に充当するとした、第二次桂太郎内閣の決定を受け歴代の内閣はそれに従って来たが、第二次大隈内閣は大正四年度予算において五千万円を三千万円に減額し、二千万円を鉄道建設費に充てた。その際、貴族院では、その承認すなわち「国債整理基金特別会計法」改正案承認の際、「経済界の事情にて鉄道資金募債に可能なるの際は減債基金を三千万円となしたるを五千万円となすべし(39)」との付帯条件を付していた。政府の対中国政策に不満をもつ、もと山県系官僚である幸倶楽部の勅選議員たちを中心に貴族院は、大正五年度より繰入れ金を五千万円に戻す、すなわち「還元」すべきだとして、政府と対決姿勢を強めて行ったのである。

それでは研究会においてはどうであったか。少なくとも水野の周辺では減債基金を従来通りに戻す、すなわちその還元を方針としていた。確たる財政上の信念からか、または大隈内閣に対する不信からかあるいは単なる田ら幸倶楽部への同調なのか、その理由は定かではない。少なくとも、会内ではこの問題をめぐり議論があったことは、年明けの議会再会を九日後に控え、常務委員の牧野忠篤が大隈内閣の外務参政官柴四朗とこの問題について意見を交換していることからも明らかであろう。水野は「牧野子、参政官柴四郎〔ママ〕氏ニ面会セシニ、政府ニ於テ、減債基金還元ニ対シ貴族院ノ修正ニ応ズル内意アリト」(40)と日記に記している。牧野は旧越後長岡藩主家当主であり、戊辰戦争の折、藩主らの家族が会津に滞在していたこともあって、もと会津藩士で政治小説『佳人之奇遇』の作者でもあった、東海散士こと柴四朗(同志会)とのパイプがあったのであろう。ともかく、その翌日、水野は再度牧野と会い、この問題についてさらに詳しく訊ね、「減債基金ニ付柴四郎〔ママ〕ト会見、浜口雄幸氏ノ下院ニ於ケル演舌〔ママ〕ハ極端ニ失セシモ貴族院ノ兼々ノ主張モアルニ依リ同志会トノ折合ハ付ク可シ」(41)と、牧野の見通しを確認した。ここで牧野の言う「貴族院ノ兼々ノ主張」とは先に述べた付帯条件のことであろうか。そうだとしたら、牧野は、政府や与党・同志会は貴族院の要求を認める形で妥協できる、と考えていたことになる。

さて、一月一七日、議会が再会されるや貴族院本会議において、幸倶楽部—茶話会の田は、減債基金還元問題について前議会以来の経過を述べ、基金還元は現内閣が貴族院と公約した財政問題ではないか、と政府に迫った。その田に続いて同じく幸倶楽部—茶話会の仲小路廉、同無所属派の目賀田種太郎、そして交友倶楽部の水野錬太郎がそれぞれ政府を攻撃した。さらに翌一八日には、田は連合国に対する武器売却代金の処理が違法であると政府を非難した。そして、さらに、その後の予算総会では減債基金問題ばかりか、先の「満蒙新条約」における利益問題、袁世凱政府に対する帝政延期勧告、即位大礼の際における席次問題等で大隈内閣はいわば十字砲火にさらされたのである。もうここでは減債基金還元の可否という問題を超えて、大隈内閣不信任、同内閣退陣という次元にまで事態は進展してしまった。こうした中で、研究会では減債基金還元について正面切って発言する者はほとんどいないようであったが、幸倶楽部と関係の深い有松英義は「還元ニ干シ……運動」(42)をはじめており、「減債基金還元ニ干シテ各種ノ成案ヲ有スル由」(43)と榎本武憲(子爵)によって水野直に対し語られた前田利定や「還元ニ付テハ手ヲ付ケズ」(44)とした木場貞長など、研究会内における政府への姿勢はさまざまであったと思われる。これに対しリーダーの三島が「議会ヲ避けて大磯ニア」(45)ったため、研究会はこの問題への対応について統一を欠いていたようであった。

三島側近の酒井は、一月二〇日朝、電話で水野や故吉川重男のあとを受け研究会男爵団のとりまとめ役と目され、またもと海軍主計総監として財政・経理通でもあった村上敬次郎（勅選議員、男爵）に対し、それぞれ還元問題に関する意見を問い合せている。[46] その前日の午後、大隈首相は兵器売却代金の処理に関して、岡部予算委員長、有地同副委員長および各会派の代表者を院内大臣室に呼び懇談会を持った。が、田と水野錬太郎が強硬論を主張したこともあり、貴族院と政府の調整は不調に終った。しかし、その直後、岡部はじめこの九人は院内で善後策を協議した結果、政府が「砲兵工廠兵器製造委任法」案を議会に提出し、この応急措置によって適法性を確保すべきことを、一木内相（「十金会」のメンバーであった）に告げた。[47] これに対し政府は「之を提出するの困難なる事情ありて、貴族院より之を提出せんことを求め来った」[48]。政府は兵器売却問題解決に向けての貴族院案を拒否すると共にやれるものならやってみろといった態度に出たのである。こうして事態が緊迫する中で酒井、牧野は会派内をまとめることができないまま、むしろそれが故に大磯に出向き、三島の上京を求めたのである。

一月二一日、三島が大磯から東京に戻った。「三島子大磯ヨリ帰京、夜花月に会合。牧野、酒井、青木、堀河、前田、榎本、水野。夜十時ヨリ牧野、榎本、前田、青木ノ四子三島子ヲ其邸ニ問ヒ、還元問題ニ付相談」[49]。夜料亭「花月」に会合したのは必ずしも常務委員ばかりではなかった。むしろ常務委員の参加は少く、七名のうち三名であった。牧野、酒井、堀河が常務委員であり、青木、前田（ただし、大正二年五月〜同三年四月までの期間、常務委員を経験）、榎本、水野はともに常務委員ではない。この内、榎本は一月一八日に水野に対し前田が減債基金還元について「各種ノ成案」を持っている旨を伝えた。前田はもとより榎本や水野も還元論の立場をとっていたことはまずまちがいない所である。[50]「花月」の会合が終り、牧野ほか四名が三島邸でさらに還元問題について話し合ったわけだが、その四名のうち常務委員は牧野だけである。結局、この夜の二つの会合で研究会は「凡テ強硬ノ態度ニ決定」[51] したのである。この時、常務委員のひとりで山県系の勅選議員山田春三は、無所属派の有地品之允と共に「軟説ニテ、首相等ニ縁故ヲ結」[52]んだようであった。

同じく常務委員で多額納税者議員である美馬儀一郎や同じく子爵議員岡部長職の動向は全く不明である。少なくとも還元問題に関する研究会の意思決定には常務委員の半分以上が関与していないか、関与していたとしても常務委員会の意思決定を左右するほどの発言力を持たなかった。また、この日(二一日)、勅選議員で政務審査部第四部長(陸海軍担当)の村上敬次郎(男爵)が常務委員に対し「種々主張」[53]した結果、翌二二日より同第一部長(歳入・大蔵担当)以下政務審査部の各部長と各部会の理事は、議事散会後、研究会の事務所に集り「会合」をすることになった。村上の主張の内容は定かではないが、かって海軍経理総監(のち主計中将)であった彼は会計や財政上の問題について自説を展開すると共に、各部会相互の意見を調整し、政務審査部として意思決定をする必要があることを述べたのではないか、とも思われる。

ところで、牧野、酒井の要請に応えて、東京に戻った三島はこの事態をどのように見ていたのか。この時、上京中の朝鮮銀行総裁勝田主計(後、勅撰議員として研究会に入会)は、三島に面会した際の様子と共にこの事態の見通しについて京城の寺内正毅朝鮮総督に宛て次の様に書き送っている。

減債基金問題ニ関シテハ、御承知ノ通貴族院ハ硬論ニ傾キ居候。研究会ノ三島子カ大磯ニ静臥中ノ処四五日前急遽帰京致候ニ付、或ハ政府ヨリ例ノ如ク同子ヲ利用シ研究会ノ緩和ヲ策スルニアラスヤト存シ、他ノ要件ヲ以テ一昨日同子ニ面会スル席ニ於テ聞糺シ候ニ、今回ノ帰京ハ政府側ヨリハ何等ノ勧誘ナク、却テ研究会ノ少壮分子(還元賛成者)ヨリ会ノ意見ヲ纏ムル必要上是非帰京シ呉ルゝ様切望セルカ為メニシテ、自分ハ寧ロ硬論ノ方ナリト申居候。尤モ還元主張論ニモ程度論トシテ三四説アレハ、研究会ノ意見何レニ傾クヤ未知数ナルモ程度ノ弱キ方ニ傾クヘキカト申居候。[54]

ここで勝田は、研究会の「少壮分子」から、会派内の意見をとりまとめるため「是非帰京」するよう「切望」された、と述べているが、「切望」したのは「少壮分子」ではなく酒井、牧野の二人ではなかったか。あるいは、この二人では会内をまとめきれないと見た「少壮分子」が三島の帰京をこの二人に強く働きかけたのかもしれない。しかし、勝田がここで言うように、たとえ三島が「硬論」の立場にあったにせよ、還元論は政府批判性の高いものからよりその低いものまでいくつか選択肢があったのである。そのことは、榎本から水野が議会再会前に前田がいくつかの成案を持っていると榎本から聞いた通りであった。

さて三島帰京後、この還元方法をめぐって、常務委員会が開かれると共に、軟説に傾きつつあった常務委員会側と還元派との交渉が断続的に行われていた。勝田が三島をその自宅に訪れたころの一月二三日夜、水野は交友倶楽部の橋本圭三郎とともに常務委員の酒井、牧野、堀河と「花月」に会合していた。この日、三島邸で常務委員会が開催され、「還元法」について話合れていたのである。それを受けての会合であった。なお、今までの経緯や水野の日記の記述に注目する限りでは、水野と橋本との接点については不明である。しかし、後日大隈首相は山県に対し、「妥協問題」について述べた際に、「暗に交友倶楽部の不都合を語り、水野、橋本の如きは良好なる人物なりしに図らず政党の人となりて党弊に染めるは惜むべし(55)」と、政友会系の勅選議員の水野錬太郎とともに橋本を痛罵している。橋本は水野錬太郎とともに政府と貴族院との交渉を不調に終らせるべく動いていたようである。研究会の水野直は、この橋本とともに対政府強硬論を常務委員たちに吹き込んでいたのかもしれない。ところで、この会合は翌日にもなされた。この日の「花月会合」でどのレベルの還元か判然としないが、ともかくも何らかの「還元法」が決定されている。一方、政務審査部第一部（歳入・大蔵）、すなわち青木や前田を中心とする部会は一月末になっても結論を出せず、予算審査期限を二日間延長することとなった。

しかし、この頃〈硬化〉しつつある研究会に対し、幸倶楽部は逆に〈軟化〉しつつあった。二月一日、水野は青木と共に三島邸を訪問した。この日、彼はその日記に次のように記している。「夜、三島邸へ行。昨日幸倶楽部トシテ有地、田、浅田、高木ノ四名来邸。田ヲ除ク外皆軟説ニ付常務委員驚キ、青木子ト共ニ三島子ニ会見スル事トナレリ」[56]。水野と青木が三島邸を訪問した前日、幸倶楽部の有地品之允（男爵議員、無所属派）、田健治郎（勅選議員、男爵、茶話会）、浅田徳則（勅選議員、茶話会）、高木兼寛（勅選議員、男爵、無所属派）が幸倶楽部の交渉委員として三島を訪ねたが、田を除いて他はみな「軟説」であった。これに対し、研究会の常務委員は驚いたというのである。予想外の展開に常務委員たちでは対応できずに青木と水野が呼ばれたのか、または青木と水野が三島に会見を申し込んだのか、判然としない。しかし、幸倶楽部軟化の報に常務委員会だけでは対応できず、その収拾をめぐって彼等が呼ばれたのではないだろうか。しかし、翌二月二日「前田、橋本、小松、村上、青木、水野」[57]の六名が三島をその自宅に訪問している。青木と前田は研究会政務審査部第一部のそれぞれ部長と理事、小松と水野は同じく内閣部の部長と理事そして村上は同第四部（陸海軍）部長で、そのそれぞれが研究会内部において次年度予算を含む還元問題と関る、いわば当事者であった[58]。ここで橋本と水野は一月二四日に「還元法」を決定した「花月会合」のメンバーであった。内閣部の理事である水野に加え、交友倶楽部の橋本が六名のグループに参加していたことは、「還元」に関し政府に強硬姿勢を以って臨むべきことを、この六名が三島に対し述べたということを意味するであろう。ところが、山県が「岡部子ニ対シ軟説ヲ迫」[59]ったこともあってこの日三島邸で開催された常務委員会では「還元ニ対シ更ニ軟説」で「一致」[60]をしてしまった。「元因〔ママ〕ハ幸倶楽部交渉員ノ態度」[61]であった。要するに、常務委員会は幸倶楽部と協同歩調をとることを優先したのである。

しかしながら、この常務委員会の決定に第一部会は納得しなかった。翌三日、同部会は原案すなわち衆議院送付案に対しその修正案を可決し、「還元」を決定した。これを受けて、先の前田をはじめ六人のグループが三島を訪問し、第一部会の決定とそれに基く法律案が三島をはじめとする常務委員会に提出された。水野は次のように日記に記している。「六名三島子訪問、常務委員モ来会。還元ノ主旨ニ基キタル法律案ノ提出ヲナス。岡部子之ヲ携フ。一木内相ヲ訪問。夜十二時ニ至ル」[62]。前田、橋本、小松、村山、青木、水野の六名に続き、常務委員らが三島邸を訪問したようであるが、この時点で研究会の主導権が三島など常務委員会ではなく、六名の大半がその運営責任者である政務審査部の側に帰していたのである。常務委員の岡部は政務審査会案を携えつつ一木内相を訪問し、交渉する役割を演じたのであった。

この政府側と研究会との交渉であるが、平田東助や平山成信ら茶話会所属の山県系官僚であった勅選議員たちも参加して、深夜にまで及んだ。『田健治郎伝』によれば、このあたりの経過は次のようである。田は二案を用意して茶話会と研究会との対政府案について、茶話会側は浅田、有地、高木、および田とが、研究会側は「岡部氏等五幹部員」とがそれぞれ加わって協議した。その結果、第二案に決し、研究会の岡部が両会を代表して非公式に大隈首相と交渉したが不調に終った。そこで田は「研究会の硬派と商議し、夜来一木内相邸に赴いて」、平田、平山らと共に内相と折衝した[63]。この時、仁尾惟茂（茶話会）が前蔵相の若槻礼次郎の起草した一案を持参した。それは田による第一案とほとんど同一の内容であって、この案には与党同志会も同意しているとのことであった。結局、この若槻案で、政府、研究会、茶話会の三者間で合意の内意が得られることになった。

では、若槻案とほぼ同一の田による第一案とはどのようなものであったか。「第一案　内国債を以って外国債を償還する場合には、国債整理基金法の規定に拘らず、借換償還をなし得るの法律を制定する事。内債二千万円を募りて減債基金に編入し、英貨公債を償還する事」[64]。こうして、貴族院は、政府が二千万円の内国債を発行し、それによって二千万円分の減債基金の「還元」を行うことを条件に大正五年度政府予算案を承認することになった。すなわち、二月四日は各派交渉会が開催され、前日の妥協案が確認された。最後まで強硬であった研究会、特に同会の政務審査部第一部会では、この日の夕方、交渉会の様子が報告され、翌五日総会で会として正式に予算案を認めることが確認された。そして、二月八日、貴族院予算委員会は、その総会において予算案を正式に承認するに至った。

ところで、このことは野党政友会総裁の原敬がいみじくも評した様に、表面的には貴族院側が政府に対して妥協したかに見えるが、「還元」の必要性を当初認めなかった政府が方針を転換したことや政府の非募債主義による予算編成の破綻など、「政府の面目は丸潰れ」[65]であった。すなわち、それは「還元」実現を目指した研究会政務審査部側の事実上の勝利であった。それだからこそ、「日夜各会員間に奔走して結束を固め」[66]た前田利定は、二月四日に妥協案が各会派間で確認された時、「光風霽月」の心境になれたのである。[67]また、水野直にとって二月五日の研究会の総会は、「研究会還元ノ総会」[68]であり、二月八日の貴族院予算委員会総会すなわち予算総会について、彼は「予算総会還元決定」[69]と「還元」が実現されたとして日記に記したのであった。

ところでこれより前、二月四日の各派交渉会を受けて、翌二月五日、予算委員会第一分科会で大正五年度予算が可決され、研究会総会で同じく政府予算案が承認された。こうした事態を受け、岡部は三島に次の様に書き送っている。「……連日御配慮を煩はし候棒引き一件も円満に交渉相終り最小数の二団体は纏り兼候模様に有之候得共、院議を表示すへき大多数は磐石の如き態度に有之候。第一分科は午後予定之脚本通り立派に演出され、来七日に開くへき予算委員会之準備已に完全と相成候……」[70]。

ここで言う、最小の二団体とは土曜会（二九名）、甲寅倶楽部（伯爵議員より成る、一三名）のことであり、「院議を表示すへき大多数」とは具体的には研究会（一〇八名）と幸倶楽部（一二二名：茶話会〔六〇名〕、無所属派〔六二名〕）の連合すなわち〈研－幸〉提携のことである。岡部は予算委員長として、予算案成立の見込みが立ったことに安堵すると共に、従来通りの〈研－幸〉提携という形で貴族院としての意思表示が可能となったことに満足していたように思われる。しかし、政務審査部の主導権を握る、六名から成るグループには不満が残った。その不満が彼等をして「貴族院改革」へと走らせることとなった。

四 「簡保」問題

大正五年五月二五日付『読売新聞』は、第三七議会閉会後三か月間の貴族院の動向について次の様に報じ、研究会内部の「少壮派」の動きと男爵議員およびその選出団体である協同会の活動に注目している。

近時貴族院議員間に貴族院改革の声頻りにして亦実際に於て之が改革を具体的に実行せんと唱ふるものさへ出てたるが、今其起因を聞くに貴族院に於て多数を擁する研究会が常に多年来絶対の幹事専断主義を以て来り、近時に於ても三島子等幹部連の専断に出づる事多く昨今の政府対貴族院妥協問題に関しても少壮派は容易に幹部連に屈従する処なかりしも岡部長職子等の交渉斡旋の為め漸く事なきを得たるあり。其後の保険案等に対しては少壮派の意志入れられたる観ありて多少感情緩和せられたるも、近時岡部子枢府に入るや亦々前田子等少壮派に依って改革の声再燃し来れり。偶此気運に向って幸倶楽部一部議員が昨冬の政戦に鑑み同倶楽部が単なる社交倶楽部の観ありて結束の全からざるを患へ、裏に男爵の増加せるに拘らず男爵議員との均衡を失するものなるを以て選挙法を変改せられたしと男爵議員選出団体たる協同会より唱へしを以て男爵議員を糾合し、且つは交友、甲寅の一部並びに研究会少壮派との大同団結を作り、貴族院をして現在より意義ある議決機関たらしめんとの運動起れるものの如し。此運動に対しては選出団体たる協同会員は各派に亘りて存在し立場意見を異にするを以て団結は不可能なるべしと悲観さるる処なるも、少壮派の意気込旺なると従来より議員選挙法が連記制によりて幹部側の指定されたる人員以外選出せられざるを憂へ改選一ヶ年の後に迫れる今日を以って選挙法を改正すべしとの論者亦意外に多きを以て、之等種々なる意見を懐抱する議員連が一時貴族院改革の為め団結し或は多年馴致せられつつ来りし貴族院内に早晩何等かの形式によりて一波瀾を来す事免れざるべしと云へり。

言うまでもなく、ここで言う「昨冬」とは大正五年一月から二月にかけての時期を言い、「政府対貴族院妥協問題」や「政戦」はともに減債基金還元問題を指している。

ところで、この記事にある「少壮派の意見入れられたる観あ」る「其後の保険案」とは一体何であろうか。それは二月七日に衆議院に提出された簡易生命保険（以下、簡保）法案のことである。この法案は①、保険金を三〇〇円以下の小口とし（第四条）、②被保険者の身分・資産等に制限を加えないし（第三条）、身体検査を必要としない（第五条）、③郵便局を取扱窓口とする政府管掌事業である（第二条）、④民間が簡保事業を営むことを禁ずる（第二条）、の四点を骨子とするものであった。

それでは、この法案はいかなる社会的な背景を持つものであったか。日露戦争直後の明治三九年（一九〇六年）における有業者総計に占める第一次産業の比率が六六・七パーセントであるに対し、明治四三年におけるそれは六四・三パーセント、さらに第一次世界大戦後の大正九（一九二〇）年のそれは五二・九パーセントという具合に変化していた。[71]すなわち、農林業を中心とする第一次産業における就労人口に対し、鉱業、土木建築業、製造業を中心とする第二次産業やガス・電気・水道等のエネルギー、サービス業を含む第三次産業の就労人口が急速に増加していた。それはとりも直さず、都市部の工場労働者の増加を意味するが、一般的にこうした労働者の賃金は低い水準にとどまっていた。ちなみに、大正四年（一九一四年）の製造業平均一日当たりの賃金は男子六五銭、女子三三銭であり、この年の白米小売価格は一升（約一・五キログラム）につき約二一銭であった。[72]

こうした状態にあった労働者にとって、将来のための蓄えはあったとしても極めて薄いものであったろうし、そうであればこそ、『読売新聞』の社説が指摘するようにこの簡保法案は「社会政策の一端にして、中流以下の多数国民に生活の安全を与へんと欲するもの」[73]であった。すなわち、大正四年の製造業における男子の一日当り平均賃金からすれば、簡保法案は、保険加入者に対し、国家がその最高一年半程度の総収入に見合った生活保障を提供するよう意図していた。従って、かかる趣旨に「誰しも賛成すべき筈」[74]のものであったが、漸く基礎を固めようとする、三〇余りの保険会社に圧迫を加えるものであるとの意見が保険業界において強かった。政界においても野党政友会は、二月一七日の衆議院本会議での堀切善兵衛の演説に明らかなように、「小口保険官営といふが如き世界の何処の国にも例のない新しき先例を此処に開かんとするに当りまして、甚だ其用意粗漏なるもの」[75]として、この法案の成立に反対した。一方、与党同志会においてもこの問題をめぐり、一枚岩にまとまっていたわけではなかった。総務委員として同会幹部のひとりであった片岡直温は日本生命の社長であり、同会の鈴木万次郎は愛国生命の社長でもあった。かくして、この問題について党議拘束を外そうとする動きが、二月上旬において同志会内にあった。しかし、同志会は二月一五日、議員総会において党議として原案通り可決し、本会議に臨もうとした。これに対し、鈴木万次郎はそれを不満として脱党した。結局、二月一七日夕方、簡保に関する二法案すなわち簡保法案、簡保特別会計法案は衆議院本会議で可決され、即日貴族院に回付された。

貴族院が衆議院からこの二法案の回付を受け、審議に着手したのは、その翌日である。これに対し研究会は一九日午前一〇時、事務所にて総会を開催し、岡部、牧野、酒井、堀河、山田、美馬の各常務委員および青木、前田、小松、村上ら政務審査部の各部長および理事をはじめ五〇名余りでこの法案について意見を交換した。しかし、この時、どの様な意見が出たかは不明である。

ところで、この法案に対して減債基金還元問題で協力し合った政務審査部グループはどのような態度を取ったのか。二月二三日に「保険ニ付、村上、青木、前田三君ト相談」[76]と水野日記にあるように、第四部（陸海軍）長の村上、第一部（歳入・大蔵）長の青木、同理事の前田および内閣部理事の水野は原案反対の立場で一致していた。

なぜ彼等は原案反対であったのか。村上、青木、水野の理由は定かでないが、前田の場合は明かである。すでにふれた如く、前田は三島の推薦で設立後間もない中央生命保険相互会社（大正二年一〇月創立）の社長に就任していた。

先にもふれた様に、官業としての保険事業が民業を圧迫する可能性が大きいのではないかとの思いが保険業界や政界には強かったが、創立後二年余りの中央生命相互保険会社の社長としての前田には、政府管掌の簡保の出現が自社にとっての大きな脅威として映ったにちがいない。村上、青木、水野は、このような前田に対する同情と減債基金還元問題における連帯感とから原案反対の立場をとったのであろうか。

これに対し、内閣部長の小松謙次郎は原案賛成の立場をとっていた。彼はもと逓信官僚であり、逓信省文書課長、通信局長および逓信次官（明治四四年九月に就任）を歴任し、大正元年一一月依頼退職、翌月勅選議員として貴族院入りをした。いわば小松は逓信省と大きなパイプを持った人物である。簡保が逓信省所管事業であることを考える時、小松は同省の利益を代弁する形で同法案の貴族院通過をはかっていたと思われる。そして小松と共にもと大物文部官僚である岡田良平も原案の貴族院通過を目指していた。岡田は第二次大隈内閣内相一木喜徳郎の実兄でもあった。

さて、水野は二月二四日に「小松、岡田両氏保険案ニ付第五部会ヲ開キ、更ニ午后ニ延期トナレリ。可決」(77)と日記に記している。現時点では、部長と理事を除き、この時の研究会政務審査部の各部会の構成員については資料を欠いて不明である。従って、小松と岡田とがその第五部（農商・逓信）会のメンバーであったかは定かではない。第五部会の部長は青山幸宜、理事は伏原宣足で、共に子爵議員であった。小松や岡田が青山らに迫って第五部会を開かせたのであろうか。

ともあれ研究会では、二月二四日午前中に、簡保法案について第五部会が開催され、その結論は午後にまで持ちこされたが、結局政府原案が可決された。また、水野日記には、翌二月二五日に開催される予定であった「保険ノ部会」(78)はその開催が翌日に延期されたとある。この「部会」は貴族院に公式に設置された簡保委員会のことであろう。その委員会は確かに二五日に開かれている。この日、すなわち二月二五日の午前一〇時三四分より昼の休息をはさんで午後二時二九分まで四回目の貴族院簡保委員会が開催された。が、その殆どが秘密会であり、その会議内容を知ることはできない。こうした事態を受けて、前田、村上、青木、水野の四人は政府原案に対して、被保険者に資格要件を付しさらに保険金限度額を二五〇円に引き下げるという内容の修正案を用意し、その貴族院の通過を模索しはじめた。以下に二月二五日以降の水野日記の「保険」＝簡保に関係する部分を示そう。(79)

二月二五日　朝保険ノ部会延期トナル。本会議保険修正、資格及ヒ金二百五十円ノ事トシ、四名ニテ明日ノ部会ノ順序相談。

村上男更ニ三島子訪問。

二月二六日　保険委員会及ビ研究会総会修正可決。

前田子ヨリ三河屋ニ招カル。村上、青木。

大河内子研究会総会ニ於テ発言。

二月二七日　簡易保険　二三六（白－一四七）（青－八九）差五十八

夜研究会事務所ニテ、明日ノ日支其他相談。

井上匡四郎、八条隆正、岡部子、青木子、前田子ラ山本達雄氏訪問、明日ノ訂正ヲ為ス。

新聞記事や貴族院委員会の会議録で二月二六日、二七日の簡保法審議の流れを確認すると次の通りである。まず、二月二六日午前九時に研究会は内幸町の事務所で総会を開いた。岡部、牧野、酒井、堀河、美馬ら常務委員をはじめ七〇名余の出席があり、北海道会法中改正法案はじめ九法案について各委員会の審議結果通りに決定した。そして、簡保法案が議論の俎上にのぼると、前田利定は簡保法に対して反対論を述べ、これに対し岡田良平は原案賛成を説いたが、議事半ばにして、貴族院の委員会開会の時刻となったため、総会は一たん休憩となった。一〇時三〇分、貴族院の委員会が開かれ討議に入った。仲小路廉（勅選、無所属派）と桑田熊蔵（多額、土曜会）がそれぞれ同案実施の結果、国民一般保険思想涵養となり、大口保険の増加につながるし、反対者は民業圧迫と言うが、「新設保険会社ニ於テハ……最早数年前カラ農商務省で三百円以下ノ保険ハ許可イタシマセムカラ、此新設会社ニ対シテハ此問題」はない、「若シ社会政策上簡易保険が必要デアレバ、仮令民業ニ圧迫ヲ加ヘルトシテモ之ヲヤラザルヲ得ヌノデアリマス」[80]と説き、原案賛成の意思表示をした。仲小路は司法官から逓信官僚（逓信省官房長、同次官）および内務官僚（土木局長、警保局長）に転じた人物で、逓信省の利害関係と無関係ではなかった。また、前田は同じく委員会でこの二人が発言している間、自分は利害関係者として質問を差控えて来たが、「本案」に反対であると述べていた。

こうした流れに対し、山本達雄（勅選、交友倶楽部）が、①民間保険業者を安心させること、②下層民を対象とし彼等に対して営利的にならない、の二点を考慮して、被保険者の資格設定、保険金の最高額を二五〇円とするとの二項目から成る修正案を提出した。

昼の休憩をはさんで再会された委員会の冒頭で、富井政章（勅選、無所属派）が原案賛成を主張したのに続き、山本と同じ交友倶楽部所属の水野錬太郎が山本に対し最高額を二〇〇円としてはどうかと質した。これに対し、山本は「民間ノ営利会社ト利益ヲ争ハヌヤウニ向ケタイ、ソレニ付マシテハ此額ヲ出来ルダケ減ジタイ」ので自分としては二〇〇円が適当と思うが、そうすると政府が「一体ノ予算ニ付テ狂ヒヲ生」する恐れもあるので、「二百五十円ナラハ競争ノ点ニ付テモ幾分カ減殺スルト云フ関係ノ為ニ」[81]二五〇円とした、と答えている。この山本による修正案に対して荒井泰治（無所属）、鎌田勝太郎（土曜会）の二人の多額納税者議員が賛成した。この様に、午後に至り、被保険者に資格を付したり、最高保険金額を減じたりして原案に修正を施し、簡保法案を可決しようとする雰囲気が醸成されつつあった。これに対して研究会の小松は、小学校の教員や巡査等下級官吏らのように細民でなくても社会的に救済すべき者が多いので、資格制限の設定などには同意できないとして原案支持を強く訴えた。その後、水野の富井に対する反論がなされ、さらに桑田が修正に反対意見を述べた後、簡保案は採決に付された。その結果、九対五で修正案が採決されるに至った。原案および修正案それぞれに対する賛成者の内訳は次の通りである。

・政府案賛成（五名）

仲小路廉（勅選、無所属派）、桑田熊蔵（多額納税、土曜会）

小松謙治郎（勅選、研究会）、真田幸世（男爵、土曜会）

富井政章（勅選、無所属派）

・修正案賛成（九名）

山本達雄（勅選、交友倶楽部）、水野錬太郎（勅選、交友倶楽部）

日高栄三郎（多額納税、研究会）、前田利定（子爵、研究会）

長松篤棐（男爵、茶話会）、本多忠鋒（子爵、研究会）

荒井泰治（多額納税、無所属派）、鎌田勝太郎（多額納税、土曜会）

山之内一次（勅選、純無所属）

この簡保案についてこの時点では、各会派はその態度を明確にしていなかったため、無所属派、土曜会そして研究会と何れも委員の態度が分かれてはいる。しかしどちらかといえば、無所属派および土曜会は政府案支持、研究会は修正案支持の傾向が強かったと考える。交友倶楽部は二人共修正案支持である。なお、その後、本会議に臨み、研究会を含む各会派は何れも簡保案を自由問題とした。

ともあれ、この簡保委員会で修正案が可決された後に再会された、研究会総会の内味はどのようなものであったのか。『時事新報』は次のように報じている。「二十六日簡易保険委員会散会後直ちに全員本部に参集し、同委員会における原案修正可決に対する会の態度を議した。さきに原案維持説を唱へたる人々は之が除外例を求めたる結果、遂に会の態度としては本会議に於ても委員会決定通り修正案賛成を以て進むべく決せるも、強いて拘束を加へず各自の意思を尊重し、除外例を許すこともなりたれば、本会議に於ては全会一致の歩調は元より期すべからず、多少の落伍者を見るべきは勿論なり。[82]」水野日記によれば総会は「修正可決[83]」すなわち「修正」案について可決したのであった。しかし、総会の結果はどうであれ、公式に委員会で決定され、それがしかるべき手続きを経て本会議にかけられれば、自由問題である限り、一会派の総会の決定などたとえあったとしても、それは決定的な意味をもたないかもしれない。しかし、特別委員会の「修正案賛成を以って進むべく」総会で一応決定されたことは、それ自体権威を持つ。すなわちそれは会派の大半のメンバーに対する拘束要因として極めて有効であろう。従って簡保委員会で修正案が可決され、さらにそれが研究会総会で自由問題とされつつも、容認され確認された時点で、〈四人組〉は小松や岡田らに対し〈勝った〉と言ってよい。かくして、その日、村上、青木、そして水野は前田より三河屋に招待されることになった。なお、水野直と学習院時代同級であった大河内正敏が発言したと、水野の日記にあったが、それは二六日午後の総会でのことで、それも修正案支持の内容であったのかもしれない。

さて、簡保修正案は二月二七日に貴族院本会議で可決された。水野がその日記に記しているように修正を可とするもの（白票）一四七、修正を否とするもの（青票）八九であった。こうして、研究会〈四人組〉は二六日朝に開催されたであろう「保険ノ部会[84]」とさらにそれに引続き開かれた貴族院の特別委員会である簡保委員会（正式には「簡易生命保険法案外一件特別委員会」）を押えることにより、簡保案に対する貴族院本会議の動向を決定付けたのであった。

それにしても、この四人が二六日「部会」の「順序」を「相談」したのは彼等の間だけではなさそうである。すでに見た如く、二六日の委員会では修正案を提出するなど山本達雄が修正可決に向けて果たした役割は大きいものがあった。保険業界の当事者であるが故に前田の発言が封じられていたことを考慮するならば、委員会において山本は事実上四人組の代理人であった。「保険ノ部会」の開催が翌日に延期された二五日、〈四人組〉は明日の「部会」への対応を協議すると共に、そこで得られた修正案について交友倶楽部の山本とも話合ったのであろうか。ちなみに、翌二八日に開催が予定された両院協議会を前に、岡部、青木、前田らが山本を訪問し、「明日ノ訂正」[85]をしている。山本は前田と共に、議長の指名により一〇名の貴族院側協議員になっていた。この時、明日の協議会のために四人組ないしは研究会側と打合せがなされ、さらにその一部の訂正がなされた。また、二月二三日以来、村上が二度にわたって三島を訪問している。そしてその後四人組に参加することとなる松平直平が、研究会が第五部会で政府原案を可決した二四日に三島のもとに行っている。おそらく、〈四人組〉の行為は三島の了解のもとになされたものであろう。

なお、この修正案は二月二八日の両院協議会でさらに修正された。すなわち、保険金額の限度額は修正案通り二五〇円とされたが、修正案第三条第二項の被保険者の「資格」が削除されることになった。この日の両院協議会は九時に開かれ、双方の意見の応酬の後、三時間ほどでの懇談会（非公開）に移った。会議再開後、衆議院側協議員の大西五一郎によって、再修正の提案がなされたのを受けて、貴族院側協議員仲小路廉のいわゆる「交譲ノ途」[86]がとられることになった。懇談会において、その前日になされた「明日ノ訂正」が披瀝されたのではなかろうか。協議会での採択の後、この再修正案＝協議会案は両院の容れるところとなり、簡保法案は辛くも成立したのであった。

五　「火曜会」誕生

三島弥太郎の側近のひとり酒井忠亮から水野直に対し、「七星会再開ノ件」[87]について電話があったのは、減債基金還元問題に一応の決着がついた二月八日の翌日のことであった。二月八日に開催された貴族院予算委員会はこの問題で紛糾はしたが、すでに〈研－幸〉グループでは政府案支持を決めていたため、この日の議決を経て二月一二日に予算案は貴族院を通過した。

さて、この「七星会」であるが、水野の日記には二月九日の項に突如出てくる。少なくとも大正三、四年そして同五年の一月の日記にはそれは見当らない。「再開」と日記にあるから、今まで何回か開かれ、その後開店休業状態になっていたと思われる。それにしても、「七星」とはいかなるものか。「七星」は七名の人間のことであろうか。さらにまた、三島という北極星を中心に回る北斗七星すなわち三島の親衛隊というほどのものであろうか。とにかく四月六日に青木邸で開催された七星会には酒井、牧野、青木、水野の四人が参加して、直前に迫った常務委員の半数改選について議論している。大正五〜六年の「水野直日記」に限っていえば、この会では常務委員改選のほか補欠選挙の候補者の選定など研究会にとって重要な問題について三島を中心に話合われた。七星会とは三島の個人的な諮問機関であったと思われる。なお、この七星会と先述した「千会」（本章第三節）との人的な関りはあるのだろうか。この点については判然としない。

この七星会が二月二一日、三島邸で開催された。その参加者は不明であるが、議題は「日清銀行」[88]であった。若槻礼次郎第二次大隈内閣（前蔵相、勅選、茶話会）によれば、これは、第二次桂内閣時代に中国における日本の利権を開発するため、横浜正金銀行によって日中合弁の新銀行を設立し、資金不足を補おうという趣旨から構想されたものであった。さらに彼が回顧するところによれば、茶話会では減債基金還元の実行とこの銀行案とが大いに問題となっており、さらに彼は両方とも政府案を否決するというのであれば、それはともに実現できない、一つ捨てなければならないと説き、蔵相の武富にも予算を優先し、銀行案を廃案にすることについて了承させたという[89]。この問題は「水野直日記」にその後断片的に「日支銀行委員会」「日支案」という具合に登場するが、第三七議会の最終日、貴族院本会議でその日記に「日支満州銀行否定」[90]とある如く、満州銀行設立法案とともに否決されたのである。

ところで、「七星会」が開かれた翌日あたりから、村上、青木、前田、水野が二人、三人そして四人とそれぞれまとまって行動する様子が水野の日記に散見されるようになる。例えば二月二二日の条には「村上男ヲ訪問、青木子同行、同男明日ニモ三島子ヲ訪問シテ研究会調査ノ件ニ付話ス由」[91]とある。翌二三日、村上は三島を訪問し、さらに二五日に再度、彼は三島を訪問している。このころ彼等四名の最大の関心事は、すでに述べた如く箇保法案審議の帰趨であった。ここで水野が日記に記した「研究会調査の件」とは一体何であろうか。すでに見たように、第三七議会では減債基金還元問題をめぐって、審査部の各部長や理事が団結して、調査や審議にあたった。村上は改めて、立法調査の必要性すなわち研究会内における審査部の威信向上やその積極的な活用について三島に対し申入れを行ったようにも思われる。審査部の中心は、減債基金還元問題で三島に対し対政府強硬姿勢を迫った六名のうち、別会派の橋本を除く五名であった。しかし、その五名全員が第三七議会終了後、審査部の中核として研究会の指導的地位を獲得していくことにはならなかった。

三月四日、前田、青木、水野、村上の〈四人組〉は翌月下旬に予定される常務委員の改選にあたって、前田、青木を常務委員に推薦するが、内閣部長の小松謙次郎は推薦しない旨を決定している。この日の水野日記には次のようにある。すなわち「村上男ヨリ三河屋へ招待。前田、青木。常務委員ニ小松君ヲ推薦セザル事ヲ決定[92]」。翌五日、この四人組の決定は三島体制の中枢に位置する酒井に伝えられた。すなわち、この日、水野はその自宅で酒井と会見し、「岡部子ニ対スル件、常務委員ハ加太氏トシテ小松氏ヲ入レザル件、青木子ト予算副委員長ノ件[93]」を話し合っている。水野が推薦する加太とは、政務審査部第二部（外務・司法）理事・加太邦憲のことである。またこの日おそらく、水野と酒井との話合いが行われた後のことであろうが、村上が水野宅を訪れた際、「小松氏常務委員反対ノ件及ビ青木子地位世話ノ件[94]」を水野から聞いている。減債基金還元問題で共に協力した政務審査部内閣部長の小松を、次期常務委員候補から〈四人組〉が外す理由は何であるか。おそらくそれは、箇保法案審議の際に小松がとった行動に対する水野らの反発なのではあるまいか。ちなみに、小松は二月二七日の本会議における箇保法修正案反対の、数少ない研究会の会員のひとりであったし、両院協議会においてもなお、政府案支持の態度を変えることはなかったのである。

こうして、常務委員会に対する〈四人組〉の姿勢が固まった。彼らは三月六日以降、常務委員改選に向けて、〈四人組〉の常務委員会への参入のための奔走を開始した。まず三月六日に、水野は酒井、青木と共に、研究会の長老とも言うべき松平康民を訪問している。そしてその翌日には前田、青木、水野の三人が「築地精養軒へ八条、西大路、伊集院、片桐四子ヲ招[95]」いている。八条らはいずれも研究会の中堅である。その一方で〈四人組〉の外縁が拡げられて行く。三月六日に前田と青木の訪問を受けた水野は彼らを「同伴シテ大河内正敏子ヲ訪問[96]」し、彼は学習院中等部時代の一年後輩で釣友達であった大河内を前田と青木に紹介している。また前田は松平直平に対し、常務委員について酒井忠亮の辞任、山田春三の再任等について話している。この事が二日後、松平をして水野を訪問させ、松平は水野に対し「常務委員改選ニ干スル意見ヲ尋[97]」ねたのである。

ところで、何故ここで松平直平なのであろうか。第一章に述べたように、彼は堀田正養の側近のひとりであり、堀田を西園寺内閣の逓相に就任させた〝功労者〟であった。その堀田体制が崩壊し、〝不遇〟にあった松平直平に対し、堀田のあとを襲った三島への批判者であった前田が接近したのである。こうして、徐々にであるが、大河内や松平がこの〈四人組〉の外縁に導かれ、そしてその内部へと取込まれて行くこととなる。研究会内部のかかる動きは、その後同会内部の非公式組織「火曜会」の結成となって現れてくる。

もっとも、〈四人組〉の中心は青木、前田、水野の三人であった。その後、彼等は「前田、青木、水野同盟[98]」と水野自身が日記に記すほど団結するようになる。この三人は頻繁に会合を重ね、各人が独自で政治行動をとった場合などは必ず後日、相互に報告をするようにし、情報の共有化をはかった。例えば、先述の三月九日の前田による松平直平訪問が、三月一一日の松平による水野訪問に結びついたことはすでに述べた。水野はこの時の会談の様子を三月一三日に前田に報告している。さらに、前田は水野の報告を受け、その日再度、松平と会談しているが、その模様を翌一四日、前田は水野に報告している。この間、青木は大分県に行って留守であったが、三月一九日に前田が社長を勤める中央生命相互㈱に、青木、水野、前田が会合し、「青木子不在中ノ様子」[99]の報告がそこでなされている。

ところで、右にふれた「青木子不在中」すなわち彼が大分県に行っている間に、水野と前田は、〈四人組〉の常務委員会参入のための三島への働きかけを強めていた。それは彼等が直接というよりも、松平と入江を通じての間接的なものであった。三月一三日、前田は松平と会見して「先ツ三島子ヲ訪ヒ、酒井子ノ常務委員ヲ辞任セシムル事」[100]を話し、さらに「七星会ノ件、山本内閣当時ノ三島子ノ様子及ビ勢力ヲ干係話」[101]をした。この前田・松平会談を受けて、この日、松平直平は三島と面談した。この日の松平・三島会談において、三島は「常務留任ヲ主張」[102]した。三島は自らも含めて七名全員の留任を主張したのであろう。水野は松平・三島会談について松平より聴取すると共に、松平に対し「青木子ノ立場及ビ京都ノ樋口子ノ件、前田子ト同盟ノ件、尚友会幹事重任ノ件」[103]を話すなど、いわば秘密事項を打ちあけたのである。他方、三月一六日、水野は入江為守を訪問し、彼に対し「研究会ノ様子ヲ話」[104]している。常務委員である「酒井、牧野ノ近状」[105]も話題となったようである。水野はこの日、前田に「入江子訪問ノ件」を報告すると共に、その翌日「此際入江子訪問、会ノ様子ヲ話ス事」[106]を前田に対して依頼している。本章第二節ですでに述べたように、宮内省入りして政界からは離れていたものの、入江は水野を警戒しつつその能力を買っていたし、かつて三島の側近として三島が前田利定に就職の世話をするなど、彼に対して配慮していることも知っているのであった。水野日記では、前田は「今夜入江子訪問スル由」[107]と訪問に同意していたことは確認できるが、その実行の有無および会見が実現したとして、その際入江がいかなる反応をしたかについてそれには記載がない。

しかし、その翌日以降、三島側に水野、前田らの行動に対する動きが出て来た。それはいかなる反応であったか。まず、最初のものは三島の側近・酒井からのものであった。彼は「来四月、常務委員辞任ニ付賛成ヲ乞」い、その「後任ニハ直平、青木両子」[108]を挙げた。続く三月二〇日、青木は三島の招きにより彼を訪問した。水野日記には「青木子来邸、昨日三島子訪問ノ結果ヲ話ス」[109]とあるが、三島―青木会談の内容は不明である。この青木の三島訪問が所期の成果をあげなかったのであろうか。三月二四日、前田が新潟への旅行で不在の中、青木、水野、村上が集り「常務委員挙国一致ノ件ヲ相談」[110]した。以後、彼等の会合ではこの「常務委員挙国一致」が話題になる。「常務委員挙国一致」とは全常務委員が一つとなって団結して、研究会を指導して行くことである。シーメンス事件の折の大正三年度予算問題や先の減債基金還元問題に対し、常務委員会は一体となって強いリーダーシップを発揮したわけではなかった。むしろその逆であった。彼等はかかる既存の常務委員会を批判しつつ、新たに一枚岩となれる常務委員会を作り出すことを目標としていたのである。

さて、この日の会合で今度は村上が三島を訪問し、「一、酒井子ノ辞任ノ理由、二、三島子退任如何及ビ其后ノ処置、三、岡部子転任ノ件等ヲ話ス」[111]ことになった。この村上の三島への訪問は三月二七日に実現した。はたして、村上は三島に対し、常務委員の退任を迫ったのであろうか。そしてまた、酒井や岡部を常務委員から外すことについて三島と話合ったのであろうか。この日、水野は青木ともども村上から報告を聞いているが、その日記には会談の具体的な内容は書かれていない。この後、大河内より電話があり、水野は彼に対し「其后ノ様子ヲ話」[112]した。おそらく、三島と青木や村上との会談についても、水野は大河内に伝えたものと思われる。さらに三月三〇日、青木と水野とは前田を出迎えに八王子まで出掛けた。前田はその不在中の一〇日間の動きについて彼等から聴取し、翌三一日に松平直平を訪問し「握手ノ約束ヲ為シ」[113]て水野のもとを訪れている。その前日、青木や水野が前田を出迎えた際、彼等はその前日に〈四人組〉と松平との提携が必要であることを説いたのであろうか。またこの日、すなわち三月三一日、前田と松平との「握手ノ約束」[114]が実現し、さらに村上、青木、前田が会合し「常務委員ハ挙国一致ノ件」[115]が話合われたようである。その夜、水野が松平を訪問し、彼に対し「前田子ト連合」[116]について確認した。こうして、四月の常務委員改選を前に、〈四人組〉に大河内を、そしてさらに松平直平を加えた〈六人組〉のラインアップが出来上がったのである。

ここでこの六人の経歴をみておきたい。(117) 以下、①出生および死没年、②家柄、③貴族院議員在職期間、④生い立ち及び経歴等、の順に記す。

青木信光　①明治二（一八六九）年〜昭和二一（一九四六）年。

②摂津国麻田藩主家当主、子爵。

③明治三〇（一八九七）年〜昭和二一（一九四六）年。

④貴族院子爵議員。常陸国松岡藩主中山信徴の四男に生れたが、明治九年、麻田藩青木重義の養嗣子となる。学習院を経て、明治一三年東京法学院を卒業。大正期後半から昭和初年にかけて、水野と並ぶ研究会のリーダーとして活躍。水野とは親戚関係にあり、そのためか、水野から時折り、小口の融資を受けていたことが、水野の大正五、六年の日記に明らかである。

大河内正敏　①明治一一（一八七八）年〜昭和二五（一九五〇）年。

②三河国豊橋藩主家当主、子爵。

③大正四（一九一五）年〜昭和五（一九二九）年。

昭和一三（一九三七）年〜昭和二一（一九四六）年。

④貴族院子爵議員。上総国大多喜藩主家当主大河内正質の長男として生れたが、後年旧豊橋藩主大河内信好の養嗣子となる。学習院（明治一八年初等科三年入学、明治三〇年中等科卒業）、第一高等学校を経て、明治三六年東京帝国大学工科大学造兵科を卒業、明治四一年ドイツ、フランス留学の後、明治四四年、同大学教授。伯母鍈子（水野〔沼津〕忠敬夫人）の子貞子は水野直の妻で、水野直とは親戚でもあった。

前田利定

①明治七（一八七四）年〜昭和一九（一九四四）年。
②上野国七日市藩主家当主、子爵。
③明治三七（一九〇四）年〜昭和一九（一九四四）年。
④貴族院子爵議員。学習院（明治二六年中等科卒業、明治三〇年高等科卒業）を経て、明治三五年東京帝国大学法科大学独法科を卒業。司法官試補となり東京地方裁判所勤務を経て、貴族院議員に転じた。大正二年、中央生命保険相互会社創立に際し、同社長に就任、翌大正三年、明治商業銀行取締役。のち、逓相（加藤友三郎内閣）、農商務相（清浦内閣）を歴任。弟利為は、加賀前田家に養嗣子として入り同家当主。

松平直平

①明治二（一八六九）年〜昭和一四（一九三九）年。
②出雲国広瀬藩主家当主、子爵。
③明治三〇（一九〇四）年〜昭和一四（一九三九）年。
④貴族院子爵議員。松江藩主松平安定の五男に生れたが、明治七年、旧広瀬藩主松平直巳の養嗣子となる。明治二七年、学習院卒業の後、錫紙製造を計画し、下谷の根岸に根岸製作所を設立した。その後、日本畜産㈱および八千代生命保険相互会社取締役、東洋拓殖㈱監事。

村上敬次郎

①嘉永六（一八五三）年〜昭和四（一九二九）年。
②広島県出身、男爵。
③明治四二（一九〇九）年〜大正一五（一九四二）年。
④貴族院勅選議員。旧広島藩士堀尾笑石の次男として生れたが、同藩士村上邦裕の養子となる。明治二年、欧州留学、明治七年帰国後広島英語学校を経て海軍に入る。内局、総務局、経理局

勤務の後、明治二六年、西郷従道海相の下、官房主事であった山本権兵衛の秘書官を勤めた。明治三〇年、主計総監として経理局長に就任。明治四一年、予備役に編入。その間日清戦争に際し、旅順口根拠地主計部長を勤め、日露戦争の際に海軍省経理局長、大本営海軍部経理課長として海軍部内の経理を一手に担当した。その功績により、功二級金鵄勲章が授与され、さらに華族に列し男爵に叙せられた。

水野直

①明治一二（一八七九）年～昭和四（一九二九）年。

②下野国結城藩主家当主。子爵。

③明治三七（一九〇四）年～大正九（一九三六）年。

大正一一（一九三八）年～昭和四（一九二九）年。

④貴族院子爵議員。旧紀州新宮藩主家当主水野忠幹の五男に生れたが、明治一七年、故水野忠愛の養嗣子となり、明治一九年から同二九年まで忠愛の先代勝任（直の伯父）の未亡人好子の手で養育せられた。学習院（明治一八年初等科三年入学、明治二九年中等科卒業、明治三二年高等科卒業）を経て明治三六年、東京帝国大学法科大学政治学科を卒業。同期生五八名中一八番の席次である。同期生には上杉慎吉（席次三番）、馬場鍈一（同四番）、結城豊太郎（同一五番）がいる。臨時教育会議委員（寺内内閣）、学習院御用掛、陸軍政務次官（第二次加藤高明内閣）等を歴任。妻貞子は大河内正敏の従妹。妹・富子の夫（男爵、川口武和）の妹・楠枝が青木信光の妻。

彼等六人にほぼ共通することは、前田を除いて五名が養子ということであり、村上以外の五名は大名華族の子爵議員である。出生年が最年長者の嘉永六年（一八五四年）から最年少者の明治一二年（一八七九年）と結構幅広い。村上を除いても、明治二年生れの青木、松平と明治一二年生れの水野とは一〇の年齢差がある。青木、松平、そして水野ら五名の子爵議員はお互いに同世代と言えば言えようが、年齢差が大きいことは否めない。また前田、大河内、水野が帝国大学出身者であるに対し、松平と青木は学習院の中等部もしくは高等部修了で大学教育を受けていない。貴族院議員の勤続年数については青木、松平の一九年が最長で、大河内に至っては一年である。いま、出生年と勤続年数で各人を表示すれば、村上（嘉永六＝一八五三、七）、松平（明治二＝一八六九、一九）、青木（明治二＝一八六九、一九）、前田（明治七＝一八七四、一二）、水野（明治一二＝一八七九、一二）、大河内（明治一一＝一八七八、一）となる。

これに対し、主流派である三島グループについてはどうであるか。大正三年に東宮侍従長就任により議員を辞任した入江為守も含めて考えてみる。ちなみに、入江は貴族院を去ってもなお、研究会との関係は継続したようで、水野は時々彼を訪問し、研究会の内部事情を報告していることがその日記に窺える。右の六名と同様に示すと、次の様である。牧野忠篤（明治三＝一八七〇、一九）、酒井忠亮（明治三＝一八七〇、一六）、入江為守（明治一＝一八六八、一七）、三島弥太郎（慶応三＝一八六七、一九）、岡部長職（安政一＝一八五四、二六）、吉川重吉（但し大正四年一二月没）（安政六＝一八五九、二二）、山田春三（弘化三＝一八四六、一〇）。

この三島グループの特徴は、旧体制すなわち堀田正養を中心とする〈三頭政治〉における人的関係の継続にある。堀田を支えた人的関係とは「所謂渠（かれ、堀田を指す－西尾註）の四天王と称せられたる子酒井忠亮、子牧野忠篤、子稲垣太祥、子青木信光等を以って其の左右両翼を形成し、又子三島弥太郎を参謀長となし、子入江為守、男吉川重吉等をも将て其の知嚢となし、以って堂々たる威容を整へたる」[118]ものであった。明治四二年四月の堀田除名後、右の「四天王」や「知嚢」部分のうち、九か年にわたった三島の体制の下で、稲垣を除く全員が常務委員に就任している。稲垣は研究会総会の際、推されて議長を務めることが多かったが、常務委員に就任したことはない。その理由は資料を欠き、明らかではない。なお、稲垣以外の五人の中で、青木を除く四人は常務委員を重任している。特に、酒井、牧野、吉川はそれを繰り返している。しかし、なぜ、三島が青木を重任させなかったのであろうか。青木は三島と同様に旧体制＝〈三頭政治〉を支えた人間であった。しかるに、新体制＝〈三島体制〉において青木は酒井らと比べると中心でなく、傍流に押しやられているようである。後年、青木が語ったところによれば、堀田除名問題以来、その主謀者とも思われる酒井、牧野によって排斥されたため、彼は茅ヶ崎に引込み、研究会とは遠ざかっていたとのことである。[119] 何故、酒井や牧野が青木を排斥したのか、その理由は不明である。

さてここで以上二つのグループ一二名について、横軸、縦軸にそれぞれ出生年、勤続年数をとった座標に、〈六人グループ〉のメンバーは○で、三島グループのそれを●でそれぞれプロットしてみる。次頁の図2がそれである。この図によると、両グループともに拡散している度合が大きいが、相対的には三島グループは〈六人グループ〉より多少の凝集性がみられる。すなわち、酒井、牧野、入江、三島が出生年および議員としてのキャリアにおいてある程度の共通性がある。これに対して〈六人グループ〉はバラバラの状態である。あえて言えば、青木と松平が出生年、議員勤続年数は全く同一であるため、一つの群をなし、前田と水野が五年の年齢差があるものの議員としてのキャリアは同一でさらに一つの群をなしている。大河内と村上がこの二群と大きく離れた所にあるが、大河内はすでに述べたように、学習院時代より水野との関りが深く、同時に親戚でもある。

では村上の存在をどのように理解すればいいのであろうか。それはやはり減債基金問題の折の研究会審査部における共通体験、すなわち団結して苦楽を共にしたという意識によるところが小さくないと思われる。が、そればかりではなく、村上の経験と能力－海軍における経理の〝大御所〟－に対する前田や水野らの評価によるところも大きかったと思われる。ちなみに後年前田が語るところによれば、水野は前田に対し「村上君の経済の知識を前田君吸収しろ」と言い、自宅に村上を呼び青木、前田ともども勉強会を開いたという。[120] また、青木と水野とを縁戚関係で媒介する川口武和(男爵)については、先述の通りであるが、その川口の父は、水野の実家である旧新宮藩の宗主筋にあたる旧和歌山藩の藩士・川口武定である。武定は海軍に入り経理畑を歩き、海軍主計総監にまで登りつめ、日

図2　出生年と勤続年数から見た2つのグループ

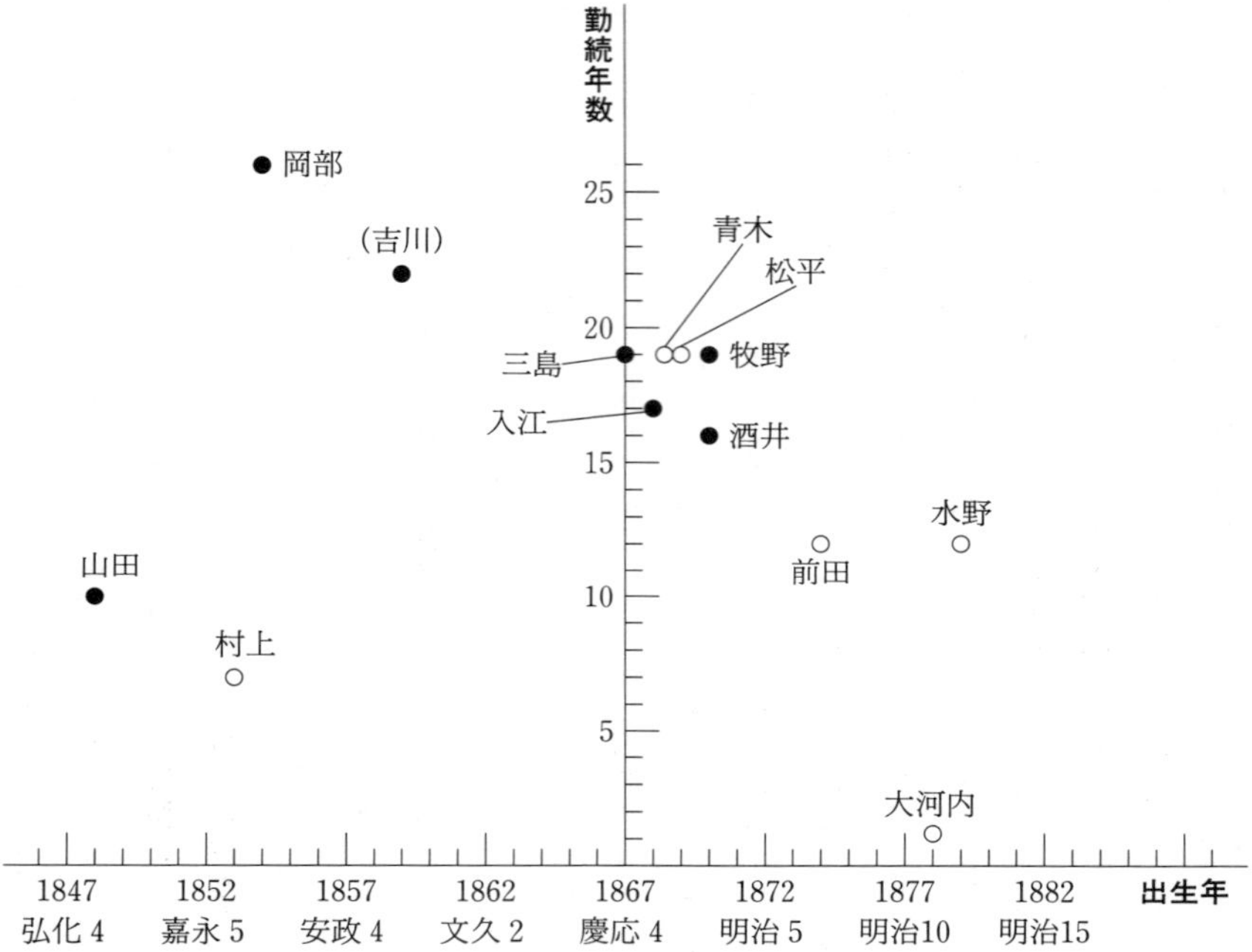

清戦争の功績で華族に列せられ男爵に叙せられた。すなわち、水野にとって義理の弟である武和の父・武定は、村上と同じコースを歩いた郷土の先輩でもあった。そんな関係から水野は、妹の夫の父親の元部下である村上と親しくなったとも考えられる。一方、勅選議員でなく、男爵者として村上が前田や水野に対し、そして〈四人組〉に対して期待するものもあったと思われる。それは研究会さらには貴族院における男爵者の地位向上であった。この時、男爵議員は伯、子、男三爵の中で互選による議員選出率が一番低く、大正七年七月の選挙をほぼ二年後に控え、その是正要求も一部から出ていた。数ヶ月後、常務委員となった水野に対し、村上は「一、男爵ヨリ常務ヲ出ス事、二、男爵ノ数ヲ増ス事、三、男爵の集会ヲ事務所ニテスル事[121]」を申入れている。

ところで、図2において、三島、青木、松平、牧野は横一線に並んでいる。彼等は世代を同じくし、貴族院議員在任年数は全く同一である。入江、酒井が彼等に続くが、このふたりも出生年、在任年数ともに先の四人に近い。いわば、世代と在任年数からすれば、以上の六名はほぼ同一グループに属すると言えるであろう。また、この六名が堀田体制の中核を担ったという点からしても、彼等は政治的に一体であった。しかるに、堀田除名以降、三島を中心に入江、牧野、酒井の四人は研究会の権力核を構成するが、青木と松平はそれから排除された。先にも述べたように、青木は茅ヶ崎に引込んでしまったが、その青木に対し水野は度々訪問し、とうとう彼を東京に引き出すことに成功したという(122)。ただ、この時、水野は青木に対し、何を期待してこのような行動に出たのか。それは資料を欠き、明らかでない。彼は三島体制の中核にあって、政治的パートナーとしての役割りを青木に求めようとした、とも思われる。他方、松平は、第一章第四節で見たように、堀田の逓相就任に尽力した人物であった。政党と関係を持ったという堀田除名の〈大義名分〉もあり、そのために彼は三島ら四人に疎じられ続けたのであろうか。第三七議会以降、水野と政治的に提携することとなった青木と松平は、堀田体制を支えたが、三島体制から疎外されたという点で共通している。以上からすれば〈六人組〉は、水野を中心にその姻戚関係者と三島体制からの疎外者との連合体であったと言えよう。

なお、岡部は堀田と比べて若干年少ではあるが、明治四四年までは堀田と共に帝国議会開設以来継続して議席を維持して来た、研究会の長老である。明治四一年一一月から大正三年一一月まで常務委員の重任を繰り返して来た吉川は議員在任のキャリアは岡部と比べ若干劣るが、岡部同様に研究会の長老であった。彼等は共に外交官であったが、堀田体制に続いて三島体制の中核を担うに至った経緯は判然としない。明治三九年に勅選議員となった、もと内務官僚山田春三は明治四五年一一月から常務委員として三島体制の一翼を担うようになるが、それに至る経緯は不詳である。

さて、四月になると、〈六人組〉と三島グループとの常務委員をめぐる交渉は、さらに活発になされるようになった。〈六人組〉は「常務委員会挙国一致」[123]を主張しつつ、常務委員会への割り込みをはかったのであった。四月一日に松平と前田が三島を、翌二日には、前田が単独で三島と酒井をそれぞれ訪問している。四月一日および二日、水野は次のように日記をつけている。「直平、前田両子三島子ヲ日銀ニ訪ヒ、常務委員挙国一致説ヲ主張シ、中央生命ニ会合」[124]、「前田子午前九時三島子訪問、十一時ニ酒井子訪問、常務委員一致説ヲ主張」[125]。さらにこれに続いて、五日には村上が三島を訪問した。

かかる〈六人組〉の動きに対し、三島側は四月一日に、酒井から水野に電話で「常務候補者ノ件ニ付、七星会開会ニ干シ意見ナキヤヲ問」[126]うたり、日時は不明であるが、三島から〈六人組〉のひとりに電話連絡があった。特に三島からの電話については四月四日、前田、水野、松平が中央生命に会合して、その対応について「協議」[127]したようであった。その翌日、酒井から話があった七星会が青木邸で開催された。参加者は「酒井、牧野、青木、水野」[128]の四名である。ここで何が話合われたかは一切不明であるが、常務委員問題が主たる話題であったことは、まず疑いないところである。それにしても、七星会は今までほぼ三島邸で開催されていたわけで、それが〈六人組〉のひとりである青木の家で開催されること自体、研究会中枢における三島の威望低下を物語るであろう。それはともかく、この七星会の会合に欠席した前田に対し、翌六日に水野は中央生命に出向き、会合の内容について報告したのであろう。

こうして〈六人組〉の攻勢が功を奏した。四月一四日、三島邸で会合がもたれ、「常務委員二名増加ノ件」[129]が決定された。この決定は研究会規約改正を意味するもので、明治三二年一一月以来の大きな改正であった[130]。この会合のあった後、水野は松平を訪れ、三島が松平を訪問した時の話を聞取っている。松平は、明治三八、三九年の二年間にわたり常務委員として三島と共に堀田を中心とした「三頭政治」を支えた。改選を間近に控え、常務委員の全員を留任させることを望む三島にとって、〈六人組〉の攻勢をかわすためには二名の増員は止むを得ない決断であったにちがいない。その結論に至るまでに、三島はかつての仲間で今は対抗勢力の一員となった松平を通して〈六人組〉に対して直接探りを入れたのかも知れない。ところでこの四月一四日の会合はどのような性格のものであったか定かではない。が、この席上、枢密顧問官就任のため議員を辞職した岡部長職の後任として、堤雄長を補欠選挙の候補に決定していることからすれば、七星会そのものか、大半がそのメンバーである会合であったかと思われる。

この会合のあった翌日、「大河内、直平、青木、前田、村上」[131]が築地精養軒に会合をもった。もちろん水野も出席していたと思われるが、その席上で、前日、実質的に決定された「常務員二名増加」について、前日の会合に参加していなかったであろう、大河内や村上にもその報告がなされたにちがいない。そして新たな事態の展開を受けて、前田、青木、水野の間で「将来尚更結合ヲ強固ニスル事」[132]が約されたのであった。

大正八年に三島が死去して以後、このトリオが研究会を実質的に指導することになるが、その原点はここにあった。また、大正一〇年代となり、前田は逓相（大正一一年六月～大正一二年九月）、農商務相（大正一三年一月～大正一三年六月）としてそれぞれ加藤友三郎内閣、清浦内閣に入閣することで、トリオから抜けることとなるが、そのころから青木・水野のコンビが研究会を牛耳ることとなる。いわゆる「青木・水野時代」である。その原点もまた、ここに存するると言えるのである。

なお、常務委員の増員は四月二九日の総会で認められた。水野は日記に総会の様子を次のように記している。「研究会総会、常務委員二名増員、三島子ヨリ発議ニテ①七名中、三名病気ニヨリ、②兼テ五名ヲ七名トセルトキノ会員ノ数」[133]。三島は病気と会員増加を常務委員増員の理由とした。三島自身は病気がちであったようだが、三島以外の二人もはたしてそうであったかは定かではない。

ところで、これより一か月以上前、青木と水野はともに村上を訪問し、「火曜会創立ノ件」[134]を話している。この二日前に前田と青木が水野を訪問し、三名揃って大河内を訪ねている。その際、あるいは火曜会について大河内に話をするところがあったのかも知れない。何れにせよ、三月早々に、青木、水野、前田を中心に、「火曜会」なる非公式団体結成の準備が進められた。水野日記によれば第一回の火曜会の会合がもたれたのは、四月二五日のことである。この時、朝鮮に出向いていた松平直平(東洋拓殖会社監事)を除き五名が集った。この第一回会合開催に至るまで、常務委員問題を中心に、特に青木、水野、前田、松平の活発な動きがあったことはすでに述べた。そうした中で、彼等の間で火曜会についても語られて来たであろう。そして四月二二日に青木、前田、水野の間で「将来尚更結合ヲ強固ニスル事ヲ約」[135]することが確認された上で、第一回火曜会の会合が開かれたのではあるまいか。以後、それは大正五年から六年にかけてほぼ一か月に二回のペースで火曜日に開催されるが、臨時に開催されることも少なくなかった。またそれは、比較的月末に開催されることが多かったようである。ちなみに、その翌月は五月二三日に六名全員が揃って開催された。水野のその日の日記に「火曜会例会、六名揃ヒ」[136]とある。しかし、火曜会が実質的にスタートした、このころの水野は自信に溢れていた。減債基金問題ではもと官僚である勅選議員勢力に敗れたが、箇保問題でそれに勝った、との自負が水野らにはあったであろう。

ところで、五月二九日に研究会常務委員が早稲田の大隈首相の私邸に招待された。これに三島以下五名の常務委員が出席し、岡部、堀川、美馬の三名は欠席であった。欠席者の代りに青木と前田が出席している。どうして、この様な参加者となったかは判然としないが、欠席した三名は何れもその後常務委員に重任されなかった(但し、岡部は枢密顧問官に就任)のに対し、青木、前田は相次いで常務委員となっている。しかし、次に掲げる水野によるメモに「常務委員」とあり、その出席者が七名であることを考えると、出席した七名が七星会のメンバーなのであろうか。

さて水野はこの時の会話の一部を次のように記録をとっている。

大正五年五月廿九日大隈首相邸招待

常務委員　三島、牧野、青木、酒井、前田、水野、山田

一、主上国政治ヲ諮リ負フハ何レノ機関ニ依ルルヤ
一、右ニ付各元老ノ政党ニキスル弊害及ヒ失敗ノ歴史
一、大隈首相自ラモ政党ノ弊害ヲ認メ政党ヲ退キ国民ヲ指導セル経歴ヲ談ス－学校経営ノ件
一、元老凋落ヨリ現在山県公ノ病状ヲ陳フ
一、結局　主上ノ議会ニ依リ国政ヲ謀ラルルヨリ他ニ道ナシ
一、衆議院ハ国民ノ代表者ナル故華族ヲ得サレトモ、華族ハ生レ乍ラ国政ニ参与スル特権ヲ有セル故衆議院〔ママ〕ハ常軌ヲ失セシ場合ニハ冷静ニ考慮シテ可否ヲ決セサル可カラス[137]

この大隈邸での会合で大隈や招待者との間で交わされた政治談義の結論は、政党政治に対する懐疑であり、政党政治における華族の効用であった。それはまさしく、伊藤博文の『憲法義解』で説かれる伝統的な上院論に相通ずるものであった。すなわち、そこでの帝国憲法第三三条の注釈の中で、憲法起草者は貴族院に「傾流奔注の勢」[138]の抑制を期待していた。今ここでは、華族が中心となって「冷静ニ考慮」する貴族院が想起され、それが山県をはじめとする元老の存在と連動する。すなわち、この日水野は、この大隈邸での会合の政治談義を「貴族院カ政治ノ中心、元老ノ病没」[139]と総括したのである。確かに元老は年々高齢化し、淘汰されていく。それを前提に貴族院は政治の中心でありたい、とする水野の願望と自負とがここに感ぜられる。そして、その翌日、臨時の火曜会が持たれ、前日の政治談義の結論が、松平や村上にも伝えられた。

それでは、この火曜会でいかなる事が話題になったのであろうか。水野日記では、開催した事実のみを記載した場合と、それだけではなくその会合の話題について具体的に記されている場合がある。特に、大正五年に限って言えば、研究会内部のさまざまな動きに関する情報交換や各自の活動に関する報告そして常務委員問題が話題の中心であったようである。例えば、六月一三日に第六回の火曜会の会合が開かれる予定であったが、青木の「急電ニ接シ」[140]

たため、急遽、中止することにはなった。が、村上と前田が水野のもとに来た。中止となった六回目の会合であったが、村上、前田、そして水野の三名の会合の内容は、本来なら第六回の火曜会のそれであった筈である。この日の話の内容は、前田のこの日の日銀における三島との会談に関する情報や常務委員山田春三がこの日前田を訪問した際の「広島多額ノ件及ヒ会内将来融和ニ付、話アワレシ[141]」事についての報告であった。また、村上より水野に対し、尚友会「幹事引受ク伊東子ニ申シ置クノ件[142]」で注意があった。

また、六名全員が出席した八月二九日の会合は次の様な内容であった。「池袋信仰ノ件ニ付注意アリ。加藤高明子ニ参ル件不賛成。常務ノ半数改選ニ付テハ年長者ナル故ヲ以テ青木子今秋満期トスル件ハ村上男ノ発意ニテ何人モ譲ラザル事トス。尚改選ハ直平、村上両子ノ為メ極力奔走セシ事[143]」この頃、水野は池袋に天然社なる拝殿をもつ宗教「天然教」にのめり込みつつあった。前田をはじめとする他のメンバーは水野に対し、注意するところがあったようである。同時に、大正五年度後期の常務委員改選にあたり、青木信光を是非共当選させることを「満期トスル件[144]」について、火曜会としては「何人」に対しても譲ることはできないし、さらにその後の常務委員の改選について、松平と村上を当選させるため極力奔走することが確認された。水野の日記における「満期」とは、これ以上先延しできない限界点という程の意味であろうが、そこに水野らの緊迫した姿勢が感取できる。以上二つの例からも判るように、火曜会は、簡保問題が片付き、第三七議会終了前後から〈四人組〉さらに〈六人組〉として常務委員会への参入を目指した彼等の活動の延長線上に在ると言ってよい。しかし、火曜会は彼等の個々のそして二〜三名のグループによる活動の結接点であったし、情報交換の場であった。また、六人の団結心の再生産の場でもあったようである。

ところで、水野日記を見る限りでは、大正五年において七星会は四月六日に一度開催されただけであり、その後それが開かれた様子はない。火曜会がだいたい月二回隔週のペースで開催され、その都度その旨の記載が水野日記にあるのと対照的である。それで七星会の会合が開かれていないと断ずることはできないが、開かれたとしても、少なくとも水野の意識には入ってこない程の存在になってしまったのではないか。「七星会」が登場しないのは、研究会における三島体制のさらなる変化を暗示するものと思われる。彼の日記にそれが再び登場するのは大正六年一月である。水野の日記で見る限り、この年は七星会が八回、火曜会が二二回それぞれ開かれている。また、すでに触れたように、七星会の全メンバーは不明であるが、少なくとも青木と水野がそうであり、この二人は二つのグループのメンバーであった。従って火曜会で話し合ってさらに七星会で話題にする、またはそこで三島はじめメンバーの了解を得るということが多かったように思われる。言うならば、青木と水野とを軸に七星会と火曜会とが相互に補完しつつ研究会が運営されたのである。

さて、大正六（一九一七）年に、最も両会で話題にされたのは常務委員についてであった。すでに、彼らは一月三一日に臨時に火曜会を開き「常務四月改選ノ件」[145]を話し合っている。その年の前半は村上、後半は松平直平がそれぞれその話題の中心である。村上については、四月の半数改選の直前に青木、前田、村上、水野の四人が、四月七日に「常務委員改選ニ付キ村上男ノタメ尽力スル事」[146]との申し合わせの下に、「常務委員交渉」[147]を三島らに対し展開したのである。これより前、二月二日、松平直平が元研究会の長老で枢密顧問官であった岡部に面会し、村上の常務委員就任を打診した所、岡部はこれに賛成した。[148]さらに、二月二四日、ローマで開催予定の万国議員商事会議に貴族院を代表して参加することになっていた大河内の送別会が、築地の精養軒で開かれた。ここで火曜会すなわち〈六人組〉は、大河内が出発する前に村上の常務委員就任について岡部や三島に要求しておくように話し合っている。[149]それから数日後、大河内は三島を訪問し「村上男常務委員推薦」[150]を依頼している。さらに、松平は三月に入って、三島側近の酒井に面会した。その折、酒井は「堀河子常務ヲ止メ自分モ辞ストモ可ナリ」、近日「三島子ト会談ノ上、直平子ニ話ス」[151]と答えている。かかる四月一四日、酒井と三島が相前後して水野のもとを訪れ、「常務委員男爵代表者[152]」として、村上でなく藤堂高成（旧伊賀名張藩主家当主）を推す旨をそれぞれ通告したのである。これに対し、火曜会グループは、村上の常務委員就任について九名の男爵議員の推薦という形を取りつけることで反撃した。四月一六日夜、村上は水野を訪れ、「本日男爵議員会合相談ノ上、村上男ヲ常務ニ推選《ママ》ノ件ヲ決議シ、安藤男総代トシテ三島子ヲ訪問[153]」したことを報じた。その結果、四月二四日、七星会において青木、水野は村上の常務委員就任について話題にできたのである。水野はこの日、「華族会館にて七星会、青木子より村上男訪問の結果報告。終に同男を常務とする件相談[154]」と日記につけている。

ところで、四月一九日に勅選議員の会合があったが、おそらくここでも村上の常務委員就任についての了解工作がなされたであろうことは、その翌日、水野がその会合のメンバーであった村上を訪ね、会合の様子を聞き取っていることからも明らかであろう。また、これより前、勅選議員の阪本釤之助は水野より「研究会常務委員ノ件[155]」で相談を受けていた。その彼が三島を訪問したことを、四月二八日に至り青木より水野は報告を受けている[156]。阪本は四月上旬以来の「常務委員ノ件」の推移について三島に話したにちがいない。また、同じく四月二八日、青木は日銀に三島を訪ね、火曜会グループが退任を要求している山田春三と新たに就任を求めている村上をそれぞれ訪問した際の話をしている[157]。これもまた、三島に対する圧力であろう。結局、三島は大勢には抗し難く、五月一日に至り、村上の常務委員起用に動き出した[158]。例年ならば、四月中に終っている筈の常務委員の半数改選が、大正六年度も前年度に引続き五月にずれ込んだ。前年はその二名増員の是非をめぐる、大正六年度はその男爵議員代表をめぐっての、それぞれ三島グループと〈六人組〉＝火曜会グループとの対立抗争のためであった。

かくして、五月四日、「元老会」が開かれ、「美馬、堀河退キ木本、村上入ル[159]」旨が決定された。なお、ここで元老会の構成やその役割については不明であるが、少なくともそれは常務委員の半数改選の前に必ず開催されている。おそらく、研究会創立以来の会員（例えば、正親町実正ら何名かの伯爵議員や稲垣太祥、松平康民らの子爵議員）たちを集め、直近の常務委員改選の候補者につき、常務委員会が意見を聴取する程度の役割を果たしていたのではあるまいか。

ともあれ、こうして常務委員の現状維持を願う三島に対し、火曜会グループは村上の常務委員就任を目指して強い働きかけを行ってきたが、前年の水野に続き、前年四月の規約改正による二名の増員枠のうちの残った一つを村上が獲得することになった。この時、同じく四年間常務委員を勤めた堀河（子爵）が退き、前田がこれに代わった。さらに三か年常務委員を務めた美馬（多額）もまた退き、木本源吉（多額）が新たに常務委員となった。今ここに「大正六年度[160]」の常務委員を示そう。

大正五年一一月改選（任期・大正五年一一月〜同六年一一月）

三島、＊青木、牧野、山田

大正六年五月改選（任期・大正六年五月〜同七年四月）

酒井、＊※前田、＊水野、＊※村上、※木本

＊：火曜会のメンバー、※：新任、但し前田は大正二年四月にも選出され就任した

ここに注目すべきは、大正六年度常務委員会の九名のメンバーの内、四人までを火曜会のメンバーが占めるに至ったことである。徐々にそして確実に火曜会勢力は研究会の中枢を固めつつあった。

六　むすびにかえて

すでに述べたように、集団指導体制をとった研究会の最高指導部は常務委員会であった。それは明治三二（一八九九）年の同会の規約改正以来、常務委員の数の増加こそあったが、昭和二二（一九四七）年の貴族院解消まで一貫して存続し、かつ最高指導部であり続けた。研究会の「首領」「領袖」と呼ばれた最高指導者たちは、長期間にわたって常務委員を重任しつつ、同会のリーダーシップを維持したのである。

以下、堀田正養除名（明治四二年四月）から一〇年間の常務委員改選結果を挙げてみよう。[161]子爵議員以外については（　）にその旨を記してある。

明治四二年五月

入江為守、酒井忠亮、下村辰右衛門（多額）

同年一一月

三島弥太郎、牧野忠篤、波多野敬直（勅選、男爵）、吉川重吉（勅選、男爵）

明治四三年四月

入江為守、酒井忠亮、下村辰右衛門

同年一一月

三島弥太郎、牧野忠篤、波多野敬直、吉川重吉

明治四四年四月

入江為守、酒井忠亮、下村辰右衛門

同年一一月

三島弥太郎、牧野忠篤、波多野敬直、吉川重吉

明治四五年四月

入江為守、青木信光、日高栄三郎（多額、三島弥太郎の妹婿）

同年一一月

三島弥太郎、牧野忠篤、山田春三（勅選）、吉川重吉

大正二年四月

入江為守、前田利定、日高栄三郎

同年一一月

三島弥太郎、牧野忠篤、山田春三、吉川重吉

大正三年四月

酒井忠亮、堀河護麿、美馬儀一郎（多額）

同年一一月

三島弥太郎、牧野忠篤、山田春三、吉川重吉

大正四年四月

酒井忠亮、堀河護麿、美馬儀一郎

同年一一月

三島弥太郎、岡部長職、牧野忠篤、山田春三

大正五年五月

酒井忠亮、堀河護麿、水野直、美馬儀一郎

同年一一月

三島弥太郎、青木信光、牧野忠篤、山田春三

大正六年五月

酒井忠亮、前田利定、水野直、村上敬次郎（勅選、男爵）、木本源吉（多額）

同年一一月

三島弥太郎、松平直平、青木信光、加太邦憲

大正七年四月
　酒井忠亮、水野直、前田利定、村上敬次郎、木本源吉
同年一一月
　三島弥太郎、京極高徳、松平直平、青木信光、加太邦憲、安田善三郎（多額）

明治四二年五月以降、多額納税者議員の下村と勅選議員の波多野を新たに加えることによって、三島体制は出発した。毎年半数改選による七名の常務委員のうち、一名を多額納税者議員、二名を勅選議員で以って充てるというパターンは大正四年一一月の改選まで継続する。大正四年に死去した吉川の後をうけて、大正四年一一月に選出された岡部は、子爵議員ではあったが外務次官を経験した生粋の外務官僚であり、その経歴からすれば紛れもない官僚出身の勅選議員である。

しかし、こうした常務委員会の構成は大正五年四月の規約改正に伴い大きく変ってくる。この規約改正の実現に向けて、火曜会グループが三島とその側近に対し、再三働きかけをしたことはすでに見た通りである。常務委員会の現状維持を希望する三島に対し、大正五年三月以降、常務委員会への〈食い込み〉を目指し、その候補者として加太を推して来た火曜会グループであった。これに対し、三島グループの酒井は青木や松平を推した。しかし、結局食い込めたのは水野であった。五月八日に枢密顧問官就任のため議員を辞職した岡部の補欠選挙の予選と「研究会常務委員改選増員の開票」[162]が同時に研究会事務所で行われた。加太や青木たちではなく、水野が常務委員候補者に擬せられた経緯は不明である。後者すなわち「改選増員」の選挙によって、水野の常務委員就任が確定した。なお、この年の一一月、今度は青木が常務委員となっているが、これは岡部の後をうけての措置である。

とにかく、大正五年において火曜会はそのメンバーの二人を常務委員会に送り出した。さらに、大正六年にはその数は倍増さらには三倍増することになる。すなわち、規約改正による九名の常務委員のうち四名ないし五名が火

曜会関係者によって占められるに至った。大正六年の常務委員の半数改選による選出は五月と一一月に実施された。その結果、特に後者において、すなわち第四〇議会の開会を前にして実施された改選では、松平、青木、水野、前田、村上の五名と水野がかつて推薦した加太とがそれぞれ常務委員となっている。実に九名中六名、すなわち常務委員会の三分の二を火曜会のメンバーとそれに近い人間で占めることになった。同時に、三島の側近中の側近と目されて来た牧野が常務委員を外されたのである。これ以降、その人数に変動はあるものの火曜会のメンバーが研究会の中枢を握ることになる。なお、大正七年一一月の改選では六名が当選している。これは、同年七月の多額納税者議員選挙で木本が議員でなくなったのと、同年一〇月末をもって酒井と水野が任期を半年余り残して共に常務委員を辞任したことへの臨時の措置であった。ともあれ、酒井の辞任により、三島は側近の全てを常務委員会の中に失うことになったのである。

それにしても火曜会グループが研究会の中枢を握ることによって、その研究会の政治姿勢がどう変化して行くのであろうか。そしてそれが貴族院の政治構造にいかなる影響を与えて行くのであろうか。かかる問題については、章を改めて論ずることにしたい。

（1）坂本辰之助『牧野忠篤伝』（華堂子爵伝記刊行会刊、一九四〇年）、五五頁。
（2）山口愛川『横から見た華族物語』（荘人社、一九三二年）、七〇頁。
（3）この二点については、第一章第三節および第五節をそれぞれ参照されたい。
（4）佐藤立夫『貴族院体制整備の研究』（人文閣、一九四三年）第二編第一章「第一回の貴族院令改正」および第二章「第二回の貴族院令改正」をそれぞれ参照。
（5）『原敬日記』明治四二年三月二〇日の条。
（6）佐藤、前掲書、六〇頁。

(7)　西湖漁郎「研究会と三島子爵」(『太陽』第二十六巻四号、大正八年四月一日刊、九九頁)。
(8)　尚友倶楽部編刊『貴族院の会派研究会史・明治大正篇』(一九八〇年)、二六五頁。
(9)　例えば、第三七議会において、登院することのない皇族議員を除く全貴族院議員数に対する研究会、幸倶楽部(茶話会と無所属派)の議員の占有率はそれぞれ二四・三パーセント、二五・七パーセントであったが、〈研－幸〉のそれは五〇・〇パーセントであった。なお、公侯爵議員の大半が登院しないことを考慮する時、この数字はさらに大きくなる。
(10)　伊沢多喜男談話筆記(『伊沢多喜男』、羽田書店、一九五一年、所収、二六五頁)。
(11)　大正二年一二月三一日付金子借用仮証書(尚友倶楽部・季武嘉也編『三島弥太郎関係文書』〔尚友倶楽部刊、二〇〇二年〕、二三〇頁、所収)。
(12)　総工費については、大正二年五月一三日付三島弥太郎宛前田利定書簡(同『三島弥太郎関係文書』、二二六～二二七頁、所収)を参照。
(13)　大正八年一月一五日付借用証(同、二三一頁、所収)。
(14)　大正二年九月二九日付三島弥太郎宛前田利定書簡(同右、二二八頁)。
(15)　明治四四年一二月二五日付三島弥太郎宛入江為守書簡(同右、四三頁)。
(16)　坂本辰之助『子爵三島弥太郎伝』(昭文堂、一九二九年)、一九八頁。
(17)　「水野直日記・補遺」大正五年一月一八日の条。「水野直日記」は国立国会図書館憲政資料室所蔵『水野直関係文書』所収。なお、水野はこの年の一月については、二種類の日記をつけている。「補遺」の方がそうでないものより、断然政治関係の情報が多い。
(18)　(7)と同じ。
(19)　前掲『三島弥太郎伝』、一九八頁。
(20)　前掲「研究会と三島子爵」(九四頁)。
(21)　同右。
(22)　大正期後半、水野のお抱え運転手であった丸山哲衛は普通の人なら電話で済ませてしまうところを、実にまめに「クルクルお廻りになる」、そうして「彼方此方でお集めになった種々の意見を纏めてお考えになる」と水野について述懐し、さらに、水野は七年間で五台の自動車を代える位自動車をよく乗り廻したと述べている(川辺真蔵『大乗の政治家・水野直』水野勝邦刊、一九四一年、三三〇頁)。
(23)　「水野直(二)」(明治四五年二月一〇日付〔二月九日夕刊〕『やまと新聞』、所収)。

(24) 東京日日新聞社・大阪毎日新聞社編『明治・大正・昭和議会政治裏面史』（東京日日新聞社刊、一九三七年）、六七〜六八頁。
(25) 前掲「研究会と三島子爵」（九七頁）。
(26) 水野勝邦・大谷博編刊『水野直追憶座談会録』（謄写版刷、一九四二年）、四〇頁。
(27) 同右、四九〜五〇頁。
(28) 尚友倶楽部編（水野勝邦校注）「尚友会幹事日記」明治四二年七月二六日の条（尚友倶楽部編刊『貴族院子爵議員選挙の内争　付 尚友会幹事日記』、一九八六年、所収）。
(29) 明治四四年一二月二五日付三島弥太郎宛入江為守書簡（前掲『三島弥太郎関係文書』、四三頁、所収）。
(30) 大正二年四月二一日付三島弥太郎宛入江為守書簡（同、四四〜四五頁、所収）。
(31) シーメンス事件が重大な政治問題となって行く中での、貴族院における反山本内閣の動きについては、坂野潤治『大正政変―一九〇〇年体制の崩壊』（ミネルヴァ書房、一九八二年）第三章第二節（3）「山本内閣の退陣」、が詳しい。
(32) 「水野直懐中手帳」（国立国会図書館憲政資料室所蔵「水野直関係文庫」所収）の大正三年二月六日・九日・一二日・一五日・二〇日の各条。
(33) 同、大正三年二月二〇日の条。
(34) 同、同年一月二一日の条。
(35) 第二次大隈内閣の組閣をめぐる幸倶楽部の動向を論じたものに、内藤一成「大正三年政変における貴族院―幸倶楽部と元老の動向―」（『日本歴史』五七四、所収）がある。また、第三七議会における「減債基金還元」問題を中心に、幸倶楽部と研究会との関係やその変化について論じたものに、同じく内藤「第二次大隈内閣期における貴族院―減債基金問題を中心に―」（『史学雑誌』第一〇四編九号、所収）がある。内藤氏はこの時期に幸倶楽部優位の研・幸提携が崩れつつあることを指摘し、前者と併せて研・幸の組織の変化について分析している。特に後者について言えば、幸倶楽部については精緻な分析がなされているが、研究会の方は粗いように思われる。すなわち、「少壮派」抬頭による三島体制の変容に関する分析が幸倶楽部のそれに及んでいない。
(36) 「十金会」の成立とその組織の性格については、高橋秀直「山県閥貴族院支配の展開と崩壊―一九一一〜一九一九―」（『日本史研究』二六九、所収）を参照。
(37) 「田健治郎日記」大正四年一二月八日の条。
(38) 「水野直日記」、大正五年一月三日の条。
(39) 大正四年六月七日付『読売新聞』。

(40)「水野直日記」大正五年一月八日の条。
(41) 同、同年一月九日の条。
(42) 同、同年一月一九日の条。
(43) 同、同年一月一八日の条。
(44) 同、同年一月二〇日の条。
(45) 同右。
(46) 同右。
(47) 田健治郎伝記編纂会『田健治郎伝記』(一九三〇年)、二八七頁。
(48) 同右。
(49)「水野直日記」大正五年一月二一日の条。
(50) これまで反目し合った水野と前田ではあったが、この還元問題を契機に協力し合うようになる。先に本文中に取り上げたが、後年、前田は次のように回顧する。「……お互い様だから廊下で会っても話をしなかった。彼此七、八年と云ふものは、処が或る問題が契機となって水野君と僕と手を握らして元の事は水に流してお互いに一緒にやって行かうぢやないかと云ふことで、非常に親交を結んだ」(注27と同じ)。「或る問題」とは還元問題である。水野と前田の「手を握ら」せようと両者を斡旋したのは、水野に前田の「各種ノ成案」を伝えた榎本なのであろうか。
(51) 同、同年一月二二日の条。
(52) 同右。
(53) 同、同年、一月二一日の条。
(54) 大正五年一月二七日付寺内正毅宛勝田主計書簡(国立国会図書館憲政資料室所蔵『勝田主計関係文書』、所収)。
(55) 伊藤隆編『大正初期山県有朋談話筆記／政変思出草』(山川出版、一九八四年)、一〇七頁。
(56)「水野直日記」大正五年二月一日の条。
(57) 同、同年二月二日の条。
(58) ここで言う政務審査部とは明治二七年に正親町実正と岡部長職の提案によって「調査部」として研究会に設けられたのがそのおこりである。この点につき前掲『貴族院の会派研究会史・昭和篇』(一九八二年刊)、一一～一二頁を参照。政務審査部は第三七議会時には、内閣、第一部(歳入・大蔵)、第二部(外務・司法)、第三部(内務・文部)、第四部(陸海軍)、第五部(農商・逓信)の六部から構成されていた。なお、内閣部は大正五年一二月に第六部となった。ちなみに、「水野日記」大正五年一二月一八日の条に「伏原子ヲ第二部の部長、内閣部ハ之ヲ第六部トス」とある。『貴族院の会派研究会史・昭和編』によれば、政務審査部は「七部会に分かれ分担を決め」（一二頁）とあるが、七部会制になったのは、さらに後のことである。
(59)「水野直日記」大正五年二月二日の条。
(60)同右。
(61)同右。
(62)同、同年二月三日の条。
(63)前掲『田健治郎伝』、二九二頁。
(64)同右。
(65)「原敬日記」大正五年二月一四日の条。
(66)「貴族院の実勢」（大正五年二月一日付『読売新聞』所収）。
(67)大正五年二月四日付三島弥太郎宛前田利定書簡（前掲『三島弥太郎関係文書』二三〇頁、所収）。
(68)「水野直日記」大正五年二月五日の条。
(69)同、同年二月八日の条。
(70)大正五年二月五日付三島弥太郎宛岡部長職書簡（同、六六～六七頁、所収）。
(71)三和良一『概説日本経済史』〔第二版〕、東京大学出版会、一九九三年、六頁。
(72)同、八八頁。
(73)大正五年二月九日付『読売新聞』社説。
(74)同。
(75)大日本帝国議会誌編纂会編刊『大日本帝国議会誌』第三七巻（一九三七年）、七五三頁。
(76)「水野直日記」大正五年二月二三日の条。
(77)同、同年二月二四日の条。
(78)同、同年二月二五日の条。
(79)同、同年二月二五日・二六日・二七日の各条。
(80)『帝国議会貴族院委員会議事速記録』五・第三十七帝国議会〔二〕、臨川書店、一九八二年、五四頁。

(81) 同、五九頁。
(82) 大正五年二月二八日付『時事新報』。
(83) 「水野直日記」大正五年二月二六日の条。
(84) 同、同年二月二五日の条。
(85) 同、同年二月二七日の条。
(86) 「簡易生命保険法案両院協議会議事速記録」、三頁(『第三十七議会貴族院委員会議事速記録』五、臨川書店、一九八二年、所収)。
(87) 「水野直日記」大正五年二月九日の条。
(88) 同、同年二月二一日の条。
(89) 伊藤隆編・若槻礼次郎『明治・大正・昭和政界秘史―古風庵回顧録―』(講談社学術文庫六一九、一九八三年)、二二一〜二二三頁。
(90) 「水野直日記」大正五年二月二八日の条。
(91) 同、同年二月二二日の条。
(92) 同、同年三月四日の条。
(93) 同、同年三月五日の条。
(94) 同右。
(95) 同、同年三月七日の条。
(96) 同、同年三月六日の条。
(97) 同、同年三月八日の条。
(98) 同、同年四月一日の条。
(99) 同、同年三月一九日の条。
(100) 同、同年三月一三日の条。
(101) 同右。
(102) 同右。
(103) 同右。
(104) 同、同年三月一六日の条。

(105) 同右。

(106) 同右。

(107) 同、同年三月一七日の条。

(108) 同、同年三月一八日の条。

(109) 同、同年三月二一日の条。

(110) 同、同年三月二四日の条。

(111) 同右。

(112) 同、同年三月二七日の条。

(113) 同、同年三月三一日の条。

(114) 同右。

(115) 同右。

(116) 同右。

(117) 以下、衆議院・参議院編刊『議会制度七十年史・貴族院・参議院議員名鑑』（一九六〇年）、学習院編刊『開校五十年記念・学習院史』（一九二九年）巻末所収の卒業及び修業学生名簿、日本図書センター編刊『明治人名辞典　下』（底本：古林亀治郎『現代人名辞典』（中央通信社、一九一二年）、一九八七年）、五十嵐栄吉『大正人名辞典』第四版（東洋新報社、一九一五年）、尚友倶楽部編刊『研究会所属貴族院議員録』（一九七八年）、東京帝国大学編刊『東京帝国大学一覧・従明治四十二年至明治四十三年』（一九一〇年）の記事をそれぞれ適宜参照した。

(118) 西湖漁郎「華冑政治家の色彩（三）」（『太陽』第二十一巻五号、大正四年五月一日刊、六八頁）。

(119) 水野・大谷編刊、前掲書、六一頁。

(120) 水野・大谷編刊、前掲書、六三頁。

(121) 大正五年「懐中手帳」（前掲『水野直関係文書』所収）。水野はこの手帳をこのころ常に携帯し、必要に応じてメモを取ったようである。ここで引用した部分は大正五年六月一六日の記事の左ページに書かれたものであり、六月一六日の記載と推定した。二の項目のすぐ下には「村上男ハ幹事ト思フ、他人ニ三島子訪ヒ下火ノ様子ナリ」と二行にわたっての記載がある。なお、憲政資料室の目録では、この手帳を大正五年としているが、前半は確かに大正五年記載の内容であるが、後半は曜日等の記載から明らかに大正六年の内容である。

(122) 水野・大谷編刊、前掲書、六〇〜六一頁。ここで青木は、堀田除名問題以降、研究会の中心から外されたた事とその後の事情について次の様に語っている。「その時僕は日光へ行って居て留守だった。その始まった時は僕は関係しなかった処が、酒井君、牧野君、五十嵐〔稲垣の間違い―西尾註〕が堀田君の除名問題で……〔ママ〕今から考へると非常に可哀さうだと思ふ。……僕は日光から帰って来ると、どうも反対する訳にも行かないで、多数さう云ふやうになつたもんだから、堀田君を出したが、その後、酒井、牧野あたりが、我々と少し……〔ママ〕前田君と水野君にはいゝけれども我々を排斥するやうなことがあって面白くないから僕は茅ヶ崎へ行つてしまつた。さうして会のことには関係しないで居た。さうすると水野君がやつて来て『是非僕と一緒にやらないか』と言ふ。『僕は御免蒙る』……〔ママ〕茅ヶ崎へひっ込んでしまった。是非と云ふので水野君が度々来て、それから又東京へ出て来た。さうして水野君と一緒にやつて……〔ママ〕」(六一頁)。

(123) 「水野直日記」大正五年四月一日の条。

(124) 同右。

(125) 同、同年四月二日の条。

(126) 同、同年四月一日の条。

(127) 同、同年四月四日の条。

(128) 同、同年四月五日の条。

(129) 同、同年四月一四日の条。

(130) 常務委員の数の変化については、前掲『研究会史・明治大正篇』二一三〜二一四頁を参照。また(133)を参照されたい。

(131) 「水野直日記」大正五年四月一五日の条。

(132) 同、同年四月二二日の条。

(133) 四月二九日の総会で、三島はかって常務委員が五名から七名に増員された、と述べたようだが、そうではない。『貴族院の会派研究会史・明治大正篇』によれば、明治三二年一一月の規則改正で四名の常置委員と三名の幹事が廃され、新たに七名の常務委員が置かれた(一七五〜一七六頁参照)。四名の常置委員が常務委員と名を変えて増員されたと言えないこともないが、二種類の役職がそれぞれ人数ともども一つに統合された、と言うべきである。

(134) 「水野直日記」大正五年三月八日の条。

(135) 同、同年四月二一日の条。

(136) 同、同年五月二三日の条。

(137)「大正五年五月廿九日大隈首相邸招待」メモ（「水野勝邦旧蔵資料」所収）。
(138) 伊藤博文『憲法義解』（国家学会原刊、岩波文庫）、六七頁。
(139)「水野直日記」大正五年五月二九日の条。
(140) 同、同年六月一三日の条。
(141) 同右。
(142) 同右。
(143) 同、同年八月二九日の条。
(144) 同右。
(145) 同、大正六年一月三一日の条。
(146) 同、同年四月七日の条。
(147) 同、同年四月一四日の条。
(148) 同、同年二月三日の条。
(149) 同、同年二月二四日の条。
(150) 同、同年二月二八日の条。
(151) 同、同年三月一二日の条。
(152) 同、同年四月一四日の条。
(153) 同、同年四月一六日の条。
(154) 同、同年四月二四日の条。
(155) 同、同年四月八日の条。
(156) 同、同年四月二八日の条。
(157) 同右。
(158) ちなみに、大正六年五月一日の「水野直日記」には「三島子ヨリ電話ニテ今朝村上男ヲ訪問スト。尚清棲伯ヨリ村上男入幹ニ付反対セリ（昨日ノ訪問）」とある。
(159)「水野直日記」大正六年五月四日の条。
(160) 研究会の場合、通常議会の会期（一二月～三月）を軸に、常務委員が半数交代することを原則としていた（重任されることが多かったが）。ここで、「大正六年度」の会務は、主に①大正五年一二月から翌年の通常議会開会の前月すなわち大正六年一一月までを任期とする常務委員と、②大正六年五月から通常議会が終った翌月すなわち大正七年四月までを任期とする常務委員とによって担われた。

(161) 尚友倶楽部編刊『貴族院政治年表（研究会政治年表増補改定版）』（一九八二）、酒田正敏編『貴族院会派一覧―一八九〇～一九一九―』付録「各派役員名簿」（日本近代史料研究会、一九七四年）の他に、適宜、東京日日新聞、読売新聞をそれぞれ参照した。『貴族院政治年表』は、水野直の長男故水野勝邦氏が『研究会史』と共に心血を注いで執筆・編集されたものであるが、少なくとも常務委員改選結果については完全ではなく、欠落している部分が時折みられる。

(162) 「水野直日記」大正五年五月八日の条。

第四章　大正七年の貴族院多額納税者議員選挙

一　はじめに

貴族院の主たる構成要素は皇族議員、華族議員、勅選議員、多額納税者議員であった。大正一四（一九二五）年の貴族院改革で学士院議員が創設されたが、その定数は五と極めて小さく、皇族議員はほとんど審議に参加することがなかったため、貴族院の動向は華族（有爵）議員、勅選議員、多額納税者議員によって決定された。特に華族議員と勅選議員はそれぞれがいくつかの院内会派を組織し、それぞれが拮抗しつつ、政府や官僚機構および衆議院や政党の諸勢力と連携と対立を繰り返しながら、貴族院の政治的ダイナミズムを作り上げてきた。

これに対し、多額納税者議員はいくつかの院内会派に分属することはあっても、独自の会派を持つことは極めて少なかったし、(1)所属会派の中でも、主導権をとることはほとんどなく、「長者議員」と揶揄されつつ、明治期から大正期にかけて貴族院改革が議論される時、しばしばリストラの対象とされた。ちなみに、大正七年六月、『時事新報』は「無差別」(2)と題するコラム欄で、従来の多額納税者議員の実態について次の様にふれている。「貴族院に於ける勅選、有爵の多額議員を軽視することは甚だしいものであった。畢竟知識、境遇の懸隔にも由るであろうが、公卿、大名、大臣、県知事の古手が『ナニ土百姓、素町人共が』といった気位を以って長者連を遇するからである。長者議員連も自ら卑ふすること其席に遇ぐる嫌ひがあった訳で人種でも違ふ様に勅選や有爵に対して敬意を払ひ、議員の廊下で逢っても必ず低頭平身、先方は反身になって通り過ぐといふ有様……」。多少の誇張はあるのかも知れないが、貴族院における多額納税者議員の位置付けを窺うに足りるであろう。

さて、この様な存在でしかなかった多額納税者議員の政治的動向や選挙については、従来はほとんど注目されなかった。ただ、百瀬孝氏の「第一回貴族院多額議員選挙について―明治二三年　東京府の場合―」(3)があるのみである。ここで百瀬氏は、多額納税者議員は必ずしも「高額納税」の議員でなかったことや東京府での選挙の一端を明らかにしている。本章はこの百瀬氏の先駆的とも言うべき研究をふまえつつ、視点をかえて、大正期の多額納税者議員の選挙に対する華族議員や勅選議員および政党の関り、取り組みについて明らかにしてみようと思う。大正期の選挙を取り上げる理由は、この時期におけるその選挙が広く政界や社会一般の関心をひき、新聞にもよくとり上げられたことと、華族議員側の資料がまとまって存在するという二点である。

二　多額納税者議員とその選挙人

多額納税者議員とは、貴族院令（明治二二年勅令第一一号）第六条に言う「各府県ニ於テ満三十歳以上ノ男子ニシテ土地或ハ工業商業ニ付多額ノ直接国税ヲ納ムル者十五人ノ内ヨリ一人ヲ互選シ其選ニ当リ勅任セラレタル者」である。そして、その任期は七年であった。

なぜ、多額納税者議員なるものが、貴族院の構成要素として想起され、実体化されたのかについては林茂氏による研究(4)があり、私自身も論じたことがあるので、ここで再論するつもりはない。当初より、憲法起草者たちは大地主や自営商工業者の努力に対する顕彰の意味を込めて、上院の呼称を「華族院」とせず「貴族院」とした。こうして、上院の構成要素である多額納税者議員も期限付の貴族であった(5)。

さて、多額納税者議員は上に述べたように府県ごとの三〇歳以上の多額納税者上位一五名（＝互選人）による互選で選出された。従って、府県の間に格差があり、それは大きいものがあった。先に挙げた百瀬氏の論文に、第一回貴族院多額納税者議員選挙「互選人納税額と職業」という表が掲載されているが、それによると、新潟県の最高納税額一一二八三円、最低二六九八円であるに対し、鹿児島県のそれは最高四五〇円、最低二〇八円である。両県を比べた場合最高は二六倍、最低は一三倍の格差がある。なお、当時の商業の中心地・大阪府の場合は最高二八三六円、最低八三七円であった。この大きな格差は三〇数年後にも依然として存続したようである。大正一五（一九二六）年に刊行された『立法一元論』という議会制度改革論に関する書籍の中で、筆者の野間五造は「東京や大阪では年納一万円や二万円の直接納税者では互選資格は得られないが、鳥取県や埼玉県や宮崎県ではわずかに二千円位の年納金さへあれば多額納税者の範囲に這入ることが出来、互選の結果天晴立法官と成る事が出来る訳である」(6)と指摘している。

しかし、野間によれば、このような多額納税者たちは素質において「上院議員として立派な者とは言へず、従来の実例から鑑みると普通の財産家とは其撰を異にし、一種低級なる智度の持主たる田舎の大地主と云ふ丈けであった国政を縦横に論議する素要（ママ）を欠いて居る人達」であった。確かに、衆議院・参議院編刊『議会制度七十年史：貴族院・参議院議員名鑑』によれば、明治、大正初年の多額納税者議員の学歴は「漢学、英書を学ぶ」の類から〇〇中学校卒、「明治法律学校法律科修」、「東京帝国大学文科大学卒、同研究科修」など、実に多様で、大学、専門学校等の高等教育機関を卒業した者は比較的少数と言えるだろう。しかし、野間が言うように彼等の大半が「低級なる智度の持主」であったかどうか、疑問である。ただ、少なくとも、明治から大正期にかけては、「田舎の大地主」が多額納税者議員全員のほぼ半数から三分の一前後を占めていたことは事実である。第一帝国議会開会直前では、四二名の多額納税者議員のうち二〇名が農業を職業としていた。(7)明治四四年の第四回選挙すなわち本章が扱う第五回選挙の前の選挙では、それは四五名中一七名であった。これに対し、商業を職業とする議員は前者においては一八名、後者においては二三名である。(8)

こうした「田舎の大地主」について、野間は「普通実業家と呼ばるる商業工業等の資本家とは其素質を異にし、余程《ママ》ど保守的であって智度も低級なものである」と酷評し、さらに次の様に、新潟県の事例をとりあげている。「同〔新潟―西尾註〕県下では数軒の大地主が各地方に蟠居し、傲然として恰度昔の封建大名の様な生活を営んで居るのであって、主人なる者は城郭にも見擬ふ如き大厦高桜の裡に居住し、小作人を臣下の如く取扱ひ、世襲的制度の許に於て極端なる階級制を実施して居る其重なる者は二千町歩の大地主として年収拾万石を領得して居ると称せらるる者を筆頭とし、五万石、三万石の収得者が順位に其格式を保ち、他人からは殿様と呼ばれ、自己も天晴れの貴族振りを発揮し、世間知らずの高枕、頑迷無識の資質を遺憾無く発揮して居ると言う事である、之等の徒が先づ多額納税者の標本と観る可きであらう。(9)」

さて、こうした互選人であるが、各府県(大正七年からは北海道、沖縄県が加わる)における、三〇歳以上の男子の上位一五名の多額納税者が無条件で、互選人たりうるのではない。貴族院多額納税者互選規則（明治二二年勅令第七九号）で、一年以上同一府県内に本籍を定めかつ居住していることがその条件とされ、神官、僧侶、現役軍人などは互選人の対象外とされた。さらに、明治二三年内務省訓令第七号により、公・侯爵者は互選人から除外された。すなわち、徳川(宗家)、毛利、島津、前田、蜂須賀、池田、浅野、鍋島など旧大藩大名家の当主や三条、岩倉ら維新に功労があった旧公卿の当主はいくら多額納税者であっても互選人たり得なかった。では、伯・子・男爵者のうち互選人の資格を満す者がどの位いたであろうか。この点については後考を俟ちたいが、大半の華族は東京、京都貫族であり、中小規模のもと藩主家の当主やもと官僚・軍人が東京や京都で上位一五位に入る程の多額納税者であったとは考えにくい。要するに、華族は制度的にもまた実質的にも多額納税者議員の互選人たり得なかったのである。

ところで華族の戸主には衆議院議員選挙法第七条の規定により、衆議院議員の選挙権および被選挙権が与えられなかった。それでは、多額納税者議員さらに勅選議員はどうか。衆議院議員選挙法は華族の戸主を除き、貴族院に議席を有していることを衆議院議員選挙の欠格条件とはしていない。言うまでもなく、大正一四年の男子普選の導入までは、その選挙権には直接国税納入条件が課せられていた。例えば、明治三五（一九〇二）年の総選挙では、それは一〇円であった。各府県の多額納税者議員の互選人は全員がその条件を満たしていた。すなわち、互選人資格を有する多額納税者は衆議院議員の選挙権をも有するのであった。多額納税者の互選人であること、それは当時の明治憲法体制において極めて例外的な、一人にして二重の選挙権すなわち両院議員の選挙権を共に有することであった。この意味でも、互選による多額納税者議員は、明治国家において政治的な特権を持つ、いわば貴族であった。

三　対立と斡旋

第五回多額納税者議員選挙は大正七（一九一八）年六月に実施されたが、過去四回の選挙に比べて注目されたと言える。従来の四五府県に加えて、北海道と沖縄県が新たに選挙区として追加されたことが世間の関心を引いたためであろう。ちなみに、『大阪朝日新聞』や『東京日日新聞』等有力紙は六月に入ると、たとえば『大阪朝日新聞』の「多額議員互選形勢」というように、ほぼ連日にわたって、各選挙区の動向を詳細に報道している。こうした記事に「政友派」、「憲政派」という文字が散見されるし、現に政友会や憲政会所属の地元代議士がその選挙運動に関与している所も目立つ。個々の事例については後で取り上げることにして、この選挙の結果について、まず見てみよう。

大正七年六月一一日付『東京日日新聞』は、次のように報じている。以下、引用にあたって数字の表記を若干改めた。氏名の後の（　）内の中立とは中立系、憲政は憲政会系、政友は政友会系をそれぞれ意味する。再・新についてはそれぞれ再選、新選である。また、新潟県の佐藤が新選となっているが、再選の誤りである。

多額議員当選、再選一〇名＝新選三七名

多額納税者議員互選は一〇日各府県庁に於いて行われ、即時選挙管理者によりて開票されるが、その結果は左のごとくなる旨、各地より電報または電話にて通信ありたり。

東京府
当選　一三票　安田　善三郎（再中立）
京都府
当選　一四票　大村　彦太郎（新中立）　次点　一票　湯浅七右衛門
大阪府
当選　一三票　島　定治郎（新中立）
神奈川県
当選　一四票　大谷　嘉兵衛（新中立）　次点　一票　原　富太郎
兵庫県
当選　九票　勝田　銀次郎（新中立）　次点　四票　辰馬吉左衛門
長崎県
当選　九票　橋本　辰二郎（再准憲政）　次点　四票　西村　力之助
新潟県
当選（年長）七票　佐藤友右衛門（新政友）〔ママ〕　次点　七票　今井　孫一
埼玉県
当選　一四票　田中　源太郎（新政友）　次点　一票　斉藤　善八

群馬県
当選　一五票　桜井　伊兵衛（新政友）
千葉県
当選　九票　石橋　謹二（再中立）　次点　二票　篠原　蔵司
同　一票　茂木七郎右衛門
茨城県
当選（年長）七票　竹内　権兵衛（新中立）　次点　七票　高橋　三重郎
栃木県
当選　一四票　矢口長右衛門（新憲政）　次点　一票　植竹三右衛門
奈良県
当選　一三票　山田　純清（新非政友）　次点　一票　北村　宗四郎
三重県
当選　六票　伊藤　伝七（新政友）　次点　四票　堀内　鶴雄
同　一票　川北　久太夫　同　一票　田中四郎左衛門
愛知県
当選　一一票　鈴木摠兵衛（再憲政）　次点　三票　村瀬　周輔
静岡県
当選　一二票　中村円一郎（新中立）　次点　松永　安彦
山梨県

当選　一四票　大森　慶次郎（新中立）
滋賀県
当選　一三票　西川　甚五郎（再国民）
岐阜県
当選　一三票　野々村久次郎（新中立）　次点　一票　矢橋　敬吉
長野県
当選　一四票　今井　五介（新中立）
宮城県
当選　一三票　八木　久兵衛（新政友）　次点　一票　佐藤　神治
福島県
当選　一三票　佐藤　伝兵衛（新憲政）　次点　一票　山田　脩
岩手県
当選　一二票　横山　久太郎（新政友）　次点　一票　伊藤　治郎助
青森県
当選　一四票　安田　才助（新政友）　次点　一票　大坂　金助
山形県
当選（年長）七票　多勢　亀五郎（新政友）　次点　七票　近岡　理三郎
秋田県
当選　九票　土田　万助（新憲政）　次点　六票　加賀谷長兵衛

福井県
当選　一四票　山田　斂（新中立）
石川県
当選　一三票　横山　章（新非政友）
富山県
当選　七票　田中　清文（新中立）　次点　六票　平能　五兵衛
鳥取県
当選　一三票　石谷　伝四郎（新憲政）　次点　一票　桑田　熊蔵
島根県
当選　一四票　高橋　隆一（新憲政）　次点　一票　田部長右衛門
岡山県
当選　一四票　星島　謹一郎（再国民）
広島県
当選　一四票　二階堂三郎左衛門（再准政友）
山口県
当選（年長）七票　藤本　閑作（新中立）　次点　七票　道沢　権治
和歌山県
当選　一四票　津村　紀陵（新政友）　次点　一票　依田　豊吉
徳島県

当選　一四票　三木　与吉郎（新准政）　次点　一票　松浦　栄次郎

香川県

当選　七票　鎌田　勝太郎（再政友）　次点　一票　細浜　宗次郎

愛媛県

当選　七票　岡本　栄吉（新憲政）　次点　五票　八木　為三郎

高知県

当選　一二票　竹村与右衛門（再憲政）

福岡県

当選　一三票　麻生　太吉（再政友）　次点　一票　太田　清蔵

大分県

当選　九票　成清　信愛（新政友）　次点　一票　帆足　俊作

佐賀県

当選　一四票　伊丹　弥太郎（新中立）　次点　一票　北島　佐八

熊本県

当選　一二票　富永　猿雄（新憲政）

宮崎県

当選　九票　高橋　源次郎（新）

鹿児島県

当選　一四票　中山　嘉兵衛（新政友）　次点　一票　藤武　喜助

北海道
当選　一四票　相馬　哲平（新中立）
沖縄県
当選　九票　平尾　喜三郎（新政友）　次点　三票　南崎　豊吉
備考　再は再選議員、新は新選議員

この記事の冒頭にある様に、選挙は大正七（一九一八）年六月一〇日に各道府県の中央庁舎において、各知事を管理者として実施された。票数等に関する記載は各地方支局や特派員が電報や電話で東京日日新聞本社に報告したものをまとめたものであり、公式に発表されたものではない。各道府県庁に保存されていると思われる公式記録を参照して正確を記すことは今後の課題として、以下、この数字をもとに検討を加えてみる。

そうでない事例が目立ちはするが、多くの当選者は一五票のうち一〇数票を獲得して当選している。無競争に近いか、あっても問題にならない程度の対立候補しかいなかったからであろうか。その吟味は後からするとして、今仮に、一五票のうち、一〇票未満で当選した場合を、それなりに有力な競争相手がいたと考え、無風選挙区ならぬ競合選挙区とする。すると以下が競合選挙区ということになる。兵庫、長崎、新潟、千葉、茨城、三重、山形、秋田、富山、山口、香川、愛媛、大分、宮崎、沖縄の一五県である。四七選挙区中の三二％がそれにあたる。

では、この前の選挙ではどうであったか。第四回の選挙は明治四四年六月一〇日に実施されたが、同じく『東京日日新聞』の報道(10)によると、ここで言う競合選挙区は、長崎、新潟、千葉、三重、長野、福島、青森、山形、秋田、鳥取、岡山、広島、山口、徳島、香川、高知、大分、佐賀、宮崎の一九県である。この記事では、富山県と島根県の当選者の得票数が記載されていないので、この二県を除いて考えると、四三選挙区の四四・二％が競合選挙区であった。また、富山、島根両県を除いた選挙区のうち、一〇選挙区が第四回同様、第五回も引続き競合選挙区であった。

こうした事態を作り出す原因は何であろうか。僅か一五名の有権者しかいないのであるから、地域的又は人脈上の相克などがその原因として考えられようし、さらに政友会と同志会→憲政会という有力二大政党の地方における勢力拡大競争との関わりも小さくないであろう。ちなみに二回連続競合の上記一〇選挙区の内、新潟、秋田、山口、香川、大分の五つは大正六年四月実施の第一三回衆議院総選挙において、その獲得議席数について政友会－憲政会とが拮抗している。ともあれ、各選挙区によって事情は少なからず異なるであろうし、新聞情報だけではにわかに判断しかねる部分も大きいが、政党化の波は多額納税者議員選挙にも影響しているようである。

さて、六月上旬において、毎日ある程度まとまった記事を掲げてきた『大阪朝日新聞』から、いくつかの選挙区についてみておこう。

宮崎県北部の東臼杵郡を地盤とする、現職の日高栄三郎は再選を期して、旧高鍋藩主秋月子爵をも動かして「必死と暗中飛躍を試み」ていたが、「格別効果なく」、その地盤の五票が見込めるにすぎないが、県南部を地盤とする高橋源次郎は北諸縣(きたもろかた)、西諸縣両郡の三票を含め九票を確保し、当選は確実であった。結果は『大阪朝日新聞』が予想した通り、高橋が九票獲得で当選している。かたや落選した日高栄三郎は明治三六年一月の補欠選挙で当選して以来、大正七年九月まで多額納税者議員であった。すなわち、日高は補選に続いて、第三回、第四回の選挙を勝ち抜いて、第五回の選挙で敗退した。また彼は議員在職中に研究会に所属し(明治四一年から大正七年)、第三一議会(大正二年一二月から大正三年三月)時には、常務委員として同会の中枢にあった。そして彼はまた研究会の領袖三島弥太郎の妹・竹子の夫でもあった。さて、彼は再選を期して大正七年四月一九日に宮崎に帰った(11)。この日、日高は到着した旨の電報を研究会にあてて打っている。その後、研究会が日高に対し、どのような対応をしたかは不明であるが、後述する如く、研究会の常務委員としてこの選挙に対応した水野直の大正七年五月六日の日記には次のようにある。

日高氏へ電報

秋月氏来会、伊東子ノ使(12)

ここで言う秋月氏とは、旧高鍋藩主家の当主で、子爵議員でもあった秋月種英のことである。当時、秋月は大正三年の補欠選挙で当選して以来研究会に所属していた。また伊東子とは旧飫肥藩主家の当主で、研究会所属の子爵議員・伊東祐弘である。当時、伊東は秋月より三〇歳年長で、東京帝国大学法科大学の先輩であった。議員としても三年先輩である。中部と南部との違いがあっても、ともに旧領地を宮崎県内に持つ〈殿様〉どうしが、県内で激戦が続く多額納税者議員選挙について話し合ったのであろうか。伊東の水野への伝言の内容は不明であるが、秋月は研究会の事務所に「来会」した直後に宮崎県入りをしたようでもある。五月一四日の水野の日記に「秋月帰京」および「秋月子帰京来会」とある。秋月は宮崎県でどのような活動をしたのか。この時の研究会での秋月の報告内容は全くわからない。『大阪朝日新聞』には日高が秋月を動かしたような記事があったが、海岸線にそって県のちょうどまん中に位置し、日高と高橋の地盤の緩衝地帯とも言うべき児湯郡・高鍋の〈もと殿様〉である秋月種英に、県南部各郡との調整を日高は依頼したようにも思われる。しかし、日高は県の北部は堅めたものの、南部に対してはほとんど無力であったことは、先の『大阪朝日新聞』が報じたとおりである。

もう一例をとりあげたい。新潟県の場合はどうであろうか。新潟県は少なくとも政友会の成立以来、政友会と憲政本党→国民党→同志会→憲政会の二大政治グループとが拮抗して来た所であった。ここでは前回に引続き当選を狙う佐藤友右衛門に対し、反佐藤グループが形成されつつあった。六月四日付『大阪朝日新聞』は次のように報じている。「佐藤友右衛門氏は再選を熱望し再選運動に着手したるも同意を表せざるもの多数にして有権者は寄り寄り候補者を物色中なりしが、愈有権者会を開く事となり、二日午後二時新潟市に会合協議の結果、満場一致にて蒲原郡吉田村今井孫一氏を推選する事に決し、其旨当日出席せざる有権者に通知し公然運動に着手する由なるが、大多数を以て今井氏当選すべしと。」佐藤は明治四四年実施の第四回多額納税者議員選挙で九票を獲得して当選し、研究会に入った。しかし間もなく政友会系の勅選議員を中心とした院内会派・交友倶楽部の結成に参加し、第五回の選挙の時もその会員であった。後述する如く、研究会の常務委員前田利定が多額納税者議員選挙の応援のため、北陸、東海、中国の各地を歴訪するが、佐藤は前田の留守宅に次の様に伝言を託した、と水野日記は記している。「前田子留守宅へ富山〔ママ〕〔新潟〕ノ佐藤友右エ門ヨリ申スハ、〔ママ、表〕面ニテ混雑中、御出御免。[13]」かつて研究会員であったこともあってか、多分前田は佐藤に当選後の研究会入会を期待して新潟における佐藤の活動への援助を申出たのであろう。しかし、佐藤は「混雑」を理由にそれを断ったのである。先の記事にある有権者会が、選挙のたびに開催されていたかどうか判然としないが、少なくとも第五回の選挙ではそれは反佐藤の拠点と化し、これに対し、佐藤は必死でまき反しをはかったものと思われる。結局、佐藤は前回を二票下まわる七票で今井と同点となり、多額納税者議員互選規則第二〇条[14]の規定によって年長者として当選を果たすことになった。

宮崎県や新潟県のように表立って対立する場合も少なくなかったが、競合や対立が選挙の直前までは続くことなく、形の上では無風選挙区となっている場合もまた、少なくない。

福岡県はその一つであった。『大阪朝日新聞』が報ずるところによれば、現職の麻生太吉と新人の太田清蔵との競争になるであろうが、「麻生氏は嘗て野田氏等一派の政友派が勧誘に勤めたる結果食指が再び動くの観」があった。彼はしかし、後進のため今回は辞退することを明言し、「政友派の太田氏にして起つあらば必ずしも再起主張するものにあらず」としていた。[15]麻生は前回の選挙に当選して以来、研究会に席を置いていた。明治末年から大正初年にかけて、郡制廃止法案の貴族院での実質上の否決（明治四〇年三月）や研究会の堀田正養除名問題（明治四二年四月、政友会と反研究会を標榜する子爵者の団体「談話会」とに、堀田が誼を結んだとして、彼が研究会を除名された。なお第一章第四節参照）そしてシーメンス事件などをめぐり政友会と研究会との関係は疎遠であった。この意味で、大正七年の時点で政友会九州派の領袖のひとり野田卯太郎のグループが麻生再選を目指していたことは注目に価しよう。しかし三池炭鉱を中核とする事業家でもあった野田をバックとした九州の石炭王・麻生太吉の再選に対し、同じく政友会の博多グループは「喜ばざるものの如く既に東京方面に向って反対運動を試みつつ」あった。また、財界の大物・和田豊治や黒龍会の大立物・頭山満までもが麻生に対し、後に道を譲るべきであることを力説したようでもあった。[16] 研究会でもこの問題には注目していたようで、後述するように研究会のリーダー三島弥太郎が和田と面談した折に、この問題が二人の間で話題となった。

しかし、結局、この問題は原政友会総裁によって決着をみ、候補者は麻生に一本化された。ちなみに、原はつぎのように日記に記している。

「福岡県に於て選挙すべき多額納税議員候補者の事に関し裁定を与ふ、初め太田清蔵が若し現任麻生太吉にして再び出づる考えなきに於ては自分候補に立ちたしとの事なりしが、福岡支部に於て協議の結果麻生を勧誘せしに麻生再び候補に立つと云ふに付、太田等も此議に参し福岡市の多額納税者に説きたるに反対者多く、又博多協会にても反対にて、太田を推挙すべしと激烈に主張せしに因り事面倒となりたれば、博多より数名の上京を求め、之に福岡支部の野田卯太郎、森田正路其他数名立会の上に裁定を一任すと云ふに付、余は太田並に麻生の面目を立つる為め、此際無条件にて麻生を挙ぐべしと裁決し、一同承服解決したり。」[17]

多額納税者間のこうした対立を政党が調停、斡旋したのは福岡県ばかりではなかった。原のお膝元においてもそうであった。六月八日に実施された岩手県補欠選挙のため原は腹臣というべき高橋光威を盛岡に派遣し、選挙戦の指揮にあたらせた。原はこのように福岡県の選挙について記したさらに六日後、次のように日記に記したのであった。すなわち、「……総指揮者として高橋光威を盛岡に派遣し置き、同時に貴族院問題に付、横山久太郎と平井六衛門との競争にて、是れも調停の必要ありしが高橋等の斡旋にて妥協成立し、横山久太郎を全員一致にて選挙し、無事に終了したり」[18]と。結果は「全員一致」ではなかったが、先の『東京日日新聞』によれば、横山は一二票を獲得して当選したのである。

ところで全四七選挙区中、唯一、満票＝全員一致で当選者を出したところがある。群馬県である。群馬県は第四回の選挙でも当選者は一三票を獲得しているので、典型的な無風選挙区と言える。さらに第五回はより強力な調整がなされたようである。五月一三日に男爵議員神山郡昭が研究会常務委員青木信光（子爵議員）に電話で連絡をしたところによると、「群馬ハ政友会ノ援助ニテ交友会入会。県庁ハ此度ニ骨折ラズ」[19]ということであった。神山は明治四四年七月の選挙で男爵議員として議席を得、昭和七年にその長男に家督を譲るまで貴族院に議席を有した。貴族院議員以外には特に官歴を持たず、父は旧土佐藩士であった。従って神山と群馬県との接点は見出せないが、単に彼はこの時、研究会の一員として群馬県に派遣せられただけなのかも知れない。

それはともかく、この時当選した桜井伊兵衛は神山が青木に報じたように、政友会系の勅選議員団体である交友倶楽部に属することとなった。それにしても、群馬県では今迄県庁が多額納税者議員選挙の際、調整や何かしらの斡旋をして来たのであろうか。

四　研究会の対応

先に引用した『時事新報』のコラム欄「無差別」によれば、第五回多額納税者議員選挙には「余程妙な現象」が見られたという。それは研究会をはじめとする貴族院の諸会派が「頭数の権衡がどうの斯うのと騒ぎ立て予め長者候補に手を廻して奪い合いをした形跡があったという。「無差別」は続けて言う、「有爵者の所謂土百姓、素町人も斯うなれば大持て、歴々の名を署して『貴下御当選の暁は是非共我団体に御加入相願ひ度貴下にして御加盟相成候はば我団体の光栄不過之』といった意味の手紙が大分飛ばされた」[20]と。はたしてどうであろうか。

残念ながら、新聞を含めて資料を欠き、貴族院の各会派の対応についてそれぞれを明らかにすることはできないが、最大会派である研究会については、先に引用をした水野の懐中日記の記述によってその輪郭を把握することが可能である。

そもそも、研究会のこの選挙への対応の開始は前年の九月に遡る。すなわち、大正六年九月二三日、常務委員の青木信光と前田利定とが同じく水野直をその自宅に訪問し、三者会談がもたれた。第三章にも述べたように、彼らは前年の第三七議会終了直後より六名のメンバーから成る「火曜会」を結成し、研究会の主導権把握を目指して、ほぼ定期的に会合を開いていた。その火曜会の中核がこの三名で、この日の会談では、来る一一月の常務委員の半数改選とともに、翌年の多額納税者議員選挙についても話し合われ、「多額議員ハ前田子主任」[21]と決まった。さらに数日後、水野から青木にも「多額議員ニ対スル件」の「主任トシテ奔走ヲ依頼」[22]されたのである。前田に加えて青木も多額納税者選挙対策にあたるようになった、その理由は判然としない。

ともあれ、こうして研究会は前年の秋より、青木と前田が中心となり翌年の多額納税者議員選挙の運動を開始した。そして、それは翌大正七（一九一八）年の四月から五月にかけてピークを迎えた。懐中日記の記述によれば、研究会の運営にあたる九名の常務委員の大半が、今回の多額納税者議員選挙に関わっている。常務委員が東京と地方とに分かれ、手分けして種々の選挙活動をしたようであるが、その分担について詳しいことは分らない。ただ、常務委員の中心であった三島は病気のこともあってか、青木信光、水野直らと共に東京に残り、少なくとも松平直平、酒井忠亮そして前田利定が地方に出掛けた。この時、前田は北陸、近畿、中国の各府県を巡回したが、直接前田からまたは前田の留守宅経由で伝えられる情報を「前田子不在中」と、日々のメモとは別立てで水野は手帳に記入している。

「前田氏不在中」は五月一二日から始まっている。この日の前半の記述は次の通りである。

前田子不在中
五月十二日、水曜日
○大浦子事務所ヨリ電話、
一、鳥取ノ石谷ハ其友人ヨリ、鎌倉ニ来テ相談ストノ話ナリ。
一、愛媛、熊本ハ直接ノ関係ナシ、下岡、安達ト相談セン、両人トモ目下、奈良ニ出張中。
熊本モ前任者幸倶楽部ナル故、如何カト思ハル。
一、秋田ニ付テハ無関係。
○青木子、水野ヘ高崎、新庄両氏　来邸、茨城ノ選挙ノ様子、報知セラル。
○前田子留守宅ヘ富山《〔ママ〕》ノ佐藤友右エ門ヨリ申スハ、面ニテ混雑中、御出御免。
○山田三良氏ヨリ前田子宛書面ニテ、九月マデ入会返事御断リ。
○午後事務所ニ参ル。
○青木子ハ通運会社。
○西大路子礼ニ来邸。
○前田子ヨリ電報、富山ノ田中入会書受取。
○松平直平子ヨリ島ノ弟ハ十四日頃上京。

研究会は、二か月後に迫った子爵議員の選挙に出馬を希望する大浦兼一に対し、多額納税者議員選挙当選予定者に当選を条件に研究会への入会を勧誘するように働きかけている。大浦は、旧薩摩藩士で山県系官僚として著名な大浦兼武(もと農商務相、内相)の長男である。この時、大浦兼一がどのような官歴の持主か定かではないが、研究会としてはその父親(この時点では存命、大正七年一〇月死去)を介しての人的ネットワークに注目したものと思われる。

ここで言う「鳥取ノ石谷」とはこの選挙で一三票を得て当選することになる石谷伝四郎のことである。鎌倉のどの人物に相談するのかは不明であるが、結局彼は山県・桂系のもと官僚の勅選議員中心の会派である茶話会に属することになった。愛媛、熊本両県ともに、その当選者は『東京日日新聞』によれば憲政会系であったが、憲政会の有力者である下岡忠次や安達謙蔵と大浦は相談するという。大浦は彼等を通じて、両県における当選者に対し研究会入会を働きかけようというのであろうか。ちなみに、水野の懐中手帳の五月七日の条に「前田子―下岡」とある。前田は山県―桂系の官僚であった衆議院議員の下岡と、この時すでに連絡をとっていたのであろうか。なお愛媛県の当選予定者・岡本栄吉はその後、研究会に入会したが、熊本県の当選者・富永猿雄はその前任者と同じ会派のメンバーとなった。すなわち富永は、幸倶楽部というグループの一つである、茶話会に属することになった。

この日、常務委員青木信光は水野に対し、茨城県の高崎三重郎らが来邸し選挙の状況について報告を受けた、と語っている。茨城県の選挙は激戦で、高橋と竹内権兵衛とは同点であった。結局、先にもふれた「互選規則」第二〇条の規定によって年長者である竹内が当選することになる。高橋は青木に援助を求めに来たのであろうか。

ところで「山田三良氏」とあるが、山田は東京帝国大学法学部教授で国際私法を専攻する学者(後年、京城帝国大学総長、日本学士院長)であり、奈良県高市郡の出身である。奈良県の前回の選挙の当選者は研究会所属の木本源吉であり、木本の後継者と目される人物をいち早く研究会に加入させようとして、前田はこのころから、第五回選挙の当選者となる山田純精に働きかけたのであろう。山田三良は純精の弟であった(23)。山田家当主の弟としてかかる事態すなわち当選予定者の青田刈りに反発した、法学者山田三良は(24)、当選の公示の「九月まで入会」の意思表示を控えるべきであると前田に抗議したものと思われる。この時、下岡や安達がちょうど奈良にいたわけだが、この〈事件〉

と彼らの関係は不明である。下岡は桂系の内務官僚で、東京帝国大学法科大学では山田三良の一年先輩である。このふたりが今回の選挙について話合った可能性はないわけではない。

さて、この山田の手紙に研究会側は少なからず動揺したようである。翌一三日、水野は「奈良ノ山田ハ下郷ヨリモ話ス。伊丹、大村へモ書状依頼」と日記に記している。近江財界の指導者のひとりであり、関西財界の重鎮とも言うべき下郷伝平から研究会入りを勧誘したのである。下郷は第一回の滋賀県多額納税者議員選挙の当選者であり、研究会会員でもあった。また、「伊丹、大村」は伊丹弥太郎（佐賀県）、大村彦太郎（京都府）のことであり、共に第五回多額納税者議員選挙での当選予定者であった。研究会側は彼等についても早急に加入の意思表示を求めたものと思われる。

しかし、かかる山田三良の行為に対し動揺したのは研究会ばかりではなかった。地元奈良県でも動揺が走った。水野はさらにその翌日の一四日に「荒井氏、山田。木本氏、投票ヲ妨ゲズ、有権者ノ面前ニテ申セリ。」と日記に記している。もと大蔵官僚である研究会所属の勅選議員荒井賢太郎をおそらく山田三良に接触させようとしたのであろう。他方、現在多額納税者議員として議席をもつ木本は、奈良県の有権者に対し、「投票を妨ゲズ」と、自らの、さらには研究会のこの選挙への影響力行使を中止する旨を発言せざるを得なかったのであろう。

他方、投票の二か月前の時点で、富山県の選挙で当選することになっている田中清文は、研究会への「入会書」を前田に提出したとの、前田からの電報を水野は受取っている。また松平直平についてだが、この松平は研究会の常務委員であり、この時大阪に滞在していたのであろう。大阪選挙区において当選の見込が高かった島定治郎の弟が一四日に上京することを水野らに知らせて来たのである。研究会側は、その弟を通して、島の研究会入会について働きかけをしようとしたのであろうか。

さて、上記の日記中に子爵西大路吉光がお礼のため水野邸を訪れたとある。何のお礼か不明であるが、この時、西大路は子爵・櫛笥（くしげ）隆督と共に、今回初めて多額納税者議員選挙が実施される沖縄県を担当していた。五月八日に、このふたりは沖縄に向けて出発している。水野はその懐中手帳に次のように記している。

五月八日
四時、西大路、櫛司〔ママ〕出発
沖縄　ゴエツク　尚公爵ノ妹婿
御衛得（ごえつ）久
沖縄憲政会議員
平尾、九票　内地転入
大味久五郎（前知事）
憲政会ハ内地人ヲ候補
鹿児島ヨリ三八ノ舟
前々日の午後四時　（以下略）

西大路と櫛笥とは共に明治四四年の子爵議員選挙で当選した研究会員である。そして共に四条家の一門である。二人の共通点は以上であり、彼等がなぜ沖縄を担当したのか、不明である。それはともかく、大正三年六月から大正五年四月まで沖縄県知事を勤めた大味久五郎が研究会の沖縄対策に関与したことは確かである。ちなみに、西大路は五月一三日にも研究会事務所に水野を訪ね「多勢ノ件大味氏ト相談ノ上、未タ手懸リナシ」[25]と述べている。この「多勢」とは、山形県での当選予定者・多勢亀五郎であろう。それにしても、五月八日の時点で、水野は平尾喜三郎が九票を確保したことを知っていたのである。二ヶ月後、平尾は実際に九票を得て、次点南崎豊吉・二票に圧勝する。南崎が憲政会系であるか、さらに内地人であるかは判然としないが、当選したのは九票を獲得した平尾である。西大路より数日送れて一二日午後、櫛笥は沖縄を離れたらしいが、五月一七日には「沖縄入会済[26]」と研究会に報告している。

　さて水野の懐中手帳の五月一二日分の後半は次の通りである。

○小笠原勁一子報告、昨夜帰京、本人ハ哲学ノ研究等ヘモ用意深シ。
入会ノ希望アル事ハ言語ニ現ハル。弟、国平ニ面会シ談ス。
之ヨリ各派ヲ研究シ官報ニ発表後、態度ヲ定ム。　祝電ヲ喜ブ。
八代村ニ帰省中更ニ本人ニ面会セシニ、ユルユル考ヘ返事セシ。
十日会場ニ向フ時ニ、土曜会ノ者ヨリ猛烈ナルカンユウセラル。
之レ貴族院議員トシテ　如何カト思ハル、侮辱セラレタル様ニ思ハル。
研究会ハ礼節ヲ重セラレタルニ付テハ感謝ス。
入会ニ就テハ今日調印ヲ欲セズ、官報ノ発表ノ時ヲ待ツベシ。
若尾謹之助ニ面会、余ニ話シナシニ他ニ入会出来ザル間柄ナリ。
安心セヨ、只時ヲ要スベシ。
○山梨二年交代ノ由、上京ノ度々ニシ〔ママ〕スルガ可。
○小笠原子、熊本行ノ件、富永。
○櫛笥子本日午後沖縄出発、電報来ル。
○木場博士来会。
○前田子ヨリ電報。
酒井子ノ電宜シカラズ、明後日金沢ニ行ク。

広島市鉄砲町五十一、前田利乗
木場氏
島－大久保－木場博士
秋田ノ実業家ニ今夜木場博士面会。

五月一二日の後半部分の前半は山梨県の選挙区についての記述である。この選挙区を担当したのは、もと越前勝山藩主家の当主である子爵小笠原勁一であった。彼は山梨県まで出向いて、〝当選予定者〟である大森慶次郎とその弟国平にそれぞれ面談している。「十日会場ニ向フ時ニ」とあるが、何の会場であろうか。第三節で新潟県の事例を検討した時に、当票に先立つ二か月前に「有権者会」なるものが設定されていたが、それに類するものであろうか。大森はその会場に向う時に土曜会から猛烈に入会を勧誘されたようである。当時土曜会は研究会員百余名に対し、会員数は三〇名前後でしかなく、明治期の藩閥政府に肉薄した往時の勢いはなかった。しかし、勧誘はそれだけに熱心かつ猛烈であったようである。しかしながら、大森は当選内定に対する研究会からの祝電には感謝しながらも、九月の官報登載による正式な当選を待って調印することを望む、として入会について即答を避けた。こうした大森の姿勢に対し、七年後に実施された第六回の選挙の当選者である若尾謹之助は、研究会以外の会派に大森が入るのであれば事前に自分に相談がある筈である、と小笠原に述べたという。それにしても、山梨県では一五名の有権者の間に二年交代で貴族院議員のポストを回して行くことについての合意があったのであろうか。しかし、結局大森は任期一杯勤めて若尾に〈交替〉した。しかも猛烈な勧誘を受け「侮辱セラレタル様ニ思」った土曜会に、大森は入会したのであった。

ところで、この日、木場貞長が研究会事務所に現れた。木場はもと文部官僚であり、明治四二年に勅選議員となったが、しばらくして研究会に入った。「島－大久保－木場博士」とあるから、大阪の島定治郎の入会の勧誘にも動いたのであろうか。さらに彼が秋田の実業家に会うということは秋田県の選挙区対策にも関わったのであろう。また、木場は、鹿児島県の当選予定者の入会の勧誘にも奔走していた。同県では中山嘉兵衛が当選と内定していた。研究会は、中山が上京するという情報に接するや、勅選議員の阪本釤之助と木場に入会の勧誘を依頼している。なぜこのふたりがあてられたか不明である。五月一四日、水野は木場よりの電話で「中山氏上京ノ件ニ付床次氏訪問、交友会入会ヲ可トスル由」(27)との報告を受けた。木場は鹿児島県出身の政友会所属の衆議院議員・床次竹二郎（もと内務次官）に中山の入会勧誘について相談した所、研究会でなく、政友会系の勅選議員中心の会派・交友倶楽部が適当であるとの床次の回答を得た。大正二年に官僚出身者として政友会に入党し、原総裁の下で実力をつけて来た床次は貴族院での政友会系勢力の拡大を考えたのであろう。結局、中山は研究会入りを拒否し、交友倶楽部に属することとなった。五月一七日に、彼は三島に手紙を出し、入会を断っている。水野はその日の日記の冒頭に「中山拒絶三島子ニ手紙」(28)と書きとめている。

さて、この頃「水野日記」によれば、各会派による〈青田刈り〉はピークを迎えていた。五月一四日、水野は今城定政（子爵）と共に研究会の勅選議員荒井賢太郎（もと大蔵官僚）に「面会シ、島ノ件ノ依頼」をしている。そして翌一五日には今城が「島へアイサツ」(29)をしている。ここで言う島とは大阪府の島定治郎のことである。他方、山梨県を担当していた小笠原頸一は長野県における当選予定者である今井五介に接触をはかっていた。また、これより前、水野は徳島にいる子爵牧野忠篤（越後長岡藩主家当主）に対し、一六日頃、三木与吉郎へ会見を依頼している。一七日、牧野の「会見」が効を奏したのか、徳島県の当選予定者である三木が上京した。この時、池田政時（子爵、備中生坂藩主家当主）もまた、牧野とともに三木への応援を担当した。そして一九日に三島が、翌二〇日には青木がそれぞれ三木と「面会」ないしは「訪問」している。その結果、五月二一日に池田が三木に会った折、三木は「交友、土曜会断ル」(30)旨を表明するに至った。三木には交友倶楽部、土曜会からも入会の勧誘があったのである。しかし一方で栃木県の当選予定者である矢口長右衛門のように、入会を「諸方ヨリススメラ」れているので、「入会書ノ提出ヲ見合セラレタシ」[31]と、これ以上本人に入会の勧誘をしても無駄であるかのような意見が研究会事務所にもたらされている。

なお、今回、研究会では四名の再選者を出した。東京の安田善三郎、広島の二階堂三郎左衛門、高知の竹村与右門、福岡の麻生太吉の四名である。この四名のうち、水野の日記に比較的よく出てくるのは安田である。安田は安田善次郎の女婿であり、安田財閥の中核でそのグループ企業の持株会社である合名会社保善社の副社長であった。彼は大正三（一九一四）年二月に実施された補欠選挙で当選し、今また再選を目指していた。投票日を五〇日後に控えた時点で、研究会の三島は、財界の大物であり、富士ガス紡績社長・和田豊治と面会し、安田についてお礼を述べている。「三島子和田豊治ニ面会安田氏ノ礼ヲ陳ブ。福岡、大分ハ自分ヨリ談シ得」[32]。和田は大分の中津出身であり、大分県とは深いつながりがあった。また博多を中心とした福岡県の財界ともつながりがあった。「福岡、大分ハ自分より談シ得」とはおそらく和田が三島に語ったものであろうし、そうであるなら、和田は研究会のために一肌脱ぐつもりでいたのである。ともあれ、三島が和田に対し、安田について礼を述べたのは、おそらく和田が東京府選出の議員について安田の一本化のため奔走した、あるいは奔走する意思があることを意味するのであろう。[33]

ともあれ、これで安田の再選について見通しが立ったとみえて、その翌日、水野らは「安田氏の為メ仲間内ノ集会」[34]を開いたのである。彼はさらに、有権者名簿に変更[35]があったことについても、四月二九日に研究会事務所で水野らに説明している。

広島の二階堂に対しては常務委員の前田利定が応援に出向いている。前節で触れたように前田は新潟から金沢を回り、広島入りしたのである。運動資金に不足をきたしたのか、彼は研究会本部に手紙を出し送金を依頼したり（五月一四日）、電報で何事かを報告している（五月一七日）。高知の竹村、福岡の麻生については、麻生の「帰国」に関す選を狙って落選した宮崎の日高についてはそれぞれ前節でふれた通りである。

五　改選後の諸会派

五月二二日の水野の日記に次のような記述がある。

東京、福岡、高知
三名〔ママ〕、静岡、石川、福井
沖縄、栃木、徳島
鳥取、京都、神戸、山梨
愛媛、奈良、長野
大阪、三重、山口、広島

「三名」は意味不明であるが、東京以下の三府県を指すのであろうか。また全体が府県名であることを考えると、「神戸」は兵庫県を意味するであろう。おそらく右は五月二二日現在における、当選予定者の研究会入会見込表であろう。水野の見込では、四七選挙区中二〇議席を確保できる筈であった。しかし、このうち、第四一議会開会すなわち大正七年一二月の時点で、栃木、鳥取、兵庫は茶話会に、山梨は土曜会に、三重、山口は交友倶楽部に大阪は無所属にそれぞれ入会した。京都府はどこにも加入しない純無所属であった。要するに水野の、そして研究会の見込二〇の内、研究会に入会したのは一三にとどまった。水野たち研究会側の見込違いもあるだろうが、その後もなお、当選予定者そして当選者の激烈な争奪が会派間でなされたのであろうか。

第四一議会（大正七年一二月〜大正八年三月）開会時における多額納税者議員を各派所属別にすると次の通りである。(36)

なお、各氏名に続く太字は先に掲げた、大正七年六月一一日付『東京日日新聞』所載「多額議員当選」と題する記事における党派・政派別を示したものである。ただし青森県の場合、当選者安田才助が事故等のためか次点の大坂金助に代っているので、党派・政派を不明とした。党派・政派の記載がなかった宮崎県の高橋も同様である。

研究会　一五名

・東京　―　安田善三郎　**中**
・奈良　―　山田　純清　**非政**
・静岡　―　中村円一郎　**中**
・長野　―　今井　五介　**中**
・福井　―　山田　斂　**中**
・石川　―　横山　章　**非政**
・富山　―　田中　清文　**中**
・広島　―　二階堂三郎左衛門　**政**
・徳島　―　三木与吉郎　**政**
・愛媛　―　岡本　栄吉　**憲**
・高知　―　竹村与右衛門　**憲**
・福岡　―　麻生　太吉　**政**
・佐賀　―　伊丹弥太郎　**中**
・宮崎　―　高橋源次郎　**不明**
・沖縄　―　平尾喜三郎　**政**

茶話会　一〇名

・神奈川　―　大谷嘉兵衛　**中**
・兵庫　―　勝田銀次郎　**中**
・長崎　―　橋本辰二郎　**憲**
・千葉　―　石橋　謹二　**中**
・栃木　―　矢口長右衛門　**憲**
・愛知　―　鈴木摠兵衛　**憲**
・山形　―　多勢亀五郎　**政**
・鳥取　―　石谷伝四郎　**憲**
・熊本　―　富永　猿雄　**憲**
・北海道　―　相馬　哲平　**中**

交友倶楽部　一一名

・新潟　―　佐藤友右衛門　**政**　　・岩手　―　横山久太郎　**政**
・青森　―　大坂　金助　**不明**　　・埼玉　―　田中源太郎　**政**
・山口　―　藤本　閑作　**中**　　・群馬　―　桜井伊兵衛　**政**
・和歌山　―　津村　紀陵　**政**　　・茨城　―　竹内権兵衛　**中**
・大分　―　成清　信愛　**政**　　・三重　―　伊藤　伝七　**政**
・鹿児島　―　中山嘉兵衛　**政**　　・宮城　―　八木久兵衛　**政**

土曜会　六名

・山梨　―　大森慶次郎　**中**　　・秋田　―　土田　万助　**憲**
・岐阜　―　野々村久次郎　**中**　　・岡山　―　星島謹一郎　**国**
・福島　―　佐藤伝兵衛　**憲**　　・香川　―　鎌田勝太郎　**政**

無所属　二名

・大阪　―　島　定治郎　**中**　　・滋賀　―　西川甚五郎　**国**

純無所属　二名

・京都　―　大村彦太郎　**中**　　・島根　―　高橋　隆一　**憲**

以上のうち、「無所属」とは「無所属」という名の会派であり、「純無所属」とは全く特定の会派に属さない議員たちのことである。改選前と比べて各会派の増減はどうであろうか。改選前の第四〇議会（大正六・三・二七～大正七・三・二六）と改選後の第四一議会（大正七・三・二七～大正八・三・二六）との会派別会員数を表（表2）にしてみよう。なお、これに、この前の改選（第四回選挙）直後の第二八議会（明治四四・一二・二七～明治四五・三・二五）の場合も加えてみる。第四〇議会における各会派の多額納税者議員数→第四一議会における各会派の多額納税者議員数という具合にそれを示せば、研究会：一二↓一五、茶話会：一〇↓一〇、交友倶楽部：九↓一二、土曜会：九↓六、無所属：四↓二、純無所属：一↓二ということになる。

表2　第28・40・41議会会派別議員数

議会＼会派	研究会	茶話会	無所属派	交友倶楽部	土曜会	甲寅倶楽部	木曜会	扶桑会	純無所属	合計
第28議会	106 (12)	61 (9)	66 (4)		30 (9)		10 (0)	6 (0)	101 (11)	380 (45)
第40議会	108 (12)	62 (10)	58 (4)	31 (9)	29 (9)	13 (0)			79 (1)	380 (45)
第41議会	118 (15)	67 (10)	60 (2)	36 (12)	29 (6)	17 (0)			71 (2)	398 (47)

・酒田正敏『貴族院会派一覧』より作成
・（　）内は多額納税者議員数
・大正５年の貴族院令改正により、伯子男爵議員、多額納税者議員がそれぞれ16名、および２名増員された。

議席を増やしたのは、研究会と交友倶楽部である。新たに議席が与えられた北海道と沖縄県の分については茶話会と研究会がそれぞれ分け合ったが、それでやっと茶話会は現状維持であった。

それでは、衆議院での政党系列別に見るとどうか。政友会系・一五、憲政会系・一〇、国民党系・二、中立・一六、非政友・二、不明・二であり、政友会系と憲政会系との比率は三対二である。これを会派別に見ると、研究会では政友会系四名に対し、憲政会系が二名、中橋文相（原・高橋内閣）のライバル横山章は「非政友」であり、その他は中立ないし不明である。これに対し、茶話会は一名を除けば残り九名は憲政会系か中立である。今回の改選による一〇名の入会者のうち半数の五名が憲政会系ということは、とりも直さず茶話会が親憲政会系の会派であることを意味しよう。茶話会と対照的なのが交友倶楽部である。一二名の新会員のうち二名を除いた残り一〇名は全て政友会系である。交友倶楽部は貴族院における政友会の別働隊と言われる所以《ゆえん》である。また、土曜会は新会員六名中二名が憲政会系、一名が国民党系で、新会員の半分が反政友会系で占められている。

さらに、多額納税者議員総数に対する各会派におけるその所属数、すなわち各会派の多額納税者議員所属率を右と同様に第四〇議会→第四一議会という具合に示してみる。研究会：〇・二六七→〇・三二、茶話会：〇・二二二→〇・二一三、交友倶楽部：〇・二〇→〇・二五三、土曜会：〇・二〇→〇・一二八、無所属派：〇・〇八九→〇・〇四三。ここで注目すべきは、研究会と交友倶楽部の多額納税者議員所属率がそれぞれ五パーセント程高くなっている反面、土曜会、無所属派について、それは半減に近いかまさしく半減している。反政友会勢力であったこれらの会派の政敵・政友会の内閣が成立したからであろうか。

この前の多額納税者議員の改選（明治四四〔一九一一〕年実施）直後の状況と比べてみよう。この前の改選直後の議会は、第二八議会である。右と同様に、二つの議会における多額納税者議員の会派別所属率の比較を、第二八議会→第四一議会という具合に示す。研究会：〇・二六七→〇・三二、茶話会：〇・二→〇・二一三、土曜会：〇・二→〇・一二八、無所属派：〇・〇八九→〇・〇四三。第二八議会開会時ではその萌芽こそあったものの、未だ交友倶楽部は成立していなかった(37)。それにしても、以上の数字は第四〇議会→第四一議会とほとんど同じである。第二八議会は第二次西園寺内閣下で開かれた。すなわち、二つの多額納税者議員の総選挙実施直後の内閣はともに政友会内閣であった。原内閣下の四一議会で政友会系の交友倶楽部が多額納税議員を惹きつけるのは、けだし当然として、その他の会派について、第二八議会→第四一議会の変化をどのように捉えればいいのか。

繰り返すならば、研究会は五パーセントほど増、茶話会は一パーセントの微増、他の小会派は全て半減かそれに近い。言うならば彼等は改選後、貴族院の中心勢力である研究会や茶話会に入る傾向があり、大正に入って交友倶楽部が成立してからは、何れの会派にも所属しなかった、純無所属の政友会系の多額納税者議員がそれに入会するようになったものと思われる。なお、土曜会は会員数に対する多額納税者議員の割合が比較的高い。これは政友会系の議員が加わる会派がなかったのに対し、反政友会の姿勢を貫いて来た土曜会に、反政友会系の多額納税者議員が参加したためであろうと推測される。

六　むすび

すでに見た如く、多額納税者議員選挙は、公式に投票が行われるほぼ二か月前に各選挙区＝道府県における当選予定者が実質上、決定されていた。すなわち各選挙区ごとに一五名の有権者の間で調整＝談合が行われたのであろう。他の府県はともかく、少くとも新潟県と山梨県ではそのための会合が持たれた。それは、あたかも伯・子・男の有爵互選議員の選出母体で、選挙のおよそ二か月前にそれぞれ実施されていた「予選会」のようなものであるのだろうか。また明治期はともかく、少くとも大正期半ばには政党、貴族院各派がそれに大なり小なり関与していたのである。すでにその時から、すなわち各道府県における当選予定者がほぼ決まった四月中旬から五月中旬にかけて、最大会派・研究会を中心に、当選予定者の〈青田刈り〉競争が各会派間で進められたのである。

こうした中で、親政会系の多額納税者議員は交友倶楽部に加入したのに対し、多額納税者議員の加入状況から見る限りにおいて茶話会は親憲政会色を明らかにしつつあった。

(1)　明治三〇年七月実施の第二回多額納税者議員選挙によって選出された議員たちによって、朝日倶楽部と丁酉会という会派が設立され、同じく第三回の選挙では実業倶楽部が組織されたが、先の二つは七年後の選挙の後にはともに自然消滅した。後者は結成五年目で研究会に吸収された。なお、この点につき、水野勝邦編『貴族院の政治団体と会派』（尚友倶楽部、一九八四年刊）第七章を参照。

(2)　大正七年六月一一日付『時事新報』。

(3)　日本歴史学会編『日本歴史』第四六〇号（一九八六年刊）所収。なお、大正期の有爵議員の互選選挙に関する研究は、内藤一成「有爵議員互選選挙をめぐる貴族院の会派と華族―大正期の『研究会』を中心に―」（『九州史学』第一一六号、一九九六年）がある。

(4)　林茂「貴族院の組織とその性格―貴族院令起草者の意図したもの―」（東京大学社会科学研究所編刊『社会科学研究』、一九五一年刊、所収）。なお、その後、この論文は林茂『近代日本政党史研究』（みすず書房、一九九六年）に収められた。

（5）拙稿「明治憲法下における上院の構成と呼称－貴族院制度の意図したもの－」（『北陸大学紀要』第一五号、一九九一年刊、所収）を参照されたい。
（6）野間五造『立法一元論』上（白楊社、一九二六年刊）一四五頁。
（7）貴族院制度部「各改選時に於ける多額納税者議員職業調」（議会制度審議会貴族院制度部編刊『貴族院制度調査資料』〔一九三九年刊〕、二四頁以下）を参照。
（8）同右。
（9）野間、前掲書、一九四頁。
（10）明治四四年六月一一日付『東京日日新聞』。
（11）「水野直懐中手帳」（国立国会図書館憲政資料室所蔵『水野直関係文書』所収）大正七年四月一九日の条。
（12）同、五月六日の条。
（13）同右。
（14）明治二二年勅令第七九号として公布された。第二〇条に「投票同数ナルトキハ生年月日ノ長者ヲ以テ当選人トス」とある。
（15）大正七年六月四日付『大阪朝日新聞』。
（16）同右。
（17）『原敬日記』大正七年六月四日の条。
（18）同、大正七年六月一〇日の条。
（19）前掲、水野日記、大正七年五月一三日の条。
（20）大正七年六月一一日付『時事新報』。
（21）「水野直日記」大正六年九月二三日の条。
（22）同、大正六年九月二六日の条。
（23）大日本帝国議会誌編纂会編刊『大日本帝国議会誌』一一巻、付録（一八三九頁）参照。
（24）山田は筋を通すことを身上とした学者であったと思われる。明治三〇年、大学院生であった山田は、在日外国人の私権を制限する趣旨で起草され議員立法という形で衆議院に上提された、民法第二条修正案が一世を風靡し、その議会通過を懸念した。彼はこの時、法の沿革の一貫性と内外人平等主義に立脚しつつ、「民法二条修正案反対私見」をまとめ、恩師穂積陳重の勧めもあり、小冊子にしてそれを貴衆両院議員に配布した。その結果、賛成を取り消す議員が続出し、この修正案は本格的に審議されないまま廃案となった。また彼は伊豆韮山の代官江川太郎左衛門を祖父とする江川しげ子と結婚して以来、江川家が受け継いで来た日蓮宗に帰依し、死去するまで熱心な門徒であった。彼は戦後『回顧録』（山田三良先生米寿祝賀会編、一九五七年刊）を著しているが、多額納税者議員選挙については、そこで全く触れてはいない。

(25)「水野直懐中手帳」大正七年五月一三日の条。

(26)同、大正七年五月一七日の条。

(27)同、大正七年五月一四日の条。

(28)同、大正七年五月一七日の条。

(29)同、大正七年五月一五日の条。

(30)同、大正七年五月二一日の条。

(31)同、大正七年五月一三日の条。

(32)同、大正七年五月一九日の条。

(33)和田に関する資料として、小風秀雄他編『実業の系譜　和田豊治日記』（日本経済評論社、一九九三年刊）がある。これに収められている大正七年分の日記は一〇月一日から一二月一七日の期間に限られ、本章が扱う多額納税者議員選挙に関する記述は含まれていない。

(34)「水野直懐中手帳」、大正七年四月二〇日の条。

(35)大正七年五月一五日付『東京府告示』によれば、清水賞太郎が「互選名簿ニ脱漏ノ旨」を申立て、東京府は調査の結果それを認め清水を名簿に登載した。他方、栗原幸八郎は「納税減額シタルニ由リ名簿ヨリ削除」された（安良城盛昭『貴族院多額納税者議員互選人名簿・第十二巻・東京府』（御茶の水書房、一九七〇年刊）五九頁）。

(36)酒田正敏編『貴族院会派一覧―一八九〇から一九一九―』（日本近代史料研究会、一九七四年刊）による。

(37)花房崎太郎『貴族院各会派ノ沿革』（一九四二年刊、全三二頁）によれば、大正元（一九一二）年一二月二四日、岡野敬次郎、安楽兼道、奥田義人、石渡敏一、千頭清臣ら元政友会員や政友会系勅選議員によって、交友倶楽部が組織された(同、二〇～二一頁)。

第三部　貴・衆縦断

第五章　原内閣期における貴族院――研究会を中心に――

一　はじめに

〈平民〉原敬を首班とする内閣は、外務大臣および陸・海軍両大臣を除く全ての閣僚を政友会員で占めて成立した。それ故、この原内閣は我国初の純政党内閣であり、その成立が我国の憲政史上画期的な意味を持つことは言うまでもない。この内閣の成立を可能にしたのは、衆議院における与党政友会の優勢と原の対山県（有朋）工作の成功であった。そして、原を中心とした政友会の対貴族院工作は大きな成果を収め、ついに原内閣期において政友会は、貴衆両院の「縦断」を達成した。このことがまた、安定した政局運営を原内閣に可能とさせたのである。

さて、原敬の政治指導《リーダーシップ》や思想および原内閣の施政については、三谷太一郎『日本政党政治の形成－原敬の政治指導』（東京大学出版会、一九六七年）、ナジタテツオ『原敬－政治技術の巨匠－』（読売新聞社、一九七四年）、金原左門『大正期の政党と国民－原内閣下の政治過程－』（塙選書七九、一九七三年）、田屋清『原敬　大正八年』（日本評論社、一九八七年）、川田稔『原敬　転換期の構想』（未来社、一九九五年）、玉井清『原敬と立憲政友会』（慶應義塾大学出版会、一九九九年）などをはじめとして、書籍に限ってもかなりの数にのぼる研究業績がある。しかし、原を中心とした対貴族院工作の実態や貴族院の動向との関連で原内閣が論ぜられることは極めて少なかったようである。管見の限りでは、本章の一部の元稿である「原内閣期における貴族院」（『政治経済史学』二〇五、一九八三年）と玉井清「原内閣の貴族院工作をめぐる政局運営」（『慶應義塾大学大学院法学研究科論文集』二四、一九八六年、なお、この論文は玉井氏の右著作・第一〇章となっている）が挙げられる位である。

そこで、以下において、原内閣の対貴族院工作と原内閣期における貴族院の動向とについて論じてみたい。

二　研究会と原内閣との提携

寺内正毅内閣のあとをうけて政友会総裁原敬が内閣を組織したのは、大正七年（一九一八）九月二九日のことであった。右にもふれたように、原内閣の成立は直接的には対山県工作の成功によるところが大きいと思われる。が、その成功は、特に米騒動後という政治状況において、大かれ少なかれ民衆に基礎を置いた政党やジャーナリズムを通じて「世論」として表出される人心の動向が原をバックアップしていたからであると言わなければならない。しかし、他方で明治末から大正初年にかけて、こうした民衆の力を背景とした政党勢力の伸張やジャーナリズムの社会的影響力の一層の増大が進行しつつあるなかで、帝国議会内部では貴族院における有爵議員の活動が活発となるとともにその政治的比重が徐々に高まりつつあった。

貴族院でこうした傾向が現れたのは、いわゆる桂園時代においてである。この時、松田正久と並んで政友会の実質的な指導者であった原敬は、千家尊福（男爵、出雲大社宮司、元静岡県知事）の率いる男爵議貴の院内会派「木曜会」との結びつきをはかる一方で、貴族院の最有力会派であり、山県―桂系官僚グループの牙城と目された子爵議員中心の院内会派「研究会」に対して積極的な接近工作を試みた。そして、こうした原敬ら政友会の対貴族院工作に応ずるかのように、第一次西園寺内閣期には、研究会所属の有爵互選議員の選出団体である尚友会の切崩しを意図した談話会（子爵者の団体、子爵秋元興朝が中心）や同志会（伯爵者の団体、伯爵大木遠吉が中心）が組織されるに至った。(1)特に前者は研究会＝尚友会に急迫した。ちなみに大木とともに同志会の指導者であった伯爵松木宗隆は、後年回顧して「我々の団体……談話会も殆んど尚友会と是位になった（手で示す）もう少しで尚友会と対々に行ったのです。そうすると基礎が壊れるから研究会が壊れますね。談話会はその程度までカツカツに来たのです。[2]」と述べている。

しかしながら、こうした反研究会的な動きに対し第二次桂内閣の成立以後、山県・桂系官僚グループによる防戦活動および反撃が活発になり、ついに明治四四年（一九一一年）七月に実施された有爵互選議員の総選挙（総改選、各爵別に各選出議員数を連記投票する）において、談話会、同志会所属の子爵および伯爵議員のほとんどが落選させられてしまったのである。例えば、子爵議員選挙について言えば、有権者三四三名中投票者三〇二名（棄権者四一名、無効二）のうち、尚友会側の最高得票者（三島弥太郎および青山幸吉）の得票数が三〇〇票であるのに対し、談話会側のそれは一三一票にすぎず、[3]談話会は結局一人の当選者も出すことができなかった。尚友会の完勝である。こうして、明治末期において、政党による貴族院への勢力浸透の動きは大きく阻止された。貴族院は山県―桂系の官僚グループに指導された茶話会・無所属派による幸倶楽部とそれと共同歩調をとってきた研究会とを中心として、依然として山県・桂系官僚グループの拠点であった。

ところで、いわゆる桂園内閣期以降、大正政変を画期として政友会の国家権力における比重は大きく高まって行ったと言えるであろう。そうすると今度はむしろ官僚機構や軍の一部には政友会に接近し、それとパイプを持とうとする動きが出てきた。しかし、貴族院側では未だ政友会をはじめとする政党に対する姿勢は概して消極的なそれであった。シーメンス事件と大正三年度予算案をめぐる山本内閣および与党政友会と貴族院との攻防は、国民の間の政友会に対する不信や反感を増幅する一方、反対に貴族院の政治的権威をさらに高めていった。すなわちシーメンス事件の責任追及を形だけのものとして、次年度の予算案を政府案通りに衆議院を通過させた政友会に対し、貴族院は海軍予算を大幅に削減し、研究会と幸倶楽部派を中核とするその存在意義を広く政界と国民に認識させるに至った。しかし、このことはまた、お互いに対等な権限を持つ貴衆両院からなる帝国議会の意思決定の上で、そのどちらが主導権を持つのか、という問題を提起した。要するに、有効な調停者のないままに貴衆両院の協力と同意を調達できない内閣は存続できないという教訓を、第一次山本内閣は広く政界に残すことになった。

さて、この山本内閣の後継内閣の首班に、当初山県系官僚でもあった清浦奎吾が挙げられた。彼は自らの古巣である貴族院を基礎に組閣をしようとして、研究会に対し、三島、入江、牧野、酒井、荒井の入閣を求めた。が、三島はそれを断った（大正三年四月三日）。その前日、逓信大臣元田肇の秘書官秋元春朝（旧談話会の指導者であった子爵秋元興朝の養嗣子、その後、原内閣の元田鉄道大臣の秘書官に就任）が、この問題に対する研究会中枢の意向について問い、同時に政友会と研究会との提携の可能性についてそれとなく水野直に打診してきた。これについて水野は、次のように二ページにわたってメモをその懐中手帳に残している(4)。

1、四月二日、秋元氏ヨリ、清浦内閣ニ入閣スルカ否カノ問合

意思疎通ニ関シテハ至極ヨロシカラン

1、議会中床次君ニ面会セシハ全然秘密ナル、以テ発表セズ

1、秋元氏ノ行動ハ元田、原両氏ノ知り居ルモノト考フ

1、秋元氏ハ原、元田、高橋等の諸君ト会合ヲ欲スル様ナリ

1、秋元氏ハ両派提携ノ如キ考有ル様ナリ

1、然レドモ両派連合ノ如キハ今日到底行ヒ得ベキモノニ非ズ

国家ノタメニ不利益ナリ

両会ノタメニモ不利益ナリ

コノ意味ヲ少シニテモ有ストセバ、世ノ誤解ヲ招キ抗争ノ苦心モ水泡ニ帰ス可シ

1、依テ元田君等トノ会見の如キハ拒絶シ、是非貴君ヲ煩サントス

1、貴君ハ人格ノ人ナリ、研究会モ亦人格ヲ以テ相接触セントス

1、殊ニ交渉ノ場所ガ二、三トナルハ、不本意ノ誤解ヲ生ズル疑イアリ
1、政策策略等ヲスベテ用ユルヲ許サズ
1、故ニ来ルコノ件、秋元君ノ意見ニ多少反スル事アルカモ知レズ
1、只、目下ノ時局ニ対シ上下両院ニ於ケル大政党中ノ一、二ノ者ニ於テ多少ナリトモ意志ノ疎通アラバ、来ル禍ヲ未発ニ防グ事モアラズトモ限ラズ、来ル何物ガ大イニ国家ヲ利スル場合アリ、之ニヨリテ　陛下ノ御安意アラバ、又望外ノ幸ナリ
1、政友会ハ時局ニ対シテ如何ニ処理セントスルカ
2、上下両院ノ縦断ノ策ヲトルカ
3、両院ヲ同権トシテソノ間ニ意思ヲ疎通シ国務ヲ円満ニ処理スルカ
4、研究会ヲ如何ノ地位ニ置クガ可ナルカ
1、両派連合ニ非ズ
2、両会ノ分子タル個人ガ自分ノ意志ヲ疎通セシ事、国政ノ運用ヲ円満ニセント欲ス
3、最モ善意ノ会合ナリ
4、秘密ヲ要ス
5、故ニ両会トモ他ノ関係者ハ殊更交渉ノ道ヲ開カズ事有ル時ハ、必ズ両者ノ道ニ依ルベキコト
6、両者トモ互イニ尊敬ヲナス可シ

要するに、水野は秋元を信頼し、秋元を介して研究会と政友会との意思疎通を秘密裏に図ることには賛成をしたわけだが、両会が提携したり連合したりすることについては強い拒否反応を示している。しかし、彼はいささか逡巡しつつも、貴衆両院のそれぞれの「大政党」がお互いに「意志ノ疎通」をすることによって、将来の禍を未然に

防止したり、それによって国家に利するところがあるかもしれないとしている。すなわち、彼は政友会が「上下両院」縦断策を採ることに不安を抱きつつも、両院が同権である時、国政を円滑に運営するために双方が意思の疎通をはからなければならないと考えるのである。そこで研究会がいかなる「地位」にあるのか、いかなる立場を採るべきなのか、彼は考えあぐねているようでもある。この水野がある特定の政党すなわち政友会と提携しつつ内閣を支えようと考え、研究会として正式にその行動をとらせるに至るのはこの五年後のことである。しかし、その間、「他の関係者」と「殊更交渉の道」を拓かず、水野と秋元とのパイプを中心に研究会と政友会とが「意志の疎通」を図ったかというと、それは疑問である。少なくとも大正五、六年の水野の日記には秋元の名前は出てこない。むしろ第三一議会の際に作られたであろう、床次とのパイプを水野は使ったようである。ちなみに、大正五年について言えば「床次竹二郎氏初メテ来社」(5)、「三島、前田両子床次ヲ訪問セシ由」(6)とその日記にある。

ところで、大正政変以来原内閣の成立に至るまで、研究会が特定の内閣を援助または支持しなかったかといえば、結果的にはそうであるが、援助しようとしたことはあった。ちなみに、後年、水野が原に語ったところによると、三島はかって山本権兵衛内閣を援助しようとして「不可能に」終り、その後寺内内閣を援助しようとした三島の試みも、もと山県系官僚で研究会所属の勅選議員であり、そして寺内内閣の閣僚であった有松英義(法制局長官)や岡田良平(文部大臣)らの「種々の術策の為め如何ともする事」(7)ができなかったのである。

さて、大正七年七月、寺内内閣はシベリア出兵を宣言した。米騒動が勃発したのはその直後であった。折からの社会不安と物価騰貴とにより、寺内内閣の限界がはしなくも露呈されると同時に政治的指導力が問われ、八月二八日、研究会を始め貴族院各派は政府に対して「物価調節についての警告」を発した。原内閣が成立したのはそれから一か月後のことである。右の警告について記した水野の懐中手帳の八月二六日の記載部分と一一月一八日のそれとの間の記述に次のような部分がある。「○近日、勅選の会合　○前田、青木両子ノ連合ニテセシ勅選ト結ヒ現内閣

反対　○原ハ何カノ関係ニテ研究会ト結ヒタシ」(8)。原内閣の成立は九月二九日のことであるから、この記述は寺内内閣末期の一か月間である可能性はないわけではない。が、その可能性は極めて少ないであろう。この時機に原が研究会と結んで「現内閣反対」を論じたり、それを表明する必然性などほとんどないからである。ところでこの時、研究会には右にふれた有松、岡田をはじめとして山田春三、木場貞長、小松謙次郎、阪本釤之助、村上敬次郎、加太邦憲、山之内万寿治、荒井賢太郎、平井晴二郎の一一名が所属していた。このうち七名が第一次および第二次桂内閣のとき就任しているが(9)、後年この七名のうち岡田、阪本、平井が、「中橋文相二枚舌問題」に対する研究会の対応に反対して同会を脱会することになる。また、この七名のうち村上、加太はともに常務委員であった。常務委員である前田と青木とが、こうした勅選議員の何人かと組んで「現内閣」すなわち原内閣反対の行動をとろうとしていたようでもあるが、岡田たちと結んでいたのだろうか、または常務委員の村上や加太と結んでいたのであろうか。そのいずれにしろ、研究会の中枢もしくはそれに近いところで本格的政党内閣に対する反発があったようである。

ちなみに、大正六年一一月の常務委員改選を二か月後に控えて、前田は入江を訪ね、「今秋常務委員改選ノ件ニ付、山田、牧野両子退任シテ、直平、坂本《ママ》両氏ヲ入ルヽ件ヲ申出」(10)、松平直平とともに阪本釤之助を入江経由で三島に推薦している。松平については水野直ら火曜会の総意であるが、阪本については、そうではない。大正六年の水野直日記には、松平直平を常務委員に推すことに関する記述が随所に見られるのに対し、阪本に関するそれは見当たらない。前田は原内閣成立の一年ほど前から、個人的に阪本を信頼していたのかもしれないわけだが、その阪本は続く第四二議会で、朝鮮独立運動家・呂運亨に対し司法当局がその皇居拝観について便宜をはかったとして、茶話会の江本千之とともに原内閣を批判する行動にとった(11)。さらにまた、前田は官僚勢力の中核ともいうべき平田東助の嗣子栄二に妹を嫁がせており、平田とは姻戚関係にあった。以上のことからして、前田は阪本や岡田ら勅選議員と連係しつつ、原内閣反対の態度を取っていたのかもしれない。

ともあれ、こうした中で、水野は原が研究会との提携を希望している、と記しているのである。丁度、四年六か月前に秋元春朝が水野に対し語った「両派連合」について、この時、水野は思いをめぐらしたのであろうか。

他方、原自身は組閣後間もなく研究会との積極的なパイプ作りに乗り出した。すなわち、「貴族院研究会の人々と意思の疎通をなし置くの必要ありと考へ[12]」た原は、一一月三日、研究会常務委員の青木信光と元常務委員酒井忠亮（一〇月末を以て水野直とともに常務委員を辞任）に会見して、組閣の経緯を述べるとともに政策綱領の骨子を告げその了解を彼等に求めた。また、第四一議会の開会直後の一二月三〇日、原は自ら三島弥太郎宅に研究会の首脳を訪ねた。「晩に三島弥太郎宅に往き貴族院研究会員前田利定、牧野忠篤、酒井某、水野直、青木等に床次とともに会見し、議会問題其他内外の事情に付数時間懇談し、彼等の諒解を求めたり[13]」。このように原は、政友会と研究会とのパイプ作りに少なからず配慮するところがあった。

こうして設定された両勢力間のパイプは、原内閣の成立後最初に迎えた第四一議会においてそれなりに有効に作動したのである。すなわち、第四一議会（大正七年一二月二一日～同八年三月二七日）において、「高等教育機関拡張の財源に関する法案」、「地方鉄道法案」、「衆議院議員選挙法中改正法案」（いわゆる衆議院選挙法改正案）、「開墾助成法案」、「耕地整理法中改正法案」などの政府提出重要法案は、その大半が衆議院で憲政会を中心とする反政友会勢力の反発と抵抗を招き、通過が難行した。しかるに、貴族院における研究会や伯爵議員の院内会派である甲寅《こういん》倶楽部の政友会に対する好意的な対応により、予算については追加予算中の帝国開墾会社補助分を除きほとんど無修正で議会を通過し、法律案は「一、二重要ならざるものを除き全部成立[14]」した[15]。特に、第四一議会の貴族院において、原内閣が「現内閣の方針となしたる二大案[16]」である高等教育機関拡張案と衆議院議員選挙法の改正案とは、実質的にそれぞれ賛成二〇六対反対七〇、賛成二一六対反対一二の圧倒的多数で可決されたのである。

なかでも、「二大案」の前者については原が日記に記しているように「衆議院は法律案も予算案も全会一致にて通過」した。すなわち、大正八年二月二五日、衆議院予算総会は、高等教育機関創設および拡張に関する追加予算（総事業費四四五三万円の六か年継続事業、大正八年度支出額二九八万六四三〇円）を審議し、政友会の林毅陸が主張した高等教育機関の教員養成を帝国大学および大学院に限定せず、他に適当な教育機関にも広げるとの付帯希望条件を付して、全会一致でそれを可決した。しかし、「貴族院に於いては各派に於いて種々の議論を生じ、方針としては異議なきもの如くなるも、其形式又は学校の種類などに付」[17]いて議論が白熱した。すなわち、三月二五日、茶話会の若槻礼次郎は、茶話会および無所属派の二四名の男爵議員を中心とした三一名の賛同者を得て、総事業費を一五五六万六二〇円に圧縮削減することを骨子とした修正案を貴族院本会議に提出した。原はこうした貴族院の雰囲気について、「現内閣の成功を嫉視するの下劣なる感情も多く」[18]あったし「憲政会は衆議院では形成不可にて賛成しながら」[19]貴族院において傷つけようとする運動もあったとしている。

さて、この修正案賛成者は、茶話会、無所属派および土曜会所属の男爵議員たちを中心に七〇名であった。右に述べた実質的反対者である。他方、その修正案に対する反対者は、連携した甲寅倶楽部と研究会および政友会系の交友倶楽部に所属する議員たちを中心に、幸倶楽部（茶話会、無所属派）の一部の男爵議員や勅選議員たちであった。この中には茶話会の田健治郎も入っている。かくして、賛成二〇六という数字が作り出された。[20]これに対し、幸倶楽部グループは三月二一日に会合を持ったが、ついに態度を一本化するに至らず、自由問題としていたのである。[21]しかし、原の側は違った。これより前、原は甲寅倶楽部―研究会連合の協力を取り付けていたのであった。彼はこの辺の事情について次のように書いている。「朝、小笠原長幹、大木遠吉、青木信光、前田利定来訪、教育機関拡張に付政府の決心を尋ぬるに付き、余は在野当時より唱道したる経綸の一つなれば如何にしても之が通過を計らざるべからずとの趣旨を述べ、尚ほ内部の沿革等につき内話したり、彼等皆な同情者なれば之を以て大に尽力せんとする内意なれば多分憲政会一部官僚などの悪計も其の功を奏せざるべし」[22]。

また後者衆議院議員選挙法改正案についていえば、この法案は小選挙区制導入と選挙権の納税資格制限の緩和（直接国税の納付額一〇円を三円に引き下げ）とを骨子としたもので、三月八日に六一票の賛成多数で衆議院を通過した。この時、野党である憲政会、国民党はともに小選挙区制導入反対でこそ一致したが、政府案に対して共同戦線を張って対決する姿勢はとらなかった。「勤労民衆を有権者より排除する点で与野党とも完全に歩調を一つにしていた」[23]のである。原は「貴族院に於いて阻害せざる限りは之も多年の問題を解決し得べしと思ふ。兎に角過半数を有せざるわが党の現況に於いて成功なりとす」[24]と、選挙法改正法案が衆議院を通過しただけでも一応の成功と考えていたが、貴族院は「阻害」するどころか圧倒的多数で支持したのである。ちなみに、研究会は大選挙区制擁護論者できこえた有松英義を、甲寅倶楽部は柳沢保恵をそれぞれ除いた全員が政府案支持であった。また、有松、柳沢以外の反対者に、憲政会総裁・加藤高明や憲政会系の勅選議員・高田早苗（土曜会）、後年貴族院改革に活躍することになる侯爵佐佐木行忠がいた。

ところで、第四一議会が終了して一か月を出ずして侯爵徳川頼倫（紀州徳川家当主）が原を訪問した。徳川は原に対し、陪審制度を設けようとするのであれば、司法卿であった大木喬任の嗣子大木遠吉（伯爵）を法相に登用したらどうか、と提案をしたのである。原は、この徳川の行動の背景について、日記に次のように記している。「大木は別に陪審制度に関係なき者なるが右様の提議余になしたるは先頃貴族院研究会及び伯爵団の有志小笠原長幹宅に会合し、此内閣を助けて十分の経綸を行はしめざるべからず、夫れには第四十一議会に於て政府を援助したる関係あれば貴族院を縦断し、研究会伯爵団と侯爵及び交友倶楽部とを連合せば大多数を得べし、而して其代表として先以て伯爵団を推すべしと云ふに付大木然るべしと内定したる由にて研究会は暫く其代表を出す事を見合すべし（前田利定など野心あれ共と云ふ事なりし）」[25]原によれば、右の小笠原邸の会合には、佐賀藩出身のもと司法官僚・古賀廉造（勅選議員、交友倶楽部）が加わっており、彼がその会合の様子を原に「内報」したのである。他方、研究会の青木は床次のルートで原に小笠原邸での会合について報じていた。

さて、この会合について、古賀や床次によって原に伝えられたところによれば、研究会と伯爵議員団すなわち甲寅倶楽部の有志とが小笠原邸に会合を持ち、原内閣を援助し、「十分の経綸を行」わしめるために、侯・伯・子爵議員および交友倶楽部を連合させた「大多数」を貴族院に造り出すことについて合意を得た。そして、貴族院の「有志」たちは、原の宿願とも言うべき陪審制導入のため、もと司法卿大木喬任の嗣子遠吉の法相就任が「適当」であろうと、持って回ったような言い方で、遠回しではあるがその構想について原に対し申入れたのである。それに対し、原は「篤と考慮すべし」(27)と応えている。なお、徳川はこうした会合に参加し、原への使者となったわけだが、その理由は後程明らかになろう。また、古賀がこの会議に出席したのは、彼が政友会系の司法官僚であり、大木と同じ佐賀藩出身であったためと思われる。

徳川の訪問からさらに一か月近く経過した五月一六日(28)、甲寅倶楽部のメンバーのひとりである小笠原長幹(旧小倉藩一五万石藩主家当主、元宮内省式部官)と水野直はともに原首相を訪問し、「現内閣と提携して其政策を行はしむべく決意したり」(29)として、研究会と政友会との提携を申し入れた。そして水野はさらに続けて次のように述べ、徳川頼倫をはじめとする侯爵議員団と伯爵議員団である甲寅倶楽部そして政友会系勅選議員団である交友倶楽部と研究会とが連合することによって、貴族院における研究会主導の一大勢力の確立を目指している、と原に対して明らかにしたのである。「乍去斯くして研究会自身が何か求むる所ありては不結果に陥るべきに因り色々協議の末、侯伯子の三爵を通じて一貫したる提携をなすべく、夫れが為めに伯爵中よりこの連合団体の代表者として大木遠吉を入閣せしめたき希望あり、因て過日徳川頼倫を以て申出たる次第なりとて今日までの沿革並びに今後の決心を内話し、要するに斯くして侯爵、伯爵の大部分と子爵全部(水野は子爵)之に政友系なる交友倶楽部を合すれば優に過半数を得べく、男爵並に勅選議員中に反対あるも更に憂ふる所なし」(30)。交友倶楽部が政友会系勅選議員団による会派であることを想起しつつ、先の徳川来訪の際の原日記の記事と今回の小笠原、水野のそれとを重ね合せて検討してみると、次のことが明らかになる。すなわち、第四一議会時における〈貴衆縦断〉を更らに進め、侯・伯・子・勅選連合の〈貴族院縦断〉による、より強力な貴衆縦断を貴族院の側から原に対し提案したのであった。そして、その構想実現を可能とする三爵「一貫したる提携」の代表者としての大木の入閣が小笠原、水野ら貴族院有志より原に対し申入れがなされた。

このような彼等の提案に対して原は、以下の如く全面的に賛意を表し、さらにまた貴族院指導者における世代交替について、若手有爵議員の「勢力増進」はとりもなおさず官僚勅選議員の「勢力凋落」であるとして感慨深げに「日記」に記している。「従来貴族院の為めに政見の実行を阻止せられたる事多きも、第四十一議会に於て始めて全然賛成を得たり、国家今日の事情は従来の如き歴史を繰返して国政の進路を妨ぐるが如きは全く世界の趨勢に反し国家の不利之より大なる事なければ玆に提携を堅うする事は最も喜ぶべし、余の賛成躊躇せざる所なり、但之を実行するには自ら時機あり、又余が多少処分せんと欲する事項も之あるに因り其時期は余に一任せらるべく、又此事は余は何人にも洩らさざれば其積にて発現までは極秘を守らるべしと告げ彼等〔水野、小笠原—西尾註〕諒承せり。政友会衆議院に於て多数を占め貴族院に於て研究会と伯爵団及び侯爵の一部と交友倶楽部と連合せば国政の進行上如何斗り利益ならんも知るべからず。時勢の要求とも云ふべく又貴族院は近来若手の勢力増進し勅選議員の官僚等平田東助を始めとして其勢力漸く凋落したれば遂に如此変化を生じたる事と思ふ(31)」。

こうして、研究会と政友会とは、それぞれが貴衆両院の最大勢力となる一方、互いに提携することによって議会の主導権を握ろうとした。第四一議会はその試金石であった。続く第四二議会は、朝鮮独立運動家の呂運亨に対して司法当局が取った処遇をめぐる「呂運亨問題」で原首相が貴族院本会議で陳謝したり、衆議院では普通選挙法案をめぐって議場が混乱し、衆議院が解散されて騒然とした状態で閉幕した。しかし、よく知られているように、政友会はこの選挙で大勝し、衆議院の絶対過半数を獲得するに至った。ここで、前年に小笠原や水野から原に対してなされた要請すなわち大木の入閣が実現した。大正九年五月一五日、伯爵大木遠吉は司法大臣に就任したのである。しかし、下院は磐石ではあったが、上院はまだ不安定要因を残していた。

ところで、第四一議会が終了したころより、伯爵団すなわち甲寅倶楽部ばかりでなく、幸倶楽部でも会派再編の動きが開始されていた。

三　公正会の成立

原敬が鋭敏にも感知した如く、大正中期に至って貴族院有爵議員の間で新たに政治的覚醒というべき現象が生じつつあった。そのきっかけとなったものは、比較的若手の一部有爵議員の官僚派勅選議員への反発や彼等の新たな時代感覚であったように思われる。伯爵議員や子爵議員とは異なり、まとまった院内会派をもたず、各会派に分属していた男爵議員の間で自己組織化の気運が急速に高まったのは、原内閣成立前後のことであった。

第四一議会開会当時、会派に属さない一名と研究会所属の九名を除けば、残り六三名の男爵議員は茶話会、無所属派、土曜会に分属し、その多くが幸倶楽部の会員でもあった。しかし、このような既成の院内会派およびクラブ組織とは別に、「党派及情実に超越し公明正大の行動をなす事」を綱領とする「五全会」と称する横断的な団体（院内会派ではない）が若手男爵議員の間に存在していた。この五全会がいつ頃成立してどの程度の規模のものであったかは、不明である。しかし、その会員であった阪谷芳郎（無所属派、元大蔵次官、蔵相、岡山県出身）がその「貴族院日記」の大正六年五月五日の項に[32]五全会について記していることから、少くともそのころには存在していたことがわかる。この時、阪谷は、互選されて間もない、いわゆる若手議員のひとりであった。彼は、この日の五全会の会合で「男爵互選議員全部合同の必要[33]」を論じている。現時点では五全会の活動内容や詳しい会員の顔ぶれは定かではないが、公正会創立の際、阪谷、郷誠之助（無所属派、実業家、東京都出身）、宇佐川一正（無所属派、陸軍中将、山口県出身）、平野長祥（無所属派、元田原本藩主家当主）、長松篤棐（茶話会、東京火災保険㈱副杜長、山口県出身）の五人の男爵議員が交渉委員に選出されていることから、おそらくこの五人が五全会の中心メンバーであったと考えられるであろう。

さて、五全会において、独自の男爵議員団体の設立が具体化したのは、第四一議会終了後のことである。『国民新聞』[34]によれば、その直接のきっかけとなったのはいわゆる「田中（光顕）伯問題」であった。この問題は、かつて、宮内省による東本願寺別荘買上をめぐって収賄の疑惑をもたれていた元宮内大臣伯爵田中光顕が臨時帝室編修局総裁に任ぜられたことによるものである。この人事は寺内内閣によるものであったが、その当初より世論の大きな反発をかっていたのである。そしてまたこの問題は第四一議会において衆議院でそして更に貴族院でも採り上げられ、ついには政治問題化するに至ったのである。もとより、収賄に関する事実の有無は明らかではないが、少なくともこの問題は一般国民の間ばかりではなく、華族間にも相当深刻な衝撃を与えたようであった。

貴族院でこの問題を採り上げたのは阪谷である。彼は二月一四日の本会議において「先帝の御聖徳を顕彰し奉り、之を後世に伝ふる上に於て少しの不都合もないやうに致したいと云ふことは、是れ臣子の至情止むを得ないものでございます。……若しも政府が唯々外形上の設備のみに重きを置き、精神上の内容を忘れたならば斯の如き予算〔臨時帝室編修局の―西尾註〕は寧ろ害が有って益はない」[35]と述べ、原首相に対し「田中伯問題」について善処することを求めた。これに対し、原首相は、臨時帝室編修局総裁に関する事項は宮内省の管轄であり、政府がこの問題に関与することは宮中・府中の別を乱すものである、と突放ねた[36]。この問題の取り扱いについて貴族院内では、茶話会、研究会はともに慎重であった。が、ひとり幸倶楽部の五全会を中心とした男爵グループが終始強硬であった。ちなみに、原内閣に好意的態度をとる研究会は、事態の収拾のため、床次内相に対し「田中問題に付男爵議員承服せず。子爵議員も何とかなさざるを得ざることとなりたるに貴族院建議しては如何」[37]と、建議を成立させることによって事態を沈静化させることを提案した。右の阪谷の演説は、少くとも「田中伯問題」に対して既成会派がとった態度への阪谷ら五全会グループの反発を象徴するものと考えて差支えないであろう。

もとよりこの問題は公正会創設を促した重要な契機ではあったであろうが、更に同会設立のより本質的な原因はまた別のものであったと思われる。

先の『国民新聞』は五全会を基礎とする男爵議員糾合について、次のように述べ、この度の新会派結成は政党系勅選議員によって貴族院が牛耳られることに対する、男爵議員の強い危機意識によるものであると共に、つづいて「田中問題」をめぐって幸倶楽部中の意見が一致をみなかったことが公正会設立の動きをを促進した、と述べる。

「……政党政治の結果、政友会内閣は政友系の人を以て勅選議員となし、憲政会内閣は憲政会の勅選を以て上院に扶植する事も争ふべからざる事実也。両々交々政党的色彩を以て上院を支配するに至らば独立独歩至公至平なるべき上院の権威を失墜するのみたらず、延いて最も公平の地位に在る互選議員の立場を失ひ、一も勅選二も勅選偏に勅選議員の意向如何に依りて上院の大勢さだまること是れ今回の男爵議員を奮起し糾合せしめたる唯一の大眼目なりとす。然れども最初の程は会員自身も果して糾合し得るや否や半信半疑の中に経過し来りたる折柄、会々四十一議会に於て例の田中伯問題は同派〔幸倶楽部―西尾註〕中の長老連と少壮連と意気合わず、其の結果此の糾合を促進したることも争ふべからざる事実也(38)」。

また大正五年一〇月に勅選議員として貴族院入りをし、無所属派議員として幸倶楽部の会員であった伊沢多喜男は後年回顧し、幸倶楽部所属の「男爵議員といふものは、百分の百まで勅選に支配されていた(39)」として互選議員選挙の候補者選出に対して幸倶楽部の勅選議員が決定権を持っていたと、阪谷芳郎や藤村義朗について次のようにのべる。「阪谷芳郎は、幾度か勅選になろうと運動したけれども、どうしてもなれない。そこで仕方なく、男爵互選議員として大正七年頃出たんだが、この阪谷も、互選議員として出すか出すまいかといふことを幸倶楽部の勅選が決するので、つまり男爵議員の選挙畑まで入つた形だね。勿論勿論表面は入つてないけれども、僕ら阪谷を及第させるかどうかにも参与していたのだよ。又男爵藤村義朗が大正七八年頃に互選議員に出てきた。この時に、藤村を出したい、又本人も出たいといふことを男爵仲間から言ひ出した。藤村は三井の番頭だつたが、そんな人間を互選議員にするのはどうか、併しいい人物ならば推薦してやつてもいいじやないかといふので、僕ら試験委員になつて、藤村を呼んで幸倶楽部で、〔ママ〕一席述べさせた。斯ういふ風に、男爵議員の銓衡にまで、事実は入つてやつたものです。さて当選して出てくると、貴族委員無所属団に入れ茶話会へ入会せよと指定する。さうすると、言ふが儘に応ずるのである。斯ういふやうに、幸倶楽部勅選の意の儘になつていたのだ。こんな風に、男爵議員を扱つていたので、それに対して、不平の起こるのは当然です(40)」。

　同様に、公正会結成の数日前、阪谷とならんでその推進者のひとりであった郷誠之助は、原首相と会見して以下のように述べ、官僚系勅選議員の力が強かった幸倶楽部に対する不満が新団体結成を促進したと述べている。「兼て同人〔郷－西尾註〕の計画中なりし貴族院男爵団体の漸く成立し近日公表する事となるべし。目下総数五十余名なれ共研究会並に土曜会に居る男爵を入る事となれば其数を増加すべし。幸倶楽部の専横より憤起したるものなれば、現内閣に対して悪意なければ時々意思の疎通をなしては如何(41)」。確かに第四一議会では、「田中伯問題」、高等教育機関拡張問題、衆議院議員選挙法改正問題のいずれをとっても従来のシステムでその対応がなされたわけではなかった。すなわち、それ以前は、官僚勅選議員が幸倶楽部の主導権をとり、研究会がその幸倶楽部と提携することで貴族院を動かしてきた。

　しかし、第四一議会においては、幸倶楽部を牛耳ってきた茶話会の田をはじめとする、古手の勅選議員達が事態打開のためリーダーシップを発揮することはなかった。幸倶楽部では、むしろ阪谷ら五全会の男爵議員が中心に動き、政府との対決姿勢を明確にした。結局、幸倶楽部では、「田中伯問題」をはじめ、原のいわゆる「二大問題」についてもクラブとして意見の統一をしない、いわゆる自由問題とされたのである。[42] これに対して研究会は、幸倶楽部ではなく、伯爵団の甲寅倶楽部と提携しつつ、政府に対しほとんど一糸乱れざる援助をする側に回っていたのである。

さて、五全会評議員会において、次のような新団体結成について決議をみたのは、第四一議会を終えてほぼ一か月たった大正八年五月二日であった。「政界ノ情実ニ超越シ、公正不遍ノ義ニ則リ忠良穏健ヲ旨トシ、吾人議員タル職責ヲ完ウセンカタメ時運ニ鑑ミ速カニ男爵互選議員ヲ中心トスル一交渉団体ヲ組織センコトヲ期ス」。[43] この決議は五月五日の五全会総会において確認され、つづく一五日には男爵議員中心の院内会派創設の推進につき、幸倶楽部の茶話会および無所属派との了解交渉をするための委員が選出された。すでにふれた如く、阪谷、郷、宇佐川、平野、長松の五人の男爵がそれに当った。この五男爵はそれぞれ手分けして茶話会や無所属の主だったメンバーと交渉してその了解をとり付け、六月五日には、幸倶楽部において公正会の発会式が挙行された。[44] この日は先ず五全会総会が開かれた。その席上、五全会の解消と公正会の設立とが正式に決定され、次の「趣旨」[45] が採択されたのである。

吾人茲ニ公正会ナル新団体ヲ組織シ、同志相携ヘテ事ヲ共ニセント欲スル所以ハ大憲ノ精神ヲ奉承シ、皇室ニ対シテ忠良ノ至誠ヲ存シ、潔無私ナル言動ニ依リテ真正ナル一致協調ヲ進メ、専断ヲ排シテ事ヲ衆議ニ決シ、党弊情実ヲ超越シタル公正不遍ノ判断ニ頼リテ国政ヲ翼賛シ、以テ帝国憲政ノ精華ヲ発揚センコトヲ期スルニ在リ。聊カ素志ヲ陳テ本会創立ノ趣旨ヲ明ニス

この「党弊情実ヲ超越シタル」云々の下りには政党をはじめとする諸々の政治勢力から独立を保ち、独自の立場から国政に参与しようとする若手男爵議員の意気込みが感ぜられよう。しかし、公正会が山県系官僚グループの強い影響下にあった幸倶楽部にとどまったことと右の「趣旨」における「党弊」云々の部分が、その将来の政治的方

向性を示唆するものであった。ここで言う「党弊」とは多分に政友会のそれであったようでもある。公正会の成立に際し、少壮派の長老に対する反抗や勅選議員との対立とともに高田早苗や江木翼ら「大隈系乃至憲政派の活躍せし形跡」(46)があると述べた某貴族院議員がいたが、その後、公正会は徐々に反政友会化し、憲政会に近い政治的立場をとるようになった。

さてこのような「趣旨」に賛同しつつ新会派の設立に参加した男爵議員は、諸新聞の記事を総合すると、茶話会と無所属派からそれぞれ一八名と三四名そして純無所属から一名であった。以下、その氏名を挙げれば次の通りである。

●茶話会からの参加者

山中信儀、高千穂宣麿、新田忠純、南岩倉具威、若王子文健、船越光之丞、伊丹春雄、長松篤棐、島津長丸、楠本正敏、福原俊丸、永山盛興、島津久賢、岩倉道倶、今園国貞、野田亀喜、岩佐新、高崎弓彦

●無所属派からの参加者

中川興長、杉渓言長、山根武亮、宇佐川一正、坂本俊篤、名和長憲、西紳六郎、太秦供康、阪谷芳郎、内田正敏、山内長人、平野長祥、山内豊政、千秋季隆、安場末喜、本田親済、神山郡昭、清水資治、横山隆俊、黒田長和、佐竹義準、藤村義朗、郷誠之助、小畑大太郎、調所恒徳、東郷安、池田長康、矢吹省三、島津健之助、寺島敏三、藤田平太郎、阪井重季、中島久万吉、永山武敏

●純無所属からの参加者

毛利五郎

以上、合計五三名が創立時における公正会の全会員である。(47)この中から、岩倉道倶、島津久賢、坂本俊篤、阪谷芳郎、内田正敏、山内長人、平野長祥、黒田長和、郷誠之助の九名が初代の幹事に選任された。また、会計監督に

は長松篤棐および小畑大太郎がそれぞれ選出された。

こうして、公正会は成立した。これにより貴族院内の勢力分野に大きな変動が出ずることになる。すなわち、第四一議会開会当日の大正七年一二月二七日には、研究会一一八名、茶話会六七名、無所属派六〇名、土曜会二九名、交友倶楽部三六名、・甲寅倶楽部一七名、その他純無所属派五七名、皇族議員一四名であった。しかるに公正会成立により茶話会と無所属派とは大いにメンバーの数を減じたが、新会派たる公正会は、数において茶話会を抜き、研究会につぐ第二の会派として、以後貴族院内の内外において政治的に重要な地位を占めるようになるのである。皇族議員を除き、公正会設立に伴う貴族院の各派所属者数を貴族院事務局が精査したところによれば、次の通りである。(48)

研究会	一一七	甲寅倶楽部	一六	交友倶楽部	三七
公正会	五三	茶話会	四九	無所属	二八
土曜会	二八	純無所属	五五		

四　甲寅倶楽部の解散

公正会創設の意義は、単に男爵議員独自の院内会派が結成されたということだけにとどまらない。その成立を契機として、以後、院内勢力分野に一大変動が生じたのである。すなわち、大正八(一九一九)年の夏から秋にかけて、研究会と甲寅倶楽部とが合併し、さらには公正会の設立により男爵議員のほとんど全部を失った無所属派と衰退著しい土曜会とが合同して同成会を結成するに至った。

公正会結成という新たな事態をまず深刻に受けとめたのは最大会派である研究会であった。すでにふれた如く、研究会では、第四一議会終了直後から、侯伯子の三爵グループの合併を達成し、さらに政友系勅選議員の集団である交友倶楽部との提携をはかることにより、貴族院の主導権を掌握するという構想が、半ば会の方針として常務委員の間で語られていたようであった。そして、時あたかも男爵議員の新会派設立が発表された直後の五月一六日、甲寅倶楽部所属の伯爵議員小笠原長幹と研究会の子爵議員水野直（大正七年一〇月末で、常務委員を辞任していた）とが原首相を訪問して、この構想を実現することによって政府を援助したい旨を申し入れたのである。これに対して原がその提携の代表として大木遠吉の入閣について内諾を与えていたことは、すでに引用した「原敬日記」の中にふれられていた如くである。研究会の領袖は、このような下工作が完了していたにもかかわらず、新男爵団の出現によって少なからず動揺していた。

すなわち、前田利定、青木信光、酒井忠亮、水野直の四名の研究会領袖（前田、青木、酒井は同会常務委員）は、公正会が正式に発足した直後に原を訪問して、伯爵団と公正会とが結びつくことへの懸念を表明するとともに再度有爵議員の結合の必要性を次のように強調した。「貴族院の形成に付可成互選議員（有爵者〔ママ〕）の結合を固ふせば勅選議員も強て攪乱を企つる事能はざるべし。而して勅選議員は大概彩色鮮明となりて政党的関係となるべく、交友倶楽部の政友系たるが如く土曜会は憲政系たるべし。又新に結合したる公正会なる新男爵団は或は研究会に向って対抗的態度を取らんも知れず斯くなる時は却て結合は強固となるべし。但伯爵団が此男爵団に加はるに於ては形勢一変に付之を防止したし」(49)

また、すでにふれたように、明治末期に同志会や談話会という伯爵および子爵議員互選有権者から成る団体が結成され、研究会事所属の子爵議員の選出団体である尚友会と対峙し、研究会にとって貴族院における同会の優位性さらにはその存続を脅やかされたことがあった。この時、青木信光や水野直は尚友会幹事として伯爵同志会および談話会の切崩しに奔走し、明治四四年（一九一一）七月に実施された貴族院総選挙（総改選）において研究会＝尚友会の完全勝利を実現させている。特に、伯爵同志会は、大木遠吉や研究会を脱会した数名の伯爵議員を中心に組織され、研究会に対抗して結成された扶桑会という院内会派の実質的な選出母体たり得る観があった。かって研究会を脱しそれと対峙しようとした、かかる伯爵議員団の帰趨について、右のような政治的経験をもつ青木や水野は懸念するところが大きかったと思われる。

こうして、公正会の創設により、研究会と甲寅倶楽部との合併が促進されたことはほぼ確実であろう。もっともこの合併がすんなり実現したわけではなく、双方ともに強硬な反対者が存在したようである。八月二七日の原の日記によれば、この日水野が来訪して、研究会側では有松英義や山田春三らが、甲寅倶楽部の側では児玉秀雄（賞勲局総裁、大正八年二月一五日の補欠選挙で当選）がそれぞれ大いに反対論を唱えたと、この件について原に報告している。

さて、両派の合併が正式に発表されたのは、大正八年八月一五日である。この合併によって研究会は、一八名の甲寅倶楽部所属の全ての伯爵議員と徳川頼倫および蜂須賀正韶の二名の侯爵議員を加え、総勢一三八名の一大会派となった。この時、新たに研究会に参加するようになった旧甲寅倶楽部所属の伯爵議員とは以下の人々である。[50]

林博太郎、堀田正恒、大木遠吉、奥平昌恭、小笠原長幹、川村鉄太郎、勧修寺経雄、吉井幸蔵、副島道正、柳沢保恵、柳原義光、松木宗隆、松浦厚、松平直之、寺島誠一郎、児玉秀雄、広沢金次郎、松平頼寿

この時すでに、研究会には二名の伯爵議員が所属していた（大正七年の改選前に、正親町が辞職し、改選後の同七年一二月、大原重朝が死去した）ので、これで伯爵議員全員が研究会所属となった。開会当日の大正八年一二月二六日において、研究会の総会員は一四〇名に達した。この時、貴族院議員総数三九四名中、皇族や世襲の公・侯爵議員がほとんどである純無所属の六七名を除けば、擁する議員数は、原内閣の下での友党である交友倶楽部を合わせると一七九にも達した。これに対し、反研究会系である幸倶楽部所属の公正会など諸会派会員総数は一四八名であった。会派などの組織に加入していない、純無所属と称される人々の存在はもちろん、幸倶楽部系の会派にあっては院内における採決の際研究会ほどには強く党議に拘束されることがないという従来の傾向からすれば、研究会は事実上独自に

貴族院の大勢を支配し得る地位を占めるに至ったと言ってよい。

ところで、小笠原と水野が原を訪れた大正八年五月からこの合併が成就した八月一五日までの詳しい合併の経緯は定かではない。ただ、その前後におけるいくつかの新聞記事や「原敬日記」の記述を総合してみると、徳川頼倫が研究会と甲寅倶楽部との橋わたしをしたことはほぼ明かである。例えば『やまと新聞』は、八月二八日付で、次のような記事を掲載している「徳川頼倫侯は或る解諒《ママ》の下に研究会の勧誘に応じて同会に加入するの決意を為すと共に、従来侯と同一行動を取りて研究会に加盟しては如何との交渉を試みしを以て伯爵団の有志は倶楽部員多数の意向を確め、愈大勢の趣く処に従ひて向背を決せんとするの彩勢を馴致せし」(51)。ここに言う「或る解諒」すなわち了解とは、おそらく、侯伯子三爵議員団の提携実現のあかつきには、徳川を研究会の総裁格として同会に迎えるということであったか、と思われる。それは以下の理由による。

研究会は、八月三〇日に臨時総会を聞き、会則を改正して常務委員を現行の九名から一二名に増員し、小笠原、柳原とともに徳川を常務委員に選任したのである。もちろん、これは新会員増加にともなう措置であり、会派内における各爵議員の代表者としての意味もあったであろう。が、何よりも紀州徳川家の当主としての彼を常務委員に就けることは、研究会にとって政治的杜会的な威望の向上につながるであろう。彼は研究会入会後三年ほどして宗秩寮総裁に就任し実質的に貴族院を離れるが、その前後より研究会は公爵近衛文麿に接近し、ついには彼をいわゆる筆頭常務委員として推戴するに至った(52)。研究会は三島が死去した後、会派の維持および拡大を狙って〈看板〉となるべき人材を求めていたのである。その後の経緯から推して、侯爵徳川頼倫の入会が要請され、さらにはその常務委員就任が約束されていた、と考えてほぼ間違いない。

さらにまた、吉井幸蔵らかって研究会を脱会した人々（他に、柳原義光、柳沢保恵、広沢金次郎、松木宗隆、寺島誠一郎、川村鉄太郎の諸伯爵議員）にとって、侯爵徳川頼倫の斡旋ならびに彼と同一時期の入会と彼の常務委員就任とは、彼等の研究会復帰を政治的にも心理的にも容易にしたのではないだろうか。先の八月二八日付『やまと新聞』が指摘する如く、「子爵議員の節制に甘んずるを欲せざる」彼らが「徳川頼倫侯を擁立して表面の首領となし伯爵団より、一、二名の常務委員を入れ実際に於て合議制を採らん」としたことは十分考えられるからである。

それにしても、なぜ、一年生議員でしかない小笠原が伯爵議員団の指導者の一人たりえたのであろうか。言い換えれば、水野は、どうして小笠原を伯爵議員団の代表として遇したのであろうか。雑誌『太陽』の記事によれば、「実行の伴はざる言論に倦怠を生じ」つつあった伯爵議員団に、大正七年の改選後「大木、小笠原伯ら躍起派が加わるに及んで」貴族院内に生じつつあった革新の機運に乗じて現状打破、局面展開の期を把握しようとして焦慮し、「まづ、小笠原伯を介して伯と別懇の間柄なる徳川頼倫侯と近接し、少なくともその第一段階として侯伯の結託を実現せんとする傾向(53)」があったという。

そもそも、紀州徳川家当主の侯爵徳川頼倫は、公爵徳川家達（貴族院議長）・伯爵徳川達孝（侍従）兄弟の異母弟であり、華族の名門と言うだけでなく、政治的にも大正前半期の貴族院において異彩を放つ存在であった。たとえば、シーメンス事件のため大正三年度海軍特別予算が大いに問題とされた第三一帝国議会の貴族院本会議において、貴族院の大勢に―そして民衆の大勢―に抗し、「陛下の海軍、国民の海軍軍人中より、心外にも斯かる忌まわしき事件生じたと云ふことは誠に遺憾」であるが、「海軍の不正事件の廓清策と予算とをはっきり分離」すべきであり「党派の異同当局の如何を問ひませず、冷静慎重に事を議(54)」すべきであるとして、政府案支持の演説をしている。その徳川と「別懇の間柄」の小笠原に伯爵議員たちが期待をし、水野はその小笠原に接近したのではないだろうか。徳川はまた、和歌山県新宮出身の水野にとって旧主筋にあたる。この点でも徳川は水野にとって身近な存在であった。

こうして、水野にとって小笠原に近づくことは『太陽』の記事のいわゆる「躍起派」と徳川頼倫の両方を獲得することにつながるのではなかったか。

ちなみに、後年彼は「侯伯爵ガ研究会ニ入会セラレタルニ付個人的ニ之ヲ報ユルニ採タル方法[55]」と記し、その対象者を三名挙げている。その三名とは徳川頼倫、大木遠吉、小笠原長幹で、それぞれ水野が個人的に報いるものは「十人会、大臣、結城蒔田[56]」であった。「十人会」とは水野自身もそのメンバーに入る、徳川を中心とした研究会内部の小グループであり、筆頭常務委員となった彼のブレーントラストであった。また、「大臣」とは大木が就任した司法大臣のポスト、「結城蒔田」はもと『国民新聞』の記者で水野の情報収集係を務めていた結城礼一郎であり、その後小笠原の援助で子爵議員となった蒔田広城（侯爵伊達宗城の一二男）である。水野は結城を小笠原邸に常駐させ、蒔田は小笠原の配下となった。伯爵団の中でややもすると孤立した状態にあった、小笠原に対する水野の配慮であった。こうして、水野はそれぞれが最も価値とするものを、その時彼がなしうる最善の方法でそれぞれに与えたのである。

このように、水野にとって、徳川と小笠原とは伯爵議員団と子爵議員団とを結び付けた立役者であった。なお、結城礼一郎によれば、このころ水野は、その彫刻が玄人はだしで文展入賞の実績を持つ小笠原の「アトリエ」に毎日通って来ていたという[57]。ここで、小笠原、青木、水野、黒田が頻繁に会合を重ねていたことは、後に見る通りである。もっとも、伯爵議員団と研究会とのパイプは小笠原―水野のそれだけではない。

そのパイプは少なくとも、第四一議会開会の前後から突如甲寅倶楽部と研究会との間に設定されたというわけではなかった。大正六年、研究会は互選議員選挙を翌年に控え、自らに所属する伯爵議員を当選させるために甲寅倶楽部に接近せざるをえなかった。この時、改選をほぼ一年後に控え、伯爵団や男爵団ではそれぞれの互選議員の定数改定や選挙の動向について関心が高まりつつあつた。子爵中心の研究会では、伯爵および男爵議員の選挙については自らの組織ではどうにもならず、例えば伯爵議員であれば、伯爵者の団体である大正会の協力が不可欠であった。特に伯爵議員の場合、七年前の改選とその前後の補選およびその後の会派再編において、伯爵同志会（＝反研究会）と非同志会系とが激しい対立を繰り返して来た事はすでに第二章で述べた。総選挙（総改選）そのものは非同志会系の完全勝利だったが、結局研究会に留まったのは四名のみで、他の一部は扶桑会という会派を作り、それ以外は純無所属であった。その後、会派に属していない伯爵議員たちが扶桑会に合流し、新たに辛亥倶楽部を発足させ、さらにそれは甲寅倶楽部に発展して行ったのである。従って伯爵議員団の組織は必ずしも安定したものと言えず、その人間関係は複雑であった。また、第三一議会（大正三年一二月開会）以来、研究会の四名の伯爵議員は、伯爵議員の院内会派である辛亥倶楽部さらには甲寅倶楽部の「客員」ではあったが、伯爵議員の一部世代交代すなわちその後の補選で林博太郎や松平頼寿という高等教育を受けた若手知識人が議員に当選して甲寅倶楽部に参加して来たこともあり、彼らが当選できる保証は何もなかった。それゆえ、この四名の創立以来の伯爵議員の再選の可否が幹部たちの関心事であった。

その四名のうちの正親町実正が、五月二五日に三島を訪れ「研究会幹部トシテ伯爵団ヲ現在ノ研究会所属ノ伯爵ヲ落選セシメザル様交渉セラレタシ」(58)と申し入れた。これに対し、三島の指示を受けて前田利定が伯爵林博太郎らと交渉したようであるが、それに対して林は不満であった(59)。しかし、六月一五日に「伯爵団ヨリ林、奥平、柳原」が研究会事務所に来会し「研究会議員の再任ニツイテハ十分尽力スベキニ付、増員ニ賛成セヨ」(60)との申し入れがなされた。

これより前、第一三回衆議院議員総選挙実施を受けた第三九（特別）議会の開会を目前にした、五月二五日、伯爵松平直之と同奥平昌恭とが、無所属派の元男爵議員有地品之丞（大正六年四月辞任）を通じて互選議員の増員について三島に打診してきた。これに対し「研究会ハ増員ニハ同意スルモ臨時議会ニ提出ノ件ハ同意セズ、但シ政府ニ於イテ提出スルナラバ反対セズ」(61)と研究会側は回答した。この日、その直後に正親町が三島に対し再選について申し入れにやって来たということは、増員について寺内内閣に対し要求することもせず、それについて積極的でない、研究会の姿勢に不満を持った甲寅倶楽部－大正会の幹部が、正親町たち研究会所属の伯爵議員に圧力をかけたことによるのかもしれない。実際、甲寅倶楽部すなわち伯爵団にとってみれば、多少強引な手段によってでも伯爵議員の増員を実現したい事情があった。すなわち、伯爵者の増加による伯爵議員就任希望者の増加が、議員定数一七とのギャップを大きくしたのである。[62]結局、互選議員増員のための貴族院令改正案は次の第四〇議会に提出され、可決成立して増員が実現されたが、そうまでしてもなお増員後の選挙に際して候補者選定は予想外に難航し、「児玉秀雄伯の如き、伯爵団の平和のために、止む無く立候補を断念し、漸く事なきを得て、選挙を終了[63]」することができた。この時、児玉は四〇代半ばの現職であった。もし増員ができなかった場合「伯爵団はその選挙に当りて、如何なる混乱状態に陥ったかも[64]」知れなかったのである。伯爵団の有力者はかかる増員の実現のため、第三九議会さらには第四〇議会に向けて研究会幹部に対し、「殆んど三拝九拝せんばかりに懇請哀願[65]」することを余儀なくした。こうして研究会は増員問題－貴族院令改正－をめぐり甲寅倶楽部とのパイプをもう一つ持つことになったのである。

ところで、研究会による甲寅倶楽部の合併吸収という事態は、吉野作造が『中央公論』誌上の時事評論「時論」において評したように、「研究会が事実上貴族院の大勢を独りで支配し得るの地位を占めた[66]」として当時のジャーナリズムにおいて大々的に採りあげられ、かつ「一時沈滞せる政界[67]」に大いに波紋を投げかげたのである。それも新聞や雑誌のそれに関する記事の大多数は、実質的に貴族院での絶対過半数を有する会派の出現にのみ注目するものであった。例えば、合併が発表された翌日の新聞は、「上院大政団成る」（『読売新聞』）、「上院に絶対多数」（『国民新聞』）という見出しで大きく報じている。

しかしながら、数の問題はもとより重要であるが、この合併で研究会が文字通り侯伯子三爵間の横断的会派としての体裁を整えたことにも注目しなければならないであろう。もちろん、研究会には従来、多数の子爵議員と一〇名弱の男爵議員に少数の侯・伯爵議員が所属していた。例えば、第四一議会開会時では、黒田長成、花山院親家、広幡忠隆、中御門経恭の四名の侯爵議員と万里小路通房、清凄家教の二名の伯爵議員とが同会のメンバーであった。しかし、この合併で研究会は六名の侯爵議員と二〇名の伯爵議員を擁するようになり、この結果、従来の子爵中心の研究会から各爵を横断し絶対過半数を有する「大研究会」へと、研究会はそのイメージを変えるに至った、と言えるであろう。

また、この合併にともない甲寅倶楽部が解散したことにより、当時唯一の伯爵議員選挙の推薦母体であった大正会は、同年一〇月六日に解散した。この時、大正会員は全員尚友会に入会したので、ここに選挙母体においても伯爵団と子爵団との連合が成立した。伯爵団の入会により尚友会の役員構成が改められ、伯爵団から幹事に川村、松浦、柳沢、大木の四名が新たに就任することになった。

なお、公正会の創設は、甲寅倶楽部と研究会との合併を促したばかりではなかった。これに引続き同年一一月一五日には、土曜会と無所属派の勅選議員たちが一つにまとまって、同成会という独立した会派を結成した。これもいわば男爵議員による新会派設立の余波であった。すなわち、両会派の男爵議員のほとんどが公正会に参加したため、両会派はともに会員数という点で手薄となり、小会派と化したばかりか、会員数二五名を下回って院内交渉団体としての資格を喪失してしまったのである。この日、双方の会派はそれぞれ会派の解消を宣言した後、合同して新会派を組織し幸倶楽部に属することを確認した。ただし、この日の会合に参加した者のすべてが同成会に参加したのではなかった。旧土曜会所属の子爵松平乗承、男爵真田幸世および男爵小沢武雄（ただし勅選議員）の三名は態度を保留し、一二月上旬にはこの全員が研究会に入会する手続きをとった。

五　「十人会」と反幹部派

後に述べるように、第四四議会が終了して二か月程たった大正一〇年五月三一日、原首相は料亭「花谷」において、研究会の幹部たちと会食をした。この時来会した研究会の幹部は、「準政友」と評されることも厭わない、「幹部中の幹部」[68]と言うべき人々であった。原をして「幹部中の幹部」と言わしめた八名は次の通りである（後述）。

伯爵議員　大木遠吉　小笠原長幹　酒井忠亮
子爵議員　青木信光　前田利定　黒田清輝
　　　　　大河内正敏　水野　直

以上八名のうち、研究会の実質的な最高意思決定機関である常務委員会のメンバーであったのは、青木、前田、酒井の三名にすぎず、水野に至っては議席すら持っていなかった（大正九年六月辞職、大正一一年一〇月補欠選挙によって議席を復活）。この八名が研究会の「幹部中の幹部」でありえたのは、彼等が常務委員会の決定を左右し、さらには研究会そのものの方向性を決定することができたからであろう。

大正九年後半から一〇年にかけて、水野や黒田の日記に時々出てくる、研究会のグループがある。「十人会」がそれである。それは本節の以下にみる如く、「伯爵団問題」、諮問機関の設置、「五校昇格問題」など幹部派の強力な指導体制の維持とそれを揺るがす事態が発生した時に開催されている。実に右の八名のうちのほとんどが「十人会」のメンバーであった。

さて、この「十人会」であるが、これが水野の懐中手帳や日記に最初に出てくるのは、懐中手帳における大正九年九月二二日の記述においてである。これより前、すなわち同年六月三日、水野は貴族院議員を辞し、鎌倉西御門高松寺に引籠もっていた。その理由は、青木や小笠原が原に報じたところによると、「神経性衰弱性と腎臓炎等」であり、家族は「切に辞任静養を希望」している、とのことであった[69]。少くとも水野の大正九年の懐中手帳は、一月より七月末までの記述はきわめて間欠的かつ断片的である。が、八月五日以降は簡単であるが、大体毎日記載されている。特に、八月二四日の青木の来訪を機に、政治関連の記事がふえてくる。この日の青木の用件は徳川「頼倫候ノ件」[70]であった。続いて、八月二七日には小笠原長幹が公爵近衛文麿や水野自身のことで、来訪し、水野と面談している。九月になって、今度は青木ひとりではなく、常務委員である酒井や前田が青木と共に水野を訪問し、その結果水野は「活動スル事トナ」[71]った。すなわち、水野はほぼ三ヶ月ぶりに政治活動を再開した。このころより、懐中手帳には、研究会員の来訪を告げる記述が少しずつふえてくる。

さて、九月二一日に小笠原が水野を訪問した翌日、水野の手帳には「本日十人会」[72]と記されている。この会合に水野自身が参加していたかどうか、定かではない。続く、九月二九日、黒田清輝が水野を訪れ、「明日一〇時ヨリ」徳川頼倫邸で開催が予定されている十人会と「伯爵ニ対スル決心」について話合っている[73]。また、その前日の二八日に小笠原が水野を訪れ、「来六日伯爵会」[74]について語っているので、九月三〇日の十人会では、前年に研究会に合流した伯爵議員団について話題になったのであろうか。その後、水野は黒田と一度ならずも「十人会中心」[75]を語り、彼は黒田に対し、「頼倫候援助の方法を依頼」[76]している。こうしてみてくると、伯爵議員団の動向と十人会とは、どうやら無関係ではないようである。

伯爵議員団の院内会派「甲寅倶楽部」とその互選人組織である大正会とが、それぞれ研究会および尚友会と合体したのは、前年の八月であった。その後、第四二議会や第四三議会(臨時、大正九年七月一日～同七月二八日)を経るごとに、伯爵議員グループの研究会幹部に対する不満が高まって行った。「当時、研究会における旧伯爵団の地位はチョット異分子とも見られる様な立場にあ」[77]り、彼らの不満は合併推進の中心にあった大木や小笠原にも向けられた。そして、それは研究会幹部としての大木や常務委員として幹部となった小笠原とが他の幹部と共にとり続ける政府支持の姿勢と親政友会路線に対する反発の表れでもあった。ちなみに、第四二議会における「呂運亨問題」の際の大木による政府擁護の姿勢や五月における彼の法相就任に対し、伯爵議員団の反発は事の外大きかった。例えば、後者についてみれば、研究会の松浦厚(伯爵)は大木が自分勝手に入閣を承諾したのは不都合であり、「伯の態度は研究会を無視し、友人を莫迦にした仕方である」[78]と述べ「最も反対を表明」[79]した。さらに、松浦をはじめとする反幹部派ともいうべき伯爵議員グループの一〇数名は、六月二二日に華族会館で、大木、小笠原（常務委員）、柳原（同）に対して「弾劾的意見」をぶつけた後、一〇月に予定される常務委員の改選について「反幹部的申合せ」をした。[80]さらに、第四三議会が第一四回衆議院議員選挙の結果を受けて開催されたが、奥平昌恭や広沢金次郎らの伯爵議員が率先して国務大臣の演説に対し質問通告をした。

こうした伯爵議員の動向をふまえてか、議会が閉会したその翌日に、青木や小笠原が原首相を訪問し、「何分にも思慮なき有爵者ほど憲政会系又は官僚系に籠絡せらるゝの内情あり、今度の議会には此儘にはては往かざるべしなど話合」[81]ったのである。「思慮なき有爵者」とは反幹部派の伯爵議員のことであろうか。伯爵議員団の言動に対し、幹部たちは過敏になっていたのか、八月に入って、第四三議会における勅選議員・阪本釤之助の「投票権放棄」を会則違反として問題にした。阪本が第四三議会で議論を呼んだ満鉄増資案を含む追加予算案の採決の折、所用で席を離れていたため、それに間に合わなかったことが問題とされたのである。[82]除名説も出たようであるが、当日欠席していた会員もあり、結局、この問題は有耶無耶となった。

先に述べた八月二四日の青木による水野訪問はこのような研究会内の状況を踏まえてのことであった。その後、小笠原や青木、酒井、前田といった常務委員の懇請を容れる形で、結局水野は「活動スル事トナ」ったのである。その水野の活動の当面の中心は〈伯爵問題〉であったであろう。幹部派で一方の当事者である小笠原は九月二一日および九月二八日に鎌倉に水野を訪ねている。特に、後者の方の訪問は、翌月六日に開催が予定されている「伯爵会」の直前とも言うべき時においてであった。そして、どうやら水野も、先にもふれた様に、「伯爵ニ対スル決心」をしたようであった。

では、その後の伯爵議員たちの動向はいかなるものであったか。反幹部派の伯爵議員たちが、幹部派すなわち大木、小笠原らに対して「弾劾的意見」を述べた六月下旬以降も、彼等の幹部への弾劾はなおも続けられた。それは、甲寅倶楽部＝伯爵議員団の研究会への合体直後（大正八年八月）より常務委員として研究会の幹部入りをした小笠原と彼と共に常務委員となった柳原に対してなされた。それに対し、幹部派は小笠原と柳原の常務委員再任を策して対抗したのである。が、幹部派は劣勢であった。一〇月六日の「伯爵会」開催前後の伯爵議員団の内情について、『読売新聞』は次のように報じている。

「研究会伯爵団の常務委員改選問題は六日華族会館に於ける会合以来依然再選に対する可否両論者間に暗闘を継続し、一方某々子爵幹部は連日自動車を飛ばして両者の調停に努め居れる形跡あるも最早大勢は動かし難く、結局常務委員たる柳原義光伯、小笠原長幹の両氏共に隠退して新選者の就任を見るの外なかるべし、去六日、会合の席上に於いて両論者が極力自説を主張して譲らざりし……[83]」。水野の懐中手帳には一〇月二日の「汽車未通」を最後に一〇月二一日まで記載がない。が、第三章でもふれたように、水野は自動車を使って奔走した。この記事の「連日自動車を飛ばし」た「某々子爵幹部」とは水野のことではないだろうか。

さて、右の『読売新聞』によれば、幹部派＝大木派と反幹部派は次の通りである[84]。

・幹部派（再選可）

大木遠吉、松平頼寿、小笠原長幹、松木宗隆、中川久任、※副島道正、※林博太郎

・反幹部派（再選不可）

柳沢保惠、広沢金次郎、松浦厚、川村鉄太郎、奥平昌恭、柳原義光、児玉秀雄
勧修寺経雄、清棲家教、吉井幸蔵、※寺島誠一郎、※万里小路通房

※は一〇月六日「伯爵会」欠席者

ここに明らかなように、外遊中の堀田正恒を除く一九名の伯爵議員のうち、実に一二名が反幹部派で小笠原らの

再選不可を主張する立場にあった。

続く一〇月九日、再度「伯爵会」が華族会館でもたれた。この日、大木は九州に出張のため、欠席した。それ故、さらに劣勢となった幹部派は、この会合で次期の常務委員改選において小笠原、柳原の再選が不可であることを容認せざるを得なかった。その結果、伯爵会は小笠原と柳原の後任に松平頼寿、柳沢保恵をそれぞれ指名した。研究会幹部はかかる伯爵議員団の決定をくつ返すことなく、松平と柳沢とを一一月における常務委員改選の際の候補者にしたのである。非幹部派の勝利であった。

このように、第四三議会終了から第四四議会の召集までの四ヵ月余りの期間は、伯爵議員団によって研究会は翻弄された感すらあった。

それでは、第四四議会の召集を控え、今後の組織運営のため、研究会の幹部はどのように対策を講じて行ったのか。その対策は二つあった。一つは常務委員会とは別に、徳川頼倫を中心とする非公式なグループを組織し、それによって常務委員会をさらには研究会を動かして行こうとするものであった。

また一つは「評議会」の設置である。水野の大正九年の懐中手帳には「評議員」、「評議会」、「協議会制」といった言葉がいくつか出て来るが、初出は九月二五日の項においてである。小笠原や柳沢の常務委員再任の是非をめぐって、伯爵議員団において対立がピークを迎えつつある頃である。この日、青木、酒井、前田が鎌倉に水野を訪れ、「常務、評議員ノ件」[85]を話合っている。「評議員」による「評議会」について、その後、青木ら研究会幹部においてどの様な話合いがなされたかは不明である。一〇月上旬における伯爵問題の一応の決着―幹部派の譲歩―をみた後、一一月九日の十人会で「評議会」について話合われている。水野は一一月九日付で懐中手帳に次のように記している「東京行頼倫候邸ニテ十人会。(一)評議会、(二)波多野子、(三)大河内子」[86]。翌一一月一〇日、水野は東京の自宅で青木、酒井、前田と会い、翌一一日に鎌倉に帰り黒田をその別邸に訪ねた。この日、彼は以下のように手帳にメモを残している。

「東京ヨリ帰ル。黒田子ヲ訪ヒ、一、波多野子、二、大河内、三、頼倫侯援助ノ方法ヲ依頼」(87)。右の懐中手帳における一一月九日の項と一一月一一日の項を比べてみると、項目の順番こそ違うが、記述の内容はほぼ同じであることが判る。すなわち、少なくとも、水野にとって「評議会」と「頼倫侯援助」とは同一なのであった。なお、ここで、水野が手帳に記している「波多野」と「大河内」についてであるが、前者は八月に宮内大臣を辞任し帝室経済顧問であった波多野敬直のことであり、後者は海軍省勅任参事官への就任を渋る大河内正敏を指している。

さて、「評議会」設置について、一一月二二日に開催された常務委員会に提議されたが、この日には決定をみるに至らなかった。『読売新聞』の記事によれば新設されるのは諮問機関であって、「常務委員会の機能を掣肘して現幹部の勢力を抑圧せしむることを欲するものありしも、現幹部の努力に依り、結局常務委員の行動に対し責任を分担すべき補助機関たるに終りたるもの〻如く」(88)であった。

ところで、一一月二二日の常務委員会で「評議会」設置を決定できなかったのを受けて、その翌日二三日、徳川邸で十人会が開かれた。「午後一時ヨリ十人会、徳川侯邸、評議員」(89)、と水野は懐中手帳に記しているが、おそらくその善後策について話合われたものと思われる。そして、常務委員会開催の前日（一一月二八日）、徳川邸で十人会がもたれた。

「十人会、九時半ヨリ候爵邸。黒田、松木氏（ママ）と残ル。評議会制。大河内子ノ件」(90)と、水野はこの会合について記している。水野は黒田と共に、会合が終ってからも徳川邸に残り、幹部派の伯爵議員松木宗隆ともゆっくり話をしたようでもある。この点からも「評議会制」を採ることと伯爵議員団の動向とが関係することを窺うことができる。

さて、「評議会」は「協議員会」の名で設置されることになった。一一月二九日の常務委員会の決定を経て、一二月六日、常務委員会が開かれ、新制度設置に伴う研究会規則改正について議論された。ここで決定された規則改正案(91)

によれば、①二五名の協議員を置く(三条)、②協議員は投票を以って選挙し、重任を妨げない(六条)。そしてその機能について次の条項が新たに設けられることとなった。

第七条　協議会は常務委員の諮問に応じ重要なる事項を審議す。常務委員は協議委員会の議事に参加するものとす。協議員会は常務委員之を招集す。但し、協議員十名以上より会議の事項を示して請求したるときは常務委員は之を招集する事を要す。

なるほど、この第七条を見る限り、協議員会は先の『読売新聞』が報じた通り、常務委員会を掣肘しない諮問機関であった。また、協議員は全会員より連記記名投票によって選挙されるが、その候補者の人選は実質的に常務委員会が実施するものであった。すなわち、それは、常務委員の選出方法と何ら変わるところがなかった[92]。常務委員会は、その候補者を「詮衡し、之を参考として投票用紙と共に会員に配布[93]」することによって実施された。

一二月一六日午後四時より常務委員会が開かれ、協議員候補者の人選と投票とについて最終的な決定がなされた。その候補者とは、侯爵議員以下次の二五名である。

○侯爵　蜂須賀正韶
○伯爵　※清棲家教　※松浦厚　※柳原義光　林博太郎
○子爵　京極高徳　松平康民　樋口誠康　稲垣太祥　野村益三
　　　　八条隆正　黒田清輝　渡辺千冬　板倉勝憲
○男爵　※西村精一　藤堂高成
○勅選　小沢武雄　※岡田良平　※荒井賢太郎　※阪本釤之助　早川千吉郎
○多額　麻生太吉　※横山章　※高橋源次郎

※：第四四議会「風教ニ関スル決議案」採択の本会議欠席者ならびに同決議案賛成者

以上の候補者は一二月二四日における開票を以って何れもその当選が確認されることになるが、その二五名の協議員のうちのほぼ三分の一は反幹部派である。後に明らかになるように、彼等反幹部派は中橋文相さらには原内閣を強く擁護する幹部グループに反発しつつ、大正一〇年三月幸三派（茶話会、公正会、同成会）が提出した「風教ニ関スル決議案」の採択に賛成する態度をとった。西村、岡田、阪本に至っては脱会したのであった。こうしてみると、協議会とは幹部グループにとって、反幹部派勢力に対しむしろ発言の機会を与えることにより、彼等を体制内にとり込もうとする意図のもとに作られた機関であったと言えよう。

六　文相の「二枚舌」問題

原内閣が成立当初より四大政綱として掲げたものは、国防充実、教育機構の改善、交通機関の整備拡充、物価調節の四点である。なかでも、物価調節と食糧問題とは米騒動をみた寺内内閣以来の重要懸案事項であり、原首相は、組閣直後より高橋蔵相と山本達男農商務大臣とに指示し、この問題解決にとり組ませて来た。しかし、大正八（一九一九）年五月、米価騰勢は再び顕著となり、東京卸売物価指数は上昇に転じた。さらに、七月にアメリカが金本位制に復帰すると、正貨は急激にわが国に流入し、日銀の正貨準備は急増し、日銀券発行高が急増した。そのことが投機を加熱させることとなり、政府は投機的物価騰貴を抑制するため、同年一〇月、一一月と二度にわたって公定歩合の引き上げを実施した(94)。このような経済的状況下の一〇月、貴族院議員が超党派で内閣に「物価調節の警告」を発して、世間の注目を惹いた。原の『日記』によれば、一〇月四日、徳川頼倫、青木信光（以上、研究会）、浅田徳則、江木千之（以上、茶話会）、鎌田勝太郎、谷森真男（以上、土曜会のち同成会）、和田彦次郎（交友倶楽部）、坂本俊篤、阪谷芳郎（以上、公正会）、伊沢多喜男（無所属派、のち同成会）がそれぞれ各派を代表して来訪し、徳川より次のような覚書(95)が原に手渡されるとともにその趣旨が説明された。

一般の物価特に国民生活必需品の価格調節に関し従来政府の執り来りたる施策は未だ尽さざるの憾あり。政府は宣しく速に適切なる措置をなし、国民生活の安定を図らん事を望む。

貴族院超党派の原首相訪問に先立つ一〇月一日、研究会の呼びかけに応じて各派代表が同会事務所に交渉会をもち、そこで政府への申し入れとその内容とが検討された。しかし、貴族院におけるこのような超党派的行為は、実はジャーナリズムによって仕掛けられたという側面も有するのである。すなわち、九月一七日に研究会の前田利定、柳原義光、榎本武憲の三名が原を訪れ、七人からなる有力紙の記者たちから「物価騰貴に付寺内に警告し現内閣には其事なきは如何とて詰問せられたる」[96]旨を「内話」したのである。これに対して原は、「七人組が貴族院を脅かして彼等を動かし之を利用して世間を煽動せんとする悪計」[97]、と断じているが、貴族院内にはかかるジャーナリストの投じた一石に感応するばかりか、「之を利用せんとする者」[98]が存在したのである。

研究会は、院内のこうした動向に対し、おそらく、物価調節問題が開会を目前にした第四二議会における反政友会勢力による主要な政府攻撃の材料となるのを未然に防止するために、右の「警告」申し入れのイニシアチブをとったものと思われる。ちなみに、『原敬日記』の一〇月四日の条には、先の交渉会の席上で「穏和説勝を奏して右の文章〔前述の覚書—西尾註〕となり又好意的に申し来るの形式となりたるものの由」とある。ここに言う穏和説とはもちろん、研究会や交友倶楽部によるものであろう。しかし公正会の阪谷と茶話会の江木千之は、先の覚書の文書に不満があったらしく、この会見の折にも「色々の弁を弄したる」[99]ようであった。

ところで貴族院議員たちの原訪問直後、山県有朋はなおも「物価調節に関し徹底的に社会政策を実行するの必要」[100]を原に「求め」ている。[101]また野党第一党の憲政会も、九月九日に原内閣の物価政策に反対する声明も発していた。場合によっては、この問題をめぐって原内閣が貴衆両院で非政友会勢力により集中砲火にさらされる可能性は少なからず存在していたのである。とにかく、物価調節については研究会によって政治問題化への機先が制せられ、原内閣下の議会において大きな問題となるに至らなかった。

さて、原内閣が掲げた四大政綱の一つである教育機構拡充整備の重要な一環として、各地に点在する高等専門学校を遂次単科大学へと昇格させる計画があり、その一部はこの時すでに着手されていた。すなわち、すでに述べたように第四一議会で可決公布された「高等諸学校創設及拡張費支弁に関する法律」と可決成立した追加予算により、高等諸学校の創設および拡張計画は大正九年四月の東京商科大学の設立をかわきりに次々に実施されていった。[102] こうした状況下、大正八年一一月末から一二月にかけて文部大臣・中橋徳五郎が大正一〇年度に官立専門学校のうち何校かの大学昇格を認めるかの発言をした。この時、かねてから大学昇格の機会をうかがっていた東京高等工業学校、大阪高等工業学校、神戸高等商業学校、東京高等師範学校はいっせいにその要求実現に向けて激しい運動を開始した。しかし、それは中橋の確たる予算上の裏づけないしは見通しを持った発言ではなかった。結局大正一〇年度予算に昇格のための経費が計上されなかったため、昇格要求運動はさらに激化する一方、文相の責任が問われると共に「昇格」実現の可否をめぐり「二枚舌」事件または「五校昇格問題」として大きな政治問題となった。例えば、蔵前の東京高等工業学校の場合は学生の反発は特に大きかった。議会開会中、原が直接、同校の関係者と会見し、「政府の決定を待たしむべき様学生等に説得するを望む旨」[103]を申し述べたが、関係者たちは「夫れにては困難なる様云ひたる」[104]ほど、事態は深刻であった。その深刻さは、東京帝国大学工学部教授でもあった大河内正敏をして、研究会幹部を前に「一人高工〔東京高等工業学校－西尾註〕引受」の「決心ヲ為」[105]さしめようとするほどのものであった。

ではなぜ、この昇格問題が大きな政活問題となったのであろうか。大正前半期において「高等教育の門戸が非常に狭少で向学の青年子弟を自暴自棄の悲境に陥れ」[106]ていたようであった。例えば、文部省直轄の高等学校入学者収容予定数五九七七に対し、その入学心願者数は三万二七一名であり、入学可能の割合は約二〇パーセントと、かなり低いものであった[107]。そこで政府は寺内内閣以来、高等学校の増設に努めるとともに、その卒業生を収容する大学の増設や既存大学における学部の拡充および新学部設置を計画して来たのである。こうした既定の文教路線の中で、各地に点在する高等専門学校の単科大学への昇格が政府部内で考慮されていたのであったが、その昇格をめぐって、中央政界の有力者に対し学校関係者はもとより地方の有力者による陳情が相次ぐなど[108]、学校関係者をはじめ広く国民一般の関心の的となっていたのである。

この「文相の二枚舌」事件あるいは「昇格問題」は第四四議会（大正九年一二月〜一〇年三月）において、貴衆両族院においてとりあげられ、中橋文相の引責辞職の可否をめぐり両院に騒然たる議論を惹きおこした。そして、ついには『東京朝日新聞』におけるごとく「内閣瓦解」がまことしやかに論ぜられるに至った。この問題は特に貴族院で大きな問題になった。その政府攻撃の急先鋒をつとめたのが同成会所属の勅選議員であり、第二次大隈内閣の文相でもあった高田早苗である。以後、阪本釤之助、岡田良平らの研究会所属の一部の勅選議員や山脇玄（同成会）ら反政友会系の勅選議員達たちは、「学校の教官及び生徒の思想上に非常な影響を及ぼし或いは測るべからざる動揺を惹起することがないとも限りませぬ[109]」（阪本釤之助）として、五校昇格問題を中心に文教政策の不備をもって原内閣に肉迫した。とりわけ、阪本は研究会に所属していたにもかかわらず、こうした反政府的な演説をしたことは、原内閣成立後二年余りを経過してもなお、否それゆえに研究会内部に勅選議員を中心に、反政友会あるいは反政党的勢力が健在であることを示すものであった。ちなみに、一月二四日の小笠原長幹邸での大河内や黒田清輝との会合で、水野直はともに臨時教育会議の委員を務めた早川千吉郎（勅選、研究会）の報告から、同じ研究会の岡田良平が「文相ノ辞職ヲ要求[110]」するほどの強硬姿勢を取っているとの情報を得ている。

しかし、これより前すなわち議会が再開される以前に研究会の一部の幹部は、この問題に対応しつつあった。議会再開一週間前の大正一〇年一月一九日、すでに水野直は黒田清輝と大河内正敏とで「昇格問題ニ干シ貴族院ヨリ昇格ヲ建議スル事」[111]を話し合っている。その翌日には、この三人に小笠原長幹が加わり、大塚の水野邸で「教育問題ニ干シ決戦ノ件」[112]が話し合われた。さらにこの日、場所を変え、小笠原邸にて大木遠吉(司法大臣)、松平頼寿そして青木、前田、勘解由小路、水野らで会合が持たれた。ここでは、「教育委員会二条件の件」[113]が話題になった。ここでいう「教育委員会」とは、先にもふれたように、臨時教育会議(大正六～同八年五月)が答申した学制改革基本方針の実行に関わる細案について議するため、大正八年五月二三日に設置された臨時教育委員会のことであるが、この時に話題になった二条件とは何であろうか。既述の大正八年度高等教育機関創設および拡張に関する追加予算の審議の折、貴族院予算委員会第一、第三分科会において、それぞれ①財源を公債に依存することを避ける、②具体的内容については諮問機関にはかる、という二点の希望条件がつけられたが、それを指すのであろうか。とにかく、一九日に水野らが考えた建議方式とは別に、臨時教育委員会のルートからこの問題解決の糸口を見つけようとするものであった。このやり方は、かつて臨時教育会議の委員であり、同会議の基本路線と内情を知悉する水野の提案によるものであろう。

続く二一日、青木からの電報で東京に呼び出された水野は、大河内邸で前田と会い、酒井忠亮を通じて臨時教育委員会会長である久保田譲(元臨時教育会議副総裁、元貴族院勅選議員、男爵、大正六年六月に貴族院議員を辞任)の意見を訊いてみることとした[114]。ここでなぜ酒井を介するのかは不明であるが、二二日に青木が酒井にその旨を話すことになった。二三日に青木の依頼を受けた酒井はさっそく久保田を訪ねた。他方、二三日に小笠原の電報に接した水野は「様子を見るため上京した」[115]が、彼は黒田邸で酒井からの報告を聞くことになった。

黒田子邸ヲ訪問。

酒井子、本日、久保田男ヲ訪ヒ、委員会ニテ審査ノ件ヲ相談セシニ、情実上不可ナル所以ヲ陳ブ。

黒田子邸ニテ早川氏ヲ訪問、岡田氏ノ様子ノ件依頼。

小笠原伯、黒田子を訪フ、明日事務所ニ於テ、青木、酒井子ノ報告ニ接スル由。
大塚邸ニ一泊。(116)

久保田は酒井に対し、臨時教育委員会の審査を通じて昇格問題解決の道筋をつけるのは「情実」上できないとしたのであった。こうして臨時教育委員会のルートによることが事実上不可能であることが判明する一方で、すでに述べたごとく早川千吉郎に依頼して岡田良平の様子を探るよう手配がなされた。翌二四日、前日の結果を踏まえて、小笠原邸における大河内、黒田、水野らの会合では、「先日ノママ、当分形勢ヲ見ル事」(117)となったが、再開された議会の状況は、政府にとって極めて厳しいものであった。それでも、黒田、青木、小笠原、大河内、水野ら研究会幹部の一部では大河内が首相を訪問して、「委員ト会見ノ件」を具申することが考慮されたり(118)、先に述べたように大河内が「一人東工引受」が話し合われたりしている。二月下旬に至って、昇格に関する文部省案が原の指示で作成され、原よりこれを臨時教育委員会に諮問することが検討されたが、原が久保田に相談したところ、久保田は「一木喜徳郎が同会の副委員長を辞したるは実はあまり理由のなき事にて、要するに政事関係なれば之を付議するとせば一木は堅く辞すると云うならん」(119)と答えた。その結果、この原のいわゆる「学校解決原案」は当面に臨時教育委員会に付議されないこととなった(120)。かくして、貴族院の官僚派勅選議員と政府との全面対決となったのである。

このように再開の直後より見られた、四四議会における政府批判勢力による原内閣との対決姿勢の顕在化に対して、研究会幹部は、水野らが当初考えた建議案方式で事態の収拾をはかろうとした。

二月一日、水野は次のように日記に記している。

小笠原邸に会合、青木、黒田、頼寿、大河内。
大木法相来邸、建議案ニ付相談
大河内子、高工、動揺ヲ防グ

黒田子邸、文相。
　建議ノ件。
終列車ニテ帰鎌。(121)

これを要するに、小笠原ら研究会の幹部は二月一日に集って建議案について相談するとともに、当面昇格が確定した「一ツ橋」に対し、いまだ確定していない「両国」すなわち東京高等工業学校の動揺や反発が激化して事態をさらに悪化させないような配慮が、大河内によってなされることになった。

一方、問題の解決に向けて当事者である中橋文相に対して、黒田が建議方式による解決について提案した。黒田邸でその話合いがなされたが、水野は終列車で鎌倉に帰ってしまったため、黒田はその翌日に「ハナシマトマリマシタ(122)」と、水野に対し電報を打って報告をしている。そして、この日（二月二日）の前日の中橋－黒田会談を受けて、小笠原邸に十人会が開催され「学校問題(123)」について検討がなされた。この会合について、黒田は次のように日記に記している。「午前十時ヨリ小笠原邸ニ十一人会を開キ昇格問題ニ関シ協議セリ。来会者ハ主人伯、頼寿子、青木子、前田子、酒井子、松木伯、勘解由小路子。態度決定文案成ル(124)」黒田は「十一人会」と記しているが水野日記における「十人会」と同一のものを指すことは言うまでもない。一〇名もしくは一一名からなる、「十人会」の全貌はこの時点では明らかではないが(125)、伯爵議員として小笠原、松平頼寿、松木宗隆そして子爵議員として、青木、前田、酒井、勘解由小路の少なくとも七名が「十人会」のメンバーか、「十人会」に近い存在であったと思われる。水野（この時、議員ではなかったが）もそのメンバーであったであろうが、二月二日の会合には参加していなかったようである。

ともかく、二月一日、同二日と建議案によって事態を収拾する方策が十人会において検討され、その成案が得られた。十人会を代表して小笠原長幹が原首相を訪れたのは、その翌日のことである。小笠原は、「学校昇格問題に付ては研究会に於ては建議を出し、適当の処置を政府に求むることとなして此間題の終局となしたき意向(126)」を原に申し入れるとともに、その案文を提示している。これに対して原は、「余は政府も適当に処置せんとの考なれば夫れにて可ならん」[127]と同意したのである。その後、小笠原は貴族院の各派交渉会開催のため、さらに案文を練り、再度原を訪問して打ち合わせをしている。

かくして、二月九日、前田利定以下四名の提案になる建議案が貴族院本会議にかけられた。この要旨は、昇格問題について政府は「宜シク之ニ関スル調査ヲ遂ゲ、速ニ適当ノ措置ヲ執ランコトヲ望ム」[128]というものであった。提案理由の説明に立った前田は「文相の裏切りされたることに依りまして、学校側は大なる所の希望、光明を一時に蹂躙をされました。故に学校側及び学生が昂奮をし、白熱化すると云ふことも強ち無理からぬことのやふに考へるのであります」[129]と述べ、研究会員として原内閣の与党的立場にあったにもかかわらず、文相に非があるとしてこれを責めた。「一連托生」主義をとる原首相の面前で、研究会領袖のひとりである前田が文相弾劾の演説をしたことについては、当時「八百長の噂」[130]もあったようであるが、その真偽のほどはわからない。しかしながら、たとえ演技による「八百長」であったにせよ、前田がこのような演説をしなければならないほど、あるいは思わずしてしまうほどに政局は緊迫していたのである。ともかく、前田に続き阪谷芳郎がこの建議案について暗に文相の辞職を促すような賛成演説をし、次いで江木千之（茶話会）および仲小路廉（同成会）の賛成演説の後、この建議案は全会一致で可決採択された。この前田の演説に対し、原は「小笠原等より聞き居りたる処に反して、弾劾らしき口気なりき」[131]と感じたし、また「研究会に於いても以外の感」[132]ありとされた。この点につき原自身は、「又前田は平田東助の親戚なるが、窃に訪問したる様子なれば何か連絡あらんかと云ふ者あり、真偽は知らず」[133]と、前田と平田ら官僚派との連携の可能性を捨て去ったわけではないかの様であった。

ちなみに、これより前、水野は一月三日に青木邸で前田と会見した。この日の話の内容の骨子は四点であったが、その三番目は次のようであった。

「議院開会以来之歴史ヲ尊重シ、幸倶楽部ノ茶話会トノ同盟ヲ此際一層強固ニスル事。
右ニ付キ、前田子ハ来五日逗子ニ平田子ヲ訪問シ、同子ノ推薦ニヨリ、宮内省方面ニ地位ヲ得ル事、但シ、学習院評議員ノ補欠ヲ余リ〇〇〔二字不明〕ラザル事」[134]

およそ、原内閣が成立してから臨時議会を含め合計三回の議会を〈政－研〉協力して乗り切って来た。いま四度目の議会を迎えてなお、前田は山県系勅選議員団である茶話会との「同盟」を重要視していたのである。男爵議員たちが一つに纏まり、公正会が成立してもなお、前田にとって幸倶楽部の中心は茶話会であったのであろうか。

七　研究会内硬派

二月九日に「高等教育に関する建議案」が全会一致で貴族院で採択された後、青木ら研究会幹部は、「教育建議ノ后始末」を相談するために集った。この日、水野は青木と共に黒田を訪ね、小笠原も交えて話合っている。彼は、二月九日に次のように日記をつけている。「状況（本日建議案上程、前田子演舌）。……（中略）……青木様、栄一〔不明〕邸ニ参ラレ、共ニ黒田子ヲ訪ヒ、教育建議ノ后始末相談。小笠原伯モ来邸。大木伯、徳川邸ヨリ来リ首相ノ心配ノ趣キ申サル。研究会ニ成案ナキ旨答フ」[135]。大木によれば、原首相は右の建議によって「五校昇格」問題を沈静化させようとする十人会すなわち研究会幹部の見込みに対し少なからず不安を抱いている様であった。これに対し、青木、黒田、水野、小笠原らは研究会には「成案」がない、と暗に打つ手がないことを大木に答えている。しかし、原の「心配」は杞憂ではなかった。

はたして公正会および茶話会を中心に幸倶楽部では文相に対する反感が根強く残っていた。例えば二月二二日の貴族院予算総会において、千秋季隆（男爵、公正会）、阪谷そして江木千之が、再度この問題について原首相と中橋文相とに厳しい質問の矢を放ったのである。千秋は、原の答弁は熱意に欠け、その「原因などは問ふ所にあらず只結果のしくみを見んとするは国家風教上甚だ面白からず[136]」と述べ、文相の責任をいわゆる「風教」問題と結びつけ、原内閣を攻撃している。この問題について原は、二月下旬から三月上旬にかけて、貴族院における「憲政派及び官僚派」と対決する腹を固めつつも、各派の代表や有力者と会っている。例えば、二月二六日に公正会、同成会、茶話会の代表者たちは、個人として懇談したいとの原の要請に応じて意見を交換した。その席で「公正会の阪谷等は他日文相を更迭せしむる意向を窃かに知る事を得ば、夫れにて問題を打切る様[137]」な発言もあった。また、三月一日には、台湾総督で茶話会所属の勅選議員田健治郎（男爵）が原を訪れた際、田は原に対して「自分の如きものまでには時機を見て辞するとか又は他省に転ずるとか云ふ事を内々承る時は、此紛擾を治むる事不可能にあらず[138]」と述べ、中橋文相を辞任させるか、他のポストに転任させるかでなければ事態拾収は不可能であることを示唆している。

他方、中橋問題をめぐる政府の対応への不満は、実に研究会内部にも一部でくすぶり続けていた。すなわち、原は首相直属の教育調査委員会を設けて五校昇格のための政府案を作成しようとしたが、中橋文相の責任を問わないままで中央突破をはかろうとする原の姿勢が研究会でも少なからず問題にされた。例えば、二月一六日に開催された総会で、その委員会設置について報告されるや、総会は「議論多シ[139]」という状態であったと言う。すでに本会議において文相を糾弾するかの演説をしていた岡田良平あるいは阪本釤之助などが、そうした「議論」の中心人物であったのであろう。しかし、研究会の幹部は政府との提携を維持することについて、揺らぐことはなかった。ちなみに、二月二四日は、「貴族院研究会は岡田良平等数人を除名するとも、政府弾劾案には賛成せざる決定を幹部はなしたり[140]」との内報に原は接している。

ともかくも二月九日の建議案採択の後において、かかる研究会幹部の支持を受けつつ、原は文相問題解決に向けて積極的に動き出した。すなわち原は右に述べたように、「昇格問題」解決のための首相直属の調査委員会を設け、原案の作成を命じていた[141]。二月二七日、彼は、研究会の常務委員を招き、この委員会による「学校解決原案とも称すべきもの」[142]を示し、「此間中紛糾の学校問題の解決となすべ[143]」きことを述べた。これに対し、研究会側から先の建議には「風教問題」が「含蓄[144]」されているので、これにも言及を望みたいとの要請があった。そして、その趣旨をふまえ、「内協定[145]」が両者の間に結ばれた。さらにこの日、原は公正会の郷誠之助を招き、自らの「意思」を告げ、政府への協力を依頼したようではあるが、郷は原に対し、公正会は「単に文相丈けを弾劾するに止め[146]」る旨を答えている。言うまでもなく、〈一蓮托生〉主義をとる原にとって、郷や公正会の方針は考慮に値しないものであった。

翌二八日、原は前日の研究会との協定を閣議にはかった。その結果、政府すなわち内閣は、その協定の趣旨に基づいて首相および文相の談話筆記を作成して研究会に「内示」し、各派交渉委員にはその趣旨を説明する、と決定した。この決定は、ただちに原自らによって、政友会の貴族院における別働隊とも言うべき交友倶楽部に伝達された。すなわち、原は同倶楽部の鎌田栄吉と和田彦次郎を呼び、右の「内協定」を示して、問題解決に向けて交友倶楽部の協力をとりつけたのである。

続くこの日の午後四時、先の「建議」により五校昇格問題の抜本的解決をはかるべく、原首相および中橋文相と貴族院側との会談が院内大臣室で持たれた。席上、原は「是にて貴族院建議の趣旨に副ふものと思ふ、又風紀問題も同建議に含蓄したものと思ふが、此事に就ては政府は従来等閑に付したるには非らざれ共一層注意する積なり[147]」と言明した。他方、中橋はその計画の一部が文部省より外部に漏洩したことについて遺憾の意を表明した。これに対し、江木千之（茶話会）と柳沢保恵（研究会）とから、この会見で政府の「失態」問題を打ち切ろうとするその姿勢に強い不満が表明されたのである。しかし、何れにせよ、政府側が具体的な成案の提示か、文相の進退について何らかの言明がなされるものと期待していた幸三派は、「只唖然たる面持[148]」であった。

以上の会見が終わった直後、幸三派は、幸倶楽部で会合を持ち、今後さらに文相の責任を追求するが、たとえ研究会、交友倶楽部とこの問題で妥協できなくとも強硬姿勢を貫くことを確認したのであった[149]。

かかる幸三派の対政府姿勢に呼応するかのように、その夜、研究会においても中橋文相の責任を追求しようとする、いくつかのグループが会合を持った。ここで、この問題に関する「研究会内硬派の姿勢」の陣容は、『読売新聞』[150]によれば次の通りである。

伯爵議員
　柳沢保恵、柳原義光、松浦厚、川村鉄太郎、清棲家教
男爵議員
　西村精一、藤井包總
勅選議員
　市来乙彦、北条時敬、岡田良平、上田満之助、田所美治
　松室致、荒井賢太郎、阪本釤之助
多額納税者議員
　今井五介（長野県）、横山章（石川県）、高橋源次郎（宮崎県）、山田斂（福井県）

彼等は何れも二八日夜、伯爵議員団は松浦の招待で「東京倶楽部」に、勅選議員団は築地「精養軒」に、多額納税者議員団は横山の主催で新橋「花月」に、それぞれ会合を持った[151]。そして、翌三月一日の午前、清棲、松浦、柳沢、柳原、松室、岡田、阪本、横山、高橋らが、横山章邸に集まった。彼等は、昇格問題の善後策について種々協議するとともに、主張を貫徹するため幸三派と行動を共にすることや一同の結束を堅めることについて、申し合わせをしたようである[152]。

かくして、先の会見を機に貴族院に各議員団を横断する、反政府戦線が形成されつつあった。こうして、貴族院における野党的立場という枠を超えて、与党的立場にあった研究会へと、反政府の動きが拡大しつつあった時、茶

話会では新たに決議案を採択することにより、さらに貴族院における政府批判の姿勢をより明確にしようとした。江木千之の手による「風教に関する決議案」がそれである。これに対して、研究会は文相に対する責任追求の姿勢を明確にすることのない決議案を以って対抗しようとした。前田案がそれである。

それにしても、なぜ「研究会内硬派」と言うべきグループが出現したのであろうか。確かに岡田良平ら研究会内の勅選議員の多くはもと山県系官僚であり、すでに述べたように、原内閣が成立して早々に、彼等の一部は前田らと「現内閣反対」について話合っていたようであった。従って、研究会が政友会との結びつきを強めて行くことは、彼らにとって大いに不満であったに違いない。少なくとも、彼等にとって、山県の三党鼎立論を引き合いに出すまでもなく、衆議院の与野党に対し、貴族院もしくはその最大会派である研究会は中立的な第三勢力であるべきであったと思われる。

他方、柳沢ら伯爵グループにしてみれば、甲寅倶楽部時代と異り、研究会入会以降、彼等の「自由」は少なからず制約されていたと言ってよい。従って、五校昇格問題への、子爵議員を中心とした研究会幹部の対応について、彼等の不満は高まる一方であった。しかるに、伯爵議員団に対し研究会との合同を説き斡旋したのは徳川頼倫であった。それ故、この問題に対する柳沢らの研究会幹部への不満は、徳川に対する不信でもあった。

実はこの頃徳川は和歌山にあって、東京に出て来ることはなかった。それはあたかも伯爵議員団の突き上げから逃れているようでもあった。これに対し、硬派のひとりである松浦厚は、先にふれた二月一六日の研究会総会の席上、この日も欠席していた徳川について質問の矢を放っている。水野直は議員ではなかったが、青木や黒田から総会の様子を聴取したのであろう、次の様にその日記に記している。「松浦伯ヨリ頼倫侯ニ対シ、議長欠席ノ場合、全院委員長トシ、又常務委員長ニシテ欠席ノ理由ヲ質問[153]」。要するに全院委員長である徳川は、議長（さらに副議長）が欠ける時、議長席に着かねばならないのに東京にいないし、常務委員であるのにこの総会も欠席している、その理由は何か、と松浦は幹部に詰寄ったのであろう。ところが、他の常務委員はじめ幹部はだれもこの質問に正面から答えることはできなかったであろう。なぜなら、徳川の意思もあってか、彼等が徳川を和歌山にとどめていたのである。ちなみに、このころの水野の日記には「紀州家ヨリ電報ニ付、和歌山行ハ寝台ナキ為メ中止(154)」とか、「徳川侯ヨリ更ニ電報、小笠原伯使ノ件(155)」といった、和歌山にある徳川と青木ら研究会幹部との電報のやりとりに関する記事が散見されるのである。

しかし、その後三月になって徳川は上京したものの大磯の別邸にこもり、議会に出ることはなかった。そしてついに、貴族院における政府批判派すなわち硬派が劣勢のままに江木案が議会事務局に提出されるや、松浦は伯爵議員の自由投票を要求して徳川との会見を強く求めた。これは江木案および前田案の審議を前にして、岡田が文相弾劾決議に対しては除外例を設けるよう常務委員会に要求したことに、硬派伯爵団が呼応したものであった。この辺の事情について『読売新聞』は次のように報じている。「伯爵硬派は急遽徳川頼倫侯の帰京を求めたるが、右は先に伯爵団が研究会に入会する時決して各自の自由を拘束せずとの条件付なりしと昨今研究幹部の態度は此条件を無視し、現に幸三派の決議案提出に際し除外側を容認せずなどと言へるとは言語道断なるを以って当時の仲介者たりし頼倫侯に対し交渉を開始する筈なるが多分松浦厚伯より今日明日中に会見するに至るべし(156)」

では、今井ら多額納税者議員たちの場合はどうであろうか。その理由は実は定かではない。彼らは何れも大正七年における改選で新たに選出されている。伯爵議員と同じように、研究会における子爵中心の運営と〈幹部専制〉とに対する反発がその大きな原因であろうか。しかし、こうした多額納税者議員硬派の中心に横山章(石川県選出)がいたことも事実である。実は、横山にとって中橋は、大正四年に大隈内閣の下で実施された第一二回衆議院総選挙において議席を争って以来のライバルであった。激しい競争の結果、横山が勝ったには勝ったが、世間の関心を集めた「投票用紙すり換え事件」訴訟において、裁判所は被告・横山陣営を有罪とし、石川県下の選挙の無効を宣言した。その結果、横山は議席を失うことになったが、立場を失った彼はいわゆる「出直し選挙」には出馬を断念した。これに対し、中橋は金沢市内の実業家による「実業倶楽部」の支持を得つつ、衆議院に議席を得たのである。(157)他方、横山は大正六年六月に実施せられた多額納税者議員選挙で貴族院に議席を得ることとなった。とにかく、第一二回総選挙以来、一年八ヶ月にわたる訴訟期間も含めて横田と中橋の陣営は互いの誹謗中傷を繰り返すなど泥試合を展開した。従って、文相の二枚舌問題が政界の大きな争点になるに及んで、中橋に対して悪感情を抱いているであろう横山が、あえて文相弾劾の側に回り、研究会におけるその中心のひとりとなっていても、それは何ら不思議はない。

さて、三月四日午前九時、院内で常務委員会が開かれ、江木案との折衷案が得られれば再検討する余地を残しながらも、前田案によって状況を打開すべきであるとの申合せがなされた。続いて、この日の正午、松浦、柳原、西村、藤井、岡田、阪本、横山の七名の硬派グループが青木、前田、酒井、牧野の四名の常務委員と院内控室で会見し、さらに午後六時より協議員でもあった清棲、松浦、柳原、岡田、荒井、阪本、西村、高橋、横山の九名が華族会館において、当日七時三〇分に開催が予定されていた協議員会での対応について話合った。ここで彼等は、①前田案は不徹底であり、賛成しがたい　②協議員会ではこの問題に対する最終的な決定を留保する　③幸三派の同志と呼応して希望を達成することの三点について申し合わせを行い、協議員会に臨んだ。協議員会は午後七時三〇分より一一時一五分までのほぼ四時間にもわたり、前田案の採否をめぐり、議論が沸騰した。この日は、徳川頼倫を除く一一名の常務委員と蜂須賀正韶ら二三名の協議員（二名欠席）が出席していた。結局、前田案の採用が一四対九の多数をもって可決され、翌五日に開催が予定される総会で正式決定される見込みとなった。なお、前田案採用を否としたのは、九名の硬派協議員である。(158)

続く五日午後七時、総会が開かれた。常務委員以下約八〇名の会員が集ったが、一二名の常務委員のうち、徳川と安田は欠席した。そればかりか、安田以外の一六名の多額納税者議員が全員欠席した。さらに、通常は一時間前後で終了する総会であったが、この日終了したのは午後一〇時過ぎであった。この日の総会は、まさしく異例ずくめのそれであった。この総会の冒頭、阪本は前田案のような不徹底なるものを研究会単独で提出するのは、先の全会一致によった建議の精神を裏切り、貴族院の権威を失墜するものであって、そんな位なら建議によるのではなく、政府に問題解決を任せるべきではないか、との意見を出し、会員の賛同を求めた。が、それは容れられず、結局前田案とこの問題について各会派との協調の必要なしとする方針が、それぞれ過半数をもって採択された[159]。

ところで、研究会内部の「硬派」の活動は、この総会がピークであった。しかも正確に言えば、その日の午前をピークにそれは下り坂にあったのである。五日午前中に研究会所属の多額納税者議員たちは、新橋の「花月」に会合を持ち「五校昇格問題」について今後一切関与しない旨を申合せている[160]。この申合せにより、彼等はその日の総会を欠席したのである。その理由について『読売新聞』は次のように報じている。「今回学校問題の勃発するや彼等の多数は現内閣の責任を追求する為め応々会合を催し且つ会内の硬派組と提携して幸三派の主張に同ぜむとする形成を示し就中横田、高橋、今井、竹村、大村、田中、三木の諸氏は最も深入りせる模様あり。而して其の主張容れずむば男爵勅選の各団と連携し場合に依りては脱会するも已むを得ずとなせり。斯くて彼等の行動は単に多額議員の動揺に止まらず他の団体にも波及せしむることなきを保し難き情勢となりたるを以って団体幹部は俄に周章狼唄し、先づ政府筋を通じて井上日銀総裁の口を藉り、彼等の行動を鎮圧せんと企てたるものゝ如く、其結果多額議員等は総会総欠席を余儀なくさられしものにして別段硬化を意味するものにあらざりしなり。斯〈日銀側の高圧手段は相当効果を収めたるもの〉如し[161]」。

なるほど、多額納税者議員の多くは、その地元で直接間接に地方の金融機関と関わっているわけだが、日銀総裁・井上準之助の〝圧力〟に彼等は敏感に反応したのであろうか。長年にわたって研究会を牛耳った、故三島弥太郎が長らくその総裁を勤め、現在、青木信光がその監事である日銀に対して、研究会幹部が何らかの影響力の行使を依頼することはありそうなことである。ともあれ、一〇数名の多額納税者議員が総会に欠席すること自体、岡田ら勅選議員を中心とする「硬派」にとって大きな痛手であった。少なくとも彼等が参加しておれば、五日の総会はさらに「反政府」「反中橋」で盛り上がったに違いない。

八　「決議案」の採択

江木千之が起草した「風教に関する決議案」は、徳川慶久（公爵、純無所属）、細川護立（侯爵、無所属）、藤波言忠（勅選、子爵、無所属）、船越光之丞（男爵、公正会）、阪谷芳郎（男爵、公正会）、江木千之（勅選、茶話会）、仲小路廉（勅選、同成会）、福原鐐次郎（勅選、同成会）、藤田四郎（勅選、茶話会）の八名の共同で、大正一〇年三月九日に貴族院事務局に提案された。その全文は次の通りである。

近時、文部当局の言動に因り教育界の風紀弛廃を致し、延いて一般の道徳に悪影響を及ぼすに至りたるは邦家のため憂慮に堪えず。政府は速に責任を明にし、風紀を粛正すべきものと認む。(162)

右の決議案が貴族院本会議に上程されたのは、三月一一日である。この前日に研究会では協議員会に引き続き、午後七時より総会が開かれた。その何れもこの決議案には賛成しない、その討議および採決に際し会員に除外例を設けないと決定された。この日貴族院各派はそれぞれ会合を頻繁に開くなど、決議案や中橋文相の進退をめぐって貴族院を中心に政局は大いに緊迫しており、このような状況は当時において余り例をみないものであった。ちなみに、『東京朝日新聞』は、三月一一日付朝刊で、「渦巻く貴院の凄しい嵐の前」という中見出しのもとに、さらに次のような小見出しを付して、決議案の本会議上程前日の貴族院内の緊迫した雰囲気を伝えている。すなわち、「『この空気は議会初めて』と珍しく昂奮の徳川議長」「九寸五分を摑んで廊下をヒタ走りに消えた阪谷男」と。

表3　「決議案」に対する投票行動①〔全体〕

	研究会	交友倶楽部	公正会	茶話会	同成会	純無所属	賛・否欠席者数
賛　成	9	0	57	28	21	11	126
欠　席	24	1	7	11	7	35	85
反　対	111	42	0	5	1	5	164
会員数	144	43	64	44	29	51	375

註　大正10年3月10日現在、皇族議員を除く

さて、本会議においてこの決議案の提案理由の説明に立った阪谷は、同案の文言を引用しつつ、文相の行為は道徳の根本をなす信義を欠いたものであると断じ、さらに自分の意見が閣員や首相に容れられなかったり異にする場合は政治家としての主張を全うすべきであり、政治家としての徳義を全うするの途は幾らでもある、[163]と述べ、中橋文相の辞職を要求した。これに対して、研究会の前田、林博太郎（伯爵）、交友倶楽部の鎌田栄吉（勅選）がそれぞれ反対演説をする一方、江木千之（茶話会）および仲小路廉（同成会）が賛成の論陣を張った。また、公正会所属の藤村義朗（男爵）は「貴族院が従来の慣例を破り、公開の席上にて閣臣問責の決議案を提出するに至りたるは貴院の一進歩なり」[164]と、この決議提出がもつ画期的意義を強調しつつ、決議案に賛意を表明した。また国民の側の決議案採否の帰趨に対する関心も高かったようである。開会の定刻数時間前より貴族院本会議場の傍聴席は立錐の余地がないほどに超満員であったという。[165]

ところで、この決議案は、賛成一二六、反対一六四をもって否決された。原のいわゆる「貴族院の縦断」（『原敬日記』大正八年四月一九日）の効果であり、若干の脱落者を出したものの「連合団体」（同、同年五月一六日）の勝利であった。その採決の際の各会派会員の動向を三月一〇日現在の会派別所属人数一覧を基礎に表したのが、表3である。[166]これによると、交友倶楽部と公正会ではそれぞれ少数の欠席者こそ出したが、出席者についてはともに〝脱落者〟を出さず、会派の方針に従って全員が賛否を明確にしている。これに対して研究会、茶話会および同成会は、何れもそれぞれ

会派の方針に反する投票をした会員を多少なりとも出している。ここで研究会や公正会は党議ならぬ「会議」に対して例外を認めない、いわゆる党議拘束をかけられていただけに、会の方針に反する行動をとった場合は除名処分に結びつく可能性が極めて大きい。そうなれば、有爵互選議員の場合、それぞれの選挙母体を牛耳る幹部によって、次の選挙には当選させてもらえないことを意味する。従って、会派の方針に反して決議を容認する議員やそれを容認しないまでも政府に対し批判的な議員は、本会議を欠席し採決に加わらないことが共に最大限のその意思表示であろう。そこで、かかる会派の方針に反した投票行動をとった議員や欠席をした議員（純無所属の場合を除く）を左に示すことにする。(167)

○研究会

・賛成者（九名）

男　西村精一　　男　沖原光孚　　男　藤井包總
勅　北条時敬　　勅　山上満之進　　勅　田所美治
勅　岡田良平　　勅　松室致　　勅　阪本釤之助

・欠席者（二四名）

侯　徳川頼倫　　侯　中御門経恭
伯　清棲家教　　伯　松浦厚　　伯　柳沢保恵
伯　柳原義光　　伯　勧修時経雄　　伯　万里小路道房
伯　広沢金次郎　　伯　川村鉄太郎
子　井上匡四郎　　子　今城定政
男　真田幸世　　男　小早川四郎

勅男　山川健次郎　　勅　山田春三　　勅　荒井賢太郎
勅　平井晴二郎　　勅　勝田主計
多　横山章（石川）　　多　竹村右衛門（高知）
多　高橋源次郎（宮崎）　　多　大村彦太郎（京都）
多　山田純精（奈良）

○交友倶楽部
・欠席者（一名）
犬塚勝太郎

○公正会
・欠席者（七名）
勅男　伊瀬知好成　　男　西紳六郎　　男　黒田長和
男　阪井重季　　男　木越安綱　　男　肝付兼行

○茶話会
・欠席者（一一名）
勅子　石井菊次郎　　勅子　田尻稲次郎　　勅子　平田東助
勅男　伊藤雋吉　　勅男　後藤新平　　勅男　目賀田種太郎
勅　石塚栄蔵　　勅　原保太郎　　勅　田辺輝実
勅　湯地定基
多　大谷嘉兵衛（神奈川）

○同成会
・欠席者（七名）
侯　松平康荘　勅　鍋島桂次郎
勅子　実吉安純　勅　湯地定監
勅　菅原通敬　多　島定政郎（大阪）
多　野々村久次郎（岐阜）
・反対者（一名）
児玉利国
○純無所属
・賛成者
公　二条厚基　公　徳川慶久
侯　細川護立　侯　徳川圀順　侯　徳川義親
侯　中山輔親　侯　山内豊景　侯　佐佐木行忠
勅子　加藤高明　勅子　藤波言忠　勅　渡正元
・欠席者（三五名）
略
・反対者（五名）
公　近衛文麿
勅　永田秀次郎　勅　大谷靖
勅　桜井錠二　勅　鈴木喜三郎

以上の投票動向についてふれてみたい。まず、賛成の幸三派についてである。その中心の公正会には反対者は出なかったものの、七名の欠席者が出た。その理由は何れも不明であるが、伊達宗曜は年末の補欠選挙で当選した直後であったことも欠席の大きな理由であろう。かつては幸倶楽部の中核であった茶話会は、すでにふれた様に会としては決議案に賛成するとしながらも、〈会議〉拘束はできず、自由投票となっていた。その結果、原内閣蔵相・高橋是清、原の首相としての力量を評価していた山県有朋の養嗣子・山県伊三郎および原の要請を受けて初の文官総督となった台湾総督・田健治郎は、ともに決議案に反対した。なお、山県伊三郎は原内閣の下で関東州長官に就任している。

沢柳政太郎（元文部省普通学務局長、元文部次官）は高等師範学校の校長も勤めたことがあり、「五校昇格」には賛成者のひとりであった。なお、田と並んで茶話会の中心人物であった平田が欠席している。要するに、茶話会は、平田や田という山県系官僚の大御所が原内閣に対し明確な反対姿勢を示さなかったことが、会派としてのまとまりを欠くに至ったのではないだろうか。

同成会では、ただひとり児玉が反対している。彼は、鹿児島出身の、海軍少将（退役）である。彼が反対に回った理由は定かではない。なお、同成会は七名の欠席者を出しているが、彼らが賛成に回らなかった理由は何れも不明である。ただ、多額納税者議員の島は大阪出身であり、彼は「五校」のひとつに地元の大阪工業高校（さらに神戸高等商業学校）が含まれていたことを考慮しての欠席であったのかも知れない。

次に、特定の会派に所属しない、純無所属であるが、いわゆる二公六侯が決議案に賛成している。公爵者、侯爵者は言うまでもなく世襲議員（歳費はなし）であるが、概して無所属の彼らは登院することも比較的少ない名誉職的な存在であった。しかし、後にもふれるように、徳川慶久、徳川圀順、細川護立、佐佐木行忠らは大正一〇年一二月に院内会派「無所属」を新たに立ちあげ（第二次無所属派）、幸三派と近い政治的立場をとるようになる（いわゆる幸無四派)。あるいは彼等は、このころより原政友会の〈貴衆縦断〉に対し、あるいはそのパートナーである研究会に対して大いに不満であり、そのため彼等はこの決議案に賛成したのであろうか。また加藤は野党・憲政会の総裁である。藤波はもと宮内官僚であったが、大正五年一月に勅選議員に就任するや研究会入りを希望したが、入会を拒絶されたことがあった。彼は明治末年の「談話会問題」[168]の際、談話会の黒幕と言われた広橋賢光(伯爵、もと研究会員)の兄として宮内省関係者に談話会入会の工作をしたようであった。ちなみに、大正五年一月に三島弥太郎は研究会の重鎮である稲垣太祥より「藤波子爵今回勅選ニ干シ研究会ニ入会スルニ於テハ同会ヲ乱ス虞アリ」[169]と注意を受けていた。以後、藤波はどの会派にも属さないで大正一〇年三月に至っていたのである。その時の屈辱が、藤波をして研究会との対決案件である決議案に賛成させたのか知れない。渡はもと元老院議官であるが、なぜ賛成の側に立ったのか、その理由は不明である。

他方、同じ侯爵者でも、二条や徳川と異なり、近衛文麿は研究会の側に立ち、決議案に反対している。この時点で近衛と研究会との関係は定かでないが、彼はほぼ半年後の大正一一年九月二七日に、研究会に入会している。三月の時点で、近衛に対しても研究会より何らかの動きかけがあり、近衛自身それに応じたのかも知れない。なお、近衛と並んで反対した、大谷、桜井、鈴木の三名はともに原内閣の下で勅選議員に任ぜられている。特に大谷は原をして「官吏の模範」[170]と言わしめた人物で、三〇年にわたった内務省会計課勤務の後、原や水野錬太郎らの世話で済生会に再就職をしていた。鈴木は言うまでもなく、その後政友会に入党し、総裁となっている。

表4　「決議案」に対する投票行動②〔研究会〕

	侯爵	伯爵	子爵	男爵	勅選	多額	計
賛　成	0	0	0	3	6	0	9
欠　席	2	8	2	2	5	5	24
反　対	4	12	70	5	8	12	111
会員数	6	20	72	10	19	17	144

さて、研究会であるが、先の表3の要領で会員の投票行動を表にしてみる。すなわち、

表3より研究会のみを抽出し、議員の種類別に投票行動を検討する。表4がそれである。

研究会の硬派＝反政府グループの一部は最後までその姿勢を貫いた。すなわち彼等は決議案採決の直前に研究会に脱会届を提出していたのである。それは右に挙げた三名の男爵議員と六名の勅選議員に平井清二郎(勅選)を加えた一〇名である。なお、平井は採決直前に脱会したものの、採決には加っていない。従って、表4における賛成した勅選議員の数は六となっている。

なお、決議案に反対してこの脱会した男爵議員は共にもと陸軍中将である。彼等が反政友会の姿勢をとるに至った動機や経緯については定かではない。勅選議員について言えば、教育関係者が少なくない。岡田、田所が共に文部次官を経験したもと文部官僚であり、岡田は寺内内閣文相であった。また北条は広島高等師範学校長、東北帝国大学総長など各教育機関長を歴任し、この時学習院長であった。松室、平井、阪本、上山はそれぞれ司法、鉄道、内務、農林関係のもと高級官僚であった。すでにふれたように、彼等はこの年の一二月、ともにこの建議の採択に奔走もしくは賛成した徳川慶久、中山輔親、細川護立、佐佐木行忠や同じく脱会した三名の男爵議員とともに、既存の純無所属派(文字通りどこにも属さない)とは別の「無所属」なる院内会派を結成することになる。それには政友会のライバル政党＝憲政会総裁加藤高明が参加している(171)。

他方、伯爵議員はどうであったか。表4にも明らかなように彼等の四〇パーセントが欠席している。すでに述べた通り、子爵議員中心の研究会と伯爵議員団が合体して一年余りを経過し、研究会の拘束に対して彼等の不満は小さくなかった。特に伯爵議員団の硬派の中心であった柳沢保恵、柳原義光そして広沢金次郎は、明治末年において反研究会勢力として「同志会」が組織された後、その中心人物であった大木遠吉らの呼びかけに応じて、研究会を脱会し、新会派「扶桑会」に参加するといった〈前歴〉を持った人物である。本会議に欠席した個々の伯爵議員の事情は詳かにはできないが、彼等の多くは柳沢らの研究会に対する不満と共通する部分が少なくなかったと思われる。しかし、彼等は決議案採択の本会議を欠席こそしたが、一部の男爵議員のように賛成もしなかった。この点もすでにふれたことだが、次の総選挙（大正一四年七月実施予定）の際の当選を期したためであろう。伯爵議員団の研究会との合同に伴い、その選挙人組織団体である大正会は解散し、子爵者の団体である尚友会と合体している。もちろん、伯爵者の選挙は子爵者のそれとは独立して実施されるが、同じ尚友会グループとして、研究会幹部や子爵議員団の有力者による干渉は避けがたいであろう。従って、伯爵議員といえども、研究会の方針に反した行動をとった時、除名にならなくとも候補者名簿から外される可能性は大きかったと言ってよい。

これに対し、男爵議員の場合、男爵者における選挙人組織は尚友会とは全く別の「協同会」であるから、研究会の方針に無理して従う必要はないのである。すなわち、研究会の男爵議員は会の方針に反して賛成もしくは欠席に回ったとしても、次の選挙において再選が妨げられる恐れはなかったと言ってよい。そのため、研究会の方針に全面的に従った者（＝反対者）が五〇パーセントでしかなかったとしても何ら不思議ではないのである。また同様にして、勅選議員は任期が終身であるから、会の方針に反する（＝賛成者）か全面的に従わない者（＝欠席者）の方が、全面的に従う者（＝反対者）よりも多いのは当然である。多額納税者議員はその七〇パーセントが研究会の方針に従っているが、欠席者を含めた彼等が恐れたのは、研究会の幹部ではなく、どうやら日銀の総裁であったようである。第四章でも見たように、研究会の幹部は選挙の応援には来てくれるが、選挙そのものの帰趨には直接関係を持つわけではなかったのである。

九　提携強化と指導体制

第四四議会が終了してほぼ一か月後、青木、水野、黒田の三名が、原首相をその私邸に訪問し、二時間前後、懇談した。黒田は四月二五日の日記に次のように記している。「……六時頃水野子爵来邸、又七時半青木子爵モ見エ、八時三人同道原総理ヲ芝山内ノ邸ニ訪ネ十時過マデ語ル。帰宅後電話ニテ子大河内正敏君ト談話ス」[172]。原と青木らとの会談は専ら第四四議会議会における研究会の与党政友会に対する対応についてであった。原はこの会談内容について次のように日記に記している。

青木信光、水野直、黒田清輝来訪、議会中に於ける種々の物語りをなし、尚研究会の態度に付何分にも会員中に中立気分の者多く、又政友会らししなど言はるる事を厭ふの風ありて確乎たる結果に至らざるは遺憾の次第なり、又、今回の議会に於ける行動に付、非常に政府を援助したる様に思ふ人々もあり、此冬の議会までには一層の努力を要する内情あり、又頭領に乏しく、誰か傑出したる人物を要すとも言へり。此等内情は余の察知する所なれば、総べて同感なれども、統轄者を得る事は差向き其の人もなかるべきに因り、幹部の団結に因りて結束を計るの外なかるべしなどと注意したり。研究会は是迄、是々非々の態度にて、又茶話会などに操縦せられ来りたる旧習未だ全く脱却せず、兎に角政党的の行動は望なく、其の上に欲望多く、現に此間も奥平伯などの話にては林伯の入閣などを望み、或いは奥平自身も希望らしき風あるも即ち其の一例と見るべし。要するに近来始めて多数党の意義を生ぜんとする形勢なれば、夫が為めに又多少の面倒も之ある様の内情なりと思はる[173]。

青木たちは原に対し、第四四議会で研究会が政友会支持を明確にする中で、研究会員には「政友会らしし」などと言われるのを嫌がる風潮が強かったと嘆く一方、組織をまとめていくリーダーもいないことを述べている。これに対して、研究会の拡大を貴族院における「多数党」の出現過程として捉える原は、幹部の団結によって乗り切るしかない、と青木や水野らに説いた。

この時、第四四議会終盤における五校格昇格問題とその延長線上にある「風教ニ関スル」建議をめぐって、研究会内部には小さくない亀裂が生じていた。すなわち幹部派と呼ばれる常務委員たちとその周辺の人々(例えば、水野直、黒田清輝ら）は政友会との提携をさらに強めようとしたのに対し、それに対する反発もまた大きかった。そうした幹部派の動きに不満を抱いたのは、脱会した岡田良平以下一〇名の勅選議員や男爵議員ばかりではなかったのである。ちなみに、四月末には任期満了となる五名の常務委員改選の実施の目途すら、水野らが原を訪ねた時点では立っていなかった。すなわち、親政友会路線をそのまま維持しようとする幹部派にとって、現状では、常務委員の半数改選について幹部・長老間の調整もできないまま、徒に時間が空費されていたのである。換言すれば、第四四議会終了後の研究会には、政友会との提携をめぐる幹部派の主導権は未だ確立されていなかったのであった。従って、研究会の幹部派にとって、対政友会との提携問題と常務委員改選問題とは一体であったのである。

例えば、幹部派で大正九年に補欠選挙で当選して以来青木や水野と行動を共にしてきた黒田は、四月三〇日にフランス大使館の園遊会で「総理大臣ト研究会ノ件」について「談合」[174]した後、その夜すなわち「十時頃青木子ヲ訪ネ総理トノ談合ノ大要ヲ語」[175]っている。そしてその翌日、彼は「常務改選問題」[176]について松平頼寿（伯爵、常務委員）と話合うべく、その自宅を訪れている。さらに、五月二日、水野、青木が酒井忠亮（子爵、常務委員）と同じく常務委員問題で話合う一方、黒田邸では大河内正敏（子爵、東京帝国大学教授、海軍勅任参事官）、青木、水野、黒田の四人が改選問題の経過と「明晩会合ノ理由」[177]とを話合った。この日、黒田は次のように日記をつけている。「……二時水野子入来、亦夕青木子モ来リ、二人ニテ酒井子方へ赴カル。多額常務ノ件ナリ。三時大河内子見エタレバ改選問題ノ近来ノ経過ト明晩会合ノ理由トヲ語ル。其内青、水二君帰リ来リテ四人ニテ夕刻マデ談合セリ」[178]

ところで、右の黒田日記にある「明晩会合」とは原首相と研究会幹部との会合であった。五月三日、黒田は次のように日記をつけている。「……四時水野子来。今晩ノ下話ヲナシ五時半打連レテ早川邸へ赴ク。原主相《ママ》、松平頼寿伯、青木子、酒井子、大河内子、水野子、主人ト合セテ八名、懇談。十一時ニ及ベリ」[179]。この会合は四月三〇日に開催されたフランス大使館での園遊会の折の黒田と原との「談合」で急拠、設定されたのであろうか。この日、すなわち五月三日、早川千吉郎（勅選、研究会所属、のち満鉄総裁）邸に集まったのは、原首相、松平頼寿（常務委員）、青木信光（同）、酒井忠亮（同）、大河内正敏、水野直、黒田清輝そして早川の八名であった。一一時にまで及んだ、この会談で原は未だ研究会に根強かった〈是々非々〉主義に対して少なからず不満を述べ、政友会と研究会との提携強化を松平らに迫った。彼がこの会談について記した日記の記述は次の如くである。「晩に早川千吉郎宅に於て研究会幹部員、松平頼寿、青木信光、酒井忠亮、水野直、黒田清輝、大河内正敏等と会見し、談、研究会の態度に及び結局政友会と堅固なる提携をなさば政界安定の道なる事を切論し、彼等是々非々の曖昧なる態度の不可なる事を言ひ、彼等も多少自覚したるの風ありたり。但し果して実行に至るや否やは他日に見るの外なし」[180]。

原は「実行に至るや否やは他日に見るの外なし」と突放しているが、研究会の幹部派は原の強い要請に対し迅速に対応した。すなわち、その翌日そして翌々日と、黒田もしくは水野が、それぞれ原首相と大木法相を訪問し、さらに五月六日には、五月二日の会合の参加者のうち、早川を除く松平以下六名の研究会幹部が会合を持っている[181]。〈政－研〉提携の強化とそれに伴う指導体制の構築について、話合いがなされたものと思われる。その際、常務委員半数改選をどうするかが、当面の問題であった。五月七日に華族会館でもたれた会合では、「常務全部留任説」と「使ヲ以テ辞退勧告」とが検討された[182]。前者は当面改選対象の五名の常務委員を全員留任させ、来るべき一一月に実施予定の残り七名の常務改選と合せて、改めて一一月に改選を実施しようというものであった。要は一一月に一気に〈政－研〉提携強化のための常務委員会を作り出そうというのである。後者は大河内によるもので、〈政－研〉提携強化の体制に不適当であると考えられる常務委員に対して直接辞任を迫るというものである。その対象は、先の議会で政府批判勢力のひとりで、「風教ニ関スル決議案」採決の本会議を欠席した伯爵柳沢保恵であったのであろう。

なお、この華族会館での会合には水野は不参加であったようで、翌八日に黒田より電話で水野に伝えられた[183]。黒田日記によれば、続く五月一一日、五月一四日に青木、水野、黒田は会合をさらに重ねている。そして、五月一五日、常務委員会の開催を翌日に控えて、松平邸で「明日ノ常務員会ニ提出スベキ議案ニ付相談」[184]がなされた。この松平邸での会合では専ら、常務委員改選問題が話合われたにちがいない。おそらく、ここで「全部留任説」による、当面の解決案を翌日の議案とすることが決定されたのであろう。

五月一六日午前一〇時、常務委員会が開催された。欠席者は徳川頼倫、前田利定の二名である。先に明らかにしたように、徳川は伯爵議員団の突き上げを避けて、第四四議会の審議やその間における研究会の会合のほとんど全部を欠席している。議会閉会後二ヶ月未満の時点で、しかも常務委員重任回避説の強い伯爵議員団を刺激するような問題について話合う常務委員会への出席を、ここでも徳川は見合せたものと思われる。一方、前田はこの時、青木と並ぶ研究会のリーダーであったが、四月二日および同三〇日の原首相との会談にも加わっておらず、従ってそれ以降の、青木、水野、黒田そして松平らの会合にも参加していないようである。本章六節で述べたように、どちらかと言えば、前田は、茶話会に少なからず影響力を持つ平田東助と姻戚関係にあることもあってか、政友会よりもむしろ茶話会との関係を重んじて来た。ちなみに、第四四議会の冒頭において、彼は水野に対し、この点について語っている。[185]おそらく、かかる〈政－研〉提携強化を目指す幹部派の動きの中で、同じ幹部でも前田は外されていたのであろう。そうしたことと五月一六日の常務委員会に前田が欠席したこととは無関係ではないであろう。

さて、五月一七日付『読売』は、「常務全部再選」と題し、一六日の常務委員会について次のように報じている。

「同問題(常務委員改選問題－西尾註)に就ては種々の面倒なる経緯あり。一部会員間には今回の改選を機として同会の刷新を実現せんと画策するものあり。幹部側に於ても表面は任期満了者全部再選固辞を装ひたるも結局安田氏のみ退任し其の後任には前田、牧野、榎本三子より多額団の希望に基づき八日会(多額の団体)幹事たる横山章氏を推薦せん意向なりしに、会内の幹部擁護派より横山氏の前議会における態度を非難し、斯る人物を常務委員たらしむるは妥当ならずと主張し、形勢容易ならざりしより横山氏推薦の責任者たる牧野子又もや自己の再選を固辞するに至り事態は益々紛糾し来りたるが、斯ては愈々世間に種々の臆説を生ずべきを以って遂に当日の常務委員会に於ては全部再選することに決し、此意味に於て会員間の諒解を求めたる上、来る二十三日の常務委員会に付議し正式に決定することに申合せ、正午散会せり。因みに次回常務委員会の決定と共に長老会議を開き本月末頃選挙投票を行はるべしと」

右の記事からすれば、多額納税者議員である安田の代りに、石川県選出の同じく多額納税者議員である横山章を牧野、前田、榎本が推薦する意向を持っていた。しかし、その横山は、続く『読売新聞』の「研究会の今後」と題する記事では「〔五校−西尾註〕昇格決議案の付議されたる当時、会内の非幹部派乃至幸三派と気脈を通じ、寧ろ現在の研究会の幹部をしてこれが措置に当惑せしめた」[186]人物であった。かかる横山を牧野ら三名の常務委員が安田の後任に推挙しようとする一方、松平、青木、酒井の三名の常務委員は大河内、水野、黒田と共に、幸倶楽部＝官僚派ではなく、政友会に対し、その提携を強化する方向で更に一歩を踏み出しつつあった。すなわち、安田の後任人事をめぐって、幸三提携派と政友会提携派との対立が明らかになりつつあった。長期にわたって常務委員の仕事を半ば放棄し、第四四議会をほとんど全会期にわたって欠席して政治的信用を少なからず失墜したであろう徳川が、この対立を調整することはおそらく不可能であった。だからこそ、彼は欠席したのであろうし、かっての火曜会の盟友である青木や水野への配慮からか、前田も欠席したのである。あるいは、青木、水野から欠席するよう説得されたのかも知れない。それはともかく、一一月の常務委員の改選では欠席した前田は再選され、横山の推薦責任者であった牧野は常務委員の候補者から外されることになるのである。

常務委員会が開催された五月一六日の夕方、常務委員ではない水野と黒田は黒田邸で青木の到着を待った。黒田の日記には「五時頃帰宅、水野子既ニ帰着ス。程ナク青木子入来。青木子ヨリ今朝ノ常務員会ノ模様ヲ聴取ス」[187]とある。その後、青木と黒田は原を訪問し、この日の常務委員会の様子を彼に報ずると共に、〈政−研〉提携強化のための指導体制構築に向けての異分子排除のため、常務委員の改選を一〇月に延期することになった旨を述べている。「夜、青木信光、黒田清輝来訪、研究会異分子を幹部に入れず、且つ政友会系と云はるゝも厭はざるの内意にて、幹部の更迭にも注意し即ち多少彩色を負ぶるも拘はざる積にて幹部の更選を秋末まで延期せり（異分子を入れざる魂膽の為）、此上は政府に於ても此含みにて進行ありたしと告げたり。之により政界一進歩をなすやも知れざるなり[188]」。

こうして原―政友会は従来にも増して研究会との結びつきを強めつつあった。原は、今後の〈政―研〉提携の研究会側の要となるグループとの新たな出発のための宴席を設けようとした。そこで五月二五日、原の宴席の準備のために小笠原、青木、水野、黒田が会合を持った。この日、黒田は「一二時半頃水野子入来。午餐。二時同道小笠原伯邸ニ至リ青木子ト会合。用件ハ首相ノ催ニ系《ママ》ル晩餐ノ場所ト人選ナリ[189]」と日記に記している。その「晩餐」は五月三一日、木挽町の「花谷」で午後六時より催された。原はこれを次のように述べている。「貴族院研究会の幹部中の幹部とも言ふべき数名を料理屋に招き、会食したり。是迄彼等は従来の是々非々の沿革に囚れて公々然余等と会合を避けたるが、先達早川千吉郎方に於て意見交換の後は、彼等は万一準政友と言はるゝも厭はざるの決心を漸次に高め来り、遂に此会食をもなすに至れるは、貴族院の一進歩とも言ふべき次第なり[190]」。

この日、研究会側から出席した、原のいわゆる「幹部中の幹部」とは、『黒田日記』によれば次の八名である[191]。大木遠吉（伯爵、法相）、小笠原長幹（伯爵、陸軍省勅任参事官）、青木信光（子爵、日本銀行監事）、前田利定（子爵）、酒井忠亮（子爵）、大河内正敏（子爵、東京帝国大学教授）、水野直（子爵）、黒田清輝（子爵、東京美術学校教授）。以上のうち、常務委員は青木、前田、酒井の三名である。この後、彼等を中心に〈政―研〉提携強化のための指導体制の構築が模索されて行くことになる。

では、こうした〈政―研〉提携強化がはかられるなかで、これに対応して、いかなる強力な指導体制が模索されたのであろうか。水野直の日記は二月〜六月の分が欠けていて確認ができないが、黒田清輝の日記でみる限り、六月下旬まで十人会が開かれたという事実は確認できない。十人会開催が徳川頼倫より各メンバーに伝えられたのは、六月二二日のことである。黒田はこの日、日記に次のように記している。「……水野子ト昨夜帰京セラレタル頼倫侯ヲ訪問ス。夫レヨリ青木方ヘ廻ハリ後チ水野子ヲ大塚マデ送リテ帰ル。小笠原伯入来。此時頼倫侯ヨリ十人会ノ通知アリ。因テ明日ノ会合ナドノ打合セヲナセリ」(192)。黒田日記によれば、六月二二日の前夜帰京した徳川を水野と黒田とが訪問し、続いて彼等は青木邸に回った、そして黒田が水野をその大塚の自宅に送り届けた直後、小笠原が来て、十人会開催について徳川からの通知をもたらしたので、小笠原と黒田とは翌日の会合の打合せをした。その翌日、いつもの様に、小笠原邸に四人が集まった。「小笠原伯邸ニ小集催サレ諸問題ノ相談ヲナス。青木、水野二君モ来会」(193)。さらにその翌日、すなわち六月二四日に開催された十人会は、黒田日記によると次の通りであった(194)。

徳川侯邸会合。出席者如左十一名。

蜂須賀侯、大木伯、松平頼寿伯、小笠原伯、水野子、勘解由子、青木子、前田子、酒井子。

粛清問題、尚友会評議員及幹事、頼倫侯対総理等ノ相談。解散後小笠原邸ニ青木、水野ノ二子ト四人再ビ会合シ前記ノ第三問題ニ就キ協議セシモ遂に纏ラズシテ別レ九時半頃帰宅。

要するに、この会合の出席者は、紀州徳川家当主徳川頼倫を入れれば一一名であるが、徳川をとり巻く一〇名ということで「十人会」と名づけられたのであろう。十人会の全貌は次の通りである。

侯爵　徳川頼倫△、侯爵　蜂須賀正韶○、伯爵　大木遠吉、伯爵　松平頼寿○△、伯爵　小笠原長幹、子爵　水野直、子爵　勘解由小路資承、子爵　青木信光△○、子爵　前田利定△○、子爵　酒井忠亮△○、子爵　黒田清輝○

以上一一名について、①六月二四日の時点で、大正九年一二月から大正一〇年三月にかけて開催された第四四議会を担当した常務委員には△、②同年一一月に新たに選出もしくは再選され、第四五議会を担当することになるそれには○をそれぞれ付した。一一名のうち、①および②に該当する者はそれぞれ五名および六名である。そのうち、両方に該当する者、すなわち、大正九年一二月から翌一〇年一一月にかけて常務委員をつとめ、さらに大正一〇年一一月に再選された者は、松平、青木、前田、酒井の四名である。研究会は大正八年八月の規約改正により、常務委員が三名追加され一二名となっていた。そして、その構成は侯爵一、伯爵二、子爵六、勅選二、多額一であった。すなわち、十人会のメンバーは①、②ともに有爵議員による常務委員九名中、五名ないし六名を占めていたのである。また、大木、小笠原はともに伯爵団の指導者であり、伯爵議員団(甲寅倶楽部)の研究会との合体についての功労者である。特に大木は原・高橋内閣の法相であり、小笠原も大正八年九月から翌年一一月にかけて常務委員を勤め(甲寅倶楽部との合体による臨時措置)、水野が最も信頼を寄せていた人物であった。なお、勘解由小路は故秋元興朝と並ぶ、かっての談話会の指導者であった[195]。水野の情報収集係のひとりであった元国民新聞記者・結城礼一郎によれば、勘解由小路は小笠原の隣に住み、結城が政友会の領袖・野田卯太郎を小笠原のもとに案内し、「そこで初めて野田さんと水野さん、小笠原さん、勘解由小路さんが手を握った[196]」という。以上からして、かかるメンバーから成る十人会は徳川頼倫を中心とした政治サロンという枠組をこえて、研究会の実質的な中枢としての意味を持っていたと思われる。

ところで、七月一八日、水野と黒田とは、徳川頼倫を大磯の邸に訪問し、「十人会中心ニテ活動ノ件[197]」について徳川と話合った。その前日に小笠原邸に、蜂須賀、青木、黒田、水野が会合を持っているが[198]、それを受けての訪問であろう。続く七月一九日、水野は、七月一七日の小笠原邸での会合の参加者全員と松平頼寿とを歴訪し、「昨日大磯ノ報告」をするとともに、「十人会中心ノ件[199]」を確認している。なお、七月一七日の小笠原邸での会合に、研究会のもう一人の侯爵議員・蜂須賀正韶が参加していたことであるが、これも水野の発案によるものであろう。すなわち、七月五日に、水野は黒田とともに大磯の徳川邸を訪問しているが、その途上、黒田に「蜂須賀候干係[200]」について話している。そして、その夜、「小笠原伯邸会合」[201]があり、その翌日、水野、青木、黒田がさらにまた「小笠原伯邸ニ会合」[202]を持った。おそらく、徳川に代って蜂須賀を十人会の中心に据えることが話合れたものと思われる。ちなみに、五校昇格問題で揺れた第四四議会開催中の大正一〇年二月二〇日、小笠原らは、書面で徳川が常務委員および全院委員長を辞任したい意向を彼等に伝えたことについて、小笠原邸での会合で話題にしていた。[203]それ故、第四四議会終了後は、当然、徳川の進退問題が研究会内部でも公式に浮上する可能性は小さくなかった。従って、侯爵徳川頼倫から同じく侯爵蜂須賀正韶に筆頭常務委員を切り換えることを、小笠原ら水野グループは考慮しておかなければならなかったのであろう。七月八日、水野は小笠原、黒田、青木ともども蜂須賀を訪問[204]した。彼等は蜂須賀に対し、研究会の新たなリーダーたることを要請したものと思われる。先の六月二三日の黒田日記における「第三問題」すなわち「頼倫候対総理等ノ相談」とは、内閣に対する代表問題、換言すればこの徳川後継問題であったのかも知れない。

以上のような経緯を経て、七月二四日、蜂須賀邸にて「十人会中心」主義に立つ十人会の〈発会式〉が行われた。これについて黒田は次のように日記に記している。

……午後四時水野子、青木子打合セノ上別々ニ入来、更ニ本日会議ニ対スル下相談ヲナシ六時前ヨリ三人同道蜂須賀邸へ赴ク。来会者ハ頼倫候、大木伯、頼寿伯、小笠原伯、青木子、水野子、主人侯爵ト拙者ト計八名。用件ハ総理招待ノ件頼倫候邸。十人会定例日決定(一日、一五日)。青木子ハ伊集院方へ、而して水野子ニ送ラレテ十一時帰宅ス(往復共)[205]。

この日、①研究会として原首相を招待して徳川邸で宴席を設けること、②十人会を月に二回、定例で開催することの二点が取りきめられた。こうして五名の常務委員がメンバーである十人会が、改めて発足した。

ところで、黒田日記と水野日記とを合せてみると、その発足の翌月すなわち大正一〇年八月から同年一二月までの五か月間で十人会が開催されたのは五回（九月一五日・徳川邸、一〇月一日・蜂須賀邸、一〇月一五日・蜂須賀邸、一一月一四日・蜂須賀邸、一二月一日・不明）を数える。本来ならば一〇回開催されている筈であるが、黒田と水野の日記からは残りの五回分については確認できない[206]。また、この二つの日記からは一つの場合を除き、十人会で話合われた内容が不明である。しかし、メンバーのほぼ半数が常務委員であり、研究会内部の重要問題について話題になったことは疑無いところである。ちなみに、唯一明確となっている、一〇月一日に開催された十人会は黒田日記に「蜂須賀邸十人会、常務委員ノ件[207]」とあるように、この時の会合では一〇月末に予定された常務委員の改選について話合われたようである。この一〇月の改選による研究会の新体制は次の通りである。

侯爵議員　●蜂須賀正詔
伯爵議員　　奥平昌恭、○●松平頼寿
子爵議員　○●酒井忠亮、○●青木信光、
　　　　　○●前田利定、　榎本武憲
　　　　　●黒田清輝、　八条隆正
勅選議員　　○村上敬次郎、　小松謙次郎
多額納税者議員　横山章

以上のうち、○は再選された者であり、●は十人会のメンバーである。大正一〇年一〇月の改選は例年になく大規模なもので、半数が入れ替っている。今や研究会の看板となった侯爵議員出身の常務委員（筆頭常務委員）は徳川頼倫から蜂須賀正詔に替り、伯、子、勅選はそれぞれ半数が交替、多額は安田から横山に替っている。ところが、全一二名の常務委員のうち、六名が十人会のメンバーであり、これは前年の第四四議会開会当時と比べると、一名増加している。すでにふれた通り、大正一〇年から一一年にかけて、少くとも数の上では、研究会の公式の中枢機関とも言うべき常務委員会は十人会のメンバーがほぼその半数を制し、再選され経験豊富な五名の常務委員の内の四名が十人会のメンバーであることからすれば、実質的にも十人会が常務委員会の主導権を握っていたと言ってよい。ともあれ、右の一二名の常務委員のうち、第四四議会において明確となった反幹部派は、奥平と横山の二名のみであった。彼等はそれぞれ自律性をもった伯爵議員団、勅選議員団（八日会）から常務委員会に次期候補として推薦され、常務委員会もそれを受け容れていたのである。

なお、常務委員に再選された前田利定は十人会のメンバーではあったが、第四四議会終了を境に、研究会の中枢を外れることとなった。第四四議会において幸倶楽部寄りの姿勢をとったためであろう。その中枢にあった青木、水野は、「大研究会」の功労者である小笠原長幹と議員歴が未だ浅い黒田清輝と組み、研究会を動かして行くことになる。

ところで、筆頭常務委員であった徳川頼倫の処遇であるが、青木、水野、黒田が原に語ったところによれば、彼等は徳川を「研究会総裁とも云ふべき位置に置く事[208]」とした。この頃「徳川頼倫も旗幟鮮明となるも辞せざる様に、やっと傾きたるに因[209]」る措置であった。第七節で述べたように、徳川は第四三回（臨時）議会から第四四議会にかけて伯爵議員団の突き上げを受け、第四四議会に至ってはただの一度の登院もせず、ひたすら彼等から逃げ回っていた。それから半年ほど経過し、十人会の支持を受けつつ、〈準政友〉の〈旗幟〉を鮮明にするようになったのであろうか。ともあれ、彼は総裁格として名目的な地位に祭りあげられることになった。付言すれば、さらにその後、宗秩寮総裁に就任することによって、徳川は名実共に研究会から離れることとなる。

一〇　むすび

以上みて来たように、大正デモクラシーの一つの象徴とも言うべき原内閣の成立を画期として、貴族院の動向に大きな変化が生じた。それは、明治後半期においてほぼ一貫して維持されて来た反政党的傾向からの脱却である。

もちろん、それは原内閣期に始りかつ達成されたと言うわけではない。貴族院の反政党的態度にある程度の修正が加わったのは、桂新党（同志会）の成立以来のことであろう。しかしながら、原内閣期において貴族院は、政党への対応をめぐって内部の政治構造に大きな変化を生じた。すなわち、親政友会勢力として子爵中心の研究会が侯・伯・子・男四爵横断的な「大研究会」として装も新たに出現したのに対し、幸倶楽部を中心に男爵議員を糾合して成立した公正会は反政友会勢力となりつつあった。明治期より大正初年にかけて、研究会と茶話会を中心とした幸倶楽部が提携関係を維持しつつ、勅選議員による茶話会主導で貴族院の動向が決定されてきた。しかし、茶話会を拠点とした山県系の勅選議員たちは老齢化と共にその勢力は先細りとなり、再生産されることもなかった。これに対し、日清・日露戦争と明治国家の展開とによって男爵の数は増加の一途をたどり、従って男爵議員の数は着実に増加した。そしてついに、いくつかの会派に分属していた男爵議員たちが一つの会派として纏まり、それが茶話会に代わって幸倶楽部の主導権をとることにより原内閣への対応は研究会のそれと異なるものとなった。こうして〈研―幸〉提携は破綻した。

研究会にとって公正会や茶話会による幸倶楽部との提携ならぬ敵対は、研究会が貴族院の主導権をとろうとする限り、それをして交友倶楽部と提携しつつ、より巨大な「大研究会」を指向させることになろう。この時、大組織を維持し動かしていくための強力な指導体制の確立も、研究会にとって不可欠であった。このような要請に応えるために常務委員が増員され、さらには協議員会が新たに設けられた。そして常務委員会を実質的に動かす非公式団体「十人会」が成立した。こうして、原内閣とその提携関係が強化されて行く中で、研究会の指導体制は第四四議会を経て格段に強化された筈であった。

その後、かかる研究会を軸に中間内閣（＝超然内閣）か政党内閣かという政治的磁場の変化の影響を大きく受け、同成会も含めて原内閣期に再編成されたり新たに成立した諸会派は、昭和初年に多少の変更が加えられつつ、基本的にはそれ以降敗戦に至るまで存続し、院内の政治構造を規定していくことになる。

（1）　この時期の研究会を中心とした貴族院の大雑把な動向については尚友倶楽部編刊・水野勝邦（氏は水野直長男）『貴族院の会派研究会史』（一九八五年刊）第五章「研究会拡充期」の第一節から三節にかけての部分が大変参考になる。

（2）　水野勝邦・大谷博編刊『水野直追憶座談会録』（謄写版刷、昭和一七年刊）、八一から八二頁。

（3）　明治四四年七月二日付『東京日日新聞』。

（4）　「水野直懐中手帳」（国立国会図書館憲政資料室所蔵「水野直関係文書」所収）大正三年四月二日の条。なお、秋元春朝は、かつて談話会において父興朝（談話会常務委員）の下で、九名の幹事のひとりとして、研究会＝尚友会と〝戦った〟経験を持つ。この点、註195を参照されたい。

（5）　同、大正五年八月六日の条。ここでいる「来社」であるが、「社」は会社ではなく、この時水野が信仰していた天然教のおやしろ（天然社）のことである。

（6）　同、大正五年八月八日の条。

（7）　「原敬日記」大正八年五月一六日の条。

（8）　「水野直懐中手帳」大正七年八月二六日と一一月一八日との間の記述。なお、『三島弥太郎関係文書』の中に「拝啓　前田子爵の入閣の議に関しては過日縷々申上置候へとも、右に付いては研究会並に前田子御本人に対し累を及ほし候事に相成候ては小生等の甚だ遺憾と致す次第に付き……」で始まる大正七年九月二三日付青木信光・水野直書簡（尚友倶楽部・季武嘉也編『三島弥太郎関係文書』〈尚友叢書十一〉、平成一三年、一九頁、所収）がある。寺内が辞表を出したのが九月二一日で、組閣の大命が下った西園寺がそれを拝辞したのが同二五日であった。少なくとも水野は、青木や前田と組んで以来、前田を国務大臣にすることに意を用いた。ちなみに、大正期の半ば以降彼の情報係を努めた結城礼一郎が回顧するところによれば、前田が家を新築した直後の生計があまり楽でないのを聞いた水野は「水野さんの宗家に乗り込み『いまにきっと大臣にして見せます。だから其れまで毎月大臣だけの俸給を御補助下さい』と談じ込んで、漸く承諾を得」（結城礼一郎「貴族院物語」、『ダイヤモンド』第二一巻一四号、昭和八年五月刊、三三四頁、所収）た。ここで言う水野の「宗家」とは紀州徳川家＝徳川頼倫であろう。この書簡は、寺内内閣末期もしくはその辞表提出直後に前田を入閣させたい旨を三島に水野らが話したことを受けてのもので、原内閣への入閣を目指してのものではないと思われる。なお、右の結城の文章において「水野さんは宗家に乗り込み」であれば「宗家」は前田利定の弟（利為）が当主となっている加賀前田家を指している可能性もある。

(9) 遠山茂樹・安達淑子『近代日本政治史必携』（岩波書店、一九六一年）所収の「貴族院勅選議員一覧」（一一五頁以下）を参照。

(10) 「水野直日記」大正六年九月一三日の条。

(11) ちなみに、原はその日記（大正九年二月四日の条）で次のように江本千之や坂本釤之助についてふれている。「貴族院議場に於て交渉員と約束通余より弁明をなし、過日来騒然たりし呂運亨禁苑拝観問題落着したり、実につまらぬ問題なりしが、例の江本千之が忠臣振りたると阪本釤之助が馬鹿々々しき質問をなしたるが為数日間の問題を惹起したるなり」。なお、呂運亨問題をめぐる研究会の対応については、玉井清『原敬と立憲政友会』（慶應義塾大学出版会、一九九九年）三五八頁に詳しい。

(12) 「原敬日記」大正七年一一月三日の条。

(13) 「原敬日記」大正七年一二月三〇日の条。

(14) 「原敬日記」大正八年三月二六日の条。

(15) 第四一議会における各主要法案審議の概要については、工藤武重『大正憲政史・天皇親政篇』（岡野奨学会、昭和二年刊）の五九四頁から六一六頁を参照。

(16) 「原敬日記」大正八年三月二五日の条。

(17) 「原敬日記」大正八年三月一四日の条。

(18) 同右。

(19) 同右。

(20) ただし、貴族院予算委員会は可決に際して特に条件を付し、計画の一層の具体化のため、施行に当たって教育諮問機関への付議を要求した。これに対し、文部省は大正八年五月二三日、勅令二三八号をもって臨時教育委員会を設置した。

(21) 大正八年三月二二日付『読売新聞』。

(22) 「原敬日記」大正八年三月一八日の条。

(23) 松尾尊兊『普通選挙制度成立史の研究』、岩波書店、一九八九年刊、一三六頁。

(24) 「原敬日記」大正八年三月八日の条。

(25) 「原敬日記」大正八年四月一九日の条。

(26) この問題については、三谷太一郎『政治制度としての陪審制―近代日本司法権と政治』（東大出版会、二〇〇二年）を参照。

(27) (25)と同じ。

(28) ほぼ一か月後の会合となったのは、この間、原によれば、政府が地方官や司法官を東京に招集していたため原自身が多忙を極めていたためであった（「原敬日記」大正八年四月一九日の条）。
(29) (7)と同じ。
(30) 同右。
(31) 同右。
(32) 阪谷芳郎「貴族院日記」、大正六年五月五日の条（故阪谷子爵記念事業会編刊『阪谷芳郎邸伝』、一九五一年、四七〇頁所収）。
(33) なお、この「貴族院日記」は現存しない。この点につき、拙稿「貴族院日記、シュッシュッポッポ」（阪谷綾子編『倜儻不羈の人追悼・阪谷芳直』、阪谷直人刊、二〇〇三年、三〇七〜三〇九頁、所収）を参照されたい。
(34) 大正八年六月八日付『国民新聞』。
(35) 大日本議会史刊行会編刊『大日本帝国議会誌』第一一巻（一九二九年刊）、六九七頁。
(36) 同、六九七から六九八頁。
(37) 「原敬日記」大正八年二月二二日の条。
(38) (27)と同じ。
(39) 伊沢多喜男談話筆記（『伊沢多喜男』、羽田書店、一九五一年、二六六頁、所収）。
(40) 同（同右、二六六〜二六七頁）。
(41) 「原敬日記」大正八年六月三日の条。
(42) 大正八年三月二四日付『読売新聞』。
(43) 前掲『阪谷芳郎伝』、四七〇頁。
(44) 後年、伊沢多喜男が回顧するところによれば、公正会設立の動きに対し幸倶楽部最高指導者である平田東助は「愈々破裂する時に」出てきて、「力で抑えつけようとした」が、「その時に岩倉道倶が、えらい勢いで、そんな馬鹿なことが出来るものか、自分等は、こつちへ行くのだといふ調子でやつた。平田は、極く温和な人だけれども、さすがに激して、そんなことは相成らんとやつた。さうしたら岩倉は、何だッと殆どつかみかかるやうな勢で向かつて行つた。流石に喧嘩にはならなかつたけれども、それで到頭破裂したのだ。この時に中心になつて動いた者は岩倉道倶、黒田長和、それにスリー・エフと言はれた藤村義朗、福原俊丸、船越光之丞等であつた」（伊沢多喜男談話筆記、前掲書、二六八頁）。
(45) 前掲『阪谷芳郎伝』、四七一頁。

(46) 大正八年六月八日付『読売新聞』。
(47) その後、土曜会より真田幸世を除く、肝付兼行ら七名が、第四二議会開会の前に公正会に入会した。
(48) 大正八年六月一二日付『読売新聞』、但し伯、子、多額に各一名欠員があった。
(49) 「原敬日記」大正八年年六月一三日の条。
(50) 前掲『貴族院の会派研究会史・明治大正篇』三二六頁を参照。
(51) 大正八年八月二八日付『やまと新聞』。
(52) このような水野の近衛への接近については、伊藤隆・西尾林太郎「水野直日記　大正十一・十二年」(東京大学社会科学研究所編刊『社会科学研究』第三四巻第六号、一九八三年三月刊、所収)の解説論文の特に一七三頁を参照されたい。
(53) 西湖漁郎「貴族の新運動－研甲両派合同の裏面観－」(『太陽』第二五巻一二号、大正八年一〇月、所収、九一頁)。
(54) 『大日本帝国議会誌』九、一一七頁。
(55) 「水野直日記」大正一〇年一月四日の条。
(56) 同右。
(57) 結城礼一郎「大塊翁の茫然とした予想外な提携条件」(結城温故会編刊『水野直子を語る』、一一七頁)。
(58) 「水野直日記」大正六年五月二五日の条。
(59) 同、大正六年六月七日の条。
(60) 同、大正六年六月一五日の条。
(61) 同、大正六年五月二五日の条。
(62) 寺内内閣内相有松英義の第四〇議会貴族院特別委員会(委員長徳川慶久)における説明によれば、各爵の総数に対する現行の議員定数の割合は、伯爵一七パーセント、子爵一八・三七パーセント、男爵一五・七五パーセントであり、子爵グループに比して伯爵・男爵グループの選出率が低かった(貴族院制度調査会編刊『貴族院令改正経過概要(未定稿)』、一九三六年刊、二九頁を参照)。
(63) 西湖漁郎「貴族の新運動」(『太陽』、第二五巻一二号、大正八年一〇月号、所収、八七頁)。
(64) 同右。
(65) 同右。
(66) 吉野作造「拡大せられたる研究会に望む」(『中央公論』大正八年九月号)二一五～二一七頁。
(67) 同右。

(68)「原敬日記」大正一〇年五月三一日の条。
(69)同、大正九年六月一日の条。この時、水野は学習院御用掛として、学習院改革に尽力する一方、京極高徳の補欠として常務委員を務めるなど、研究会の幹部として多忙な日々を送っていた。
(70)「水野直懐中手帳」大正九年八月二四日の条。
(71)同、大正九年九月六日の条。
(72)同、大正九年九月二三日の条。
(73)同、大正九年九月二九日の条。
(74)同、大正九年九月二八日の条。
(75)同、大正九年一一月七日の条。
(76)同、大正九年一一月一一日の条。
(77)伊藤正『伯爵大木遠吉伝』(文禄社、一九二六年刊)、三七～三八頁。
(78)同、三七頁。
(79)同。
(80)大正九年六月二六日付『読売新聞』。
(81)「原敬日記」大正九年七月二一日の条。
(82)大正九年八月九日付『読売新聞』。
(83)大正九年一〇月九日付『読売新聞』なお、同年八月には、副島正道が原を訪ずれ「貴族院に於ける内情或は一派の謂なき反対」について原に述べている(「原敬日記」大正九年一〇月九日の条。
(84)同。
(85)「水野直懐中手帳」大正九年九月二五日の条。
(86)同、大正九年一一月九日の条。
(87)同、大正九年一一月一一日の条。
(88)大正九年一〇月二三日付『読売新聞』。
(89)「水野直懐中手帳」大正九年一一月二三日の条。
(90)同、大正九年一一月二八日の条。

(91) この改正案については、大正九年一二月一七日付『読売新聞』の記事による。
(92) 大正九年一二月一七日付『読売新聞』。
(93) 同右。
(94) 三和良一『概説日本経済史』(東大出版会、一九九三年)九四頁を参照。
(95) 「原敬日記」大正八年一〇月四日の条。
(96) 同、大正八年九月一七日の条。
(97) 同右。
(98) 同右。
(99) 「原敬日記」大正八年一〇月四日の条。
(100) 同右。
(101) 山県が米騒動以後、米価を中心とした物価の動向に非常な関心を持っていたことについては、岡義武『山県有朋』(岩波新書三二)の一七三〜一七四頁を参照。
(102) 臨時教育審議会の審議内容および高等教育機関拡充政策の進展については、国立教育研究所編刊『日本近代教育百年史　第一巻　教育政策一』(一九六八年)第三章「国家体制の再編・強化と教育政策」第三節「社会産業構造の変化と教育政策」の「一　高等教育制度の改変と官立学校の拡張」(三二九頁以下)および『講座　日本教育史三　近代II・近代III』(第一法規出版、一九八四年刊)第二章「臨時教育会議と社会的教育要求」(尾崎ムゲン執筆)を参照。
(103) 「原敬日記」大正一〇年一月三一日の条。
(104) 同右。
(105) 「水野直日記」大正一〇年一月三一日の条。この日、水野は鎌倉の別邸より東京に出、黒田清輝邸で大河内、小笠原、松平頼寿、青木信光と集会を持った。
(106) 牧野良三編『中橋徳五郎』下巻(中橋徳五郎翁伝記編纂会刊、一九四四年)、二八三頁を参照。
(107) 同右。
(108) 例えば「原敬日記」大正九年一二月九日の条に、山口県の学校の昇格について、山県有朋に対し依頼があった、とある。
(109) 前掲『大日本帝国議会誌』第一二巻、七九〇頁。なお、こうして政治問題化し、原内閣を揺さぶった「五校昇格」問題と貴族院、特に研究会の対応については、玉井清『原敬と立憲政友会』(前掲)三六五〜三七二頁でも取り上げられ、論ぜられている。この問題は原内閣ばかりか研究会にも小さからぬ「傷跡」を遺し、さらに官僚派議員の研究会離脱―会派再建という事態を引きおこした。しかし、かかる問題を原の政治指導という観点ばかりでなく、研究会幹部の〈独自な対応〉という観点で捉え直す必要もあるのではないか。

(110)「水野直日記」大正一〇年一月二四日の条。
(111) 同、大正一〇年一月一九日の条。
(112) 同、大正一〇年一月二〇日の条。
(113) 同右。
(114) 同、大正一〇年一月二一日の条。
(115) 同、大正一〇年一月二三日の条。
(116) 同右。
(117) 同、大正一〇年一月二四日の条。
(118) 同、大正一〇年一月二九日の条。
(119)「原敬日記」大正一〇年二月二七日の条。
(120) この問題の経過について、副会長の一木は後年、次のように述べている。「元来昇格問題に就いては余は反対で専門学校はあの程度の学校が必要である。殊に実業専門学校に就いては、一ツ橋の高商の如きは別段として、其の他のものを昇格せしめるのは不必要であると考へて居た。然るに政府は飽迄もやろうとして、臨時教育委員会に之を諮問した。茲に於いて、余は副会長として政府案を纏める様に骨折らねばならぬ地位に在るのは心苦しいので辞任を申出た。中橋文部大臣は至極手軽に『そう云ふことならば止むを得ない』と承知したが、原首相は『それは困る。昇格問題は政府で決定して居るのでは無い。十分慎重に考慮する積りである。それで文相にも熟慮して決する様に注意してある位で、是非やろうと云ふ程でもないのであるから、相不変続いて留任して貰ひ度い』との話なので、余も亦留任することになり、昇格問題も其の儘懸案となつて居た。臨時教育委員会はそのうちに官制廃止となり、其の後に到つて政府は昇格問題を実行した。原君は仲々如才が無く、既に余が辞任を申出した時に此の会議を発することは考へて居たのであったろう」一木喜徳郎『一木先生回顧録』（河合弥八刊、一九四九年、九〇～九一頁）。要するに、一木はこのとき、政府案を基礎として「昇格問題」を臨時教育委員会を通じて解決する意思がなかったのである。
(121)「水野直日記」大正一〇年二月一日の条。
(122) 同、大正一〇年二月二日の条。

(123) 同、大正一〇年二月一日の条。
(124) 同、大正一〇年二月二日の条。なお、この日の「黒田清輝日記」には、「小笠原伯邸十人会、学校問題」とある。
(125) なお、本章第五節を参照されたい。
(126) 「原敬日記」大正一〇年二月二日の条。
(127) 同右。
(128) 『大日本帝国議会誌』第一二巻、八二九頁。
(129) 同右。
(130) 大正一〇年二月一〇日付『東京朝日新聞』。
(131) 「原敬日記」大正一〇年二月一〇日の条。
(132) 同右。
(133) 同右。
(134) 「水野直日記」大正一〇年二月一〇日の条。
(135) 同、大正一〇年二月九日の条。
(136) 大正一〇年二月一三日付『東京朝日新聞』。
(137) 「原敬日記」大正一〇年二月二六日の条。
(138) 同、大正一〇年三月一日の条。
(139) 「水野直日記」大正一〇年二月一六日の条。
(140) 「原敬日記」大正一〇年二月二四日の条。
(141) この調査委員会であるが、「原敬日記」(大正一〇年二月一二日の条)によれば、文部大臣、同次官および同局長、同参事官、田中農商務次官、小笠原陸軍参事官らが、その構成員であった。
(142) 「原敬日記」大正一〇年二月二七日の条。
(143) 同右
(144) 同右
(145) 同、大正一〇年二月二八日の条。
(146) (142)と同じ。

(147) (145)と同じ。
(148) 大正一〇年三月一日付『読売新聞』。
(149) 同右。
(150) 同右。
(151) 大正一〇年三月二日付『読売新聞』。
(152) 同右。
(153) 「水野直日記」大正一〇年二月一六日の条。
(154) 同右。
(155) 同、大正一〇年二月一七日の条。
(156) 大正一〇年三月一〇日付『読売新聞』。
(157) 牧野、前掲書、二八九～二九二頁を参照。
(158) 大正一〇年三月六日付『読売新聞』。
(159) 同右。
(160) 同右。
(161) 大正一〇年三月九日付『読売新聞』。
(162) 『大日本帝国議会誌』一二巻、九九七頁。
(163) 同、九九七～九九八頁。
(164) 同、一〇〇九頁。
(165) 大正一〇年三月一二日付『東京朝日新聞』。
(166) 前掲『大日本帝国議会誌』第一二巻所収の第四四回帝国議会貴族院「風教に関する決議案」本会議速記録末尾の〔参照〕賛成者氏名および反対者氏名の各一覧（同、一〇一三～一〇一四頁）を『議会制度七十年史・政党会派編』「帝国議会貴族院の部」所収の〈第四十三回帝国議会（特別）〉会派一覧（同、四～九頁）と〈その後の異動〉によって会派別に再編成し、さらにそれぞれ投票行動（賛成、欠席、反対）別に整理・区分した。
(167) 右と同様の作業による。
(168) 談話会および（伯爵）同志会問題については、本書第二章第三～五節を参照されたい。

(169)「水野直日記・補遺」大正五年一月九日の条。
(170)「原敬日記」大正八年一月二六日の条。
(171)その後これに対し、公正会より岩倉道倶、黒田長和が応援に駆けつけたが、会派としての勢いは振るわず、昭和初年には火曜会と同和会に分裂するに至る。
(172)「黒田清輝日記」大正一〇年四月二〇日の条。
(173)「原敬日記」大正一〇年四月二〇日の条。
(174)「黒田清輝日記」大正一〇年四月三〇日の条。
(175)同右。
(176)同、大正一〇年五月一日の条。
(177)同右。
(178)同、大正一〇年五月二日の条。
(179)同、大正一〇年五月三日の条。
(180)「原敬日記」大正一〇年五月三日の条。
(181)「黒田清輝日記」大正一〇年五月六日の条。
(182)同、大正一〇年五月七日の条。
(183)同、大正一〇年五月八日の条。
(184)同、大正一〇年五月一五日の条。
(185)この点については、本章第六節末尾を参照されたい。
(186)大正一〇年五月十七日付『読売新聞』。
(187)「黒田清輝日記」大正一〇年五月一六日の条。
(188)「原敬日記」大正一〇年五月一六日の条。
(189)「黒田清輝日記」大正一〇年五月二五日の条。
(190)「原敬日記」大正一〇年五月三一日の条。
(191)「黒田清輝日記」大正一〇年五月三一日の条。
(192)同、大正一〇年六月二三日の条。

(193) 同、大正一〇年六月二三日の条。
(194) 同、大正一〇年六月二四日の条。
(195) 勘解由小路資承は、秋元興朝を含む一二名の談話会常務委員ではなかったが、その養嗣子春朝と共に同会の幹事を努めている（「尚友会幹事日記」明治四三年一月二七日の条〔尚友倶楽部編刊『貴族院子爵議員選挙の内争』、一三九頁、所収〕。また、四月一一日に、水野直は三島と「勘ヶ由小路子一派ニ対スル件」について相談している（同、一六六頁、所収）。
(196) 「大塊翁の茫然とした予想外な提携条件」（前掲『水野直子を語る』所収、一一九頁）。
(197) 「水野直日記」大正一〇年七月一八日の条。
(198) 同、大正一〇年七月一七日の条。
(199) 同、大正一〇年七月一九日の条。
(200) 同、大正一〇年七月五日の条。
(201) 同右。
(202) 同、大正一〇年七月六日の条。
(203) 同、大正一〇年二月二〇日の条。ちなみに、徳川は、第三七議会（大正四年一二月開会）以来八回の議会にわたって在職した全院委員長を、第四四議会閉会後辞している。その後任は蜂須賀正韶である。
(204) 同、大正一〇年七月八日の条。
(205) 「黒田清輝日記」大正一〇年七月二四日の条。
(206) ただ、水野日記、黒田日記によれば、大正一〇年一〇月九日に、ワシントン会議出席のため渡米する徳川貴族院議長のための送別会を、大河内正敏、松木宗隆を加えて十人会のメンバーが開催している。
(207) 「黒田清輝日記」大正一〇年一〇月一日の条。
(208) 「原敬日記」大正一〇年九月一一日の条。
(209) 同、大正一〇年九月七日の条。

第六章　高橋内閣と研究会——政友会の内紛をめぐって——

一　はじめに

高橋是清内閣は、その存続期間が七か月と短いが、それは三年余りにわたった本格的政党内閣である原敬内閣の幕引き内閣であり、その後の二年間にわたる「中間内閣」時代への架橋内閣でもあった。すなわち、加藤友三郎、山本権兵衛、清浦奎吾の三代にわたる「中間内閣」期に、海軍および陸軍の軍縮と中国に対する不介入政策の確立そして普通選挙導入に向けての調査とその政策化が進められた。それら諸政策の実施とその成功を所与の状件として、第一次加藤高明内閣から犬養毅内閣にかけての政党内閣の時代が展開したのである。高橋内閣は、放漫財政から緊縮財政へと政治の梶を大きく切り換え、ワシントン会議での諸条約の調印を果たし、政権の末期には普通選挙導入に向けての調査に着手するかの姿勢すら見せた（後述）。

このような高橋内閣であるが、原内閣と「中間内閣」の狭間にあって、今までその施策や政治過程については余り研究されることはなかった。あったとしても、多分に内閣改造問題に偏していたように思われる。しかし、それにしても、高橋内閣に関して、古くは石上良平『政党史論・原敬没後』（中央公論社、一九六〇年刊）の第一章「原敬没後の政友会の内紛」、大分時間をおいて升味準之輔『日本政党史論』（東大出版、一九七九年刊）の第一三章第二節「第二次護憲運動」そして伊藤之雄「高橋内閣改造問題の考察」（『ヒストリア』九八号所蔵、一九八三年刊）がそれぞれ発表された。特に伊藤氏の研究は、貴族院、野党・憲政会、陸・海軍の動向から広く経済・社会状況までを視野に入れた、詳細で秀れた研究である（なお、同氏の右論文は、伊藤之雄『大正デモクラシーと政党政治』〔山川出版社、一九八七年刊〕に収められた）。

本章は伊藤氏の研究と重なる部分もあるが、伊藤氏をはじめ故石上氏や升味氏もほとんど検討の対象として来なかった高橋内閣下の第四五議会（大正一〇年一二月～大正一一年三月）を貴族院の側から据え直し、ついで内閣改造問題について同様に貴族院特にその最大会派研究会の側の視点で検討してみることを、その課題としたい。

二　「五校昇格」問題と一蓮托生

高橋内閣（大正一〇年一一月～大正一一年六月）における、いわゆる改造問題の萌芽は、大正一〇年六月六日の高橋、野田の原首相訪問にある。高橋らは原に対し、中橋文相と他の一名の閣僚とを更迭して内閣の基盤を固めるべきである、と申入れた。これに対して原は、皇太子の外遊が終わり、さらに皇太子の摂政就任の後に、内閣の進退や改造について考慮すべきである、とした。原はこの会談の内容について次のように記している。「高橋蔵相、野田逓相来訪、内閣の前途に付、内閣此儘にては往き難きにより、改造必要なりと言ふ。誰を罷むるかと反問すれば、高橋は、中橋文相貴族院にても迷惑の由なれば、是れを閣員誰かと更迭せしむる方得策ならんと言ふに付、余は両人の心得の為必要なりと考へ、極秘密に余の真意を告げたり。……〔中略〕……尚高橋は貴族院の意向を云々するに因り、余は貴族院多数の援助なくしては政府を維持する事困難なり、而して貴族院の誰と握手するかと言へば幸倶楽部とは到底提携する事能はず、研究会の外に提携すべきものなし、然るに四十四議会に於て、文相の進退に付、幸倶楽部員は更迭を暗示したる丈にても政府賛成に変ずべしとの内意を申出たるも余は断然之を退けて、研究会と握手し、遂に同会は政府に賛成して幸倶楽部を排斥したり、以来研究会は益々我に接近し、今は仮令準政友と言はるゝも可なりとの決心を幹部に於て之をなし、去卅一日如き、料理屋に於て余の招待に応じて、公々然会食したる程なり、然るを今日に至りて幸倶楽部の顔を立て、研究会の立場を失はしむるが如きは政界の前途を誤るものなり、との趣旨詳細を説示し、彼等の思慮の今一層周密ならん事を求めたり」(1)。右に明らかなように原は対貴族院政策について、幸倶楽部の協力によるものではなく、研究会との提携によるべきであることを「説示」した。要するに、原は〈政―研〉提携の一層の強化によって、内閣改造を封印したのである。

しかし、原の横死後、高橋が首相になるに及んで、その封印が解かれることとなった。よく知られているように、高橋は原内閣を現状のまま引き継いだが、その「一連托生」主義を継承することはなかった。すなわち、高橋は大正一〇年一一月二九日の閣議で、その放棄を宣言した。中橋はその日記に次のように記している。「二十九日、閣議に於て、高橋総理より昇格及び鉄道敷設法案は各其主管大臣に於て其責任を取らるゝことゝし、自分は之に向て責任を取ること能はずと言明ありたり」(2)。なお、元田鉄相が提出した鉄道敷設法案は先の第四四議会において、幸三派の抵抗のために貴族院において審議未了となっていたのであった。

こうした高橋の姿勢に、床次内相は大いに反発した。床次は閣議終了後、南文部次官を呼び「『高橋首相が昇格問題を解決する力がないと言ふなら、われわれの自力で解決を付けようではないか。もう高橋首相にたよる必要はない。中橋君は断じて辞職してはならぬ。さう中橋君に伝へて貰ひたい』と、怒髪冠を衝くの勢ひで激励した」(3)。この時なぜ床次が高橋に対して激怒し、中橋に対し同情し、かつ激励をしたのか。原の後継者としての評価があった床次は、原内閣の後継首班としての高橋に対し、個人的な不満を抱いていたのではあろうが、「五校昇格」案の貴族院通過について、それなりの見通しを持っていたのではないだろうか。ちなみに、『床次竹二郎伝』によれば、原は第四五議会において「是非共五校昇格案を成立せしむる計画で床次氏をして研究会幹部と接衝せしめた結果、其在世中に貴族院通過の工作は大体出来上っていた」(4)という。すでに前章において見たように、〈政―研〉提携が成って以降、政友会と研究会との公式のパイプ役は野田卯太郎が担当した。しかし、提携以前のパイプすなわち水野ら幹部グループと床次とのパイプは、例えば「水野日記」大正一〇年七月三一日の条に「床次氏、湯地、八条、伊東、青木子邸」とある如く、依然として機能していたのである。(5) このことと、高等教育機関の拡張を原自身が「現内閣の方針となしたる二大案(6)」としていたことを考え合せるならば、第四四議会に提出するのを控えた「五校昇格」案の上提・通過を期して、床次はそのための貴族院に対する根回しをしていたことは十分考えられる。

ところで、これより前、中橋は自らもしくは配下の文部参事官吉植庄一郎(衆議院議員、政友会)を通して高橋首相、野田逓相、山本農相そして小笠原長幹に対し、それぞれ「五校昇格」実現について相談し、その可能性を探っていた。中橋の日記には次のようにある。(7)

十九日、高橋首相を訪問し打合せをなす。午後七時、野田逓相を訪問し打合せをなす。

二十日、吉植君、小笠原伯を訪問し、意見の交換をなす。

二十一日、午前九時、小笠原伯を訪問。十一時半、望月君、吉植君来訪、打合せをなす。

二十二日、山本農相を訪問し、意見を交換す。午前九時高橋総理を訪問、小笠原伯と会見の次第を話す。

一一月二〇日とその翌日における小笠原との話合いを通じて、中橋は「五校昇格」実現の可能性を確信したのであろう。彼は二二日に高橋首相を訪問し、小笠原との会談について報告している。小笠原は、第四四議会終了以来、十人会を軸に研究会の指導体制を強化して来ただけに、中橋の要請を受け、その実現に尽力するとともに、その実現の可能性が大きいことを中橋に示唆したものと思われる。『中橋徳五郎伝』には、一九日から二二日にかけての「交渉中」に「昇格案は提出する分には差支えないけれども、自分には原君の如き力がないから、貴族院で潰れるかも知れぬ。併し自分はこの問題に対し内閣連帯の責任はないと信ずるから、さやう承知して貰ひたい(8)」と、高橋首相が中橋に対して述べたと記されているが、それは一一月二二日の高橋－中橋会談においてのことであろう。幸倶楽部－茶話会のメンバーでもあった高橋は、小笠原の姿勢を苦々しく思いながらも、原の遺産でもある〈政－研〉パイプを温存しておきたかったものと思われる。

かくして、「五校昇格」案実現の可能性を信じた中橋は、新内閣成立当初に高橋に対して伝えた辞意を撤回した。一二月六日のことである。以後中橋は床次と連絡をとりつつ、その実現に向けて研究会と交渉することになる。床次は、中橋が公式に辞意の撤回をした、その日の午後、黒田を訪問して中橋留任を伝えている。(9)さらに、翌一二月七日、黒田邸に小笠原、青木、水野が集り、多分、黒田も含めて来邸した床次から「文相問題決定」すなわち、文相留任の決定について報告を受けた。「小笠原伯、青木子、水野子、床次氏来邸。文相問題決定(10)」と、黒田の日記にある。続く一二月八日、この研究会幹部の四人は、「青木邸四人会、床次内相来会、経過報告(11)」と水野日記にある如く、床次から何らかの問題について「経過報告」を受けている。その前日に料亭「蜂龍」で政友会と研究会の幹部が「同席(12)」しているが、その反響や〝効果〟について床次が話題にしたのであろうか。ともかく、第四五議会召集を前に、高橋内閣の下で新たな〈政―研〉提携が模索されつつあった。こうした中で、一二月一二日、中橋は小笠原ら研究会幹部と会合を持った。黒田は次のように日記に記している。「小笠原伯ニ中橋文相来ル。吾々三人モ（水、青、黒）同席ス。後チ十人会ノ召集ヲ極ム(13)」この時の会談の内容は不明であるが、この問題に関して床次を中心に対応するよう、打合せがなされた。中橋は、この晩の会合について次のように記録している。「十二日夜九時、小笠原伯邸に会合す。水野、青木、黒田、小笠原四君なり。内相を中心とすることに打合はす(14)」。翌日、中橋は閣議終了後、床次と内相官邸に同道し、「内相中心の計画を打合はせ、同意を得(15)」ている。

ところで、一二月一二日に開催が予定されたという十人会であるが、はたして開かれたのか。黒田日記や水野の懐中手帳に見る限りでは、一二月一七日の会合を除けば一二月中旬以降に開催された形跡は無い。しかし、次のように黒田が記すように一二月一七日に、十人会のメンバーの多くが小笠原邸に集っている。「……水野子同道沼津行九時半特急。沼津ヨリ四時二十六分特急。小笠原邸、主人伯、酒井子、前田子、水野子、勘解子、酒井伯、内相(16)」。

他方、水野はこの日、懐中手帳に以下のようなメモを残している。「沼津頼倫侯行、黒田子同行。全院委員長、辞退。夜小笠原邸会合、永田秀次郎氏ノ件」(17)。黒田の日記と水野の懐中手帳の内容を合わせてみると、一二月一七日、水野と黒田は、徳川頼倫が滞在していた沼津と東京とを往復した後、小笠原邸での会合に参加した。そこでは、もと内務官僚の永田秀次郎（勅選議員）について話合われた。その前日、先の第四四議会における「風教に関する決議」案採決の直後に研究会を脱会した一〇名の議員たちが中心となって結成された無所属（第二次）団に、特定の会派に属して来なかった永田が参加したのである。水野の手帳にはこの事しか記載されていないが、水野や黒田は、徳川が全院委員長就任辞退の意向を持っているとの報告をしたのであろうし、一二月二五日の第四五議会の召集を前に、床次内相を交えて「文相」＝「五校昇格」問題も話題となったであろう。なおこの会合には、蜂須賀や松平頼寿は出席していなかったが、欠席した大木の代理としてその秘書官・酒井忠正（伯爵）が出席していたことからすれば、司法省所管の陪審法案についても検討されたのかも知れない。

続く一二月一九日、首相官邸での予算案の内示をうけ、小笠原、青木、水野、黒田の「四人会」（註26参照）のメンバーと床次とが再度会見している。しかし、黒田の日記や水野の懐中手帳の記載内容による限りでは、一一月二九日に小笠原、青木、水野、黒田が首相の私邸で夕食を共にして以降、一二月に入って床次とこの「四人会」との接触は全くない。また、小笠原らは床次と話合いを重ねはしたが、第四五議会での「五校昇格」について具体的な方策がそこで提示されることはなかったようである。ちなみに、一月となって、小笠原は中橋の配下にあった吉植に対し、次のように不満をぶつけている。

三日（大正一一年一月－西尾註）、午後吉植君、小笠原伯を訪ふ。其の談話要領。
政友会は支那政府の如し。之を相手にするは困難なり。床次、中橋の宜敷頼むは実にたよりなし。研究会に於ては、宜敷頼むと言ふから、唯だ宜しうござると言ふのみ。政府の主脳たる者の意思を聞きたゞせば、是々非々にて頼むと言ふ。研究会は白紙なり。一体、内閣は対議会策をどうするか。一向纏まり居らざるが如し。高橋は研究会の或者に手を付け、其れにて大丈夫と思ひ居るも、幹部には未だ進んで依頼を為したることなし。一体政友会は何を為し居るや、研究会の幹部は年末より一日二日と引続き会合し居れり。休みたるは三日だけなり。然るに政友会の幹部は大抵旅行中なる由、驚き入る外なし。[18]

大正一一年の元旦は日曜日であった。水野の懐中手帳には元旦に何の記載もないが、二日には小笠原の許に年賀に訪れたとのメモがある。しかし、続く三日には、そこに小笠原に関する記述は見られない。また、黒田は正月三が日と四日は箱根の旅館で過している。そのことは、「引続き会合」していた小笠原によれば「驚き入る外」ないのかも知れない。小笠原は吉植に対し高橋は何もしないと不満を述べたわけだが、高橋を支える野田は一二月二八日に「花やしき」で黒田と会合を持っている。[19]決して、研究会幹部のみが議会対策について検討していたわけではないし、またその幹部全員がそうしたわけでもないのである。

しかし、それにしても第四五議会における本格的な論戦の開始を前に、「是々非々」での協力を依頼したという「政府の主脳たる者」とは一体誰であろうか。小笠原が頻繁な接触を持っている政府主脳は床次であるが、久しく政友会の研究会とのパイプ役をつとめて来た床次がそのような依頼をしたとは考えにくい。彼の後すなわち大正八年の後半に公式に「貴族院係」となった野田[20]が「是々非々」で、と小笠原に言ったのであろうか。あるいは、原内閣時代に原の指示のもと野田の配下として交代で小笠原邸に詰めて来た岡喜七郎(警視総監)、川村竹治(拓殖局長官)、古賀廉三のうちの誰かが、野田の言として小笠原に伝えたのであろうか。何れにしろ、ここで研究会が「是々非々」の立場で第四五議会に臨むのであれば、それは〈政―研〉関係が原内閣下における〈政―研〉提携以前のそれに戻ることを意味するのである。さらに、小笠原が吉植に対し、「高橋は研究会の或者に手を付け、其れにて大丈夫と思ひ居る」と語ったというが、「或者」とは一体誰であろうか。幹部でないとすると、十人会さらには四人会のメンバーではないであろう。前年の一二月七日に、協議員の子爵板倉勝憲が、青木と黒田を料亭「蜂龍」での宴席に招き「研究常務ト政友ノ幹部同席」という場面を造り出したことがあるが、「或者」とはあるいは板倉あたりなのであろうか。板倉は大正六年の補欠選挙で当選した人物で、閲歴も目ぼしいものがないようであり[21]、政友会といかなる関係があったか、不明である。しかし、彼はこの時、研究会政務審査会の第二部（外務・司法）の理事であり、部長と共に第二部の中心的存在であった。従って一二月七日の「蜂龍」の宴席は主に陪審法絡みのそれであったのかも知れない。

ともあれ、第四五議会開会に際して、政友会より研究会に対して部分的な働きかけはあったようだが、高橋総裁そのひとが、対議会対策について研究会に対して基本方針等を示して依頼することはなかったようであった。

さて、一月四日、中橋の配下にあった田村順之助（政友会、栃木第四区）が総務委員の岡崎邦輔を、吉植が相談役のひとり大岡育造をそれぞれ訪問するなど、中橋の周辺は党内工作に奔走する一方で、研究会幹部への働きかけを熱心に行っていた。「四日、田村君、岡崎君を訪問。吉植君、大岡君訪問。吉植君、小笠原伯邸に於て水野子、小笠原伯と会談。水野子、中橋方訪問。夜に入り田村、吉植両君来訪。吉植君、床次内相を訪ふ[22]」。

翌五日、高橋は野田、中橋、床次、岡崎、大岡と会談を持ったが、以下、中橋が日記に記すように財政上の観点から意見交換がなされた。

五日夜。首相の招きに依り、逓相、内相、岡崎、大岡諸君と会談す。其の結果（一）教育費、治水費共に十二年度に於て支出の見込み十分なるべし。十一年度は全権（編者註、ワシントン軍縮会議）帰朝後にあらざれば計算出来ざるべく、然らば追加予算提出の運びとならざるべし。或は不得已は臨時議会を召集する乎の手段に出るも一方法なるべし。（二）教育費を郵税を上て支出するは面白からざるべし。（三）大要以上の意見交換にて、岡崎、大岡両君より党員に協議することゝしたり。（四）首相より十分に研究会員に助力を依頼するの方法を取ることゝせり。(五) 十五日、首相は研究会幹部数名を招待することにせり。[23]

要するに、五日夜の会談で合意を見たのは、以下の五点であった。①中橋文相と床次内相がそれぞれ所管する教育費や治水費については、来年度ではなく再来年度である大正一二年度においては捻出できる見込みがあるが、大正一一年度についてはワシントン会議の全権が帰国(二月三〇日)した後でなければ、その算定ができず、従って追加予算としてこの二つを第四五議会に上程することはできない、②臨時議会を召集してもよい、③教育費に郵便関係の税収を充てることは好ましくない、④以上の点について、岡崎邦輔(総務委員)および大岡育造(相談役)が党員と協議をし、研究会に対しては首相が協力を依頼する、⑤一月一五日に首相が研究会の幹部を招待する。それにしても①の全権団帰国後でないと教育、治水関係の追加予算の算定ができないことは、理解困難である。海軍軍縮は軍事費削減こそなれ、新たに格別の予算措置が必要となることなど考えられないからである。ともかく、高橋首相らは全権団の報告を受け、ワシントン会議での諸条約締結による予算措置が必要であるとしたら、それを「五校昇格」よりも優先したのである。こうして五月の〈政府－政友会〉首脳の会談では、「五校昇格」と治水が追加予算として上提されることは、当面見送られることとなった。

一月五日の会談での決定により、一月一五日に高橋は研究会の幹部を招待し、懇談した。水野はこの点について懐中手帳に「芳野や、常務、首相」[24]と記している。他方、黒田は「六時×九時総理芳野屋采女町」[25]とその日の日記に記録をしている。どうやら、この日、高橋は研究会の常務委員たちと三時間にわたって懇談をしたのである。黒田の日記には記載はないが、この日の会談の前後に、研究会側では「四人会」[26]や十人会といった幹部グループの会合がそれぞれ持たれた。ちなみに、水野日記には「小笠原伯邸黒田、青木、紫川荘十人会」[27]とある。

こうして高橋首相が研究会の幹部グループに対して積極的な意思の疎通をはかることにより、〈政－研〉提携が維持継続されるかに思われた。しかし一方で、これを歓迎しないむしろこれに対抗するかの方向性を模索する幹部もいた。前田利定がそれである。前田は第四五議会においては予算委員長であり、研究会の常務委員として青木と共に、同会を指導する立場にあった。すでに述べたように彼は茶話会との提携を重要視して来た。このことは大正一〇年一月二日に水野と「会見」した際にも前田が水野に語ったところであった（第五章第六節）。それから一年余り経過した時点で、彼は公正会との提携もまた視野に入れつつあったようである。水野は懐中手帳に「福原、前田－研究会ト提携ヲ為シタシ」(28)と記している。この福原俊丸は、船越光之丞、藤村義朗と共に「３Ｆ《スリーエフ》」と称せられた、公正会の若手のリーダーである。(29)なお、この福原と前田の連携の意思がどの程度のものであって、それが公正会と研究会とにそれぞれどの程度の範囲で影響を与えるものであったかは、共に不明である。

ともあれ、議事が再開された第四五議会は、一月から二月にかけて平穏であった。すなわち、「幸三派も高橋首相に好意を寄せる風をして、平穏裡に議事を進めた」のである。(30)

しかし、三月一日、福原俊丸（男爵、旧長州藩の福原越後の孫）は、予算委員会総会（以下、慣例によって予算総会と称する）において、中橋に対し、昨年一二月に辞表を提出したとの風聞があるが、事実であるか、事実であるとすれば、辞表を撤回した理由は何か、と問いただした。これに対して、中橋は事実でないとそれを否定したが、福原は納得せず、「内閣組織ノ時ニ於テ、文部大臣ヲ留任サシタ方ガ宜シイカ、或ハ辞サシタ方ガ宜シイカト云フコトニ付テノ必ズヤ或御考慮ガアッタコトト思フ」(31)と今度は高橋に質問の鉾先を向けた。

高橋は、秘密会にすることを条件にこれに応じ、三月四日の予算総会における彼の発言を以ってすれば「其内閣組織当時ニ文部大臣ト私トノ二人ノ間ニ於テアッタ所ノ内輪話ヲ赤裸々ニ陳述シタ」(32)のである。そしてこの秘密会において、高橋は原の〈一蓮托生主義〉の放棄を公言してしまった。すでに述べたように、高橋首相がその放棄を最初に表明したのは、前年の一一月二九日の閣議においてであった。しかし、そのことはその後、公の場で語られることはなく、また新聞等の記事になることもなく、三月に至ったのである。それ故に、その衝撃は大きかった。

まづ、「中橋は憤然として、大磯の別荘に引籠り[33]、「政友会は鼎の沸くが如き騒ぎ[34]」となった。一方で、その衝撃は研究会にも走った。その日、青木、小笠原、黒田、水野直の四人がこれを問題にし、翌三日には小笠原が「一蓮托生ノ件[35]」で西園寺と面談をするべく興津に出向いている。なお、この夜牛込区河田町の小笠原邸で十人会が開催され、鉄道問題を中心に議会対策が話合われた。ちなみに、黒田の日記には「河田町十人会対議会策[36]」とあるが、水野の懐中手帳には「河田行、四人。高橋一蓮托生放棄」、「小伯興津行一蓮托生ノ件、夜小伯邸十人会鉄道[37]」とある。前議会において、この鉄道施設法案は貴族院で審議未了となり、第四五議会においても、その法案審議の特別委員会が二一回も開かれるなど貴族院での審議は難航していたのであった[38]。首相の一蓮托生主義の放棄が高橋内閣の政治的指導力の低下を招き、さらにこの法案が再度不成立となることを、小笠原たちは懸念したのであろう。

三月三日、首相の秘密会における答弁を不満として大磯に引籠っていた中橋の許に、山本農相の小坂秘書官が農相の代理として訪れ、帰京を促した。その結果、中橋はその日の午後に上京し、閣議に参加した後[39]、深夜一二時、山本農相を訪問した[40]。他方、三日午後の予算総会の冒頭で、同委員長・前田利定が突如今後の審議日程について述べ、「近ク昇格ニ関スル追加予算が出マスサウデアリマス[41]」と、政府が五校昇格の追加予算案を議会に提出するつもりであることを明らかにした。『中橋徳五郎伝』によれば、四日朝に中橋が「爆弾的辞表草稿[42]」を懐にして床次内相を訪問し、熟議の結果、三土内閣書記官長を招いて協議の末、①五校昇格案を追加予算として提出すること、②高橋首相自身が先の秘密会での発言について釈明することの二点が取決められた、という。しかし、予算委員長の前田の発言からすれば、三月二日の夜にはそれがほぼ決定されており、その決定を持って山本農相の秘書官が中橋を訪れた、というのが真相であろう。実際、昇格に関わる追加予算は、「(第一号)大正一一年度歳入歳出総予算追加案(文部省所管)」として、三月六日に衆議院に提出された。

こうして、五校昇格問題の解決に向けて実質的な審議に道が付けられた。しかし、今度は高橋首相の発言内容が貴族院で問題となった。三月二日、三日両日における予算総会では、高橋の一蓮托生の放棄と五校昇格＝文相問題が議論の中心であった。特に、元農商務官僚であり、勅選議員として当初研究会に所属していた山上満之進（無所属、大正一〇年三月研究会を脱会）は、三日さらには四日にも、この二つを中心に高橋首相と中橋文相に対して質問を繰り返した。そして、彼は、四日の午前の予算総会の終盤で、高橋の秘密会での陳述とその後における彼の発言との矛盾を次のように鋭く衝いた。

総体一昨日秘密会デ御述ベニナッタノハ、内閣組織ノ当時ノ事情ダケヲ述ベタノデアッテ、昇格問題ニ対スル一蓮托生カ否カノ考ハ何モ決メテナカッタト云フコトデ御アリナルノデアリマスカ、是ハ驚キ入ッタ御言葉デアリマス、若シ昇格問題ニ対シテ一蓮托生ヲスルシカナイト云フコトノ御考ガ決マラナケレバ、斯ノ如キコトヲ御述ベニナル筈ハナイ……当時文部大臣ニ対スル総理大臣ノ意思ガ少クモ一昨日ノ秘密会ノ時マデハ続イテ居ッタト、我ゝハ認メザル外ナイ……デ一昨日マデ確カニ昇格問題ハ一蓮托生ノ問題デハナイト云フコトヲ、総理大臣ハ信ジテ御出ニナッタコトハ、是ハ明カデアル、一昨日カラ一日ヲ隔テタ今日、一蓮托生デアルカナイカ、ソレハ未ダ考ヘテ居ナイト云フ風ニ御変リニナッタ点ハ、甚ダ私ニ了解ガ出来ナイ、サウ云フ晨ニ夕ニ意見ヲ御変ヘニナルヤウデハ、我ゝハ総理大臣ノ御言葉ニ対シテドノ点マデ信頼シテ宜イカ甚ダ惑フノデアリマス。[43]

要するに、高橋首相は組閣時と秘密会の時点では昇格問題に対する考え方が異なると言いたかったのであろうが、上山は秘密会までは一貫していた筈だと主張するのである。すでに触れたように、二日にも五校昇格の追加予算を議会に提出する腹を固めたであろう高橋は、五校昇格と一蓮托生との関連をあいまいな状態にしておきたかったであろうと、容易に想像できるところである。しかし、これが高橋にとっては落とし穴であり、中橋にとってはゴールに立ち塞がった新たな障害となった。再開された午後の予算総会の冒頭で同成会の西久保弘道は「文部大臣ノ二枚舌ニ関連シテ、一国ノ総理大臣ガ二枚舌ヲ使ハレタト云フコトデアリマス」[44]として、当面他の問題ではなく、この問題に集中して議論を続行するべきとの提案がなされた。こうして、三月八日午後、この問題に対する質問打切りの動議が大河内正敏（研究会）より出されるまで、〈一蓮托生―五校昇格〉問題に関する議論が予算総会において延々と続けられたのである。

第四五議会では、例年通り一月二一日に次年度の総予算案（正式には「大正十一年度歳入歳出総予算案並大正十一年度各特別会計歳入歳出予算案」、以下これを慣例によって総予算と記す）が提出された。貴族院は衆議院での審議・採決とその回付を待って、二月二一日に第一回の予算総会を開いた。それは三月に至るまで都合二三回開催されたが、その内の四回（一一回：三月四日、一二回：三月六日、一三回：三月八日、二三回：三月二五日）は実質的な質疑のほとんど全てが〈一蓮托生―五校昇格〉問題についてであった。その四回の内、前の三回は何れも秘密会の内容に関連した質疑である。ワシントン会議、鉄道敷設法改正、過激思想取締法案、陪審法案そして五校昇格と重要案件の審議が目白押しの日程において、予算不成立が懸念されはじめたのもこのころである。ちなみに、この時、田台湾総督秘書官である松本剛吉は、「政府にては総予算の通過せざることを大いに恐れ、周章狼狽せり」[45]と政局を見ていた。事実、〈一蓮托生―五校昇格〉をめぐる貴族院予算総会の動向について、小笠原ら研究会幹部の「四人会」および床次内相は深刻に捉え、総予算不成立の可能性に関して三月六日に話合っている。すなわち、「小伯邸四人、酒井、床次、予算返上ノ節ハ本会議ニ於テ難詰ノ件ヲ採ル」[46]というように彼らは、予算不成立の際には、本会議で貴族院野党（幸無四派）に対し批判演説をするように決めている。

しかし、さすがにこの時点で高橋首相は手をこまねいているわけにもいかなかった。七日午前、高橋と床次は各派交渉委員と会見し、予算審議の進行について懇談した。その結果、各派交渉会の要求により、高橋は「最早会期も切迫せる故、此問題は予算案と切離して別の場合にご質問になり、予算案審議の進行を許られんことを切望す」[47]、との覚書をその日の午後に手渡した。しかし、各派交渉会は協議の上、交友倶楽部を除き、これを拒否し、研究会を含む各派の代表者（研究会・前田利定、茶話会・江本千之、公正会・船橋光之丞、同成会・谷森真男、無所属・黒田長和）が八日午前に高橋と会い、その旨を通告した。かくして、八日も予算総会では、秘密会での首相の発言を含め、〈一蓮托生―五校昇格〉をめぐる質疑応答が続行された。

大河内が質疑打切の動議を提出したのは、その日八日の午後のことである。この大河内の動議に対し、青木信光（研究会常務委員）がすかさず支持を表明した。これに対して、岡田良平（無所属派）、江本千之（茶話会）、仲小路廉（同成会）ら幸無四派の強硬な反発があり、委員会速記録にも「（発言ノ許可ヲ求ム者多シ）」[48]が二か所見られるなど、議場は混乱した。結局、「貴族院ニ於テ政府ノ信任ヲ問フトカ問ハヌトカ云フコトハ、殆ド例ハ無イ」[49]と、この問題が貴族院における内閣不信任の表明であると、抗議する阪谷芳郎（公正会）の発言を、「（問題外ノコトハ罷メテ此動議ヲ……）」[50]としてさえぎる鎌田栄吉（慶応義塾塾長、勅選議員、交友倶楽部）による所定外の発言に促され、前田は採決する態勢に入った。かくして起立多数で大河内の動議は可決され、午後三時一五分、予算総会は散会となったのである。

ところで、この質問打切問題について、『読売新聞』は、「足並乱れを研究会―前田子出し抜かる」として次のような注目すべき「研究会某伯爵談」を掲載している。[51]

八日、貴族院予算総会に於ける質問打切り問題は各方面に強い衝動を与へたけれ共、研究会としては既定の方針を進んだに過ぎぬ。実は七日各派交渉会に臨む以前から既に、こんな文相問題といふが如き下らぬ質問を維持していては際限がないから適当な時期に打ち切らんとしていたのである。然して、公正会には三名の通告者を残しているから、これが終了次第打ち切ると研究会と四派の間に諒解が出来た。然るに一方政府としては斯く貴族院各派が連合して進んで来られては遂に野垂死の外ない立場になって来たので、七日夜に至り、青木、小笠原、大河内の各子と床次内相とが某所に会合して、八日に於ける予算総会を協議する所があった。其の結果研究会の軟派に対し総動員を行ひ、現に八日の如きは百名以上の議員が登院していた。前田子は前述の事情を全く知らずに委員会に臨んだが、中途から大河内子が出席し、打ち切りの動議を提出せんとしているのに対して小松謙次郎及び大村《〔ママ〕》敬次郎〔村上敬次郎―西尾註〕男が頻りに之を制止したが、金杉英五郎、和田彦次郎両氏が大河内子を為かすので遂に彼の発言をするに至った。前田子は同僚が発言した以上、見殺しには出来ぬ関係から採決するに至ったのであるが、此の結果、前田子は青木、大河内一派のために面目を丸潰れにされた訳である。採決の後、研究会では控室で大議論が行はれ、荒井賢太郎、勝田主計、小山健三等の諸氏は強硬に幹部の不統一を語り、遂には脱会意見迄も主張するものがあった。此の意見に対しては村上敬二郎《〔ママ〕》、板倉勝憲、渡辺千冬の諸氏も共鳴し、榎本武憲子の如きは幹部の威令今日の如く行はれぬのは実に遺憾であると慨嘆していた。

三　追加予算案不成立

すでにふれたように、三月一日の午後における福原俊丸の質問に端を発して、三月六日までの間に開催された延べ五回にわたる予算総会の審議の大半が〈五校昇格―一蓮托生〉問題に費されていた。この間、研究会の幹部たちは、かかる予算総会の審議の推移をどのように見ていたのか。

黒田日記と水野日記とによれば、本予算が貴族院に回付された二月一五日以降第四五議会終了迄に、十人会が八回開催されている。[52] その内三回が三月一日から三月六日の六日間に集中している。それは〈五校昇格―一蓮托生〉問題が一つのピークを迎えた時である、追加予算ばかりか総予算までもがその通過について危ぶまれはじめた時であった。研究会の幹部たちの多くは一刻も早く、幸無四派のこの問題に関する質疑を終了させ、本予算案の審議結果を本会議に報告したいと考えていたと思われる。少くとも、三月六日に小笠原邸に集った青木、水野、黒田、小笠原そして酒井忠亮はそう考えていたにちがいないし、床次もまたそれが実現するように青木たちに懇願したであろう。その翌日、水野は懐中手帳に「野田逓相招待（山口氏野田行）、午后九時小伯邸」とメモを残している。このメモの前半について記せば、野田逓相が夜水野らを招待し、食事をしながら懇談した、ということであろう。後者については、水野ら研究会幹部が小笠原邸で会合を持ったことを意味する。水野のメモには青木、大河内など具体的な名前は出てこないが、右の「某伯爵談」にある床次内相と彼等が会合した某所とはまづ小笠原邸であったようである。しかし、『東京日日新聞』は次のように報じている。「七日深夜政府は必死の運動を試みて研究会の点呼を行ふと共に床次内相、青木信光子、小笠原長幹伯の三者が下谷の大河内邸に密会し、主人の大河内子を加へて鳩首凝議したといふ事実があると伝へられる[53]」。午後九時に水野を含めて青木、黒田ら研究会幹部が小笠原邸に集り、その「深夜」に至り、彼等が大河内邸に移動して、大河内や床次が加わりさらに協議を続行したのであろう。小笠原邸や大河内邸での会合では、予算総会における本予算の審議の迅速化や審議の終了についてが主な話題であったにちがいない。おそらく、ここで大河内が質疑打切りの緊急動議を出すことにより、三名の公正会側委員の質疑を封殺し、その分速やかに予算総会の審議を切り上げることについて、合意が得られたものと思われる。

それにしても、青木に対してもうひとりの研究会のリーダーである前田はこのことを事前に知らなかったのであろうか。緊急動議が提出された直後の彼の対応ぶりは明らかに迅速さを欠いていたし、とまどいが見られた。また、鎌田に採決を促されるという一幕もあった程である。それ故、「某伯爵」が語ったように、前田は「青木、大河内一派のために面目を丸潰れにされた」と見るべきであろう。すなわち、青木、小笠原、大河内そして「某伯爵」談には登場しなかった水野は、事前に前田に諮ることなく、質疑打切りの緊急動議提出の準備をしたものと思われる。

では、どうしてこの様な事態が起ったのか。この点について、『読売新聞[54]』は「硬化せんとする前田子と軟化した青木氏〔ママ〕の分裂か」と、研究会幹部グループの対立が、その原因であるとして次のように報じている。

元来前田子は前議会来政友会内閣の秕政百出に愛想を尽かし、機会だに到来せば政友会との関係を断って研究会の本来の是々非々主義に遷りたい希望で、偶々去る二日の首相に禍〔ママ〕事件を好機とし従来の関係を一擲して厳正公正なる是々非々主義に甦ったのである。研究会でも前田子を中堅とする一派が頻りに正論を唱ふるに於ては仮令現内閣と檀の浦を極め込んで居る無自覚連でも公然之に反対することが出来ず已むなく前田子一派の主張に追従して来たのであるが、一方政府側では床次内相が貴族院懐柔の必要に迫られ乍らも今日に至りては前田子を動かす〔こ〕との不可能なるを知り寧ろ青木子一派を中心とする研究会の軟派を切り崩し、之と交友倶楽部との提携を図り以て前田子一派の気勢を削減せしめむと腐心し、前田子としても青木子の態度に対し、聊か不満を感じてか予算の審査期限延長を決定する場合にも何等青木子に諮ることなく、委員長の権限を持って独断専行遂に十二日間の延期をしたのであるが、之は青木子の感情を害するを甚だしく一方政府側の懐柔運動は逐日熾烈になり、一作夜即ち質問打切り動議提出の前夜を以て猛烈を極めた模様で質問打切りの作戦も青木子一派を打合せ済みのものと思はれる……（中略）……斯の如き研究会の内情を見るに前田対青木の暗闘は決して一朝一夕に解決せらるべきものでなく、今後機会のある毎に問題の発生する度起るべきものと思はれるが、若し其れ青木子一派の勢力が漸次増大するに於ては研究会と幸四派との関係は断絶するの外なかるべく、又若し前田子の勢力が依然多数を擁することになれば幸四派との提携も持続せられることになるから畢竟現内閣の為めに頗る不利なる推移を見ることになると謂わねばならぬ。

『読売新聞』はこのように報じ、前田が最近の「政友会内閣の秕政百出」に愛想を尽かしたのが事の発端で、彼は「正論」を唱え、研究会の姿勢を従来の是々非々主義に戻しつつあり、それが「軟派」の青木との対立を生んでいる、としている。後半はその通りであろう。しかし、この前半は必ずしもそうではない。

すでにふれたように、前田は原内閣成立直後において官僚出身の勅選議員とともに原内閣に反対する姿勢を取っていたようであるし（第五章第二節参照）、先の第四四議会が開催されている大正一〇年一月、水野に対し彼は研究会は茶話会との協力関係を維持して行くことの必要性を語っていた。また彼は茶話会に大きな影響力を持って来た平田東助と姻戚関係にあった。原内閣と研究会との間に提携が結ばれて以来、前田は疑心暗鬼で青木や水野ら火曜会グループ（第三章第五節を参照）と行動を共にし、三島亡きあと青木と共に研究会のリーダーとして親政友会路線をとって来たのであった。しかしそれも、先にもふれたように茶話会とのパイプを優先して考えるなど〈是々非々〉と〈親政友会〉とは必ずしも矛盾するものではなく、並存しつつ状況の変化により選択されるものであった。従って同じ親政友会路線でも青木たちのそれと前田のそれとは自ら温度差があった。少なくとも前田にとって脱政友会は、是々非々主義[55]への復帰ではなく、その選択なのであった。

ともあれ、今回の「質疑打切り」は研究会が常務委員を中心とした幹部集団に強力に統制される組織ではなく、組織内部には前田派と青木派との対立が存在することを議会の内外に示すことになった。これに対し、幸無四派は連合協議大会を開き、一丸となって研究会を非難する一方、調査委員会を幸倶楽部に設置し、質問打切りの前例や当日の事実関係を協同で調査し、前田委員長や研究会の責任を追求する姿勢を示した。

しかし、幸無四派の抵抗もここまでであった。研究会の大勢が質問打切りに賛成していることもさることながら、政府が七日夜から研究会幹部青木グループの支持を得つつ、強硬姿勢に転じていたことも幸無四派を牽制したのであろう。すなわち、七日夜首相官邸で開かれた政府・与党協議会で、八日の貴族院予算総会の状況如何によっては総辞職の覚悟を以て貴族院の停会を断行し、さらに貴族院停会のまま衆議院を解散し、民意を問う、との基本方針を確定したのである[56]。おそらく、青木や大河内はかかる政府の不退転の意思を念頭に、午前中の審議の推移を見守っていたのである。前田の意向はともかく、徒らに質問を長びかせることによって生ずる停会という事態を、青木らは回避したかったにちがいない。それならばこそ、大河内は〝突如〟質疑打切りの緊急動議を出したわけだし、本会議開催の予定がない中を、青木ら〈軟派〉幹部の招集で登院した百名近い研究会員の存在は、幸無四派に対し無言の圧力ではなかっただろうか。

ともあれ、予算総会において通過が難行した大正一一年度総予算案であったが、一部を次回開催の総会(三月二〇日)に残しつつも、三月一五日には、その大半の委員会審議を終了した。総予算について、二月一四日に衆議院から回付を受けた貴族院は本会議における政府との質議応答を経て、二月一八日に予算委員会に審議を付託した。それからほぼ一ヵ月の時間を貴族院予算委員会はその審議に費したのであった。ちなみに、予算委員長の前田利定は、三月二四日の本会議における委員会報告の際、第四四議会において予算総会が一七回にわたって開催されたことについて、自分は「貴族院始って以来の『レコード』と思うて居った」が、今年はそれを超えること二回、審議日数の延長は実に一二日にのぼる、と述べている(57)。ともあれ、大正一一年度総予算案は三月二二日の予算総会の議決を経て、本会議に送られた。が、幸無四派から出された綱紀粛正建議案の審議(58)のため、前田予算委員長の報告と総予算の採決が二四日にずれ込んだのである。

こうして、総予算案は貴族院を通過した。しかし、追加予算案はそうは行かなかった。既述の「五校昇格」に関する追加予算案を除き、他の追加予算案は何れも三月一七日に衆議院に提出され、三月二二日に衆議院を通過している。前者すなわち「五校昇格」予算案(三月六日、衆議院に提出)は三月一五日に衆議院を通過し、即日貴族院に送られたが、総予算案審議の遅れのあおりを受けることとなった。すなわち、その追加予算案の「審査期間を定むるの件」が翌一六日に本会議にかけられた時、予算委員会委員長の前田利定がこの議事を「他の機会に延期したい(59)」との動議を提出した。彼は、予算総会においては質問の通告者が五〜六〇名以上にものぼり、ワシントン会議やそれに関連する「防備制限」、「海軍の比率問題」、「綱紀粛正」等に関して質問が多く、やっと一五日に個別の予算案を分科会に移すことが出来たのであり、従って総予算案の審査期限を一二日間延長し、三月一〇日から三月二二日としたい、と述べた。さらに続けて「昇格の予算案を握り潰すやうな底心を持ち、或は又他意あってこれを後廻はしにする」のではないとしつつ、「五校昇格」追加予算案を「審議するが為に大正一一年度の予算案を此本案と共に並行して審議すると云ふことになりましたならば、或は恐る、此両案の審議決了〔ママ〕に至ります前に此会期は過去つて仕舞ふであらうと云ふのであります」としたのである。[60] かかる前田の動議は研究会の西大路吉光（子爵）、茶話会の江木千之（勅選）、公正会の阪谷芳郎（男爵）の支持を得て、賛成多数で可決された。こうして、総予算の審議が優先され、追加予算案のそれは三月二三日以降とされてしまった。結局、「五校昇格」追加予算案が貴族院本会議の議事日程に上ったのはそれより一週間遅れで、衆議院から貴族院に回付された他の七つの追加予算案の上程と同じ、三月二三日のことであった。この時、「五校昇格」是か非かの議論が再燃し、それは二四日の本会議にまで及んだ。三月上旬の予算総会での審議が貴族院における論戦の第一のピークであるなら、これは第二のピークであった。議会最終日の三月二五日に至るまで、その追加予算案は予算委員会に付託されないままの状態にあった。こうして水野直のいわゆる「昇格決戦」[61]の火蓋が議会最終日に切って落とされることとなった。

さて、この日の本会議でも「五校昇格」是か否かの質問戦が展開され、政府にとっては貴重な時間が空費された。結局、大木―小笠原派の伯爵議員・林博太郎（研究会）が質問打切り・予算総会への付託の動機を出すまで、それは続けられたのであった。これに対し、幸無四派はさらに残された時間を空費させようとした。すなわち、江木翼は林の動議の表決について記名投票によることを要求した。表決は、江木の提案に対して二〇名の賛成者があり、記名投票で実施された。その結果、賛成一七〇―反対一〇一で、「五校昇格」追加予算案は三月二五日の午後、ようやく予算委員会に付託されるに至った。この時、前田はこの追加予算案については特に審査期限を設けず、予算委員会の審査終了次第、本会議に報告することとしたいとの動議を出し、起立多数でそれが了承された。さらに続いて、直ちに予算委員会を開催したい旨を前田が要求し、徳川議長はそれを許可した。こうして、本会議場から前田利定(予算委員会委員長)、江木千之(同副委員長)はじめ六三名が委員会の審議のため退出するという事態となり、予算総会は本会議と併行して開催されることとなった。(62)

さて、予算総会の審議は、六時一分から七時四九分の間の休息をはさみ、九時四九分にまで及んだ。この五時間余りに及んだ予算総会はさながら岡田良平(無所属派、もと研究会)の独壇場であった。その大半の時間は岡田と中橋文相および松浦専門学務局長との質疑応答に費された。しかし、再会された頃より本会議場と予算委員会会議場とを往復する議員が目立ち始めた。前田委員長は、午後九時四九分、定足数割れを理由に、予算委員会の散会を宣したのである。かくして、「五校昇格」追加予算案は審議未了のため、廃案となった。岡田と政府側との間に発熱した議論が展開された割には、あっけない幕切れであった。

第四五議会で審議未了となった重要案件は、この外に①陪審法案、②陪審法関連追加予算案、③過激社会運動取締法案である。予算総会は②についておおむね承認し、①について陪審法案特別委員会の審議の終了を受けて、「五校昇格」追加予算案の審議終了後、審議にとりかかることになっていた。特別委員会の審議は三月二五日の正午に終わってはいたが、予算総会において五校昇格追加予算の審議が長引き、ついには散会してしまったので、②は予算総会で可決には至らなかった。同様に特別委員会による①に関する報告も本会議において実施されなかった。③は第一次世界大戦後、特にロシア革命後の社会主義・共産主義思想の流入とその民衆への鼓吹を抑止することを目的としたもので、貴族院先議の法案であった。三月一日より特別委員会で本格的な審議が開始されたが、各新聞、雑誌の反対が強く、その影響もあってか、貴族院では慎重論が強く、三月二四日に至り、やっと修正可決された。同日、衆議院に回付されたが、三月二五日に結局審議未了となった。

こうして波瀾の内に幕を閉じた第四五議会であったが、高橋首相は、一両日中に西園寺公望を訪問するという松本剛吉に対し、議会最終日の貴族院について、次のように語り、西園寺への伝言を依頼している。

昨日の議会の状態は君御承知ゆえ一通り御話を願ひ度し、只、床次の貴族院操縦が行違を生じたるは遺憾に堪へず、今日の貴族院は公侯伯子男の中若き人たちが随分頭を抬ぐる時代となり、近頃まで勅選が勝手気儘にせし様な訳には行かぬ、研究会、幸倶楽部は敵味方の様なれども、学習院其他学校にて共に苦楽を共にせし間柄なれば平素頗る昵近なるが故、問題の起る毎に共に研究を為し居れり、原君の折角心配して存へたる政友会の友党研究会を怒らしたるは甚だ遺憾なれども、是は後で話しをつければ、又復た判るときには判ると思ふ、昨日研究会より二日間の議会会期延長の申込ありたれども、自分は断じて延長は出来ぬと云へり、其理由は昇格案は大なる修正を加ふると云ひ、過激法案も中々通りさうもなく、殊に二十六日閉院式の議上〔ママ〕奏済みなれば遂に拒否することゝせり、此始末を詳に御伝言を願ふ、又、政友会も本日幹部を指名せしにより大なるごたつきはあるまいと思ふ、来月英国皇太子の御来遊もあることなれば、夫れを仕舞うて何とか決する積りなりとの御伝言を願ふと言はる。[63]

高橋が松本に語ったところによれば、三月二五日に研究会より二日間の会期延長の申込みがあったが、翌二六日に閉院式の開催をすでに上奏していたので、政府はこれを拒否したという。これに対し、『床次竹二郎伝』や『中橋徳五郎伝』は共に、床次と研究会幹部との交渉の結果、政府が一日だけ会期を延長すれば「五校昇格」追加予算案を成立させる手筈となり、首相も会期延長を承諾していたが、首相はその手続きをとらなかった、としている。[64]前者は首相が会期延長を考慮したことはないとし、後者の二つは首相が会期延長を承諾しながらもその手続きをとらなかったとするのである。その何れが真実なのか。ここでは資料を欠いて判断することはできない。すでに述べたように、予算審議日程の変更により三月一五日の時点で、「五校昇格」追加予算案が衆議院から貴族院に回付されるのは早くても三月二二日、本予算の本会議での議決の後からの審議であることを考えるならば、それは順当に行って三月二三日のことと予想された。三月二三日とした時、貴族院におけるその追加予算案の審議時間は三日間しかないことは、三月一五日の時点で十分予想されたことである。にもかかわらず、高橋首相らはその時点で会期の延長を考慮しなかったのであろうか。

やはり、高橋は緊縮財政の立場から、少なくとも次年度における「五校昇格」に着手することについて熱心ではなかったのであろう。無理をして会期を延長するのではなく、あわよくばそれを成立させたい位にしか、彼は考えなかったのではないだろうか。例年ならば、会期末の三、四日間で、衆議院より回付された追加予算案が貴族院を通過するのである。ちなみに、第四四議会においては、大正一〇年三月二三日に衆議院を通過した三件の追加予算案はただちに貴族院に送られ、ともに議会最終日の同年三月二六日に貴族院を通過している。

なお、第三次桂内閣の倒壊すなわち大正政変より第四五議会開会までのおよそ一〇年間に、帝国議会は一五回開催されている。その内の二回はそれぞれ昭憲皇太后の大喪費と対独戦争費に関わる臨時議会であり、他の三回は衆議院の解散があった。従って、残り一〇回が解散後の特別議会と通常議会とを合せたものである。この一〇回のうち一回の事例を除き、衆議院または貴族院による本予算案や追加予算案の一部修正はあっても、予算案そのものが否決されたり、審議未了で不成立となることはなかった。(65)その一回の事例とは、言うまでもなく海軍汚職問題（シーメンス事件）のため貴族院が本予算案を否決した第三一議会である。それ以来八年間、本予算案および追加予算案は全て貴衆両院を通過したのである。さらに言うなら、第三一議会開会の八年前は、ちょうど第一次西園寺内閣が成立した時であり、それは第二二議会の会期中であった。いわば桂園時代の開幕であるが、ほぼ七年間にわたる桂園時代と第三次桂内閣から第三一議会開会直前までの第一次山本内閣期の約一か年を合せた、ほぼ八年間においても、本予算案、追加予算案の何れか一方でも不成立ということはなかった。要は、桂園時代の幕開け以来、第四五議会の開会までのほぼ一六年間において、一つの例外はあったが、本予算案あるいは追加予算案が不成立ということはなかった。それ故、日程変更の議決がなされた三月一六日の時点において、高橋首相が、なおも会期延長の必要性を認めなかったことは容易に推測できるし、また、延長について考慮しなかったからといって、それは必ずしも内閣改造狙いの反中橋的な行為でもないであろう。

では、研究会の幹部は一日にしろ二日間にしろ、ともかく短期間の会期延長を政府に要請しなかったのであろうか。おそらく要請したであろう。ただし、それは前田が要請したのではなく、青木や小笠原のグループすなわち四人会のメンバーによるものと思われる。前者は硬派、後者は軟派である。高橋首相は松本および松本を介して西園寺に対し、研究会と幸倶楽部は敵味方のようだが、その若手は学校時代のつながりで平素交流し、問題が起るたびに共に研究していると語ったが、それは研究会の前田と公正会の福原のことを指しているのだろうか。すでに述べた如く、この二人は第四五議会の冒頭で〈研－公〉提携の可能性について考えていた。前田は明治三五年七月に東京帝国大学法科大学（ドイツ法兼修、いわゆる「独法」）卒、福原は同三四年七月同じく工科大学（機械工学科）卒である。[66]この二人は専門とするところこそ異るが、ほぼ同じ時期に同じ東大キャンパスで学んだことは確かである。彼等はこのことが縁で「平素頗る昵近」[67]だったのであろうか。にわかに断定はできないが、学習院にしろ、帝国大学にしろ、高学歴者のこうしたネットワークが、会派をこえて貴族院の有爵議員間にあったのかも知れない。

それはとも角、〈一蓮托生－五校昇格〉問題をめぐって貴族院予算総会が紛糾したのは三月初旬半ばであった。この時、平田東助や田健治郎はそれぞれ、総予算案の通過を心配する松本剛吉に対し「総予算丈けは必ず通過せしむべし」[68]と太鼓判を押していた。事実その通りになったのだが、この時松本は「政府者中にても貴族院の実状を知らざる者は平田、田の如き最早や今日にては勢力なきもの〻《ママ》如く思ひ居るも、決して然らず。平田子は研究会に対し、田男は幸倶楽部に共に各潜勢力あり」[69]と日誌に書きつけている。平田や田が、この時、実際どの程度貴族院に対し影響力を行使しえたのか不明である。が、例えば平田が幸倶楽部ではなく研究会に影響力を保持していたとすれば、山県系官僚である岡田良平たちが脱会した（大正一〇年三月）後には、平田の嗣子の妻の兄である前田とその人脈のルートによる所が大きかったものと思われる。前田は平田の示唆もあり、会期内に総予算案のみを通せばよいと考えたのかも知れない。

これに対して床次と太いパイプを有する青木、小笠原ら四人会は総予算案はもとより、追加予算案の全てを会期内に貴族院を通過させようとしたのであろう。従って、議会最終日に会期の延長を政府に要請したのは青木らであって、前田たちではなかった。かくして水野のいわゆる「昇格決戦」は、研究会内では前田ら硬派が勝ちを占め、青木、小笠原ら軟派は敗れたのである。また、貴族院内では多数派の研究会が負け、少数派の幸倶楽部が勝ったことになった。高橋首相が松本に語ったように、彼は貴族院の多数派すなわち「政友会の友党研究会を怒らし[70]」てしまったのである。閉会式当日、床次と中橋とが連れ立って青木と黒田を訪問し[71]、さらに翌二七日に高橋自ら青木を訪れている[72]。床次や高橋が前田ら硬派グループに対しパイプがあったかどうかは判然としないが、少なくとも政友会の貴族院係である床次は、前田らよりも青木―小笠原グループとのパイプを活しつつ、最後の最後まで「五校昇格」追加予算案の貴族院通過をはかり、青木―小笠原グループもそれに応え、努力したのであろう。

しかし、その努力も所詮は限界があり、三月二五日の予算総会の成行を見つつ、青木らは床次に対し、一日、二日の会期延長を要請した。ところが、高橋は最後の土壇場でそれを認めなかった、というのが真相なのであろう。ちなみに、三月二五日の予算総会には、研究会側より審議打切りの動議は出されなかった。しかるに、三月上旬の予算総会や本会議ではそれぞれ大河内正敏や林博太郎が幸無四派の審議引延しに対し、審議打切りの動議をもって対抗している。三月二五日、研究会幹部〈硬派〉グループは、会期延長を見込んでか、高橋が延長する意思のないことを知ってか、予算総会の成行きを傍観していたのである。

何れにせよ、床次と高橋は、青木、小笠原ら研究会幹部〈軟派〉グループの努力と期待を裏切ることになった。

それ故、三月二六日とその翌日、床次と中橋さらに高橋首相が研究会幹部〈軟派〉グループのリーダーである青木と黒田を、そして青木をそれぞれ訪ね、詫びなければならなかったのである。

四　改造問題

第四五議会が閉会した直後に内閣改造問題が再燃した。議会開催中に、組閣当初、原内閣を改造できなかった事実が明らかにされた以上、議会が終了した今、政界の関心は、総辞職を含め高橋内閣の去就に集った。ちなみに、第四五議会閉会式当日(三月二六日)夜、中橋文相は山本農商務相を訪ね、山本より「改造は中橋、元田両君を含めり、自分は不明」(73)と、内閣改造問題に関する情報の提供を受けている。他方、この頃、松本剛吉と西園寺公望および平田東助との間でも、高橋内閣総辞職説(平田)や「進むべき道は改造」(西園寺)との認識がそれぞれ示され、松本を介して西園寺や平田は高橋内閣の将来について意思疎通をはかっていた。また、五月二日まで高橋首相が公式の場で「改造」を口にすることはなかったが、四月になるとその主たる標的と目された中橋に対し、その側近や親戚を通じて間接に又は直接に、辞任の勧告や説得がしばしばなされた。例えば、四月二七日、中橋は次のように日記をつけている。「夜、家内九鬼男爵を訪問す。政友会員(広岡ならん)文相辞職勧告方を、九鬼男に依頼せりと。同男は其の理由なしとして、拒絶されたり。然るに其後、再び来訪、同様の依頼あり、同様の意見を述べ置きたりとの事なり」(74)。中橋の長女縫子は男爵九鬼隆一(枢密顧問官)の長男に嫁いでいたので(75)、政友会前幹事長広岡宇一郎は九鬼を通して中橋が文相を辞任するように説得を一度ならずも二度試みていた。

ところで、この内閣改造は周知の通り失敗に終わるのであるが、内閣総辞職に至る二か月余りの間に、これをめぐる内閣および政友会内部の対立抗争は二つのピークがあった。改造が一旦中止された五月八日の前日と結局改造に失敗しての内閣総辞職前日の六月六日がそれである。では、かかる改造問題に対し、貴族院与党である研究会はどのように関ったのであろうか。

ここで、三月二八日付『読売新聞』に「現内閣と研究会の立場」と題し、「某研究会常務員」の談話が掲載されている。この匿名の常務委員は第四五議会における政府の稚拙な対応ぶりを非難する一方、「研究会は内閣に向つて九寸五分を突き付けはしないが、自刃せんとするものは止めないといふのが不文の憲法となつて居る。随つて後継内閣の問題の如きも更らに考慮する所はない。只生れた子供が男であると女であるとに依つて身仕度もする」と、改造問題さらにポスト高橋について事態を静観する姿勢を示した。

成程、黒田日記や水野の懐中手帳で見る限り、議会終了直後に床次、中橋そして高橋がそれぞれ青木・黒田（三月二六日）、青木（三月二七日）を訪問した（既述）以外、少なくとも三月二五日以降より四月上旬にかけて、研究会幹部が政府要人と会った様子はない。ただ、四月一日に、黒田は政友会幹事長横田千之助と、[76]四月二日には水野と黒田とが料亭「橋口家」で南文部次官と、四月六日に黒田が馬場法制局長官に、そして四月八日には黒田、青木、水野が岡警視総監とそれぞれ会っている。[77]横田は議会終了直後より元田鉄相のもとを訪ずれるなど、山本悌二郎と共に元田を辞職させるために動いていたようであった。[78]彼は四月一日に黒田と会って内閣改造について打診していたのかも知れない。しかし、四月一〇日以降、研究会幹部少なくとも四人会が政府関係者と接触する機会が増えてくる。すなわち、四月一〇日には床次内相による料亭「花谷」での「招宴」[79]が黒田や水野らを招いて開催された。その翌日には、小笠原の側近で水野の情報係でもある結城礼一郎が水野のもとを「中橋氏ノ会見ノ件」[80]で訪れ、小笠原邸では四人会が持たれ、黒田より「山本農相ト会見ノ件」[81]がそこで報告されている。

何れにしろ、中橋や山本が研究会側に対し、いかなることを語り、さらに改造問題について四人会のメンバーがどのように考えていたかは、資料上の制約のため不明である。しかし水野らは情報を収集しつつも、第四五議会会期末の会期延長問題のため面子を潰され、好意を踏みにじられた研究会として事態を静観していたようであった。

ところが、かかる研究会幹部の姿勢に対して、政友会の岡崎邦輔は不満を抱いていたようである。四月一六日の観桜会の折に水野、岡崎、そして岡喜七郎（警視総監）の三人が会合を持った。そこで、岡崎か岡のどちらが切り出したのか判然としないが、おそらく水野に対してそのどちらかが又はそのふたりが「研究会幹部ノ不都合ヲ申」(82)し立てたのである。あるいは、水野も含めて三人で、水野を除いた研究会幹部に対する不満を並べたてたものとも考えられる。岡崎もしくは岡は、場合によっては水野も含めた彼等三人は、内閣改造について研究会が静観を決め込むのではなく、積極的に関与し、〈政－研〉提携の再確認の上で政友会内閣が維持されることを望んだのであろうか。しかし、こうした姿勢は西園寺が否定するところであった。四月二二日、松本に対し西園寺は「兎に角内閣の問題は政友会の中に収めず《ママ》外（研究会を指さる。）に手を著けると云ふ事は駄目だ(83)」と述べ、来日中のイギリスの皇太子が離日するや直ちに内閣改造に着手すべきであるとした。

これより前、すなわち四月一八日、青木と黒田が興津の別邸に西園寺を訪問した(84)。その際の話の内容は四月二一日の十人会で報告されているが、西園寺は床次への伝言を彼等に託した。その伝言は翌日、黒田の日記に「内相官邸（西侯ノ伝言）(85)」とあるように、黒田より床次内相に伝達された。その内容は不明ではあるが、西園寺が四月二二日に松本に対し「床次は自分に会いに来たりたるが、余程当てが外れたりと思ふ、同人は既に辞表を高橋に出し居る筈なり(86)」と語ったことを考え合せる時、やはり内閣改造絡みの内容であったと思われる。

さて、四月二一日、蜂須賀邸で十人会が開かれた。ほぼ一か月半ぶりの開催である。水野は日記に次のように記している。「十人会午后四時、蜂須賀侯邸（西公報告）。中橋ハ困難、改造出来サル事ナシ。小伯邸床次氏ト会合岡氏(87)」。青木と黒田がいかなる報告を十人会のメンバーに対してしたかは資料を欠き明らかに出来ない。が、要するに、この日の十人会での結論は、中橋を罷めさせることは難かしいかもしれないが、内閣改造が出来ないわけではない、ということであった。十人会の後、場所を変えて、小笠原邸で小笠原、水野、床次が会合を持ち、岡もその場に呼ばれ協議に加っている。その六日後、水野は小笠原より「床次内相ニ面会セシニ中橋氏ニ対シテハ已ニ友情ヲ尽シタリ、西公ノ説ニ従ヒ順応ス可シト云フ」[88]との報告を受けている。ここで言う「西公ノ説」とは四月二二日に西園寺が松本に語った、床次にとって当外れの事であり、それは具体的には中橋が更迭され、自らも内相を辞任することを含めた内閣改造を指すものであろう。

このころ、高橋首相は内閣改造の目玉として台湾総督田健治郎を入閣させることを考慮しつつ、自ら田を説得した。四月二二日、彼は台湾への帰任を間近に控えた田を訪ね、田に蔵相への就任を求め、併せて改造構想を次のように語っている。「擬予蔵相、以期財政経済之大刷新、擬山本農相以内相、擬田中大将、以陸相、擬鎌田栄吉、以文相、其他雖一々不明言、其範囲頗広、如欲一新面目、切求予快諾」[89]。これを要するに、高橋は田を蔵相として起用して財政や経済の大刷新をはかり、山本農相を内相に転じ、田中義一を陸相に、慶応義塾々長・鎌田栄吉（勅選・交友倶楽部）を文相にそれぞれ起用するなど、高橋内閣として面目を一新するつもりであった。田は茶話会のリーダーであったが、原内閣の下で台湾総督に就任して以来、原内閣や高橋内閣下における議会で、公正会、茶話会など幸倶楽部の反政府的な姿勢とは対照的に、政府を支持して来た。従って、高橋としては貴族院における基礎をより拡大することと政友会にも受け入れ易いということで、田の起用を考えたのであろう。また、それは「大改造を為す」にあたり田を「欅の大黒柱」[90]であるとする西園寺の意向に副うものであった。

この日の高橋と田との会談は三時間半に及んだ。彼等は①研究会との諒解を得る方法、②通貨収縮、正貨輸出解禁、行・財政整理、税制改革、③陸軍軍縮などについて意見を交換したようであるが、田はこの日、回答を保留した。結局彼は回答を保留したままで台湾に帰任した。

しかし、この高橋と田との会談は貴族院にも様々な憶測を生む。例えば、四月二七日に、黒田邸で四人会が開かれたが、小笠原、青木、水野、黒田は、「田男ハ高橋首相ト相談シテ政友会副総理トシテ内務大臣タラント欲ス」[91]と見ていた。他方、床次の秘書官・瀧正男が参謀総長上原勇作から得た情報では、横田が内相に擬せられ、床次は外相に回されるとのことであった。これは、上原が田から得た情報であると言われるが、[92]田にしろ、横田にしろ高橋内閣に入閣するのであれば、たとえ床次が外相として残留しても、内閣の主導権はほぼ確実に田や横田ら改造派に帰することになろう。四月二七日、黒田邸での会合の後、小笠原邸で再度四人会が持たれ、岡警視総監が来邸した。席上、岡は「今回ノ件」すなわち改造問題については「床次氏ノ立場上今暫ク隠忍スルヲ可トス」[93]と、当面の床次の政治的立場に対し悲観的な見方を示すと共に、小笠原たちに隠忍するよう説いた。また、この日、水野のもとに研究会所属の勅選議員・市来乙彦が訪ねている。もと大蔵官僚で床次と同郷の彼は、「中橋、床次両氏会合ノ件ニ付」[94]水野ら幹部に依頼するところがあった。市来は第四五議会以来の床次－中橋提携関係の継続を前提としつつ、「研究会トシテ此ノ内閣明渡ヲ得策トスル」[95]趣旨の意見を水野に、申入れたのである。「内閣明渡」の意味が判然としないが、要するに市来は、床次と中橋とが「合同」[96]＝提携するのであれば、研究会が高橋内閣から手を引くのか、又はそれを総辞職させることが研究会にとって得策であると示唆したのである。

それでは小笠原ら四人会は内閣改造に対し、どのような姿勢をとっていたか。端的に言えば、二正面策戦である。公正会から脱会して親和会なる男爵議員の団体のリーダーのひとり、男爵中川良長に対し、四月二七日、水野は次のように「水野ハ隠居中ニ付小伯中心ニ於テ改造内閣又ハ床次内閣等ニ干スル政策ヲ立ツル必要」[97]を語っている。すでに述べたように水野は、大正九年一二月に貴族院議員を辞任しており議席を持っていなかった。そこで彼は、高橋改造内閣にしろ、または床次新内閣にしろ、内閣改造にあたり小笠原を中心に、それぞれについて研究会としての対策を立てなければならないと考えていたのであった。

しかし、四人会はその対策を立てる間もなかった。事態の展開の方が急ピッチであった。五月一日に『時事新報』に内閣改造がほぼ確実であるとする記事が掲載されるや、水野は親和会の中川や杉渓と研究会事務所で「田男爵ニシテ入閣サレルナラバ之トノ連絡大切ナリ」(98)と話合っている。床次が排除されて田が入閣する形での改造内閣が出現した時、水野や中川らは研究会・親和会と内閣との新たなパイプ役に田を考えたのであろうか。ちなみに、その翌日、水野と中川は研究会事務所に会合を持ち、改造内閣成立に対する研究会や親和会の対応について話合った。彼等は床次内閣待望論者であった。従って、「床次氏ヲ主トシテ政策ヲ講スル事」(99)が不可欠であるが、床次と「高橋、田、横田ハ反対ノ立場」(100)にあるので、研究会、親和会そして床次グループのそれぞれの代表者である小笠原、中川、床次がまずは「連合会同」(101)することが必要であると、水野、中川は考えるのであった。また、三者間の政策上のすり合せも必要であろうという配慮から、例えば水野から中橋に対して中川と会見するよう注意したいとの発言に対し、中川は「教育問題ニ干シ中橋氏ト……十分接近セル」(102)旨を応えている。

ところで、彼等は床次を全面的に信用していたわけではない。床次が政友会内部の抗争に勝利できずに、高橋改造内閣が成立した場合のことも考慮していた。水野は日記に次のように記している。「……(三)床次氏自身ハ戦争家ニ非サル故歟説ヲ唱フル事アリ。一、内閣改造ノ節ハ郷男ヨリ祝賀、首相。二、田男爵ニ対シテハ杉渓男ヨリ祝賀。三、小川平吉ニハ杉渓男ヨリ祝賀―小川、杉渓、平野、中川会合……」(103)。確認は出来なかったが、水野日記の記述によれば「杉渓男ト田男、小川平吉親戚干係」(104)、親和会の杉渓言長と田および小川平吉(政友会相談役)とは親戚であったらしい。この親族ネットを使って、水野や中川は、高橋改造内閣成立の折に高橋や田に対し祝意を表そうとしていた。しかし、他方で彼等は、床次を「戦争家ニ非サル」としながらも、床次内閣を待望していた。

五月二日、徳川頼倫邸に、徳川の側近・三浦英太郎(男爵、紀州徳川家顧問、旧和歌山藩家老の家柄)、黒田、青木、水野、そして政友会の岡崎邦輔(政友会総務委員)が集った。すぐ後で述べるように、岡崎を含めたこの会合で床次援助や〈政―研〉連立についてが話題となった。すなわち「徳川侯邸、三浦男、黒田子、青木子、岡崎氏、床次内相援助ノ提案及ビ研究政友連立ノ精神ヲ話ス」(105)と彼は日記に記している。床次援助の提案は水野から出されたのであろうか。五月末に至り、高橋首相より「山本、床次、中橋ノ三角同盟論」[106]を云々される床次であるが、彼はまだこの時期は去就を明確にせず、大勢順応を決め込んでいたようであった。改造派＝総裁派の岡崎にとっても床次内閣は受け容れられないわけではなかったであろう。床内で政友会が纏るのであれば、床次と研究会とのパイプでもって、原内閣と同様な〈政―研〉連立政権を造り出すことが可能であったからである。

しかし、水野が希望したようには事態は動かなかった。その日、すなわち五月二日、小笠原が西園寺を訪問した。その報告が五月三日、小笠原邸でなされた。

1　小伯邸ニ会合、四人、岡氏来会。昨日西公ニ小伯訪問ノ結果、当然改造ニ決定セル由ニ付、小伯、中橋文相ヲ訪問其意ヲ告ケタリ。田辺氏来邸、決心ノ様子報告。

2　黒田子二回床次氏ヲ訪問。[107]

小笠原は内閣改造に対する西園寺の強い意志を知り、自ら中橋に改造が不可避であることを告げたのであろう。その前日、中橋は、山本、元田、床次とともに個別ではあったが、高橋首相より直接辞表提出を求められていただけに、改めて西園寺の意向を小笠原より聞くにつけ、失望感もまた大きかったにちがいない。その後暫くして、中橋の側近である田辺が、改造とそれに伴う辞任を中橋が決心した様子について四人会のメンバーに報告している。床次に対しては、側近の岡が伝えたであろう。その日、黒田は二度までも床次を訪問した。ともかく、こうして研究会幹部と中橋グループは床次内閣はあり得ず、政権を維持するならば高橋改造内閣しかないと、明確に認識するに至った。

ところで、これより前(四月三〇日)、大磯の徳川頼倫別邸に、徳川、黒田、青木、水野、三浦、そして岡崎邦輔が集った(以下、大磯会議と称する)。水野の日記に次のようにある。「三十日、父上忌日、大磯ニ頼倫侯訪問、黒田子、青木子、三浦男、岡崎氏ノ件床次氏ヲ以テ連絡セル事。午后十一時帰京」[108]。ここには岡崎が来会したとの記述がないが、この日、すなわち四月三〇日、水野は他方、懐中手帳に「大磯ニ岡崎氏面会九時四十五分発、父上忌日」[109]と記しているので、岡崎も徳川邸に来たことは確かである。この日、水野は岡崎に会うためにわざわざ大磯に出向いた。そして、岡崎との面談の内容を床次を通じて誰に伝えようというのであろうか。または今後岡崎の意思を床次を通じて誰に伝達しようというのか、判然としない。しかし、この数日後（五月二日）、この会談について岡崎が松本剛吉に次のように語っている。「此日予〔松本－西尾註〕は岡崎邦輔氏を高輪北町の邸に訪ひ時局談を為す。氏曰く、研究会の諒解も追々付き居り、既に自分は徳川頼倫侯と過日大磯に於て十時間以上の会談を続け、普選解決等の事も相談を為し、意見一致の点多きに依り、不日侯と西園寺公と会見を為さしめ、研究会の建直しまでもやる覚悟を持ち居れると語られたり」[110]。岡崎は松本に対して、先の大磯の徳川別邸での会合について意気軒昂に語ったらしいが、要するに岡崎は既存の床次ルートだけではなく、今後設定できるであろう自らのパイプを基礎として、西園寺の権威を最大限利用しつつ、新たな〈政－研〉提携を構想していたのではないだろうか。

ところで、岡崎の大磯会議への参加であるが、先の観桜会での岡崎、岡、水野の三者会談で話題となった「研究会幹部ノ不都合」がきっかけとなったと思われる。今まで何度も見て来たように、水野は侯爵徳川頼倫邸には頻繁に出入りし、彼を研究会の「総裁」格として遇して来た。また、水野にとって徳川は、研究会幹部の集団「十人会」の扇の要であった。政友会総務委員岡崎邦輔にとって徳川頼倫が旧主筋であることをも考慮しつつ、水野はこの問題を徳川のもとに持ち込んだのであろう。ちなみに四月二二日、水野は青木と共に前日に上京した三浦を徳川本邸に訪ね、「岡崎氏ト大磯ノ件」[111]について相談している。

それでは岡崎が参加しての大磯会議開催のきっかけとなった「研究会幹部ノ不都合」とは何であろうか。先にもふれた様に、激化しつつある政友会内部の抗争を静観する研究会幹部の姿勢が問題とされたように思われる。岡崎は普通選挙問題等について〈政－研〉が話合い、政策上の一致による強力な連立政権の樹立を目指していたようであった。ちなみに、原内閣期の〈政－研〉提携は研究会が政友会に十分な施策を行なわせるという主旨によるもので、双方における政策に関する議論が欠如していた。おそらく岡崎はそうした受け身姿勢の研究会幹部に対して不満を抱いたのではないか。彼が松本に語った「研究会の建直し」とは、こうした研究会幹部の意識改革を指すものではないだろうか。また一方で、そうした研究会のパートナーとして、すなわち一方の連立政権の担い手として政友会をながめた場合はどうであったか。彼にとって政友会は、研究会のパートナーとして纏った政治勢力でなければならない筈である。しかし、その政友会は分裂の様相を呈しつつあった。岡崎はかかる事態がより深刻となることを恐れたにちがいない。従って臨時閣議が開かれ、高橋が全閣僚に辞表の提出を求めた五月二日の夜、首相の私邸での会合の席上、「猛進一挙に解決すべし」と説く横田に対し、岡崎は「稍軟説」を説いたのであろう[112]。事実、この時、総数四六四名中二八一名の衆議院議員を擁する政友会に分裂の危機がなかったわけではない。「刻下の政局が紛糾するを憂慮した[113]」上埜安太郎（富山県選出）はじめ一九名の政友会所属代議士たちは、五月一日とその翌日にそれぞれ上野精養軒、芝公園三縁亭に参集して調停案を協議する一方、高橋、床次、野田、山本、中橋、元田、岡崎を手分けして訪ね、「時局収拾」の道を模索していた[114]。また、松本剛吉は次のように政友会の様子について日誌に書きつけている。「政友会は院外団其他の会合を為し、他方へ電報を発せり。一方各地方より代議士続々上京し、幹部改選派及び改造派、非改造派、仲裁派抔、各待合、料理店等に集合協議し、都門俄かに騒々敷なれり[115]」。

ところで改造派の中核のひとりであった岡崎は、五月二日夜、来訪した先の一九名の代議士のひとり東武に対し「ただ断行あるのみで、若し故障のある時は血を見ても目的を貫徹するより他にない[116]」と語り、内閣改造に向けて強硬な姿勢を崩すことはなかった。しかし、表舞台を一歩下れば、岡崎は舞台裏ですなわち高橋や横田らの前で「稍軟説」を説べ（前述）、高橋を「頗る憂慮」させていたのであった[117]。彼は、水面下で両派の関係修復に向けて動き出していた。

五月四日、徳川邸に三浦（紀州徳川家顧問）、黒田、岡崎が会合を持った[118]。席上、岡崎は「此際全ク取ル可キ策無ク、何分宜敷願フ[119]」と述べ、党内抗争の調停を研究会に依頼した。この日、例の如く小笠原邸に四人（小笠原、青木、水野、黒田）が集り、彼等は常務委員の酒井忠亮を加えて会合を持った。この深夜に及んだ会合について、水野は左の如く日記に記している。

3　小伯邸ニ四人、酒井子会合（一時半マデ）。

岡氏来会、今夜岡崎氏ノ訪問アリ、床次氏ニ明夜一会合（政友幹部）ヲ催シ度キ旨依頼アリ。及ビ研究会幹部ハ毎日面会シ居ル旨申シ居ル由。

岡氏ヨリ政友会ノ統一ヲ両大臣ニ依頼シ研究会ニテ仲裁ノ件如何ト申込アリ[120]。

岡が小笠原らに報告したところによると、その夜岡崎が来て、彼は床次に対し明日政友会幹部を招いて会合を催すよう要請するところがあった。また岡は四人会に対し、政友会の抗争を仲裁するように依頼したのであった。かかる五日夜から六日未明にかけての深夜の動きは、翌日、三浦と水野によって大磯別邸にあった徳川頼倫に報告されている。「岡崎氏ハ已ニ侯爵及ヒ研究会幹部ヲ利用シテ岡総監ヲ説キ居ル由[121]」と報告されたようだが、岡崎は、四月以来自らが徳川や青木、水野、黒田ら研究会幹部と意思疎通をはかって来たことを岡に開示しつつ、その岡を介して一席を設け、両派の対立を調停するよう、床次に対し依頼したのであろう。また同時に、岡が青木たちに、研究会として両派対立の仲裁の労をとってはどうかと持ちかけたのは、岡崎が岡を説いたことによるものであることはほぼ間違いないところである。後で見るように、五月六日に内閣改造は中止となるが、その後、徳川を中心に両派の調停工作を進めるべく、三浦や水野、黒田の間で検討されることになる。それはともかく、五月五日夜、床次が一席を設け、仲裁に乗り出したことによって事態は大きく変る。内閣改造をめぐる抗争は一時中止、従って改造は一時延期となった。高橋が床次主催の「夕食会合[122]」に出席したかどうかは判然としないが、おそらくその開会前に、黒田は高橋を訪問したものと思われる。午後五時半のことである。(123) 水野は、この高橋―黒田会談の様子を黒田より聞き取り、それを以下の如く詳細に記録している。(124)

4　午后五時半黒田子首相訪問。
首相ハ、一、従来ノ経過、二、自己ノ意見トシテ改造ノ止ムヲ得ザル理由、三、黒田子ヲ呼ヒシ主旨。
（a）床次氏ト同郷ノ干係。
（b）研究会ノ様子ヲ知リ度シ。
（c）自己ノ希望ヲ伝ヘラシ度シ。
（d）床次氏ト談合シテ呉レ。
研究会ニ自己ノ真意ヲ了解セシ〔メ欠―西尾註〕度キ事。

世ニ伝ルカ如キ事実ニ非ズ。余カ辞職勧告ヲ為セシニ非ズ。余ハ過激者ト全ク考ヲ異ニス。政友会ヲ毀スニ非ズシテ一新ノ人心ヲ得ルニ在リ。

閣議ノ第一日ニハ改造ヲ余ニ一任スルヤ否ヤヲ問ヘリ。

閣議ノ第二日ハ改造ヲ個条ニ分チテ相談セリ。
（a）政友会内閣ニスルカ　（b）人心一新程度
終ニ改造ニ干シ議論ヲ生シ、床次氏仲裁スル事トナル。明日ノ閣議モ亦相談ニ止ムル考ナリ。

是等ニ対スル黒田子爵ノ答。
5　今日ノ状態ニ為リテハ改造ノ主旨カ人心ノ一新ニアレトモ却テ一新トナラズ、役ニ立タズ。
6　強行改造ハ絶対ニ不可ナリ。却テ天下乱レテ悪化スル事。
7　床次氏トノ干係ハ是ニテ政府ヲ継キ、研究政友両者互ニ提携シテ政治上ノ中心トナル事。

議会中ハ勿論十分交渉セシモ議会后表面ニ断絶セシノ観アレトモ、裏面ハ同様ニシテ将来ト雖モ、床次氏ト行動ヲ共ニシ、黒田、青木両人興津ニ参リテモ此ノ干係ヲ陳述シ置ケリ。頼倫侯モ総裁トシテ西公トモ干係ス。研究会側ハ床次氏ヲ以テ副総理ト思ヒ凡テノ行動ヲ為ス。

8　今回ノ事極端ナル手段ヲ採ルハ不可ナリ。政友会ノ将来ニシテモ立派ナル事ニ非ズ。両者共ニ十分和解ス可キ余地存ス。

首相　頼倫侯ニヨリ両者十分ナル意思ノ疎通要ス。

当方ヨリモ遠慮ナク床次ニ申スベシ。

御考ノ点ニ干シテハ御遠慮ナク床次氏ニ申聞セヨ。自分モ可成円満ナル極ヲ結ブ様考ヘ居レリ。研究会ノ諸君ニ対シテハ今回ノ手段ノマヅカリシ事ヲ謝ス。

黒田子

（表面）

研究会ノ同情干係ニ干シテハ先頃ノ問題以来一ツノ融和意見ガ付キテ后万事御相談致シ度シ。

五月二日（火）は定例閣議開催の日であった。この日、高橋は内閣を改造したいから、全員辞表を提出するように要請した。これに対し、元田、中橋が反対し、山本、床次、野田はそれぞれ賛否を明らかにしなかったので、その日の閣議はこれで終った。翌三日の臨時閣議では、高橋と中橋との間に改造の是非や改造の手続きをめぐって息詰るような激しい議論の応酬があった。

特に二日目の高橋−中橋における議論の応酬からすれば、要するに高橋は、改造の実行とその中味について閣僚からフリーハンドを得たかったようである。右の水野メモからも、高橋が、元田、中橋罷免を含む大規模な改革に執着している様子は窺えない。政友会を分裂させないで、人心を一新できる程度の改造をしたいというのが、彼の本音であったようである。ともかく、彼は明日に再度予定されている臨時閣議においても、この問題を相談程度にとどめたい旨を黒田に述べている。

これに対して、黒田は①内閣改造の強行は不可である、②第四五議会後も床次と研究会とは意思の疎通があり、今後も床次を通して、従来通り〈政－研〉提携を維持し、政治の中心とする、③改造派、非改造派ともに十分和解をすべきである、と応じた。特に③について高橋は、徳川頼倫すなわち研究会が両者の調停に乗り出すことを認め、高橋も床次を通して研究会側に対し遠慮なく意見を申述べたい、とした。

黒田との会談の直後に、高橋は内閣改造の一時中止を決断した[125]。政友会内部の混乱と〈政－研〉提携の確認を含む政治体制の現状維持さらには研究会による両派の調停を期待しての決断であった。彼は、その決断を直ちに松本剛吉に伝えた。元老西園寺への伝言を松本に依頼するためである。松本が高橋のもとを訪ずれたのは、午後九時のことであった。彼はこれを彼が「最も畏敬する[126]」横田に伝えた後、午後一一時六分発の汽車で興津に向い、翌朝七時ごろ西園寺にそれを伝達した[127]。なお、五日夜に松本が高橋のもとを訪ずれた際、改造の一時中止は「誠に自分一人の考で、誰にも話さぬ。君の外知る人なし[128]」と高橋には言ったが、岡崎は横田から伝聞いたのであろうか、これを知っていた。右の水野の記述はさらに「一、岡崎氏岡氏ニ面会、決定延期説ニ岡崎モ賛成。[129]」と続く。岡崎はさらにこの情報を岡に伝えた。ともかく岡崎としては、今までの行きがかり上「此際、強キ意見ヲ有サヾル可カラザルモ円満ノ解決ヲ欲スル[130]」からであった。

ところで、小笠原ら四人組の全員が高橋内閣に対して同じ姿勢をとったわけではなかった。改造が一時中止となった五月六日、小笠原邸に青木ら四人が集った。いつもと異なり、その日は「不穏[131]」なムードが支配した。水野は次のように日記をつけている。「小伯邸四人会合。小伯ヨリ大義名分論ニテ岡崎氏ト諸君ト干係セシノ不都合ナルヲ陳ヘ怒リタリ[132]」。小笠原は、青木、水野、黒田が岡崎の要請で内閣改造の一時中止に動いたことを問題としたのである。しかし、どうしてそれが大義名分論の立場からすれば問題なのか。先に見た如く、小笠原は五月四日夜の酒井を入れての四人会の会合に参加していた。従って床次や研究会が政友会の分裂を防ぐべく仲裁の労をとることについては知っている筈であった。それとも、「政友会ノ統一ヲ両大臣ニ依頼シ研究会ニテ仲裁」するという、岡の提案―おそらく岡を介しての岡崎の要請―に、小笠原は反対であったのだろうか。水野日記に見る限りでは、例えば「小伯、床次氏、中川男三君連合同ノ事」（五月二日）、「小伯中橋文相ヲ訪問」（五月三日）とあるなど、小笠原は比較的床次や中橋グループとの接触が多いようである。従って、彼は水野らと共に床次内閣を待望していたのではないか。そうだとしたら、五月二日から三日を境に――西園寺が強硬な改造論者であることが判明――、青木らが床次内閣論から一転して改造内閣論に転じたことを小笠原は批難しているのである。同時に、対政友会活動の主導権を岡崎に持って行かれたことへの不満も少なくないであろう。

その翌日、水野は小笠原について、「小伯モ已ニ本気ニ成リ来レリ。人格者自ラ欺クト人ヲ人格化スルトノ説ニ服セリ。」[133]と徳川に対し報告している。ここで言う「已ニ本気ニ成」るとはいかなることを指すのであろうか。「人格者」「人」とはそれぞれ小笠原、高橋、床次の何れであろうか。にわかに断定できないが、人格者が小笠原で人格化された「人」は床次を指すのではあろうか。小笠原は床次内閣の可能性が当面なくなってもなお、床次に首相就任を期待していたようでもある。ともかく、その後も徳川を含む研究会幹部グループによる政友会とのパイプすなわち岡崎ルートに小笠原が関与することはなかった。

五月九日、三浦と水野は大磯への車中で「小笠原ノ態度」[134]について話題にしているし、同日、岡が黒田を訪ずれ、「高橋首相ト小笠原伯会合ノ必要」[135]性について献策している。おそらく、岡は黒田らの了解の上で小笠原と交渉し、「黒田、青木子等ヲ除外シ首相ト三人ニテ会合」[136]することを彼に了承させた。その結果、一三日、料亭「はなや」で首相、小笠原、床次および岡が会合を持つに至った。[137]しかし、それにしても「首相ト小笠原ノ会合」になぜ床次が出席したのか。床次が〈政―研〉提携のパイプ役であることの再確認のためであろうか。

五　「普選」と「教育」――高橋新内閣へ――

内閣改造が不調に終った五月六日、岡崎と関係を持ったことを「不都合」であるとして、青木らが小笠原に非難された「小伯邸四人会合」の後、青木、黒田、水野の三人は三浦のもとを訪づれた。三浦を含め彼等が相談した結果、政友会の内紛を仲裁するべく、徳川頼倫主催の会合を開催する事が取り決められた。その開催は岡崎を中心に計画し、三浦を通して徳川に進言するというものであった。水野は日記に次のように記している。「黒田、青木両氏ト三浦男訪問。黒田子ヨリ様子ヲ述ベ、頼倫侯一会ヲ催ス事、岡崎氏ヲ中心トシテ三浦男ヨリ人選其他融和ノ会合ヲ催ス事ヲ進言スル事ヲ相談[138]」。翌日、水野は三浦とともに大磯別邸に徳川を訪問し、右について彼に報告した。その翌日すなわち五月八日、今度は水野、三浦に岡崎が加わり、「黒田子ト協力シテ両派ノ調訂〔ママ〕及ヒ将来ノ方針ヲ相談スル事」と「頼倫侯ヲ適当ノ場合ニ出場ヲ乞ヒテ和解ニ勉ムル事[139]」の二点が三名の間で確認された。ここに「黒田子ト協力」とは、薩摩出身の黒田から同じく薩派の床次さらに山本達男（臼杵藩出身）を通して「中橋派ヲ纒メテ高橋首相ヨリ頼倫侯ニ仲裁[140]」の申込みをするための突破口を黒田がつけるということであった。政界に足がかりを持たない、紀州徳川家の顧問である三浦と改造派の急先鋒のひとりである岡崎に、中橋との接触は不可能である。「中橋ハ尚床次氏ヲ立ツル考[141]」えであることを、黒田より聞及んだ水野は、黒田―床次ルートで中橋派をとりまとめ、高橋と中橋とを提携させることが近々実現できると考えるに至った。ちなみに、彼は大磯の別邸にあった徳川に対し、沼津の別邸に移動することを延期し、「首相中橋派ト結ブ迄[142]」、東京麻布飯倉の本邸に戻ることも延期するように三浦を通して要請したのである。

こうして水野らは政友会内部の分裂要因をできるだけ排除することによって大〈政友会〉を維持し、他方で元老西園寺が納得する政権構想を高橋内閣に持たせることによって、高橋内閣の存続と〈政―研〉提携の継続を可能にしようとしていた。逆にいえば、〈政―研〉提携の継続と高橋内閣の存続こそが、分裂に向って震動しはじめた政友会に対してはめられようとする箍であった。五月一三日、東京の徳川邸に黒田、青木、水野および岡崎が会合し、三浦もそれに同席した。黒田の日記によれば、それは午前一〇時半に始まり午餐をはさんでの、長時間にわたった会合であった[143]。水野は次のように記している。「徳川侯邸ニ於テ、岡崎、黒田、青木三子ト会合、三浦男列席。(一)西公へ献策ノ上普選調査、教育改善延長ノ政策ヲ以テ提携スル事。(二)頼倫侯ハ研究ヲ統一シテ立ツ事[144]」。

この日、水野はこのように日記に記したが、この会議のきっかけは水野、青木のその前日における三浦との遭遇にあった。五月一二日、水野が青木（日銀監事）を日銀に訪問し、ふたり揃って三越に出向いた際、彼等は偶然三浦に出会った。この時三浦は西園寺の使者を名乗った岡崎邦輔からの伝言を申述べたという。水野はこの点について日記に次の如く記録している。「日本銀行ニ青木子訪問同行。三越ニ於テ三浦男爵ニ偶然会ス。西公ノ使岡崎氏頼倫侯研究会ヲ纒メ政策ヲ樹立スル事。(一)普通選挙ノ準備、(二)教育ノ普及、是ヲ以テ高橋首相ニ迫リ実行セシムル事[145]」。岡崎は言うまでもなく政友会総裁であった西園寺とは旧知の間柄であり、西園寺が政友会を去り元老となってからも、しばしば西園寺のもとを訪れていた。五月一〇日にも彼は西園寺のもとを訪づれている[146]。徳川への伝言はこの時のものであろうか。

しかしながら、岡崎が実際の所、西園寺の使者であり、彼が三浦に伝えた内容がそのまま西園寺の意思であると断定することはできない。しかし、岡崎が旧主筋にあたり研究会の「総裁」格であった徳川頼倫を巻き込む形で政治行動をおこしたことは事実である。岡崎が徳川に西園寺の意向を伝達した際に三浦も陪席していたであろうが、その時伝達された西園寺の意向とは次の通りであった。①徳川頼倫は研究会をまとめ、政策を立てることが必要である。②具体的にその政策とは「普通選挙ノ準備」と「教育ノ普及」であり、高橋首相に対して迫ってでもそれを実行させる。ところで、かかる西園寺の伝言は、大磯会議について岡崎が五月二日に松本に語った内容（註110を参照のこと）とよく似た部分がある。それは普通選挙と研究会の建直しに関してである。岡崎を介しての西園寺の伝言では、それぞれ「普通選挙ノ準備」、「頼倫侯研究会ヲ纒メ政策ヲ樹立スル事」となっている。しかし、「教育ノ普及」と「高橋首相ニ迫リ実行セシムル事」の二点は松本の岡崎訪問以降新たにつけ加えられたものである。それにしても「不日侯と西園寺公を会見なさしめ」と、五月二日に岡崎が松本に語ったように、五月三日から岡崎が西園寺を訪問した五月一〇日の間に西園寺と徳川の会見が実現したのであろうか。会見が実現したとしたら、そのふたりの話合いの結果として、右の二点が新たにつけ加えられた公算が大である。そうでない場合は、五月一〇日に岡崎と西園寺との話合いの中から出て来たことであろう。

　五月一一日、徳川邸に岡崎と青木、黒田、水野が集り、三浦もその会合に陪席した。ここで前日に三浦から青木、水野が聞いた西園寺の伝言が次のように確認された。

　㈠西公へ献策ノ上普選調査、教育改善延長ノ政策ヲ以テ提携スル事。
　㈡頼倫侯ハ研究ヲ統一シテ立ツ事。[147]

　こうして、この日の徳川邸での会議で、岡崎と研究会幹部との間に「普選」と「教育」とで提携することが取り決められたのである。

　時はまさに、デモクラシーの時代であった。原内閣下の第四二議会以来、高橋内閣下での第四五議会に至るまで、普選法案は野党から連続して衆議院に提出されて来た。それらは何れも解散および否決によって貴族院に回付されることはなかったが、第四五議会開会を前に野党第一党の憲政会は、事実上の財産資格制限を意味する「独立の生計」条項を党として作成した普選法案から削除する、という政策転換を行った。これを受け、第四五議会では、原の「普選解散」（第四二議会）以来低調であった普選論争の大きな高まりを見、普選運動は再び活況を呈するようになった[148]。このような事態に対し、岡崎は、さらには西園寺は、早急に政友会が政策転換をしなければならないと考えたのであろうか。

ところで、この時すでに内務省では普通選挙法制定に向けての調査を開始する準備に着手していた。すなわち、大正一一年四月二五日付『読売新聞』によれば「普通選挙法の諮問機関として本年夏秋の交迄に内務省に衆議院議員選挙法調査委員会を設置する事に此の程決定し、目下道府県市町村に於ける△独立の生計を営む者△年齢廿五年以上の男子其他に就き調査中」であった。この委員会の会長は内務大臣、委員には六～七〇名もの貴衆両院議員、学者、実業家および各省次官・局長、その他民間人を網羅する人々を充てることとなっていた。また、この調査会の「審議要綱」は制限条件と罰則等であるが、政府としてはこの調査会で十分審議の末、「大正十二《ママ》年〔一三年の誤り―西尾註〕の総選挙には普選を施行したき希望を有しておる[149]」のであった。この調査委員会は続く加藤（友）内閣下の「本年夏秋の交」より少し遅れ、一〇月二〇日に至り「衆議院議員選挙法調査会」として正式に設立された。松尾『普通選挙制度成立史の研究』では「加藤内閣は成立直後より調査機関設立を計画した[150]」とされるが、実に普選実施に向けて政府内部にレールを敷いたのは高橋内閣である。後継の加藤友三郎内閣にとって「普選調査」は前内閣からの引継ぎ事項であった。ちなみに大正一一年七月二〇日付『読売新聞』は以下のように、成立して間もない加藤内閣が前内閣の意を受け、内務省内に普通選挙調査会を設置する準備を進めている旨を報じている。すなわち「現内閣は近く内務省普通選挙調査会を設置すべく諸般の準備中であるが、右は高橋内閣の意向を継承し普選案に関する徹底的取調べを為すを以て目的としたものである」と。

以上からして、高橋内閣の末期において、西園寺や岡崎そして研究会の幹部たちの念頭にあった「普通選挙ノ準備」は、抽象的で単なるその場凌ぎの思いつきなどではなく、具体的かつ現実的なものであり、高橋新内閣の〈看板〉となりうるものであった。他方、寺内内閣期において、高等教育の拡充について臨時教育審議会の答申がなされて以降も、議会では「五校昇格」問題と関連して、第四四、四五議会において高等教育ばかりではなく、初等教育の質的充実の必要性がしばしば論議されて来たのであった。言わば教育問題は、依然として政界の重要問題であり続けた。

岡崎から伝え聞く限りでは、西園寺はこの様な政界の重要課題への対応を研究会や政友会に期待し、それらを政策化させ、高橋内閣にそれを実行させたいと考えた。西園寺の意向に応えようとすれば、高橋内閣は〈政－研〉提携政権でなければならないのである。政友会は高橋を中心に、研究会は徳川を中心にそれぞれ纏り、かつ提携してこそ、それが可能なのであった。

高橋内閣が〈政－研〉提携政権であるための第一歩は、第四五議会会期末以来の〈政－研〉両派の関係修復であった。すでに見たように、会期延長問題のため、研究会は高橋内閣に対し強い不信感を抱いていた。もちろん、今まで見て来たように、幹部グループを通じて非公式なパイプが―それもいくつかの複雑なパイプが両派の間には存在し、それらが両派の意思疎通を可能にしていた。いまこうした非公式の個別な関係を越えて、先の政権構想を可能にするためには、研究会の期待に反し会期延長をしなかった政府側が、研究会に対し謝罪をすることが、そもそも関係修復の第一歩である筈であった。そのための動きは、かかる政権構想の輪郭が岡崎と研究会幹部グループとの間で出来上った直後より開始された。すなわち、五月一三日における徳川頼倫邸会議(岡崎、黒田、青木、水野、三浦が出席)が終り、黒田は同日午後四時頃、自宅で青木ともども床次に会っている[151]。青木や黒田は会議の様子や結論を床次に伝えたに違いない。続いて、午後六時、料亭「花谷」に徳川と岡崎を除く、今回の関係者がほぼ全員集った。小笠原も加っている。黒田は日記に次のように記している。「六時花谷。首相、内相、総監、笠伯及び青木、水野二子。至十時半[152]」。ここで新たな政権構造を聞取ったであろう床次は、中一日おいて月曜日早々(五月一五日)、同じく薩摩出身の宮内大臣牧野伸顕を訪ね、次のように彼に内報している。

> 内相来訪。政局の其後の経過を小生心得の為め内報あり。其要領は研究会は多分現内閣支持に纏まるべし、但し政友会幹部（岡崎、横田等）は今改造希望を放棄せず、頻りに画策中なり、然し結局は成功せざるべし、果して然らば政友会（幹部等共）は総裁の決心次第にて折合の外なかるべし、若し然りとせば内外共に（外は研究会を云ふ）改まるべし、残るところは唯世間対内閣問題なるが、此れは固より別問題なれば今後の成行如何に依り首相が総辞職の決心するか、或は現状にて大局に顧み暫く留任するか其一を選ばざる可からざる次第なり、尤も暫く時日を仮さば閣員の中問題の人も自発的に進退するも難計、又或は現組織のまゝ押行く事も不可能にあらざる可し、如何となれば政策上行詰りたりと云ふ分けにはあらず、重要法案の大部分は成立し、昇格案、陪審法等も二日位延期したらんには通過し得べかりし事情にあり、唯改造問題の悩みの為め一時面目を傷つけたるまでなりしを以てなり云々。[153]

青木や黒田が、今回の新政権構想に改造派の岡崎そしてさらに西園寺が関与していることを床次に洩したかどうかは不明である。が、床次は高橋内閣が研究会の協力を得て、政友会の分裂を回避しつつ現状維持で行くのではないか、との見通しを牧野に対して語り、さらに「出来るだけ首相を援助する決心も話」[154]ったのである。おそらく、この時、床次は五月五日に黒田が高橋に対して申入れたように副総理として、新高橋内閣を支えて行くつもりではなかったであろうか。

ところで、午前中から午後に及んだ徳川邸での会議も長かったが、一三日夜のこの会合も長時間（四時間半）に及んだ。資料を欠き、この会合の模様は明らかにでない。しかし、ここで関係修復の第一歩である、政府と研究会首脳による公式な会合を開催することが決定されている。ちなみに、青木は五月一五日（月）での常務委員会に「高橋首相ヨリ感情融和ノ申込」[155]があったことを報告し、その是非について審議にかけた。もちろん、これについて常務委員会の同意が得られ、黒田は「政府トノ感情問題解決」[156]とその日記に書き記している。翌日、常務委員会の決定を受けて、高橋首相より、来る一九日に徳川および牧野忠篤（審査長）と蜂須賀以下一二名の常務委員を「花谷」に招待する旨の通知があった。

このように和解の宴が五月一九日に設定された後、具体的な政権構想について岡崎と研究会側との話合いが持たれた。五月一七日、東京の徳川頼倫邸に岡崎、青木、黒田、水野、三浦が集った。この日、水野は次のような日記をつけている。

一、徳川侯帰邸、大磯ヨリ。岡崎、三浦、青木、黒田会合。
一、来十九日首相ノ招待ニ応シタル結果政友大臣及ビ研究会中ノ数氏ヲ招待スル事。
一、改造ニ干シテハ研究会ヨリ入閣セザル方針ヲ取ル事。
一、黒田子邸ニテ小伯ニ面会。
一、中橋氏ニ面会セル処内閣居据カ又投出カヲ先決トスル事。
　野田氏総務ヲ辞シ中橋氏之ニ代リ岡崎氏引退スル事。
一、横田氏ニ面会セル処、岡崎氏ト両人ニテ四人ニ面会スル事。
一、明日田中前陸相ニ面会スル事。(157)

以上のうち、岡崎と研究会側の話合いの部分は最初の三行目までである。これによれば、一七日の会合の結論は、首相の招待宴に対する研究会側より返礼の宴を設定することと内閣改造にあたり研究会は閣僚を出さない、の二点である。しかし、岡崎によって伝えられた西園寺の意向とそれをふまえての五月一二日の徳川邸会議での結論および今回の会合における二点の結論を全て寄せ集めてみると、大磯会議のメンバー（徳川、三浦、青木、黒田、水野、岡崎）と西園寺とによる政権構想は次のようであった。すなわち、高橋と徳川とによってそれぞれ纏められた政友会と研究会とが提携して高橋内閣を支えるということであり、内閣改造によって〈政－研〉提携を基礎とした高橋内閣を改めて造り出そうというものであった。しかも、この改造は、研究会側が大木法相を引きあげ、その代りを出さないという程度の軽微なそれであった。高橋は兼摂している蔵相のポストを手放すつもりがあったかどうかは不明だが、手放したとした時、蔵相と法相のポストにしかるべき人物を充てて内閣を改造することは十分可能であった。こうして中橋と元田のポストはそのままとしつつ、研究会が望むように床次を副総理格とし、研究会と政友会がそれぞれ纒って高橋内閣を援助し、普選と教育について強力なリーダーシップを高橋内閣に発揮させる、という新政権構想がおぼろげながら見えてくる。それはいわば妥協の産物であり、改造なき改造内閣であった。

　ところでこの会合終了後、水野は中橋と会った（右の水野直日記の第五頃）。その際、中橋は〈政―研〉提携政策よりも、現状維持か総辞職かを決定する方が先であると述べると共に、野田と総務委員の交代を要求して来た。床次内閣構想の実現が当面不可能となったことを知る水野は、「内閣居据」と当然答えただろうし、彼にとってみれば野田と中橋の総務委員交代も岡崎の総務委員辞任もともに容認できたであろう。党の分裂を恐れる岡崎もまた同様であったにちがいない。ともあれ、水野は自分が政友会幹事長横田千之助と会うとき、岡崎とともに中橋も入れ、四人で会合を持ちたいと、中橋に申述べたようである。中橋が現状維持か総辞職かの二律背反主義で自らの立場を固めているため、それを認め、かつ彼を総務委員とすることでその立場を強化させる一方、研究会が大臣のポストを差し出すなど――他に高橋の蔵相兼任を解くこともありえたが――、改造派と研究会の譲歩と犠牲によることでしか、この政権構想は成り立たないようであった。

　さて、首相の招待宴は一九日の午後六時から九時にかけて料亭「花谷」で実施された。政府側の出席は、首相、床次内相、大木法相、小笠原および堀田両勅任参事官の五名、これに対し研究会側のそれは地元金沢に帰郷中の横山を除く全員の常務委員と牧野（審査長）が参加した。もとより、この会合は政府側が研究会幹部に対して謝罪し、研究会幹部の側がそれを受け、そして許すという政治的儀式であり、〈政―研〉提携再構築に向けてのスタートでもあった。両者の関係修復の見込みがつくまで上京を見合せて来た徳川が一七日に帰宅し、一見、そのスタートは順調であるかのようであった。この会合について、「幸派某男爵」は「研究会幹部の大部分はこれで納まるかも知れぬが、幹部の一部と会員の大部分とが納まるまい(158)」と評していたが、前田利定は「花ヤノ会合ヲ青木氏《ママ》ノ為メナリト(159)」と冷笑してはばからなかった。また、後日、岡は水野に対し「花谷ノ会合ハ少シク時期早カリシ」と述べると共に「非改造派ニモ十分同情ヲ表」した方がよいとし、さらに「小伯干係ハ尚深ク注意シテ進マレタシ(160)」と、忠告している。二週間後この岡警視総監の懸念と忠告が現実のものとなる。

なお、一七日の会合で話題となった田中前陸相は、かかる動きをどう見ていたのか。田中は先に内閣改造が頓座した直後、改造を強く支持していた三浦梧楼に対し「彼様ナル始末ニテハ今後如何程修繕ヲ加ヘルモ、屋台骨之朽チタル家屋ハ永持モ覚束ナク、就中軍縮問題ノ如キ大仕事ヲ為遂ゲルニハ大黒柱ガ余リニ脆弱カト、迚モ頼ミ果《ママ》〔甲―西尾註〕斐モ無之儀ト被存候(161)」と書き送り、高橋内閣を見捨てていた。すでに第四五議会で可決した一年四か月という在営期間の短縮と四千万円にのぼる経費節減という陸軍の軍縮の実行を、高橋内閣はなしえないと田中は考えるのであった。従って、研究会の四人会のひとりに対し、田中は「更ニ改造モ不可ニテ投出ヨリ外ニ道ハナシ(162)」と語った。

このように、岡崎と組んだ研究会幹部らによる政権構想は、その実現に向けて客観的状件を欠いているようであった。さらに、彼等にとってもう一つのマイナスの条件が加った。徳川の宮中入りである。

それがいつ頃から考慮されて来たのか、判然としない。すでに述べたように、徳川は原内閣期において伯爵議員団の研究会入りに小さくない役割を果たし、自らも研究会に入会して常務委員を一期務めた。その後、第四四議会において一部伯爵団の激しい突き上げにあって議会にはほとんど出席せず、五年余りにわたって在職した全院委員長を第四四議会閉会を以て辞している。その後、第四五議会が開会中さらにはそれが閉会した直後の大正一一年四月から五月にかけて、彼は水野や黒田らの来訪をしばしば受けてはいるものの、貴族院議員としての活動を停止していたかのようであった。水面下では徳川の宮中入りの動きがあったであろうが、研究会幹部がこの問題で動き始めたのは、五月一八日である。

この日、黒田は宮内省において、宮相牧野伸顕と午前一一時より二時間面談しているが[163]、この時黒田は牧野より徳川の宮中入りについて打診されたものと思われる。徳川の宮中入りの事情を窺わせる記述が『牧野伸顕日記』には見られないが、すでにこの時、牧野によって各方面の根回しはほぼ終っていた。

黒田の牧野訪問から一日おいた五月二〇日、黒田と水野は共に三浦を訪問し、牧野の各方面への根回しぶりについて次のように聞取るとともに、今後について話合っている。「一、黒田子ト共ニ三浦男訪問。牧野宮相ヨリ頼倫侯ノ宮中奉伺ノ議ヲ松平直亮伯、徳川議長ニ相談ノ上内諾ヲ得タル事、小早川男モ牧野子一個ノ意見ニテ相定メル事、発表ノ時期ヲ委任ノ事、研究会ヲ退会セズトモ可ナリトノ事、黒田子ハ宮内省御用掛トシテ輔任スル事ヲ話シ、両三日中ニ確答ヲ為ス事[164]」。要するに牧野は、その宮中入りが実現すれば、徳川を実質的に支えることになるであろう宗秩寮審議官松平直亮や宮中顧問官小早川四郎そして徳川がその構成員である貴族院の議長徳川家達の内諾をそれぞれ得ていたのである。

なお、小早川によれば、徳川頼倫の宮中入りは、牧野ひとりの判断によるものであった。牧野に対し徳川をはじめ誰かの働きかけがあったのだろうか。また薩派のひとりである牧野がなぜ徳川の宮中入りを考えるに至ったのか、その理由は資料を欠き、明らかにすることはできない。ただ、この人事について、牧野ばかりか枢密院議長清浦奎吾も関っていた。ちなみに、この時、宗秩寮総裁事務取扱を兼務していた枢密顧問官倉富勇三郎は次のように述べ、この人事と徳川に対して否定的な評価をしている。「清浦、牧野ハ何事モ熟考シタル上決行スル質ナルカ、比節ノ人選ハ誤リタリト云フ事。予ガ聞ク所ニテハ、徳川ハ臆病ナル人ナリトノコトナリト云フ。清浦、非常ニ臆病ニテ責任ヲ顧ヘリル〔ママ〕コト〔顧リミルコト―西尾註〕ノミ心掛ケ居リ。研究会ニテハ首領株ノ如キ形アリタルモ黒田清輝ノ傀儡タリシニ過キス、故ニ貴族院ニテモ金リ〔カナリ―西尾註〕信用ヲ墜シメリ。宗秩寮ニテハ誰カ余程確カナル補助者ナケレハ勤マラサルヘシト云フ事」(165)

ともあれ徳川は六月三日に、貴族院に席を置いたまま宗秩寮総裁に就任した。名目的な存在であったと言え、彼の研究会総裁の退任および退会は、十人会の存続が可能であるかなど研究会の統制にとって大きな問題であった(166)。同時に高橋新政権構想にとっても小さからぬ障害であった。徳川の宮中入りについて、黒田と共に水野が三浦から詳しい話を聞いた五月二〇日より数日後、黒田は牧野宮相に承諾の返事をした。水野の五月二三日の日記の一節に次のようにある。

一、頼倫侯ノ件ハ黒田子ヨリ牧野宮相ニ返事セシニ非常ニ喜タリ。
一、此際政府干係ノ中途ニ於テ宮中入リハ止ムヲ得ザル事ナリ。
一、政局ニ干シ研究会ハ自立スルヤ否ヤ考慮ヲ要ス(167)。

水野は徳川の宮中入りを「止ムヲ得ザル事」としているが、そこに失意の色は隠せない。改造問題という政局から抜け出したいとする気持ちすら、この時に水野にあったことがこの日記の一節から感じとれよう。翌日の彼の日記に「岡崎氏ハ従来ノ干係継続ヲ願ヒ、又侯爵ヨリ黒田子ニ西園寺公行懇談(168)」とあるように、岡崎は新高橋内閣を幻に終らせないためにも「従来ノ干係継続」を懇願したようであるし、徳川は政局絡みの問題を含め西園寺と「懇談」することを黒田に依頼したのである。徳川の依頼により黒田が西園寺を訪ねたのは、それより一日置いた五月二六日である。その前夜、黒田は徳川を訪問している(169)。もちろん、翌日の打合せのためであろう。それは深夜にまで及び、黒田が帰宅して就寝したのは午前二時であった(170)。

小笠原、青木、水野が黒田より西園寺との面談の内容について聞取ったのは、その翌日のことである。水野日記より該当する部分を抜き出してみよう。

一、小伯邸四人会合。黒田子興津行ノ話、戸板ニテ乗出シ来ル事。何モ改造ニ干係セザル事。研究会ハ場合ニ依リテハ政府ニ反対シテモ団結スル事。頼倫侯ノ件ハ牧野宮相ヨリ報告アレトモ心配ナシ、研究会。(171)

西園寺は、この時すでに高橋内閣は近い内に総辞職するであろうと、予想していたようであった。さらに彼は、後継首班について御下問があれば戸板に乗ってでも上京するという、強い意志を黒田に伝えている。また同時に、もはや内閣改造絡みの政争から研究会は手を引き、団結するように西園寺は黒田に申し入れている。ここに、事態は急転回し、新高橋内閣の可能性もほぼ完全についえたと言ってよい。新高橋内閣構想の発端は、岡崎経由とはいえ西園寺であった。いま、それを西園寺自らがそれをつぶしたのである。これ以降、水野の日記や懐中手帳から、当面、岡崎の名前は消える。小笠原を除く四人会のメンバーと徳川および岡崎らが構想した、新高橋内閣＝改造なき改造内閣はここに完全についえ去ったのである。(172)

ところで、後日、徳川頼倫の宮中入りについて西園寺は松本に対し、次のように語った。

愈々高橋が辞職すとせば、御下問の場合は所謂戸板に乗つてでも出京するが……実は薩派に就いては極々秘密であるが徳川頼倫侯の一件である、之は今回同侯が宮内省に這入らるゝことに付き、先達つて牧野子より徳川侯を宗秩寮に入るゝ積で本人とも夫々交渉せしが本人はよいとの事なりしとて相談あり、之は背水の陣で、既に本人の内相談をして置いてから、こちらに相談すると云ふ法はないと思うた、其の後黒田画書きが来り、徳川侯の代理だが、宗秩寮に入れとの事ゆえ親族とも相談せしが異議なき故受ける積りなりと云ふ、之亦背水の陣だ、何とも私は言ひやうがないから、可からうと申置けり、其後又々頼倫侯が来られたるが、同じことゆえ只挨拶丈けをしたる次第なり、斯様の事をしては誠に困つたものだ、此事を平田君に云うて置いて呉れと言はる。(173)

西園寺にしてみれば、自分なりの構想もあり、決定に近い形＝「背水の陣」で相談されても困る、と言いたいの

である。改造問題に関して、西園寺なりの解決方法（＝新高橋内閣）も、牧野と徳川のために画餅と化したのであった。(174)

六　むすび

原敬という強力なリーダーの急死が政界に与えた影響ははかり知れない。まづ、巨大政党・政友会は大混乱に陥った。景気が低迷する中、党歴が浅く、財政家ではあるが政治力に欠ける高橋では、確かに大政友会の統制は難しかったであろう。それが、如実に出たのが、第四五議会での〈五校昇格―一蓮托生〉問題の発生とその後の彼の対応においてであった。

しかし、混乱していたのは、政友会ばかりではなかった。上院における政友会のパートナー研究会も同じであった。研究会幹部のほとんどは、困惑しつつも貴衆縦断政策の継続を考えていたが、そうでなく、前田利定のような、幸倶楽部との連携を復活しつつ、従来の〈是々非々〉主義によろうとする動きもあった。それがまた、第四五議会貴族院を混乱させたのである。

第四五議会終了後、研究会は改造問題に大きく関与して行った。改造派＝総裁派と非改造派＝反総裁派との対立・抗争が激化して行く中で、党の分裂を深く危惧した改造派のリーダーのひとり岡崎邦輔は、研究会の幹部である青木信光や黒田清輝そして水野直に接近し、研究会による両派の調停を依頼した。かかる研究会の幹部たちは研究会とのパイプ役で彼等とも懇意であった内相床次竹二郎とも連絡をとりつつ調停に奔走すると共に、高橋に改造中止を申入れる。こうして改造は一たん中止されたが、高橋内閣の継続と改造―性急でない改造―を望む西園寺公望の意向もあり、党内の現状維持による統一と高橋内閣の継続のために、〈政―研〉提携の確認と新高橋内閣構想が浮上した。それは、普通選挙の導入と教育の充実を基本政策に掲げる筈であった。

しかるに、それは単なる構想に終った。多分に名目的な存在になりつつあったが、研究会の「総裁格」である旧紀州徳川家当主・侯爵徳川頼倫の突然の宮中入りがその直接の原因であった。それは、原の死後ようやくキレツを見せ始めて来た研究会幹部たちの指導力を一時的にせよ低下させるであろう。それよりも何よりも、右の構想にも関っているようであった西園寺は、もはや研究会が改造問題には関与すべきではない、と幹部に申渡したのである。こうして、高橋内閣は瓦壊し、政友会内閣が後継内閣として成立しなかったが故に、〈政―研〉提携は再び動揺し始めるのである。

(1)「原敬日記」大正一〇年六月六日の条。
(2)「中橋徳五郎日記」大正一〇年一一月二九日の条（『中橋徳五郎伝』上、一九四三年刊、三九九頁、所収）。
(3)『中橋徳五郎伝』上、四〇〇頁、所収。
(4)滝正雄校閲・前田蓮山編修『床次竹二郎伝』五七五頁。
(5)同様に、「水野直日記」によれば、大正九年一二月三一日に床次は水野直、黒田清輝、大河内正敏と会合を持っている。
(6)「原敬日記」大正九年三月二五日の条。
(7)「中橋徳五郎日記」大正一〇年一一月一九日～二二日の各条。（前掲『中橋五郎伝』上、三九八頁、所収。）
(8)前掲『中橋徳五郎伝』上、三九八～三九九頁。
(9)「黒田清輝日記」大正一〇年十二月六日の条。
(10)同、大正一〇年一二月七日の条。
(11)「水野直日記」（国立国会図書館憲政資料室所蔵『水野直関係文庫』所収）大正一〇年一二月八日の条。
(12)「黒田清輝日記」大正一〇年一二月七日の条。
(13)同、大正一〇年一二月一二日の条。
(14)「中橋徳五郎日記」大正一〇年一二月一二日の条。（前掲、『中橋徳五郎伝』上、四百三頁、所収。）
(15)同、大正一〇年一二月一三日の条。（同右）
(16)「黒田清輝日記」大正一〇年一二月一七日の条。
(17)「水野直懐中手帳」大正一〇年一二月一七日の条。

(18)「中橋徳五郎日記」大正一一年一月三日の条（前掲『中橋徳五郎伝』上、四〇四頁、所収。）
(19)「黒田清輝日記」大正一〇年一二月二八日の条。
(20) 結城礼一郎「大塊翁の茫然とした予想外な提携工作」（結城温故会編『水野直子を語る』、一九三〇年刊、一二〇頁。）
(21) 衆議院・参議院編刊『議会制度七十年史―貴族院・参議院議員名鑑』（一九六〇年刊）によると、彼は旧重原藩主家当主であり、明治四年生れ。明治三一年、東京帝国大学法科大学卒業の後、日本郵船㈱に入社、ロンドン支店、本社勤務を経て、鈴木商店顧問として台湾に在住、台湾総督府専売局および土木局の嘱託となった。貴族院議員としては大正六年七月から昭和三年七月（死去）。
(22)「中橋徳五郎日記」大正一一年一月四日の条（前掲『中橋徳五郎伝』上、四〇四～四〇五頁、所収。）
(23) 同、大正一一年一月五日の条。（同、四〇五頁所収。）
(24)「水野直懐中手帳」大正一一年一月一五日の条。
(25)「黒田清輝日記」大正一一年一月一五日の条。
(26) 一月九日に「四人会」が開催されている。伯爵小笠原長幹、子爵青木信光、同水野直、同黒田清輝のグループや会合を水野らが「四人会」と称した。
(27)「水野直懐中手帳」大正一一年一月一五日の条。ここにある紫川荘とは黒田や水野らの専用集会所のことである。一軒家であるか料亭や待合等の一室であるかは判然としないが、四人会を中心に、大正一〇年一二月から翌年三月にかけて頻繁に会合に使用されていた。研究会幹部以外にも床次や岡らもしばしばここを訪れた。十人会がここで実施されたこともある。この時期の水野の懐中手帳や黒田の日記にこれがしばしば出てくる。四月以降、紫川荘は水野の懐中手帳や黒田の日記の登場することがなくなったが、四月上旬に処分された。ちなみに、水野の「懐中手帳」大正一一年四月八日の条に「黒田子邸ニ青木子ト岡氏、紫川荘始末」とある。ところで、その後の加藤友三郎内閣の時、黒田清輝が「政研両派の懇談所として、その所有家屋を提供した」（前掲『床次竹二郎伝』、六三八頁）。それは永平倶楽部と呼ばれ、少なくとも加藤、山本、清浦の三代の内閣において、黒田、水野ら研究会の幹部の政府関係者や政友会など政党関係者との会合に使われた。紫川荘は、いわばその前身である。
(28) 同、大正一一年二月六日の条。
(29) 故阪谷子爵記念事業会編・刊『阪谷芳郎伝』（一九五一刊）四八七頁。
(30) 前掲『中橋徳五郎伝』上、四〇五頁。
(31)『帝国議会貴族院委員会議事速記録十六・第四十五議会（一）』（臨川書店、一九八五年刊）、九三頁。
(32) 同、一二七頁。

(33) 前掲『床次竹二郎伝』五七九頁。
(34) 同右。
(35) 「水野直懐中手帳」大正一一年三月二日の条。
(36) 「黒田清輝日記」大正一一年三月三日の条。
(37) 「水野直懐中手帳」大正一一年三月二日および三月三日の条。
(38) 同、大正一一年三月三日の条。
(39) 大正一一年三月六日開催の予算委員会(総会)において、中橋は若槻礼次郎の質問に答えて、「私ハ大磯ニ家族ガ半分オリマス、ドウモ具合ガ悪イノデ、其晩ニ此方ニ戻リマシタ訳デ、翌日モ休ンデ居リマシタ、一時間カ一時間半ト仰シヤイマシタガ、時間ハ余程遅クナリマシタ、余程経ッテカラ、ドウシテモ閣議ニ出ロト云フコトデアリマシタカラ、暫クノ間無理ニ推シテ出タ訳デアリマス……」(前掲『帝国議会貴族院委員会議事速記録十六』、一四一頁)と述べている。
(40) 「中橋徳五郎日記」大正一一年三月三日の条。(『中橋徳五郎伝』上、四一〇頁所収。)
(41) 前掲『帝国議会貴族院委員会議事速記録十六』、一〇九頁。
(42) 前掲『中橋徳五郎伝』上、四一〇頁所収。
(43) 前掲『帝国議会貴族院委員会議事速記録十六』、一三二頁。
(44) 同。
(45) 『松本剛吉政治日誌』大正一一年三月四日の条。
(46) 「水野直懐中手帳」大正一一年三月六日の条。
(47) 前掲『中橋徳五郎伝』上、四一三頁。
(48) 前掲『帝国議会貴族院委員会議事速記録十六』、一七〇頁。
(49) 同右。
(50) 同、一七一頁。
(51) 大正一一年三月九日付『読売新聞』。
(52) 「黒田日記」によれば、十人会が開催されたのは次の通りである。二月二四日、二月二六日、三月一日、三月三日、三月五日、三月八日、三月一一日の七回。これに加えて「水野直懐中手帳」によると、二月一五日にも開催されていることを確認できる。ちなみに、前者には二月一五日の条が欠如している。

(53) 大正一一年三月九日付『東京日日新聞』。
(54) 大正一一年三月九日付『読売新聞』。
(55) 貴族院特にその最大会派研究会の基本的な政治姿勢として「是々非々」が現実政治の場で語られて来た。かかる問題に関する研究として、内藤一成「貴族院における華族の『本分』の追求と実践－研究会『是々非々主義』の形成と展開－」(『書陵部紀要』第五一号、二〇〇〇年刊)がある。
(56) 大正一一年三月八日付『読売新聞』。
(57) 『大日本帝国議会誌』第一三巻(一九二九年刊)、四三九頁。
(58) 三月二三日の本会議で、一〇一対一六一で否決された。
(59) 『大日本帝国議会誌』第一三巻、三三四頁。
(60) 同、三三四～三三五頁。
(61) 「水野直懐中手帳」大正一一年三月二五日の条。
(62) もっとも会期末の帝国議会においては、このようなことがしばしばおこる。ちなみに、第四五議会貴族院においては七日あった。このような場合、閣僚は本会議場と委員会議場(特に予算委員会々議場)との間を適宜往復することになる。
(63) 『松本剛吉政治日誌』大正一一年三月二六日の条。
(64) 前掲『床次竹二郎伝』、五八三頁。『中橋徳五郎伝』上、四一七頁。
(65) 前掲『議会制度七十年史・帝国議会議事案件名録』四五～六四頁を参照。
(66) 東京帝国大学編刊『東京帝国大学一覧　従明治四十二年至明治四十三年』(一九一〇年刊)所収の「学士及卒業姓名」を参照。
(67) 前掲『松本剛吉政治日誌』大正一一年三月二六日の条。
(68) 同、大正一一年三月四日の条。
(69) 同、大正一一年三月六日の条。
(70) 同、大正一一年三月二六日の条。
(71) 「水野直懐中手帳」大正一一年三月二六日の条。
(72) 同、大正一一年三月二七日の条。
(73) 「中橋徳五郎日記」大正一一年二月二六日の条。(前掲『中橋徳五郎伝』上、四二〇頁所収)。
(74) 同、大正一一年四月二七日の条。(同、四二三頁所収)。

(75) 中橋の長女縫子は九鬼隆一の長男・一造に嫁したが、大正六年三月に夫に死別した。翌年、縫子は一造の弟で哲学者として著名な九鬼周造（京都帝国大学教授）の夫人となっている（霞会館諸家資料調査委員会編『新修華族家系大成』上、吉川弘文館、一九八五年刊、五三五頁を参照）。
(76) 「黒田清輝日記」大正一一年四月六日の条。
(77) 「水野直懐中日記」大正一一年四月八日の条。
(78) 「中橋徳五郎日記」大正一一年三月二六日、二七日の各条。（前掲『中橋徳五郎伝』上、四二〇頁所収）。
(79) 「水野直懐中手帳」および「黒田清輝日記」の大正一一年四月一〇日の条をそれぞれ参照。
(80) 「水野直懐中手帳」大正一一年四月一一日の条。「水野直懐中手帳」によれば、四月八日に結城が水野のもとに来た。水野の指示で結城は中橋に会い、その報告に来訪したものであろう。
(81) 同右。なお、「黒田清輝日記」によれば、黒田は四月一一日午後四時より山本農相の私邸を訪問している。
(82) 「水野直懐中手帳」大正一一年四月二三日の記入部分下の摘要欄に「去ル十六日観桜会ノ節、岡崎邦輔、岡三名会合研究会幹部ノ不都合ヲ申ス」とある。
(83) 「松本剛吉政治日誌」大正一一年四月二二日の条。
(84) 「水野直懐中手帳」大正一一年四月一八日の条。「黒田、青木両子興津行」とある。
(85) 「黒田清輝日記」大正一一年四月一九日の条。
(86) (83)と同じ。
(87) 「水野直懐中手帳」大正一一年四月二一日の条。
(88) 「水野直日記」（国立国会図書館憲政資料室所蔵『水野直関係文書』所収）大正一一年四月二七日の条。この日記は縦八・五センチ、横十三・五センチの長方形をした一冊の薄手の手帳に書かれ、時期的には①大正一一年四月二四日から同年六月一六日、②大正一二年四月一七日から同年四月二一日の記述内容を持つものである。①は「改造問題」の時期である、②は再度議席を得た水野が子爵でありながら、男爵者の集団に入会した後のもので、自ら「親和会入会后日記」と表題がつけられている。共に水野が政治家として目前の政治的プロジェクトに対応した際の覚えである。また、これとは別に、大正一一年の「懐中手帳」が『水野直関係文書』には存在する。「日記」の記載は詳細かつ網羅的であるのに対し、「懐中手帳」のそれは断片的であることがほとんどである。①の時期に限って言えば、「日記」と「懐中手帳」は重複した内容も少なくないが、そのどちらかしか書かれていないものも多い。従って、この時期の水野をはじめ四人会のメンバーの活動やその周辺の動きを知るためには、二つをつき合せることが不可欠である。なお、

「日記」については、伊藤隆氏との共同作業により翻刻し、解説論文を付して東京大学社会科学研究所『社会科学研究』第三四巻第六号（一九八三年刊）に「水野直日記—大正十一・十二年—」にして発表した。
(89) 「田健治郎日記」大正一一年四月二二日の条。
(90) 「松本剛吉政治日誌」大正一一年三月二八日の条。
(91) 「水野直日記」大正一一年四月二七日の条。
(92) 前掲『床次竹二郎伝』五九五頁。
(93) (91)と同じ。
(94) 同右。
(95) 同右。
(96) 同右。
(97) 同右。
(98) 「水野直日記」大正一一年五月一日の条。
(99) 同、大正一一年五月二日の条。
(100) 同右。
(101) 同右。
(102) 同右。
(103) 同右。
(104) 同右。
(105) 同右。
(106) 同、大正一一年五月二八日の条。
(107) 同、大正一一年五月三日の条。
(108) 同、大正一一年四月三〇日の条。
(109) 「水野直懐中手帳」大正一一年四月三〇日の条。
(110) 「松本剛吉政治日誌」大正一一年五月二日の条。
(111) 「水野直懐中手帳」大正一一年四月二二日の条。

(112) (109)と同じ。
(113) 大正一一年五月三日付『東京日日新聞』。
(114) 同右。
(115) 「松本剛吉政治日誌」大正一一年五月三日の条。
(116) (112)と同じ。
(117) (109)と同じ。
(118) 「水野直日記」大正一一年五月四日の条。
(119) 同右。引用部分も含めて五月四日の条のこの項を示す。「一、徳川邸ニ三浦、黒田、岡崎会合、岡崎氏ヨリ此際全ク取ル可キ策無ク何分宜敷願フトノコトナリ」。水野はこの会合に参加していたかどうか、判然としない。
(120) 同右。
(121) 同、大正一一年五月五日の条。
(122) 同右。
(123) この会合について、五月六日付および五月七日付の新聞をいくつか調べてみたが、それに関する記事を見つけることはできなかった。なお、「水野直日記」の五月六日付の条に「昨夜ハ岡崎、山本共ニ床次氏ニ強キ事ヲ申セリ」とあり、会合はまちがいなく開催されていたのである。
(124) 「水野直日記」大正一一年五月五日の条。
(125) ちなみに、横田、岡崎と並んで「改革派」の急先峰であった小川平吉（衆議院議員、国勢院総裁）が後日回顧するところでは、彼は五月五日夜に高橋を私邸に訪れた際、高橋に「中止せんとするの色あるたるを見たる」という。黒田の高橋への訪問が五時三〇分であることは明らかであるので、小川のそれは夕方と言うより、小川自身が記しているように夜のことである。この時高橋は改造に「不同意の閣臣に対しては諭旨免官を上奏するの準備をも整へた」小川に対し、頻りに慰撫した。また、翌日小川は閣議開催前に宮中で高橋と会ったが、彼は小川に「研究会亦党の分裂を憂ひて不喜諭旨免官、西公の意亦勇退を望むに非ずや」と述べ、研究会の意向もあり、まずは党の分裂回避を最優先とする旨を伝えている（小川平吉「改造問題始末」〔小川平吉文書研究会編『小川平吉関係文書』Ⅰ、一九七三年、みすず書房、五九三頁所収〕）。
(126) 「松本剛吉政治日誌」大正一一年三月二七日の条。
(127) 同、大正一一年五月五日、五月六日の条。

(128) 同、大正一一年五月五日の条。
(129) 「水野直日記」大正一一年五月五日の条。
(130) 同、大正一一年五月六日の条。
(131) 「黒田清輝日記」大正一一年五月六日の条。
(132) (128)と同じ。
(133) (127)と同じ。
(134) 「水野直日記」大正一一年五月九日の条。
(135) 同右。
(136) 同、大正一一年五月一〇日の条。
(137) 同、大正一一年五月一三日の条。
(138) 同、大正一一年五月七日の条。
(139) 同、大正一一年五月八日の条。
(140) 同、大正一一年五月九日の条。
(141) 同右。
(142) 同、大正一一年五月一〇日の条。
(143) 「黒田清輝日記」大正一一年五月一三日の条。
(144) 「水野直日記」大正一一年五月一三日の条。
(145) 同、大正一一年五月一二日の条。
(146) 「松本剛吉政治日誌」大正一一年五月一〇日の条。
(147) 「水野直日記」大正一一年五月一三日の条。なお、ここに「教育改善延長」とあるが、「五校昇格」など高等教育機関の大学昇格延期を意味するのか、昇格する機関の範囲を拡大する「延長」なのか、明確ではない。
(148) 普選に関する憲政会の政策転換に関しては、松尾『普通選挙制度成立史の研究』二〇九～二一五頁に詳しい。
(149) 大正一一年四月二五日付『読売新聞』、なお、第四五議会において、政友会の吉原三郎は衆議院本会議での普選に関する調査会を内閣に設置すべきことを提案した（前掲『大日本帝国議会誌』一三、七四六～七四七頁）。
(150) 松尾、前掲書、二三二頁。

(151)「黒田清輝日記」大正一一年五月一三日の条。
(152)同右。
(153)伊藤隆・広瀬順晧編『牧野伸顕日記』(中央公論社、一九八四年刊)大正一一年五月一五日の条。
(154)同右。
(155)「水野直日記」大正一一年五月一五日の条。
(156)「黒田清輝日記」大正一一年五月一五日の条。
(157)「水野直日記」大正一一年五月一七日の条。
(158)大正一一年五月二一日付『読売新聞』
(159)「水野直日記」大正一一年五月二三日の条。
(160)同、大正一一年五月二二日の条。
(161)大正一一年五月六日付三浦梧楼宛田中義一書簡(明治史料研究連絡会編刊『三浦梧楼関係文書』〔ガリ版刷〕、一九六〇年、所収)。
(162)「水野直日記」大正一一年五月二一日の条。
(163)「黒田清輝日記」大正一一年五月一八日の条。
(164)「水野直日記」大正一一年五月二〇日の条。
(165)「倉富勇三郎日記」(国立国会図書館憲政資料室所蔵『倉富勇三郎文書』所収)大正一一年六月三日の条。
(166)「水野直日記」大正一一年五月二三日の条。
(167)開催される頻度は大きく低下するとはいえ、また来会するメンバーが明確ではないが、ともかく十人会がその後も存続したことは、水野の懐中手帳で確認できる。なお、徳川の宮中入りの後も、水野は旧主筋の徳川との関係を重んじてか、徳川との接触を継続している。徳川が宗秩寮総裁時代におこった重要問題に久邇宮家婚約解消問題(大正一三年)がある。その数年前の「宮中某重大事件」で、裕仁親王の婚約者良子女王が色盲の遺伝子を持っている可能性があるとして、山県有朋等から婚約解消または辞退を要求された、久邇宮家が、今度は酒井伯爵家に対して嗣子朝融王と酒井菊子(当主酒井忠正の妻・秋子の妹)との婚約解消の意向を持つに至った。その処理に苦悩する徳川に対し水野が両家の斡旋工作に乗り出したことは、永井和『青年君主昭和天皇と元老西園寺』(京都大学学術出版会、二〇〇三年)の第二章第四節「水野直の仲介工作」(一三八～一四一頁)に詳しい。
(168)同、大正一一年五月二四日の条。
(169)同、大正一一年五月二五日の条。

(170)「黒田清輝日記」大正一一年五月二五日の条。
(171)「水野直日記」大正一一年五月二七日の条。
(172) とにかく、改造派は研究会からの閣僚(大木法相)を更迭しただけの、改造にならない改造によって、政権を持続しようとした。内閣「居据リカ又投出カ」という立場を譲らない中橋の存在は、また別の意味で高橋ら改造派にとっては目の上のたんこぶであったであろう。五月二五日、高橋と中橋は総理官邸にて会談し、開催中の地方官会議が終了したら局面打開について相談することで意見が一致した(「中橋徳五郎日記」大正一一年五月二五日の条〔前掲『中橋徳五郎伝』四三六頁所収〕)。続いて五月二八日、改造派の急先鋒である横田は、中橋の側近である吉植庄一郎に会談を申込んだ。その長時間にわたった会談について報告を受けた中橋は、その様子を次のように記録している。「横田君帰京、吉植君に会談を申込み、午前より夜十一時に至る。両氏会談の結果、双方共に党の為め尽力することゝなり、改造計画を止め、進行することを申合はせたり」(「中橋徳五郎日記」大正一一年五月二八日の条、同、四三六頁所収)。この会談について『中橋徳五郎伝』は、横田は党のために中橋の「自発的辞職」を望み、吉植は党のために「改造計画中止」を望み、結局横田は吉植の「例の弁舌に言ひまくられて沈黙したといふ次第であらう」、無論、横田は吉植に同意したのではない、と推測し、さらに続けて「吉植氏は策士の如く見えても、案外に、悉く腹を割る人間であつたから、この会談は吉植氏の負け、と言ひ得ないとしても、吉植氏の方が聊かアマかつたのである」(同、四三六〜四三七頁)と吉植を評している。成程、改造派の急先鋒と目された横田が、非改造という点で吉植と意見を同じくするとは考えにくいであろう。しかし、政友会と研究会は政権維持と政友会の統一の回復とその維持を可能とする、改造なき改造内閣として高橋内閣を位置付ける構想を横田が岡崎より示され、それを受け容れていたとしたら、右の中橋日記にある「改造計画を止め、進行することを申合はせた」としても、何ら不思議はないのである。五月一七日の徳川邸会議の後、水野が中橋に面会した際、中橋は「内閣居据り」か、あるいは総辞職で行くのかを決めることが「先決」であるとの認識を彼に示した。
(173)「松本剛吉政治日誌」大正一一年六月四日の条。
(174) なお、宮相牧野伸顕の「政治的傾向」に関して、季武嘉也氏は、その著書『大正期の政治構造』(吉川弘文館、一九九八年)の三〇七頁以下で論じている。ここで同氏は「自ら中立性を保とうとした」西園寺と「積極的能動的に政治に関与しようとした」牧野との間には時々軋轢が生じたし、牧野は山本権兵衛や清浦奎吾を「準元老」的に取り扱おうとした、と指摘している。かかる指摘をふまえるならば、研究会における徳川頼倫の微妙な立場に対する同情や西園寺に接近しつつ政治的影響力を増しつつあった研究会に対する警戒心から、牧野は徳川の宮中入りを考えるようになったのではないか、と思われる。

第四部　競争的寡頭制の崩壊

第七章　加藤（友）内閣と貴族院——組閣と外交決議をめぐって——

一　はじめに

原—高橋内閣が瓦解した後に、三代にわたっていわゆる中間内閣が続いた。中間内閣とは、言うまでもなく特定の政党政派に偏らない内閣というほどの意味であり、この場合も山本内閣における犬養毅（逓信大臣）の例を除けば、そのいずれも政党からの入閣はなかった。言うなれば形式的には嘗ての超然内閣とそれは変わることはなかったのである。

しかし、その三代にわたる内閣すなわち加藤友三郎、山本権兵衛、清浦奎吾をそれぞれ首班とする内閣は、そのいずれも暗黙ではなく明確な支持勢力を有していた。すなわち加藤内閣は政友会と研究会、山本内閣は革新倶楽部、清浦内閣は政友本党と研究会という、れっきとした与党をそれぞれ有していた。特に、加藤、清浦両内閣はともに貴衆両院にそれを有していたのである。中間内閣と言われながらも、それらはしかるべき政治勢力の支持を得られなければ、予算や法案の議会通過は見込めず、政策の遂行は不可能であった。中間内閣の時代は二年と短いが、原—高橋内閣という「本格的政党内閣」の時代から「憲政の常道」に基づく政党政治の時代への橋渡しの時代である。

この時代において、貴族院は中間内閣とどのように関わっただろうか。この時代の入り口にあった加藤友三郎内閣について検討してみたい。

二　貴族院内閣の組織

よく知られているように、首相高橋是清は組閣の大命の再降下を期待しつつ、大正一一（一九二二）年六月六日の閣議で総辞職を決定した。ところが、高橋や政友会幹部の思惑とは異り、病気を理由に次期首班の奏薦を辞退した西園寺に対し、もうひとりの元老松方正義は枢密院議長清浦奎吾に相談しつつ、ワシントン会議の全権であり、原―高橋内閣の海相加藤友三郎を後継首班の第一候補とした。憲政会総裁加藤高明がその第二候補であった。この時、広く政界では、加藤海相は首相就任を辞退するであろうと見られていたようであるし、政友会もかかる認識の下になおも大命再降下を期待した。しかし、六月九日夜に至り、ライバル政党の総裁加藤高明が第二候補である、との情報が政友会に伝わるや、政友会の動きはにわかにあわただしくなった。すなわち、憲政会内閣の成立を阻止するべく、加藤友三郎内閣の実現を目指して、政友会の幹部たちは海軍大将加藤友三郎に対して積極的な働きかけを行うこととなった。

『床次竹二郎伝』によれば、六月九日深夜から翌日にかけての動きは次のようである。(1) 同郷という関係から清浦邸に出入りする小橋一太（後に、清浦内閣書記官長）から床次内相秘書官瀧正雄に連絡が入ったのは六月一〇日午前一時頃であり、小橋は瀧に対し、加藤（友）への説得に床次が至急乗り出すように注意を喚起した。これを受け瀧は早速床次にその旨を伝えた所、政友会幹部が高橋への大命再降下を期待していることを知る床次は、岡崎か幹部の誰かの依頼がなければ動くわけには行かないと応え、岡崎の到着を待った。その間、瀧は岡警視総監にも連絡をとり、岡崎に注意を促すと共に床次邸に駆けつけた。午前六時、ついに焦れ出した床次は、岡崎からの連絡もないままに海相官邸に加藤を訪問した。一〇日の午前中にも、加藤が参内して大命を拝辞することを床次は恐れたのである。床次が海相官邸に到着して一時間後、岡崎と野田が到着し、三名で加藤を説得した。その結果、加藤は政友会の援助と床次の留任ならびに床次の組閣援助を条件に、後継内閣の首班引受けを受諾した。一方、床次邸に駆けつけた総務委員中西六三郎は瀧とも相談の上、高橋を訪問して床次の加藤海相訪問の事情について了解を求めた。午前一一時、政友会幹部長横田千之助が総裁代理として加藤を訪問し、ついで山本達雄や加藤と同じ広島県出身の望月圭介も駆けつけた。こうして六月一〇日午前に、実質的に加藤友三郎が後継内閣の首班に決定したのである。

先にも見たように、加藤(友)は床次の留任を強く望んだが、床次は野田と共に留任することを希望した。しかし、研究会は床次ひとりの留任を望んだという。(2) これに対し、床次はひとりでの留任を辞退し、政友会も党員の入閣を謝絶すべきとした。ところが、床次の後任に有松英義が考えられるに至り、政友会側は床次の留任を承認し、無条件で新内閣を支持するよう、加藤(友)に通告した。(3) 有松は有力なもと山県系官僚のひとりであり、政友会はその内相就任を好まなかったのである。しかし結局、床次はひとりでの入閣を拒否し、かつて政友会員だったこともあり、もと内務官僚として盟友とも言うべき水野錬太郎(4)を自らの代りに推挙した。(5) また、法相大木遠吉は床次が留任しないなら、自分も留任はしたくないと言い出した。(6) この大木の態度に床次も「聊か迷ったらしかったが、一方に大木を宥めるものがあっ(7)」て、結局は大木留任と決った。このように、床次は入閣することはなかったが、加藤友三郎内閣の組織に大きな力を持った。加藤内閣は大正一一年六月一二日に、次のような陣容で発足した。

首相兼海相　加藤友三郎、外相　内田康成(留任)、内相　水野錬太郎(交友倶楽部)、蔵相　市来乙彦(研究会)、陸相　山梨半造(留任)、法相　岡野敬次郎(交友倶楽部)、文相　鎌田栄吉(交友倶楽部)、農商務相　荒井賢太郎(研究会)、逓相　前田利定(研究会)、鉄相　大木遠吉(研究会)。

首相を含む一一名の閣僚のうち、外務および陸・海軍大臣を除く八閣僚中七名が貴族院議員であり、かつて水野錬太郎が政友会に属したことがあったが、その後退会しており、従って政党所属者は皆無である。このように、加藤友三郎内閣は貴族院内閣であった。各派別に見るなら、交友倶楽部―三、研究会―四である。また、閣僚ではないが、小笠原が国勢院総裁に就任している。では、床次が実質的に進めたと言われる組閣人事と、貴族院はどのようにかかわって行ったのであろうか。

六月一〇日午前、先にも見たように床次は加藤から組閣への援助を依頼された。彼は海相官邸から一旦自宅に戻り、程なく小笠原長幹邸に向った。(8) 彼は「小笠原長幹邸で研究会の青木信光、水野直等と会し、閣員の選択に就て密議したのであった」。(9) この「密議」については後にふれることとして、しかし、これよりも前に研究会は後継内閣に関し行動をおこしていた。すなわち、内閣総辞職が決定された翌日、水野は次のように日記を記している。(10)

元田鉄相研究会ノ常務ヲ招ク。

十人会蜂須賀侯邸、二時。松木伯ト加藤海相ニ通告ノ件相談シ、小伯新喜楽ニ参リテ、大木伯明朝海相訪問ノ事トナル。

六月七日に開催された十人会の主要なる話題は、高橋内閣の総辞職と後継首班についてであったに違いない。水野が松木と相談した「通告ノ件」とは、研究会による加藤友三郎内閣支持の表明であろうか。ともかく、八日午前には、おそらく研究会幹部を代表して大木が加藤を訪問することとなった。そしてその様子はその日の内に幹部に伝えられた。「小伯邸、岡、四人。今朝大木伯、加藤海相ニ参ル」(11) と、水野は懐中手帳にメモを残している。小笠原邸に小笠原、青木、水野、黒田の四人と岡警視総監とが、大木による加藤海相訪問について話題にしたであろうが、この会合についてそれ以上のことは判らない。

しかし、研究会側のこうした対応はおそらく政友会のそれよりも早かったと思われる。(12) 政友会では、六月九日の午後、同郷人としての訪問ではあったが、望月圭介が加藤を訪ねている。もちろん「脈引き」(13) のための訪問であろう。

さて、後継内閣について高橋内閣の与党として衆議院の与党政友会よりも迅早に対応した、貴族院の与党研究会であったが、研究会は新内閣の組織にどのように関ったのであろうか。また、床次はどのように組閣を援助したのであろうか。

床次が加藤友三郎より組閣の援助を依頼されたのは六月一〇日早朝であり、この日彼は研究会幹部と組閣について「密議」したであろう、ことはすでに述べた。水野は六月一〇日とその翌日すなわち、加藤（友）内閣成立の前日に、次のように日記をつけている。(14)

一〇日

床次氏加藤男ヲ訪問。政友会ハ入閣ハ否トテ随意ニテ援助ス。

近衛公錦水ニテ黒田子等ト会合。

中川男、蜂須賀侯ノ件ニ付黒田子邸ニ夜半三時迄居ル。

蜂須賀侯邸ニ於テ中川男、小林氏ト面会。小林氏ノ意見ニテ侯爵ハ入閣スルカ然ラザレハ五年間欧州留学ノ件。

一一日

小伯邸黒田、青木、大木。村上男二回青木子邸ニ来邸。中島久万吉男入閣ニ反対。

黒田子ト蜂須賀侯邸ヲ訪ヒ報告。大磯ノ徳川家ニ電話ニテ通告。

床次氏小伯邸ニ来邸。各省次官ノ話アリ。

柳沢保恵ら反幹部派の伯爵議員グループの指弾から逃れて、「総裁」格徳川頼倫は第四四議会以来、ほとんど登院せず、研究会事務所にも出ることはなかった。そのため、彼の人望や政治的権威は大きく失墜していた。そこで徳川に代るべく、第四五議会の開会を直前にしたあたりから、筆頭常務委員は侯爵蜂須賀正韶となり、研究会幹部の集団である十人会も徳川邸ではなく蜂須賀の屋敷で開かれることが多くなった。青木、水野ら幹部は侯爵近衛文麿に接近しつつ、他方では蜂須賀を当面の研究会「総裁」格として遇しつつあった[15]。蜂須賀は旧徳島藩主家当主であり、父茂韶の死後、侯爵議員として貴族院に議席を得て四年目であった。彼は青年時代をヨーロッパで送り、明治三〇年に帰国して以来、宮内省に入り式部官、皇后宮主事等を歴任したが[16]、学歴や詳しい履歴は不明である。四月に公正会を脱し、新たな男爵議員団体として親和会を設立し、そのリーダーでもあった中川良長が、その「蜂須賀ノ件」で黒田邸に夜中の三時までいたとは一体いかなるためであろうか。

その黒田はおそらく、帰宅する前に料亭「錦水」で近衛と会合を持っている。黒田らが近衛とどのような話をし、そのことと「蜂須賀ノ件」とは結びついているのであろうか。ともかく、この点については資料を欠き不明である。しかしながら、蜂須賀を入閣させようとする動きがあったようでもある。水野日記の六月一〇日の条にある「小林氏」とは、蜂須賀家顧問（大正七年就任）として北海道の蜂須賀農場の整理にあたっていた小林幸太郎である。小林は後年、原内閣の時「水野子爵が鎌倉の方へお出になつていた時に、私は中川良長男爵の御紹介で初めてお目に懸つた」[17]と、水野直との出会いについて語っている。これによれば、小林は大正九年七月に、水野が貴族院議員を辞し、鎌倉の別邸に引籠っていた折に、学習院時代の友人であった中川の紹介で水野と初めて会っている。この頃すでに小林は蜂須賀家の顧問となっているわけだが、その小林を水野に中川が引合せたということであれば、中川もまた蜂須賀家と何らかの関係を持っていたのであろう。その中川が蜂須賀のことで今や青木、前田、小笠原と並んで研究会の中心人物となった黒田の家に「夜半三時迄」滞在したのは、やはり蜂須賀の入閣を黒田に強く勧めたのであろうか。それにしても、蜂須賀はこの時満五一歳であり、入閣しないのであれば、五年間欧州に留学してはどうか、という小林の言も蜂須賀の年齢を考えると不自然である。ともかく、「夜半三時半」までの結論は、一一日に黒田自らが蜂須賀に報告している。

また、右の水野日記によれば、六月一一日には小笠原邸にいつもの四人会のメンバー（小笠原、青木、黒田、水野）に大木遠吉が加わり、組閣を見守った。この日記によれば、かつての火曜会（青木、前田、水野、松平直平、村上敬次郎）のメンバーである常務委員村上敬次郎が二回も青木邸を訪問している。村上は加藤友三郎と同郷（広島県出身）であり、同時に兵種こそ違え海軍の先輩である。その村上が、男爵中島久万吉の入閣について、二度にもわたり青木をその自宅に訪問している。村上は、少なくともその内の一回あるいは二回にわたり中島の入閣について反対の意向を青木に伝達した。

他方、水野の懐中手帳には次のような記録がある。「小伯邸ニ会合、黒田、青木、大木。村上男、青木子ニ来邸、中島久万吉男ヲ推択○〔一字不明〕閣員決定。黒田子ト蜂侯ヲ訪問。徳川侯ハ大磯○〔一字不明〕在り。床次氏来邸、各省次官」[18]。日記の記述と懐中手帳のそれとを比べてみると、内容的にはその大半が同一である。ただ、中島に関する記述が若干異なっている。おそらく、同郷人と海軍の先輩ということで組閣本部となっている海相官邸に駆けつけた村上は、中島の入閣の是非をめぐって、加藤と青木との間を往き来したものと思われる。中島に関する先の相異も、その入閣に関する結論が一転したことによるものではないだろうか。

それにしてもなぜ中島なのであろうか。中島は土佐民権派のリーダーのひとりとして著名な中島信行の長男として生まれ、明治三〇年に高等商業学校を卒業の後、三井物産合名㈱に入社し、その後、桂首相および西園寺首相の秘書官を勤めた[19]。明治三九年七月、住友家から山下芳太郎が新たに首相秘書官として転任して来たのを機に、中島は秘書官を辞め、古河鉱業㈱に入り古河家の内事の監督と若き社長古川虎之助の人物教育に当った。彼はまた、そうした古河家の仕事とは別に、古河鉱業の事業拡張にも尽力し、古河電気工業㈱や横浜ゴム㈱を創設して自ら社長となり、大いに手腕を発揮した[20]。男爵議員として貴族院に議席を持ったのは明治三七年七月の改選に当選して以来のことで、一たん明治四四年七月から大正八年一月までのほぼ一任期の期間議席を失うが、大正八年一月にそれを回復して以来、昭和一四年七月に至るまで議席を連続して維持している。その間、斎藤実内閣の商工大臣を勤めている。

この中島と加藤との直接的な関りは無いようである。ただ松本剛吉は日誌に次のように記している。[21]

翌一二日までに閣臣を推薦せり。此議に参画せしものは水野錬太郎、床次竹二郎の二氏なり。交友倶楽部にては大臣を多く出さんとし、研究会に於ても亦自派より多く出さんとし、互いに競争せし形跡あり。公正会にては船越男が加藤男と同県人なるが故、中島男及び自分も入閣せんと種々画策せしも、加藤男の容るゝ所とならず、全研交二派より取るゝこととし、遂に十二日現在式を行はせられたり。

松本によれば、公正会の若手リーダーのひとりで加藤と同じ広島県出身の船越光之丞が、中島や自身の入閣について活動しているようであった。船越は山県系の外務官僚船越衛の長男として生れ、叔父隆義（船越衛の父・八百十郎の四男）は海軍軍人（東宮侍従武官、「霧島」艦長、昭和一四年大将）であり、加藤友三郎の養嗣子であった。このような血縁関係を利用して、船越光之丞が入閣工作をしたことは、容易に推測できる。ちなみに、彼は六月九日付『読売新聞』に掲載された談話の中で、六月八日から九日午前にかけて加藤海相に会見したというのは「全くの虚報」であると述べる一方で、後継内閣の首班に「実質的必要なる人物を挙げるならば加藤男の如きは最適任者として推挙するに躊躇しない」と手放しで加藤友三郎を支持している。[22] しかしながら、同じ男爵で公正会員であるという以外に船越と中島の関係は不明であり、公正会のリーダーでもない中島の入閣説浮上の理由は全く判らない。

なお、今回入閣した岡野敬次郎と鎌田栄吉は交友倶楽部の中心的人物のひとり水野錬太郎の推薦によるのであろうが、研究会から入閣した、大木、前田、市来、荒井の入閣の経緯はいかなるものであったか。

まず大木であるが、先にも述べたように、『床次竹二郎伝』によれば、大木は床次の留任を「留任」の条件としたが、「大木を宥める者があつて」[23]加藤内閣に残った。六月八日に小笠原邸に会合をもった青木ら四人が残留に難色を示す大木を宥めたのであろうか。大木以外の三名については不明である。松方から加藤海相に首相就任の内談があった七日に十人会が開かれたことはすでに述べたが、この席上で入閣者について議論がされたであろうか。あるいは先にも述べたように、六月一〇日における床次を交えての小笠原邸の「密議」での「閣員の選択」によったものであろうか。

もとより、「密議」の内容は不明ではあるが、この三名に共通する点がある。それはこの三人が青木、黒田、水野、小笠原という幹部中の幹部に反感を有するか、少なくとも一歩距離を置いているということである、前田は第三章で述べたように、火曜会のメンバーであり、大正初年において三島から会派内権力の移譲を目的とした活動を共にして来た、水野の盟友でもあった。水野もまた前田の協力に応えるべく、彼を大臣に就任させるよう心掛けて来た。(24) しかし、その後第四四議会続く第四五議会では、前田は青木、水野らとは一線を画して来た。青木、水野は前田を尊重しつつも、むしろ黒田、小笠原と深く結び「四人会」を結成し、前田はそのメンバーではなかったのである。すなわち、前田は徳川、蜂須賀を中心とした十人会のメンバーではありえても、研究会の権力核である「四人会」からは排除された。

他方、市来、荒井はともに第四四議会において、「研究内硬派」として中橋文相の責任を追求するグループに属した。文相さらには原内閣批判の意味を持つ「風教に関する決議案」が幸三派によって貴族院に上程された際、市来は反対に回ったが、荒井は岡田良平らの勅選議員のように賛成の側に回ることこそしなかったが、他の硬派の議員と同じように本会議を欠席している。かかる反幹部派に対する懐柔という意図が十人会もしくは「密議」における閣僚選考において働いていたことは十分考えられるのではないだろうか。

ともあれ、こうして成立した加藤友三郎内閣であったが、政友会の床次と床次から推薦された貴族院議員水野錬太郎そして床次との太いパイプを持つ貴族院研究会の幹部がその組閣にあたった。また、公正会の一部も入閣運動をしたようであったが、それは実現しなかった。加藤(友)内閣は、研究会を中心に貴族院が組閣に全面的に関与した最初の内閣であった。

三　「郵便条約」問題

ワシントン会議の議決に基づき、加藤（友）内閣は、関東州租借地及び南満州鉄道付属地以外に存在する日本の郵便局の全てを大正一一（一九二二）年の内に撤廃する方針のもとに、撤退の善後処置について北京政府と交渉を開いた（八月）。先のワシントン会議での議決では、大正一二年年一月一日を以て完全撤去をすることになっており、加藤（友）内閣は列国協調の趣旨から年内撤去を決定したものと思われる。[25]

しかし、この北京会談において、中国側はワシントン会議に引続き、満鉄付属地内日本郵便局の撤去を強硬に要求した。日本側はこれを拒絶、そのためこの問題をめぐって会談は暗礁に乗り上げた。しかし、年内解決を目指す加藤（友）内閣は、満鉄付属地内郵便局については現状維持とするが、これを「他日ノ交渉事項」とすることを条件に、中国側に交渉妥結を「承認セシメ」たのであった。[26]かくして、大正一一年一二月八日付で条約が署名調印された。この条約は「日本帝国及支那共和国間郵便物交換に関する約定」をはじめ三つの郵便および郵便為替に関する約定（agreement）と「南満州鉄道付属地郵便協定」という一つの協定とからなる。以下本稿では、以上の約定及び協定を纏めて郵便条約と呼ぶ。

さて、加藤（友）内閣は、派遣委員の帰国を俟って右条約の枢密院諮詢を奏請した。ところが枢密院は、調印済条約の諮詢は「本院官制ニ考ヘ深ク遺憾」[27]であるとして、その審議を拒否し、一二月二九日付でその旨を上奏するに至った。これに対して加藤（友）内閣は枢密院の了解を得ないまま一二月三一日、右条約のうち三つの約定について告示公布を奏請、同日裁可を得て、翌大正一二年一月一日、外務省告示を以て公布した。また同内閣は、「協定」を単なる政府間の「『フホルミュラール』〔意志確認、formulaire 西尾註〕に過ぎざるを以て諮詢奏請を要せず」[28]との解釈により、裁可を経ずして同年一月二五日、同じ様に外務省告示を以って公布した。

ところで「日支郵便条約問題(29)」は二つの側面を持っていた。一つは右に述べたような形式的側面である。すなわち、それは加藤（友）内閣と枢密院との条約締結の手続をめぐる対立で、枢密院側は事前に同院の了解を得るべきであるとした。しかし、例えば革新倶楽部所属の衆議院議員植原悦二郎はこの点について次のように述べ、枢密院に自制を求めた。すなわち彼は、「ワシントン会議の結果締結せられ、枢密院が同意したる四国協約及び支那に対する九ケ国条約の如きは我邦の太平洋及び東亜に於ける活動を全く制限したるもの(30)」と不満ではあるが、天皇及び国民を代表して国家の施政に当るのが内閣であって、「施政の都合上如何なる時に外国との条約を枢密院の審議に諮らうとも、之れに対して枢密院は其官制上異議を唱ふべき理由はない。それは今日日支郵便協約の審議に就ても内閣の執りしことに就き何等手続上の違法行為は存在して居らぬ(31)」と断じている。まことに、郵便条約審議拒否の理由に枢密院があげていたものは、従来の慣行からすれば必ずしも当を得たものではなかった。ちなみに、内田康哉外相が貴族院本会議で陳述した様に、明治期はもとより大正期においても枢密院に諮詢される以前に署名調印され、事後枢密院の了承を得た事例は決して稀ではない(32)。

それでは、何故枢密院は審議拒否・上奏という異例な態度に出たのか。それはもう一つの実質的な側面が問題とされたのである。内閣より郵便条約案が枢密院に諮詢されたのは一二月二五日のことである。この日、枢密顧問官倉富勇三郎は次のように日記を記している。

有松英義枢密院事務所ヨリ電話ニテ予ガ至急事務所ニ来ルコトヲ乞テ、予鈴木及花井卓蔵等ト謀リテ小委員会ヲ閉ジ直チニ枢密院事務所ニ行ク。有松、日本帝国及支那共和国間ノ郵便物交換約定外三約定ニ付枢密院ニ御諮詢相成リ、本月二八日枢密院会議開クコトニナリ居ル処、右ノ御諮詢案参考タルヲ政府キリ出シ居南満州鉄道付属地ノ郵便協定ハ先頃枢密院ヨリ支那ニ関スル決議ヲ審査シタルトキ付属地郵便局ヲ撤廃スル如キ懸念ナキヤト再三念ヲ推シテ政府ニ確メ断ジテ右様ノ如キ懸念ナシト云イタルニ拘ワラス、此度ノ協定ハ付属地郵便局ハ両国間ノ交渉問題トナリ得ヘキモノナル事ヲ明言シ、且ツ暫定的ノモノトシテ現状維持ヲ約シ居リ、甚タ不都合ニ付郵便物交換約定他三約定ハ両国委員既ニ調印シテ約定ノ効力ヲ生ジタル後ニ至リ御諮詢ヲ奏請シタル点、鉄道付属地ノ郵便協定ハ御諮詢ヲ奏請セサル点及其内容カ前日ノ〇〇〔二字不明〕明〇〇〇〔三字不明〕累ヲ帝国ノ権利ニ及ホス虞アル点ニ付十分講求スル必要アリト思フ、依テ直ニ本会議ヲ開カス一度審査委員ニ付セラレル様議長ヘ請求スル積ナル処、本件ニ付イテハ顧問官ノ意見一致セサル位ナラハ寧ロ争ハサル方カ宜シキ位ニ付君（予）ノ意見ヲ問イ度シ。一木君（喜徳郎）ハ先刻コノ此処ニテ研究ノ上富井（政章）穂積（陳重）君等ノ同意ヲ求ムル為両君ノ家ヲ訪問スル積リニテ出掛ケタルトコロナリ云フ。予書類を一覧シタルニ有松ノ言フ通リナル故之ニ同意セリ。二上兵治ヨリ議長（清浦奎吾）ヘ電話シ審査委員ニ付託スル事ヲ諮リタル処議長ハ一木、有松ノ熱心ナル希望ナラハ委員ニ付託スルコトハ異議ナク、其約定ハ是非トモ一二年一月一日ヨリ施行セシムルヘカラス。華府条約ノ委員長タリシ伊東（巳代治）ヲ委員長ト為シタラハ可也」[33]

要するに、日支郵便条約について、内閣が郵便物交換約定はじめ三約定を調印して「効力ヲ生ジタル」後に諮詢を奏請した事は問題であり、満鉄付属地の郵便局に関する協定は本来条約でありながら、三約定の単なる参考案として提出されたにすぎないばかりか、その内容が「帝国の権利」に対する脅威になりうるとして、有松と一木が枢密院本会議開催を阻止するよう動いたのである。一木は事務所で調査をした上、直ちに富井や穂積をそれぞれ自宅に訪問までして、彼等からその了解を得た。これに対して、清浦枢密院議長は「一木、有松ノ熱心ナル希望ナラハ」ということで、二上書記官長に対し、ワシントン条約の精査委員長であった伊東巳代治を委員長とする審査委員会の設置に同意した。この委員会は形式・実質両面について「善後の措置ヲ誤ラサラムコトヲセツニ望ム」[34]とした上奏すら実行しようとしたのである。

一木や有松ら枢密院側が異例とも言うべき行動をとったのは、「満鉄付属地内郵便局カ暫定的ニシテ将来交渉ノ案件タルヘキコトヲ定メタルハ遺憾ニ堪[35]」えなかったためであった。ちなみに一二月二八日、伊東巳代治を委員長とする同条約審査委員会は、この協定の締結は「帝国の地歩に一大譲歩ヲ敢エテシタルモノト言ハサルヘカラス」とし、従って「帝国ノ地歩ニ重大ナル影響ヲ招来スヘキ協定ヲ軽々ニ訂《ママ》結スルニ至リテハ本官等ノ到底是認スルコト能ハサル[36]」との審査報告を全会一致で議決した。そして翌二九日、枢密院は、この委員会報告を多数を以て可決した。こうして、枢密院は、郵便条約の中でも「南満州鉄道付属地郵便協定」が、満鉄をはじめ満州における日本の排他的権益に対する脅威となるとしたのである。

ところで、ワシントン会議開催を直前にして、『タイムズ』紙が評した如く「国際関係の見地からすると、中国は現在の分裂状態では多分に擬制」であった[37]。かかる状態はワシントン会議終了後も依然として変るところはなかった[38]が、意識の面で中国民衆は大きく変化していたようであった。すなわち、ワシントン会議終了直後から大正一二年にかけて「旅大返還・二一箇条否認」運動が、中国南部はもとより北部においても活発となった。次の黎発言や中国国会による「二一箇条無効」決議採択は、中国の新たな状況の象徴的表現であり、その運動の結節点でもあった。

大正一一年年一〇月一七日、大総統黎元洪は、日本人記者団との会見の席上、関東州租借地問題にふれた質問に対し、「人のものは人に返せ。一家の間柄である日支の間に、第二のアルサス・ローレン《ママ》の横たはることは、予の最も好かない所である[39]」と答え、「二一箇条」条約を否認する発言をした。また、同年一一月十一日、中国の衆議院（下院）は、以下の理由により大正四（一九一五）年五月締結の日中協約すなわち「二一箇条協約」は無効であり、その旨を海外に宣布すべきことを政府に要請するという決議案を、満場一致で可決した。無効理由は以下の三つである。①脅迫によって成るものであり国際法上無効である。②国会の承認を得ておらず国際法上無効である。③以上の理由により政府代表者をして従来しばしば国際会議においてその取消を表明せしめた。この衆議院の決議に続いて参議院（上院）でも、翌年一月一九日、衆議院より回付された無効決議案を全会一致で可決した。ここに、「二一箇条要求」を認めた日中協約の無効が、中国国会の意思となった。

この決議案可決について日本では、いずれの中央紙も例えば『東京朝日新聞』のように「乱暴な決議」[40]と言う様な否定的な見出しを付して第一面のトップでこれを報じた。が、この問題がその直後、政党やその周辺で取り扱われることは少なかったと言えるであろう。ちなみに、第四六議会の開会を前に、政友会、憲政会がそれぞれ発表した対議会要領では、何れもこの問題にふれていない。[41]

しかし、このことは、わが国外務省や政治指導者が上記の事態を黙過したことを意味しない。すなわち、大正一一年年一一月一四日、内田外相は北京の中華民国特命全権公使小幡酉吉に宛て電報を打ち、「至急外交総長ニ会見ノ上、日支条約廃棄問題ノ如クハ日本トシテ到底承允スヘキ筈ナク」この様な行為は「協定上不可能ニシテ同時ニ由々敷結果ヲ胎スノ部ニ属」することを通牒するように、訓令を発した。[42]続いて外務省亜細亜局長芳沢謙吉は「無理解な支那の対日態度は忍耐にも限度がある」[43]旨の談話を『国民新聞』紙上で述べている。また、後に見るように、この頃より公正会や茶話会に所属する貴族院議員が、加藤（友）首相を官邸に訪問して極東状勢の推移について意見を聴取したり、会派内に独自の調査委員会を設置するよう準備を開始した。そして、右に見たごとく、枢密院もまた中国大陸における新たなこの事態を見逃さなかった。

さて、大正一二年一月二三日、休会明け第一日目の貴族院本会議は、加藤（友）首相の一般演説と内田外相の外交演説で始った。両大臣の演説終了後、憲政会総裁加藤高明は、質問演説の先頭に立ち、開口一番シベリア出兵はわが国の権威を著しく毀損したと述べ、続いて話を中国問題に転じ、南満州においてわが国の占める地位は、わが国の「国防上経済上必要欠くべからざる」ものであり、「帝国の生存者の要件をなす」と述べて、ワシントン会議以来わが国の外交は「理由のない譲歩に譲歩を重」ねており、今回の郵便条約調印は「亦一段の譲歩」ではあるまいか、[44]

と論じ、郵便条約問題を前面に押し立てて政府を攻撃した。

加藤高明に続いて、常に政友会系内閣攻撃の先頭に立って来た江木翼（勅選議員、江木千之の養嗣子、同成会）は、郵便条約は、日本が日露戦争以来獲得して来た権益を掘りくずす糸口を中国側に与えるものであり、ここに生じた穴は徐々に大きくなり、ついには「先帝の偉業を失墜すると云ふ恐れ[45]」がある、と主張した。

以来二月中旬に至る迄、若槻礼次郎（勅選議員、茶話会）、山脇玄（勅選議員、同成会）、藤村義朗（男爵議員、公正会）、池田長康（男爵議員、公正会）、江木千之（勅選議員、茶話会）、阪谷芳郎（男爵議員、公正会）、仲小路廉（勅選議員、同成会）、目賀田種太郎（勅選議員、無所属、但し旧茶話会）が、それぞれ質問演説の中で少なからず郵便条約問題にふれた。そして加藤内閣の中国政策は「退嬰自屈」であると非難する点で、彼等の主張は一致していた。なかでも江木千之は一月三一日の質問演説で「当局は我が大切なる国権又は先帝の御偉業に付て甚だしく尊重せられる意志が乏し[46]」い、と加藤内閣を痛罵した。これに対し加藤首相ならびに内田外相は、ワシントン会議や北京会談での中国側の要求を退け、ともかくも「現状維持」を中国側に認めさせることによって「日本の申し分は立った」（内田外相[47]）と、繰り返すにとどまった。他方、江木千之はこの日、政府と枢密院の対立を問題にした。続いて阪谷が「此度の事態は枢密院在つて初めての事柄」であり「是等の顛末の一切は其明文になって居るものでも御示しになると云ふことが却て此今日の険悪なる空気を一掃[48]」するであろうと、枢密院側の記録の公開を政府に迫った。さらに同日、仲小路そして目賀田が、枢密院問題についてその事実関係を確認するとともに首相や外相に対し、それぞれ見解を問いただした。

こうして、貴族院において一〇日余り続いた質問演説では、登壇した議員の大半である幸無四派の議員たちは、ワシントン会議によって「満蒙」の日本権益が毀損せられる契機を生じ、郵便条約はその先鞭をつけるものではないか、と異句同音に論じ、かつその強い懸念を表明し、また枢密院と政府との対立問題に言及した。

しかし、実質的側面すなわち満蒙の権益保全に対する彼等の懸念は、必ずしも根拠のないものではなかった。否、先に見たように、ワシントン会議終了直後から凡そ一〇か月間の中国政局の推移は、貴族院議員らの懸念が単なる杞憂に終らないことを示すものがあった。

さて、すでに見て来たような中国の動向に対して、〈貴族院野党〉の反応はすばやかった。第四六議会の開催を翌月に控えた大正一一年一一月一七日、幸三派を代表して船越光之丞（公正会）、坂本俊篤（公正会）、浅田徳則（茶話会）、江木千之（茶話会）、菅原通敬（同成会）、谷森真男（同成会）が、加藤首相を官邸に訪問し、二時間半ほど外交に関して会談した。この会談の内容は必ずしも明らかではないが、『国民新聞』によれば専ら話題が中国問題に集中した。(49)〈貴族院野党〉の代表が公式に首相と時局をめぐって会談をもつということは、時々あることではあるが、今回の場合、中国衆議院による「日支条約無効」宣言の採択が幸三派をしてかかる行動に駆り立てたことは、先ず疑いないところであろう。一一月二二日茶話会と同成会は再度例会を開き、先の加藤首相との会談報告に基づいて討論した。そして、政府の「軟弱外交を痛憤し、此際先づ大いに政府当局を鞭撻督励すべし」あるいは「根本的に調査し対支政策の根本を確立するの要あり(50)」ということで、それぞれ会派としての意見の一致をみたようである。

一方、公正会は、会内に対外政策調査特別委員会を発足させた。この委員会が設置されたのは、一一月末から一二月上旬にかけてであるが、その正確な日付は不明である。発足当初、同会の慣行により委員を一〇名としたが、一二月八日の会合で更に五名増員されている。(51)この日、同特別委員会は、委員長に阪谷芳郎、副委員長に坂本俊篤をそれぞれ選出するとともに、「対支二一箇条問題其他に就き近く内田外相を訪問して意見を聴取(52)」することを申合せている。この委員の増員といい先の外相訪問計画といい、男爵議員らの中国問題に対する関心の高さを示しているであろう。その後、この特別委員会の設立目的を、「満蒙」とシベリアとに関する外交方針の確立ならびにその外交監視とした設立趣旨書(53)が一二月一九日に同委員藤村義朗によって作成され、委員会の今後の行動方針が更に明確にされた。そのためか、対外政策調査特別委員会は、その後専ら「極東政策委員会」と一般に呼称されるようになり、委員長の阪谷白身もその「日記」において右の名称を用いている。あるいは、この名称が「対外政策調査特別委員会」に代って公正会として正式に使われたのかも知れないが、その真偽の程は不明である。しかし、委員長自身が用いていることと、文字通り委員会の性格をより鮮明に表わしていると思われることから、本書では「対外政策調査特別委員会」すなわち「極東政策調査委員会」を「極東委員会」と略して用いることにする。

ところで、議会再会を翌日に控えた大正一二年年一月二三日、公正会は総会を開き、外交問題に関する同会の最終的態度について話し合った。その席上、極東委員会より外交に関する調査報告書(54)が提出され、満場一致で採択された。この一九項目から成る報告書は述べて、「維新の大業以後帝国が幾多万歩の艱難に際会して国家の遼運を開拓し来りたる所以は一つ帝国の自衛と国民の経済的生存との保障を得ん」とするためであり、従来の外交はこの「根本方針」に「遵拠」して終始変ることがなかった。ところが、「近時政府外交の方針動もすれば統制振作を欠き、退嬰自屈に流れんとする傾向なしとせず」。更に、隣邦中国及びロシアに対する政策は「帝国の存立隆替に関する所至大たるもの」があり、「我が極東政策の確立刷新」は実に刻下の「喫緊要務」である。さらに中国問題について、ワシントン会議における九か国条約の約定ならびにその精神は尊重されるべきであり、中国の「主権及国権恢復の希望に対しては満腔の同情を有する」が、「帝国が満蒙に於て有する既得権利は合法合理の条約に依て得たる正当なる権利にして且つ帝国の国防並国民の経済的生存に絶対必要の事項なり。帝国は断じて之が毀損干犯を許さず」と、「満蒙」権益が「毀損干犯」されない範囲でのみ、ワシントン体制と明治国家との両立が可能であると喝破した。

さて、第四六議会の再開を前にして〈貴族院野党〉の反政府的行動は活発となった。極東委員会委員長阪谷芳郎は新年早々、その「貴族院日記」に次のように記している(55)。

一月七日　一〇時幸クラブ〔ママ〕にて江木、目賀田、仲小路、阪谷、之に船越を加へ、五人協議す。船越男、加藤首相謹告のこと承認す。此日大森に清浦氏を訪ふ。不在なり。依りて政界危機の兆ありと一言書き遺して去る。
一月八日　一〇時幸クラブ（ママ）にて前記五人集会す。船越男より、加藤首相には去る二四日以来絶対に政治上のことは話してなし。病気は小康なれども、もし自分が面会を求め話すときは非常に危険あり、親戚より謝絶ありとのこと。依て個人として江木氏、山梨陸相に話しおくこと。亦船越男は今日逗子に平田内大臣を訪ひ、模様を話しおくことにす。首相に誠意を通ずること能はざるは如何にも残念なれども、之も天運と詮むるの外なし。
一月九日　一〇時幸クラブにて前記四氏と集会す。船越男より、平田内大臣訪問、江木氏より山梨陸相訪問に付話あり。此日後藤子、徳川公、徳川頼倫侯、徳川達孝伯、入江子等と談ず。

右に明らかなように、幸無四派のリーダーである江木千之、阪谷芳郎、目賀田種太郎、仲小路廉の四人は「病気引退」を加藤首相に申入れようとした。そこで、江木らは加藤首相の養嗣子の甥にあたる船越光之丞と協議の上、江木が意見書を作成し、それを以って船越が「病気引退」を加藤に勧告する手筈を整えた。すでに政界には加藤の病気についての情報がそれなりに広まってはいたので、[56] おそらく船越は叔父のためにも首相辞任が適切である、と考えたのであろう。この時、多分、江木たちも加藤が辞任に応ずると思ったのであろうか、阪谷は枢密院議長清浦奎吾をその自宅に訪ね、「政界危機の兆あり」とのメモを置いた。阪谷は清浦に政変が近いことを知らせたかったのである。

しかし、非公式の場で首相に辞職を迫ろうとした江木らの目論見は、首相への面会を「親戚」に反対されたため、ついえてしまった。そこで江木が個人的に山梨陸相に首相辞任の申入れを行うと共に、船越は平田内大臣に「模様」すなわち首相の病状と彼等の行動について報告することになった。こうして、江木らの倒閣運動の舞台は公式の場すなわち貴族院に移されることとなる。

その動きは休会明け数日にしてその頂点に達した。幸無四派は、貴族院本会議において政府攻撃を開始し、恰もそれに呼応するかの様に衆議院本会議でも望月小太郎（憲政会）や中野正剛（革新倶楽部）が、郵便条約問題を中心に対中国外交について加藤内閣を激しく批判した。すなわち望月は先の黎元洪発言を取り上げ、「満州問題」の深刻化を指摘し、中野は特に「二一箇条」中の第八条に関わる満鉄や関東州の還付を中国側が要求してくるのではないか、と述べた。

貴族院におけるこのような批判は、先にあげた若槻はじめ八名の幸無四派の議員によって、二月中旬まで断続的に続けられることになる。かかる状況下、一月二六日に阪谷、江木（千）、仲小路、目賀田は、個人として院内大臣室に首相を訪問して郵便条約問題について内閣の責任を追求すると共に、首相の辞職を勧告した(57)。そして首相に辞意が無いと見るや、ついに極東委員会を中心に〈貴族院野党〉内部で、外相弾劾決議案や内閣糾弾を意図した外交刷新建議案などの本会議提出が検討された。一方、枢密院部内では、議会での政府答弁をめぐって伊東巳代治や有松英義が「枢密院ノ存在ヲ擁護スル為、勅許ヲ得テ枢密院ノ議事ヲ公表シ、汎ク天下ノ与論ニ訴フヘシ(58)」と、強硬に反政府的態度を表明するに至った。

しかし、枢密院官制（明治二一年四月勅令第二二号）は、その第八条において「枢密院ハ行政及立法ノコトニ関シ天皇ノ至高ノ顧問タリト雖モ施政ニ干与スルコトナシ」と、枢密院の政治への関与を禁じていた。それゆえに枢密顧問官である伊東や有松らは、政府に対する表立っての反論や倒閣運動を展開するわけには行かない。従って彼らは、議会なかでも貴族院の幸無四派の活動に期待するしか手段が無かった。

ちなみに、第四六議会が終り、夏になると議会開会中の無理がたたってか首相の病状は急速に悪化した。この時、故山県有朋の腹臣であり、山県系官僚グループの幹部中の幹部で、元老西園寺とも太いパイプを持つ、内大臣平田東助に対し、何人もの枢密顧問官から憲政会に政権を渡すべきとする意見が寄せられていた。加藤首相の死の二日前の八月二二日、平田は松本に対し次のように語っている。「……実は過日有松、平山成信別々に来り、憲政会をやれとの事なりしも、自分はさう云ふことは出来ぬと断つた。其後、武井守正、船越光之丞、久保田譲等各別に書面を送り越せり。何れも憲政会賛成の趣なるも……」(59)。ここに出てくる有松英義、平山成信、武井守正、久保田譲の四名は何れも元貴族院勅選議員であり、この時は共に枢密顧問官の職にあった。なかでも、平山、武井は明治末から大正初年にかけて茶話会と無所属派からなる幸倶楽部の中枢であり山県閥の勅選議員支配の要である「十金会」のメンバーであった(60)。また有松、久保田はそれぞれ研究会、土曜会と勅選議員時代の会派こそ異なるが、共に山県・桂系の官僚であった。

さらに、これよりほぼ一年前、辞職を決定した直後の高橋首相や政友会総務委員山本悌二郎がそれぞれ松本と次のような事を話している。すなわち「枢密院、幸倶楽部抔に憲政会派出来たる由、以ての外なり」(61)（高橋）、「平田子へは憲政常道論者にして普通選挙已むを得ずと云ふ久保田男、武井男、平山成信、一木喜徳郎氏等出入する」(62)（山本）と。一木もまた先の「十金会」のメンバーであり、大正六年八月に枢密顧問官に就任している。以上からすれば、貴族院経由で枢密顧問官となった、もと山県・桂系の官僚たちは、原内閣後の政変のたびに憲政会内閣の実現を望み、そのために行動していたのである。その彼等が、加藤（友）内閣の正念場とも言える第四六議会再開の前後において、彼等の多くの古巣である幸倶楽部＝〈貴族院野党〉と連携していたことは、容易に考えられる。

一方、すでに触れた如く、衆議院においても同様に議会再開後、野党である憲政会や革新倶楽部は郵便条約締結問題に関して政府を厳しく追及していた。しかし、憲政会が貴族院の公正会と同じように中国問題としてこの問題を追及する傾向があったのに対し、衆議院の革新倶楽部は政府と枢密院との対立を専ら問題とした。すなわち、革新倶楽部は議会再開早々の一月二四日夜、緊急代議士会を開き、政府は枢密院との対立に関する顛末を公表すべきである、との古島一雄の提案を可決した。そしてこれに基き、革新倶楽部は「上奏問題決議案」を衆議院に提出した。この決議案は二月三日に本会議に上程されたが、その直前に開かれた革新倶楽部代議士会において、尾崎行雄は「貴族院又は憲政会の議論は自分としては反対である。殊に枢府の態度は絶対に怪しからぬ」(63)と述べ、暗に郵便条約問題の本質は政府と枢密院との対立にある、としている。また、この決議案上程に関連して『大阪朝日新聞』は、「枢府政府間における日支郵便条約に対する係争問題は……只単な〔ママ、単なる―西尾註〕手続き上の問題で元来が法制局くらいの問題に過ぎないのである。然るにこれを政治問題と化しつゝあるは貴族院枢府一部の人々が或種の魂胆に基いたのではなからうか、これは憲政運用上に悪例を胎すものである」(64)と評している。

しかし、結局、この決議案は七七対二一一の一三四の大差を以って否決された。言うまでもなく、反対者は与党政友会であるが、野党憲政会の議員の大半は採択を棄権したようである。ちなみに、第四六議会開会時点での衆議院における会派別人数は次の表の通りである(65)。この決議案が日支郵便条約問題の本質を枢密院問題とすることに反発してか、憲政会の大半の代議士は採決に加らなかったことが容易に推測できる。なおこの時の様子を『時事新報』は「議会雑観」というコラム欄で次のように描写している。すなわち「決議案で中野正剛君が憲政会を罵倒したとか云ふんで憲政会は投票の際にゾロゾロと退場してしまった『一体、何といふことだ、上奏問題を公表せよ、と迫っているのは憲政会のタメにいい前提を与へるのに……』と、反対の政友会マデが惜しがっていた。それに反して政友会は皆議席にいる」(66)と。決議案の提案理由を清瀬一郎(革新倶楽部)が説明し、続いて中野が「貴族院枢密院に巣ふ所謂城鼠社狐が毒瓦斯を以て内閣を暗殺せんとするが如き陰謀に与することは出来ない」(67)と貴族院・枢密院こそ痛烈に批判したが、憲政会に対しては直接批判することはなかった。しかし、このような中野をはじめとする革新倶楽部の姿勢、すなわち内閣と枢密院との対立をより大きく政治問題化させることに対し、憲政会は反発した。かくして、大半の憲政会所属の議員は投票を放棄したのである。

ジャーナリスト前田蓮山は、かかる憲政会の行動について次のように述べ

表5　第46議会衆議院会派別所属議員数（大正11年12月25日現在）

政友会	283
憲政会	101
革新倶楽部	46
庚申倶楽部	25
無所属	8
欠　員	1
合　計	464

る。すなわち、憲政会は「最初貴族院の仲小路氏等と呼応しての決議案上程の折に、領袖連は悉く票決に加はらず、議場を逃げ出すと云ふ奇観を暴露した位で、枢密院問題を政争の具に供することは危険だと云ふことを悟ったであらう」(68)と。倒閣を目指す憲政会は、枢密院問題を回避しつつ、日支郵便条約問題を中国、極東問題として政府を追求したかったのであろう。従って憲政会は政府を追い込むあまり、この決議案に賛成することで、連携をとりつつあった枢密院をも追い込むことは何としても避けたかったのではなかろうか。

四　有爵議員統合計画

貴族院を中心とする反政府的動きに対して、〈貴族院与党〉たる研究会は、表面的には静観の態度をとっていた。が、後述の如く、他方では既に一月上旬より非公式に公正会との接触を開始していた。

研究会において公正会への働きかけを行ったのは水野直であり、公正会においてその窓口となったのは福原俊丸であった。彼等の出会いは、ほぼ一年前の第四五議会に遡る。大正一一年二月、中橋文相問題が貴族院で大きな問題となるころ、前田利定と共に、福原は研究会と公正会との連携を考えていたようであった（本書第六章参照）。第六章で述べたように彼はこの問題について高橋首相を鋭く追及したが、議会終了後二か月ほどして高橋内閣改造問題が総辞職という形で決着して以降、水野直と福原との接触が始まる。そのことは水野の「懐中手帳」に明らかである。第四五議会終了後(三月二五日)、この懐中手帳に福原が初めて登場するのは六月一六日の項である。それによれば、六月一六日に水野は公正会を脱会し、新たに親和会を組織した中川良長（男爵）と会合を持ち、公正会―協同会との「戦争開始ノ件」と「福原氏会見《(ママ)》ノ件」(69)とを話合っている。水野はこの時貴族院議員を辞してはいたが、研究会会員としての活動はしていた。四月二五日に常務委員会の委嘱により、常務委員共々今後の男爵議員選挙について活動するようになっていた。六月には、七月一五日の予定された男爵議員補欠選挙を控え、協同会と尚友会男爵部（四月一七日に成立）とは男爵者に対する多数派工作に鎬を削っていたのである。

ちなみに前章で取り上げた、懐中手帳に克明に綴られた「水野直日記－大正一一・一二年－」の冒頭には、二七ページにもわたる大正一一年四月一八日現在の協同会員名簿が付されている。会員名簿に続く日記は、今後実施が予定される男爵議員補欠選挙活動の際のメモとして、綴られたものである。そこに記された二〇〇名近い協同会員は公卿、神職、僧家、陸軍、海軍、実業、「徳川家干係」と分類され、「徳川家干係」はさらに幕臣、尾州、紀州、福井藩、金沢藩、山口藩……という具合に出身地別に分けられている。これは、水野にとって、七月に予定された補欠選挙での縁故による集票工作や協同会切り崩しのためのデータベースであった。

ところで、七月一五日の補欠選挙は、公正会の内田正敏の死去によるもので、公正会は直ちに瓜生外吉（もと海軍大将）を立てた。これに対して、研究会－尚友会は島津隼彦を立て激越な選挙競争を繰り広げた。男爵界の重鎮であり親和会に属した杉渓言長や平野長祥の従来の経験では、協同会は二〇〇票以上の得票は不可能であり、これに対し尚友会男爵部の男爵者は「旧華族」＝公家華族・武家華族が多いから縁故者を辿る時は確実に一三〇票を得ることは至難ではない、棄権者を加えるならば四、五〇票を争う選挙になるであろう、との推測を基に、親和会側は候補者を立てたのであった[70]。しかしながら「明治四三年頃とは選挙会の事情も大いに異なり如何に旧藩その他の情実関係を辿ってもこれを左右する力はなく親和会の作戦思うように任せぬので頃日来の両派実情から見ると島津男は瓜生男と甚だしき差票を見るべき形勢となってきた。これでは尚友会側として不手際であるばかりでなく旧大藩たる島津家一門の面目にも関すると狼狽しだした[71]」と、選挙の数日前の様子を『読売新聞』は報じている。結局、七月一二日に開かれた親和会総会で島津の立候補取り消しが決定された。親和会は、こうして戦わずして公正会－協同会に敗退したのである。

ところが、この選挙終が終了した翌日、今度は親和会の伊達宗曜が急死した。そのため親和会は会員数二四となり、一名を新たに補充できなければ、来るべき四七議会には院内交渉団体たる資格を失うことになる。先の補欠選挙の興奮冷めやらない中で、このまま放置すると前回以上に激甚な選挙競争が始まる可能性が高かった。七月一七日、かかる可能性を懸念した男爵山本達男（原―高橋内閣の農商務相）は、田健治郎や船越光之丞に調停を依頼している。山本は田を通じて船越に対し、両派が按分比例によって議員を選出すべきであるとする妥協案を示したが、船越によって一蹴されている。(72) ちなみに大正一〇年末における男爵戸数が四〇一であり、(73) これに対し七月一五日実施の補欠選挙では、尚友会推薦の島津が辞退したとはいえ協同会推薦の瓜生が二一五票を獲得している。これは水野の調査「協同会員大正一一年四月一九日」(74) による会員数一八三（ただし、数名重複）を大分上回るものであった。すなわち、協同会の力は水野をはじめ研究会幹部の予想を上回っており、それは数字の上から見ても有権者四〇一の過半数を一四凌駕するものであった。したがって、青木はいち早く「男爵補欠戦は無名の師」(75) として、次回の補欠選挙にも候補者を立てる意思がないことを匂わせる発言をしている。

ところで、水野が福原と会うことについては、水野が望んだのではなく福原の希望であった。その前日、水野は日記に次のように記している。「福原俊丸男ヨリ面会申込ノ由。増田氏結城氏ヲ通シテ申シ来ル」(76)。増田なる人物が、水野の情報係である結城礼一郎に福原の希望を取り継いだようであるが、この人物については不明である。さて、福原と水野との面会は六月二二日になされた。水野は次のように記録している。「福原男、精養軒。増田、結城〇〇〔二字不明〕ノ言、公正会解散、親和会合同。中川男謝意ヲ表スル事」(77)。増田、結城も同席しての会談だったのであろうか、また研究会が公正会を解散に追い込んだり、反公正会の男爵議員団体である親和会を研究会が合併することについてまで話が及んだのであろうか。ともあれ、この時期はまだ、研究会男爵部が何とか協同会に肉迫できると思われていた時であった。

水野の懐中手帳の記載からすれば、水野と福原との接触は、七月一五日（土）の補欠選挙以降、頻繁となる。前述のように、この選挙で研究会─尚友会側は公正会─協同会に対し、戦わずして敗退していた。補欠選挙が実施された土曜日の翌週早々、福原は結城および研究会若手のホープと目された八条隆正を伴い、水野を自宅に訪問している。(78) さらに一日置いて七月一九日に、今度はひとりで水野を訪問している。(79) そして七月二〇日、「午後三時×五時半福原男、調和問題意見交換」(80)と、黒田の日記にあるように、福原は研究会首脳の黒田清輝と、尚友会と協同会との抗争収拾に向けて話合った。これ以降、研究会と公正会すなわち〈研─公〉両会幹部間の接触が頻繁になされようになった。まず、七月二二日、黒田と阪谷芳郎との会談がなされた。「午前一〇時研究常務会　午後一時日本倶楽部　坂谷〔ママ〕男会見」(81)。続いて、七月二九日、三〇日に「協和ノ交渉第一回」「協和の交渉第二回」(82)がそれぞれ開かれた。第二回は黒田邸で午後三時から開かれ、公正会側からは福原と池田長康（男爵）が出席している。(83)

しかし、このような両者の接触や話合いの中で、事態収拾に向けて何らかの合意が得られたわけではないようである。それは両者の対立・抗争を沈静化させはしたが、その後協同会優勢の中にも、協同会への新たな加入者が断続的に出るなど依然両者の睨み合いが続いた。大正一一年四月以降第四六議会開催に至るまでの時期において、二度目の補欠選挙も、研究会─尚友会は候補者を立てることはなく、ひたすら事態が悪化することを防止するかのような態度をとり続けた。そのため、親和会員の一部には徐々に不満がたまっていくことも予想された。(84)

こうして親和会問題解決のために設定された〈研─公パイプ〉であったが、水野の懐中手帳からすれば、大正一一年の八月から一二月にかけて阪谷、池田を含め公正会と会合が持たれたことはないようであった。すなわち、それは活動停止状態となりつつあった。しかし、第四六議会の開会を目前にして、このパイプは俄かに活性化することとなった。その立役者となったのは、水野直と西原借款で著名な西原亀三とである。

その発端は、大正一一年一一月二九日の西原による水野の訪問にあった。この日、西原は次の様に日記を記した。「水野子爵を大塚の邸に訪問。時局に関する会談の結果、今日は恰も黒船来航当時に彷沸たるものあり。誠に外交上帝国は非常なる危機にあるものゝ如し。之を匡救するには先つ皇室の藩屏としての責任ある貴族の自覚に待って予め備うる所なからさるを得す。之れには田中大将をして現在の貴族院、殊に有爵議員の外交問題に関する協同一致を為さしむにあり。水野子は研究会を纏むるを任するにあり。先つ田中大将に会談の要ありとのことに両者の意見合致し、目下旅行中の田中大将に会見の場所に関し招電を発することとせり」(85)。要は、対外問題を手段に有爵議員の統合をはかり、それに田中大将を関与させようということで西原と水野は意見が一致したのである。

西原によれば二人の出会いは明治四一（一九〇八）年にさかのぼる。このとき以来、西原は水野と交流を続け、水野家にも出入りをするようになったようである(86)。出会い以来彼らがどのような交流を続けてきたか興味あるところであるが、水野や西原の日記から必ずしもそれを明確にはできない。ただ、第一次世界大戦以降の、労働争議や小作争議の頻発など国内状況の変化や中国を舞台とした欧米列強の激烈な経済競争の開始という国際環境の変化に対応するため、西原は自分なりの構想を持ちつつ有爵議員たちに接触していた(87)。また、同時に西原は、彼らを通じて貴族院工作をしていた。すなわち、寺内内閣下の第三七議会の折、日支・満州銀行案の衆議院通過に際し貴族院での阻止工作を朝鮮銀行から依頼された西原は、上京して幸倶楽部や研究会を訪問したが、この時、彼は数度にわたり青木、水野、前田ら研究会の子爵議員と会い「支那問題ヲ談」じている(88)。同案は貴族院において審議未了となったが、西原は青木、水野らにもその通過阻止について当然相談したであろう。さらに、原内閣の打倒を水野に入説している。第四三議会が後半にさしかかろうとしている大正九年二月二一日、西原は「水野子爵ヲ訪ヒ、貴族院ノ形勢ト政局ノ展開ニ鑑ミ此際物価調節問題ヲ以テ表面ヨリシ、更ニ外交彙報問題ヲ以テ裏面ヨリ攻撃を取リ、原内閣ヲ一挙ニシテ倒壊スベシトノ建策ヲナシ(89)」ている。これに水野が乗らなかったことはもちろんである。何れにせよ、政治的立場はともかく、西原と水野との間には小さからぬ信頼関係があったのである。

ところで、西原と水野が会談した一一月二九日、水野は手帳に「西原氏来邸、福原男ノ件(90)」と記している。少なくとも水野にとってはワシントン会議後の中国情勢もさることながら、福原の問題すなわち〈研－公〉提携をいかにして実現していくかがより重要な課題であったのであろう。他方、西原にとって中国情勢は最も大きな関心事であった。かくして、ふたりは会談を進めていくうちに、右の「有爵議員の外交問題に関する協同一致」なる結論に到達したに違いない。すなわち、西原が最も関心を寄せる「外交問題」を媒介として水野が最も関心を持つ互選議員の「協同一致」＝〈研－公〉提携を作り出そうと、彼等は考えたのである。

一二月八日、西原は朝鮮より帰ったばかりの福原を伴い、水野邸を訪れた。西原は福原とも旧知の間柄であり、例えば第四四議会（大正九・一二・二七～大正一〇・三・二六）終了後なおも「綱紀粛正に関する貴族院の主張として公正会の骨子となる要綱を研究する為福原男爵と箱根小涌谷ホテルに会合審議(91)」したほどであった。この日、彼ら三人は「外交問題を主題として貴族の一致協力を画するために、田中大将をして自主的に発動せしむるを最善とするの義(92)」で意見の一致をみた。そして一二月一六日、この三人は大阪で陸軍大将田中義一を交えて話し合った結果、「相互理解一致するに至(93)」った。さらに田中を含む四人は年明け早々に田中邸で会合を持ち、「四つ膝を交へて華族の統一を以て第二維新の基礎と為すべく意見を交換し(94)」、一一日には「水野子邸にて福原男とともに鼎座、華族議員統一に関する準備を協議し、来る一四日研究・公正の有志会合のことに決(95)」した。

これより前すなわち年末の一二月二〇日、西原は内大臣平田東助を逗子の別邸に訪れ、「国家の大問題にして実に国家の危急に関する外交問題に対し、貴族院殊に互選議員の一致協力を為さしむるを以て、所謂第二の維新の大業と為す所以を論し、這般来の行動に関する大要を告け内府の賛成を求め、内府も同感にしてその道を取ることが刻下の危急を救ふ維《ママ》〔唯〕一道なり(96)」と、西原に応じている。さらに、二二日には、西原は枢密顧問官有松英義を訪ね「這般の活動の大要を告け、氏もこの計画に順応せられよと勧説(97)」した。三日後、西原の勧説に応じるかのように、有松は一木とともに日支郵便条約を問題としたのである。一二月二五日、すでに見た如く、有松は枢密院の庁舎内にいた倉富を事務所に呼び出し、新たに諮詢された日支郵便条約の問題点について語り、本会議開催拒否について、彼の協力を求めていた。(98)

それでは一体何が彼等を結びつけ、有爵議員統合を計画せしめたのか。第一に対外的要因として指摘されなければならないのは、ワシントン体制の成立に刺激されつつ疾風怒濤の如く「満蒙」に向って進撃を始めた中国ナショナリズムに対する恐怖であろう。それは水野や西原にとって「黒船来航時」を「彷沸」させるものであった。

そもそも西原は、原内閣の遺産とも言うべき「対支不干渉政策」に対して大いに不満であった。(99)時にワシントン体制の成立に際して、在中国駐在武官の最有力者であり長年の旧知として、たえず西原に克明な中国情報を送り続けて来た陸軍中将坂西利八郎は、「革命を実行セネバ二進モ三進モ行キ不申侯」(100)とワシントン体制成立直後の混沌した中国状勢を伝えると共に、「既得権」を条約によって保全することがいかに困難であるかを次の様に西原に宛て述べている。「条約上決定セルモノナラバ十五六世紀時代ノモノデモ永久末代迄既得権トシ他国カ之ヲ動カス事ノ出来ヌモノト誤信シ呑気之極メ居ル我政治家外交家之愚ヤ実ニ可憐至極ノモノニテ帝国ノ国運ヲシテ新発展ノ余地ナカラシメン所以ハ是等ノ没常識人物自ラカ招ク処ト存居申シ侯。今度ノ華府会議デ少シハ目醒メンナラント存居侯」(101)。かかる坂西の認識は、西原の反「対支不干渉政策」感情と共通する点が少くない様に思われるが、北京政府を強固ならしめることによって「満蒙」の防波堤としようとした政策（＝援段政策）の推進者であった西原にとって、おそらく「二一箇条否認」決議や黎発言は衝撃だったにちがいない。また西原は後年（大正一四年、一九二五年）、寺内内閣時代から継続して来た国策研究会に東亜研究会を設置したが、その設立早々にも伯爵大木遠吉（貴族院議員、研究会領袖の一人）を代表者として「満蒙特殊権益擁護」の建議書を首相、外相、陸相、海相にそれぞれ提出し、「満蒙」における日本の地位に「至大なる」危惧を表明すると共に、「満蒙ニ於テ有スル正当ナル権利利益ノ完全ナル擁護ハ帝国ノ存立上絶対必要」(102)である、と申し入れている。

他方、田中はワシントン会議の成果に一応満足していた様である。彼は日露戦争後より一貫して陸軍の大陸政策の策定ならびにその遂行に関与し、「満蒙」の権益擁護について常に配慮を怠らなかった[103]。その彼が、黎発言や「甘一箇条無効」決議に象徴される中国ナショナリズムの昂揚に無関心ではなかったであろう。

〈研−公〉パイプ活性化のもう一つの契機は、水野らの権力への意志であった。〈互選有爵議員団の連携〉とは、とりも直さずライバル関係にあった研究会と公正会との提携を意味するものであった。満蒙の権益維持があらゆる政治勢力の主張の違いを超えて共通する国家意思なればこそ、それが脅かされつつあるという危機意識の共有は、反目する両会派を接近させ提携をも可能にするであろう。そして、かかる提携達成の上で「場合によっては両派(研公両派−西尾註)中心の内閣を組織して、自ら政策実現の責任をとるべきであ」り、「その中心となるべき人物が田中義一大将であった[104]」。ちなみに、多年情報収集係として水野に親炙した結城礼一郎(後、東京市議会議員)は、後年回顧して、水野は「研究会の統領」として田中に期待するところが大きく、「肝胆相照ら」した田中を「何かきっかけをつけて公然担ぎ込みをやろうと画策[105]」した、と述べている。すなわち、既存の〈研−公パイプ〉を活性化することは、状況次第では有爵議員の外交問題に関する「協同一致[106]」を挺子として田中貴族院内閣を造り出す糸口にもなりえた。ちなみに、山県有朋や寺内正毅亡き後、陸軍大将上原勇作(薩摩)と並ぶ陸軍の実力者のひとりであった田中義一は、政界への影響力は小さくなく、昭和初年には政友会総裁に推戴された。この事からしても田中の政界進出に対する意欲の一端を窺い知れよう。

また田中を首班とする貴族院内閣の成立は、水野自身の政治的欲望をも満足させ得るであろう。彼は、その「念頭には研究会以外の何物もない」と称せられる程、研究会と自己同一化を遂げていた[107]。それ故、その政治的生涯の大半を「策士」・「裏方」として過し、決して表に出ることがなかった彼は、研究会の勢力拡大によってのみ自己の政治的欲求を充足し得るのである。

しかし、〈研―公〉提携を作り出し、さらに有爵議員の統合を実現することは、大きな困難が予想される大問題であった。帝国議会開設直後より貴族院に働く政治的磁場によって院内には各種の会派が族生し、その一部は互いに離合集散を繰り返していた。なかでも明治時代を通じて一番有力であった会派は、子爵議員団体である研究会であった。更に同会は明治末期から大正中期にかけて勅選議員や男爵議員ならびにほとんどの伯爵議員をも有する一大会派となり、政友会系勅選議員団である交友倶楽部と連携することにより、実質的に貴族院の絶対過半数を制していた。これに対し、男爵議員から成る公正会と勅選議員から成る茶話会及び同成会のいわゆる幸三派が、無所属派と連携しつつ―幸無四派―対峙していた。

従って「貴族院互選議員の一致協力」(108)を実現する第一歩は、公正会を幸無四派から引き離し、研究会の影響下に置くことであった。ところが、従来からの反目に加うるに、大正一一年四月に起ったいわゆる「親和会事件」以来、公正会は研究会に対して激しい憎悪を抱くに至った。ここにいわゆる「親和会事件」とは、先にも述べたように、中川良長が中心となって公正会のもと清交会系議員を中心とする脱会派議員と研究会所属の男爵議員とを合体させて、新たに親和会なる男爵議員の団体を組織した事件である。公正会は、水野を始めとする研究会のかかる動きを「公正会破滅の陰謀」(109)とみなし、研究会に強く反発していた。その結果、両派は「一層犬と猿のやうな状態で、廊下であってもお互い快く話を交はすことはない」(110)ような状態であったし、既述の如く山本達男らの仲裁も受け入れることはなかった。先にもみた如く、福原と水野とによる〈研―公〉パイプの機能は、少くとも西原が一一月末に乗出するまでは弱々しいものであった。

五　「外交刷新」決議

すでに述べた如く、郵便条約問題をめぐって政局が緊迫すると共に、〈研―公パイプ〉は徐々に活性化した。大正一二年一月一四日、黒田清輝邸に研究会・公正会有志の会合が持たれた。「去冬来努力中の有爵議員の協力一致に関し、本日午后二時より黒田子爵邸に於いて研究・公正の有志議員会合す。結果良好、会者、黒田・青木両子爵・福原・船越・池田四男爵」[111]

この西原の日記によれば、研究会側から黒田と青木が、公正会側から福原、船越光之丞、藤村義朗、池田長康がそれぞれ出席した。福原は前年末よりこの計画に関与していることから当然の参加であるが、なぜここに船越、藤村、池田が参加して来たのか。船越、藤村は福原と共に「公正会の三Ｆ」[112]と綽名され、同会の中堅であった。また、船越、藤村、池田は同会の極東委員会の中心でもあったようで、その何れも大正一二年一月一九日の同委員会において報告書起草委員に選出されている。[113]この委員会のメンバーでもあった福原が、対極東政策刷新を大義名分に研究会との共闘を彼等に働きかけたのではないかと思われる。

では、〈研―公〉交流の公正会側の窓口となった四人はどのような人物であったか。福原についてはすでにふれたので再論はしない。船越はすでに述べたように、加藤（友）首相の縁戚者であると共に、故山県有朋の女婿であり、三男有光は山県の養孫として山県家の一員となり、分家して男爵を授けられていた。従って、船越は政界においても旧山県系官僚と近い所にいたと言っていいであろう。藤村は旧熊本藩出身であり、ケンブリッジ大学を卒業後、済々黌の教授を経て、三井物産㈱に入社、ロンドン支店長心得、上海支店長、三井物産㈱取締役を歴任した。[114]彼はその後、大正日々新聞社社長を経て、大正七年に貴族院議員に互選された。一年後、清浦内閣成立に際し、逓相として入閣した（この点については第八章に後述）。他方、池田は岡山藩家老の家柄の当主であり、京都帝国大学を卒業した後、三井銀行に入行し、日本鉄工㈱、富士護謨工業㈱の各取締役を歴任し、藤村と同じく大正七年に貴族院議員に互選されている。池田および「公正会の三Ｆ《スリーエフ》」に共通することは、共に帝国大学または外国のエリート大学を卒業した後、官僚もしくは企業人としての実務経験を有するということである。また、彼等は福原の大正三年の貴族院入りを皮切りに、船越―大正五年、池田および藤村―大正七年という具合に、何れも大正期前半に貴族院入りをしているということでも、共通している。

さて、この一四日の黒田邸での会合であるが、当面の課題は外交問題であった。ちなみに、水野の日記には次のようにある。「福原、藤村、池田、舟越、青木、黒田会合。外交ノ件ニ付相談。終日休。公正会、黒田子邸、午后三時」[115]。持病の糖尿病によるものと思われるが、水野は「足痛ノ為メ本日ノ会合ニ参加出来」[116]なかった。

しかし、西原の日記には、その会合について「結果良好」とあり、双方の出会いはまずまずであったようである。ところが、第二回目以降、これが〈研―公〉の関係をめぐる将来構想に関わる可能性のある問題となると、状況は一変する。〈研―公〉提携を目論む研究側に対し、公正会側は、その促進を意図する福原を別として、船越を中心に反発した。第二回目の会合は一週間後の一月二一日であった。公正会側はともかく、少なくとも研究会側は、その前日に翌日のための対応に追われた。午後一時半、蜂須賀邸で十人会が開催された[117]。おそらくここで、〈研―公〉接近について、そのメンバーに報告があったであろう。また、田中義一は水野を訪問している[118]。他方、西原は左に見る如く、船越のもとを訪れ、その「意見の緩和」に努めたり、福原と共に翌日の会合の「組立」を考えている。一月二〇日とその翌日の活動について、西原は次のように日記に記している[119]。

二十日　船越男を訪ふ。有爵議員一致協力と外交問題に関する同男意見の緩和転換に務む。
福原男に於て明日開催研・交有志議員会合に関する組立に付き談議し、更に田中大将邸に同往（ママ）し研究会の希望に基き田中大将邸に於て会合の準備行為を為す

二十一日（日）　田中大将邸に於ての研・公有志会合は船越男の異議に依りて変更せられ、遂に黒田子爵邸に於て会合することゝなり、同一〇時より前回と同一の顔揃にて懇談し、誠に意外の効果を奏すべき形勢を造出せりと。

研究会が田中邸での懇談を望んだのに対し、公正会側はこれについて強い難色を示したようである。田中邸で会談するということは、とりも直さず田中が出席しての会談となり、田中を軸としての〈研－公〉提携へと話題の軌道修正を余儀なくされると、船越が警戒したためであろう。結局、研究会側が妥協して、急遽会場を田中邸から黒田邸へと改めた。次の水野日記に明らかなように、当日の朝、水野と福原は、田中を訪れて会見の会場について相談した。その結果、田中は船越のもとを訪れ、相談の結果、会場は黒田邸となった。田中は船越に会場変更についても連絡したのであろうか。

早速、福原男ヲ誘ヒ、田中男ヲ訪問シテ〇〔一字不明〕ニ会見スル事トナリシ議相談。田中男ハ舟越男ヲ訪問。午前一〇時～午后二時半マデ池田、福原、舟越、藤村ノ諸兄ト黒田私邸ニ会合。

一、情義干係。

二、交友ノ相談（大権干犯、外交援助）[120]

こうして、田中抜きで第二回の〈研－公〉有志懇談会が四時間半にわたってもたれた。ともかく〈研－公〉間に「情義」関係を結ぶ、すなわち「情義的連合」[121]を作り上げることについて、双方に合意が得られた。ところが具体的な「交友」となると、それは未だ「相談」の段階にあった。この時、「相談」の検討課題は「大権干犯、外交援助」であった。ここで言う「大権干犯、外交援助」とはとりも直さず日支郵便条約問題を指すのであろう。この問題が〈研－公〉「交友」のための当面の障害なのか、またはそれが〈研－公〉「交友」の触媒なのであろうか。水野がその何れかのつもりで記したかは、判然としないが、あるいはその両方の意味があったのかも知れない。しかし、ともあれ〈研－公〉間に「情義」の関係を結ぶ見込みがついたことは、研究会側にとって大きな収穫であった。翌二二日、田中邸に水野や西原らが集まった。西原は次のように日記に記している。「午前十時、田中大将邸に水野子爵・福原男爵・増田正雄君と落合ひ、前日会合の状勢と将来の方策に関し凝議し昼餐を共にして祝杯を挙く[122]」。前年に福原を水野に紹介した増田も会して、〈研―公〉提携成立の前祝いである。この席で水野は「先頃来ノ礼意ヲ述べ、将来黒田子ヲ主人トシテ進ム事ヲ約[123]」した。彼は、田中を含め〈研―公〉連携のための影の実動部隊とも言うべき人々に対し、黒田を中心として、提携へのきっかけを摑んだ研究会をその目的に向かって進んで行かせるよう、約束したのである。

ところで、公正会の極東委員会の報告書が公正会の臨時総会で承認されたのは、〈研―公〉七人の有志懇談会の翌日であった。この報告書については先に述べた。重複を恐れずに言えば、日本の既得権益は「合法合理の条約」によって獲得されたものであり、わが国の国防と国民の経済的生存にとって不可欠であって「帝国は断じて之が毀損干犯を許さず」という項目を含む全一九項からそれは成るものであった[124]。また同様にそれは船越、藤村、池田の三名によって纏められたものであり、研究会側も一月二一日の会合には、彼等よりそれについて知らされていた筈である。本来なら公正会なかんずく極東委員会の認識をふまえて、引続き〈研―公〉の意見調整と提携の模索がはかられるのであろうが、双方の再会は貴族院本会議の質問戦が一段落した二月初旬であった。

水野の懐中手帳のメモや西原の日記からすれば、一月下旬は水野、西原、福原、池田そして黒田がそれぞれ二～三名ずつ、時に田中も交えて会合を持ったことがあるが[125]、七人のほとんどが集まったことは、その時期にはなかったようである。しかし、二月三日、二月八日そして二月九日には、七人もしくはその多くが会合をを持ったと思われる[126]。そしてかかる数度にわたる会合の結果、彼等は次のような「覚書[127]」を交すに至った。

覚　書

一、国民の期待を全うすべく外交の振興を期すること
二、枢府対政府間の問題は全く切り放すこと
三、対外関係の論争により内閣を糾弾する意思なきこと

四、外相を弾劾する意思なきも、将来の外交に就ては一層深重なる考慮を促すこと
五、以上の主旨によりて研究、公正両派は合致して決議案を提出すること
六、該決議案を研究会より提出し、公正会之に賛成し、他派の賛成演説は全然許さず、提出の意義について質問者ありたる場合には研公協同して之が答弁に勤め〔ママ〕、速に質問打切をなすこと
七、本案提出の趣旨を非公式に政府に説明し、了解せしむることは研究会の自由とす
八、研公両派演説の原稿は相互に内示して同意したる言辞意外には一切渉らざること
九、二月三日夜研公有志間に打合せたる別紙の通りの決議案の精神により、研究会において本文案を起草し、委員協議の上決定のこと

別紙決議案[128]

帝国外交の現状誠に憂慮に堪へざるものあり、国際関係の実勢に鑑み、東洋永遠の平和を目的とする対策を樹立し、以て国民の期待を全うするは刻下の急務なりと認む

右決議す

この覚書は、政府批判の立場から外交刷新を主張する公正会と上院与党の立場からそれを封じようとする研究会との妥協の産物であると同時に、有爵議員の連合すなわち〈研―公〉提携を構想する水野らの意見もまた含むものであった。後者については、「覚書」の第六条にその意図が込められている。すなわち、第六条によれば、外交刷新決議は他の会派を排除しつつ、〈研―公〉が一致して行うべきものであった。従来貴族院では初期議会の時期を除けば、全体として、またしばしば各会派において、勅選議員が主導権を握って来たと言える。従って、第六条の内容が実現するなら、それは貴族院史上画期的であった。なおこの「覚書」の内容が七名以外に洩れたようで、『国民新聞』は、「貴族院の変調、研究会、公正会相結んで勅選を除外＝注目すべき重大事相」との見出しをつけ、大正一二

年二月一二日付け夕刊で、〈研－公〉七名の有志議員の会合について報じている。

しかしながら、この〈研－公〉提携は、それ程簡単なことではなかった。当事者であり、関係するそれぞれの会派には、それを阻害する要因を抱えていた。まず第一に公正会はどうであろうか。言うまでもなく、公正会の幹部や若手のリーダーたちの研究会に対する不信感は抜き難いものがあった。「三F」のひとり船越もまた若手のリーダーとして、その不信感は大きかった。一月二一日の会合を前に西原が船越の「意見の緩和転換に努」めたことは、先にもふれた通りである。水野自身も二月一日に船越と話合いの機会をもったようである。(129) また、「田中男訪問、池田、福原、援助」と、(130) 水野の懐中手帳にあるように、彼は公正会における親研究会勢力への配慮も怠たらなかった。なお、池田は〈研－公〉有志の懇談会があった頃より福原と行動するようになり、例えば一月二六日に彼は福原や黒田と共に水野のもとを訪れている。(131) しかし、この親研究会勢力が、その前後より船越や藤村と共に、一時的にせよ研究会との提携に向け公正会内部でどのような動きをしたかは不明である。ただ、『読売新聞』の報ずる所によれば、福原ら「四男」は枢府問題を議会の問題とすることには反対である点で意見が一致しているのに対し、「阪谷男系に於ては枢府問題を飽迄追窮せんと策する連中もあ」り、彼等は幸無四派の意見を纏めるにも少なからず苦心している様子(132)であった。結局、公正会については、二月九日に開催された臨時総会（幸倶楽部で開催）において、外交問題に関する公正会の態度について、同会幹事や福原ら「四男」に一任された。

次に研究会はどうか。後に見るように、〈研－公〉主導による外交決議が貴族院で採択されたが、その可否をめぐり研究会では少なからず議論があった。ちなみに、二月一二日に定例常務委員会が開催されたが、その終了後、研究会内部は大きく揺れた。その事情について、『国民新聞』は次のように報じている。「一二日の常務委員会終了後も賛成反対の両派は夫々各所に集合して謀議を凝らし之に政府筋の手も八方に伸び特に伯爵団は奥平、小笠原伯を中堅として八方に反対運動を試み、予期以上の成果を収めたと信すべき理由がある一方、子爵団でも大河内子を急先峰とし、親和会の中川男と相策応して決議案を打ち壊しに大馬力を注いでいる。その結果、本決議案提出の第一人者と目された水野子すら昨今になっては会内の事情斯くなる以上は強て血を見る迄も提出するにも及ぶまい。何とか他に青木・黒田子等の面目の立つ方法さへあれば何とか円満に収めたいとの意向を洩すに至ったと伝えられる」[133]。これによれば、水野の盟友で四人会のひとりである小笠原長幹や大河内正敏も、〈研―公〉提携のきっかけを意図する外交刷新決議案の上程には反対であった。

ちなみに、二月一三日に開かれた協議会で、さらに翌一四日の臨時常務委員会でも、それぞれ常務委員会や総会に提案すべき成案を得ることができなかった。この臨時総会の冒頭で、常務委員である青木信光は発言して「常務員中には賛否両論あったが、大勢は提出賛成に傾いて居る」、慎重な審議をよろしく[134]、と常務委員会の分裂を明らかにしつつ、〈研―公〉共同による外交刷新決議案の上程を提案した。総会を前に常務委員がまとまらず、意見の一致を得ないままに、総会に対し常務委員会が提案を行ったり、またそれを会員に対して公表することなど、過去三〇年の研究会の歴史において決めて異例ではなかっただろうか。幹部ないしは常務委員会の指導の下、一糸乱れぬ行動をとることが研究会の身上であった。常務委員会はいつの時でも確固たる姿勢をとりつつ、会員を睥睨して来たのである。なおこの臨時総会は一四日午後四時半から三時間の長きにわたった。それは異例の長さであったが、結局、反対者が七、八名出ただけで、外交決議案の〈研―公〉共同提案が可決承認された[135]。その反対者や反対意見についてては資料を欠き、明らかではない。

第三に親和会である。そもそも親和会は公正会から脱会した男爵議員によって結成された会派である。研究会所属の男爵議員も親和会に入会し、その事務所は研究会の事務所の建物の内部にあった。いわば、親和会は公正会への対抗上、研究会に身を寄せていたのである。研究会の公正会への接近は、親和会にとってみれば、背信行為なのである。従って親和会のとまどいと反発は大きかったであろう。ちなみに、外交決議推進派であり、後年「結局外交決議案を出すといふ方に到頭水野君を決心させた」[136]と述べる福原によれば、中川は極力この外交決議案を壊そうとし、ある夜二時過ぎに福原が水野邸を訪れた際、「中川男は水野君の帰るのを待って酷く水野君と議論をやって居った」[137]という。他方、親和会の中でも水野と親しかった郷誠之助は二月三日に内田外相と会談し[138]、二月七日には郷自身が「親和会員ヲ招」[139]いている。郷は先の〈研−公〉覚書の内容に従って、親和会を研究会に追随するよう会員に説いたにちがいない。しかし、同会が会派として態度を決定したのは、研究会の総会の翌日であった。すなわち、二月一五日午後、親和会は院内に総会を開き、研究会と同一歩調をとることを申し合せた。

こうして関係する諸会派から一任もしくは賛成をとりつけた七名であったが、今度はそれぞれが所属する会派の政治的立場と個人的な思惑のため、決議案と決議の手法をめぐって対立した。

七名による〈研−公〉有志の会談は、二月一二日に引続き、二月一四日における研究会の臨時総会の終了を待って華族会館で開催された。先にふれた様に、外交刷新決議の〈研−公〉共同提案をめぐって臨時総会は紛糾し、それが終了したのは午後七時であった。有志の会談が開始されたのはそれから二時間後の午後九時である。七名による会合は四時間余りの長きにわたった。ここで決議案文の字句をめぐって意見が戦わされたことは疑いのない所である。新聞各紙は、翌日もしくは翌々日の朝刊で合意の得られた案文を掲載しているが、それぞれ若干の相違が見られる。ただ、共通する所は、「覚書」の別紙として添付された「決議案文」草稿の冒頭の文言「帝国外交の現状誠に憂慮に堪へざるものあり」が削除されたことである[140]。政府に対する批判につながるというので、研究会側から削除の要求があったのであろう。しかし、このような字句の問題よりもさらに大きな問題があった。それは「覚書」第六条に関る問題であった。

事の発端は〈研−公〉有志の会合開催の一一時間前に遡る。茶話会の江木千之は、阪谷、江木、仲小路、目賀田による幸無四派有志を代表して二月一四日午前一〇時、青木をその私邸に訪ねた。『国民新聞』によれば、彼は「支那方面に就いては畏くも先帝の遺され給うた偉業を損ふ事なく完全に保持するの対支政策の第一義が高調されているものと思ふ」[141]として「今回研公両派の提携に依って提出される外交振作に関する決議案に対して賛意を表」[142]した。

すでに述べた如く、江木ら幸無四派の有志四名は新年早々倒閣運動をおこし、彼等の指示で動いた船越が首相に会えなかったため、その試みはあえなく挫折した。そこで休会明けの一月二三日の本会議より、幸無四派の代表的論客でもある彼等四人は、何れも日支郵便条約問題について、枢密院上奏問題、「外交刷新」の両面から政府を鋭く攻撃して来たのである。そのため、二月上旬に至り、研究会側では、幸無四派が枢密院上奏問題について「一切公表の決議」を提議したり、「外交問題の内容」に関する決議案の提案をして来るのではないかとの観測があり、同会はその対応に腐心している、と『読売新聞』が報じている。これに対し、公正会の「有力者」は江木らの言動を「四老人の行動」とし、研究会の観測は何れも杞憂であると斥けていた[143]。

かかる公正会の「有力者」の論評はともかくとして、郵便条約問題に関わる〈硬派〉の四人が外交刷新決議に賛同して来たことは、研究会側を少なからず面喰わせたにちがいない。また、七名の〈研―公〉有志の会合でも江木ら〈硬派〉への対応について議論されたであろう。ちなみに、翌一五日、貴族院各会派は臨時総会を開催し、外交決議案に対する態度について協議をしているが、特に茶話会の総会には船越が出席して、「政府に対する信任を意味するものではない」と述べ、同会が決議に対し賛同することを訴えている[144]。〈研―公〉有志間の「覚書」によれば、他会派の関与を極力排除しつつ〈研―公〉の強いリーダーシップによって「外交決議」を実現する筈であった。しかし、最〈硬派〉グループの賛同によって、外交決議の主体は貴族院全会派に広がって行った。

かかる状況の下で一四日に引続き、〈研―公〉有志の会合が、一六日午後九時より華族会館で開かれた。前回に引続き今回も会議は「深更」にまで及んだ。二月一七日付『読売新聞』によれば、その協議内容は決議案の発議者および署名者、提案理由の説明者、提出時期、上程日、提案理由の内容および「賛成演説の範囲」等であった。

こうして決定された一〇名の発議者は次の通りである。

研究会

公爵　近衛文麿、侯爵　蜂須賀正韶

伯爵　寺島誠一郎、伯爵　林博太郎

子爵　青木信光、子爵　黒田清輝

公正会

男爵　木越安綱、男爵　船越光之丞、男爵　千秋季隆、男爵　池田長康

ここで気が付くことは、研究会、公正会ともに〈研－公〉有志七人より、それぞれ二人を発議者としていることである。公正会側で、他の二名すなわち木越、千秋がいかなる基準で選ばれたかについては不明である。

研究会の場合は、公・侯爵グループ、伯爵グループ、子爵グループからそれぞれ二名が選ばれている。なお、蜂須賀は徳川頼倫が宮中入りして後、研究会の看板であり、十人会の要であった。近衛は研究会に入会して一年余りの若手であったが、将来の研究会を担うべき人物として水野が大いに期待していた。かかる期待から彼が発議者に挙げられたものと思われる。伯爵グループであるが、寺島は外務卿を勤めた寺島宗則の嗣子である。彼はアメリカやフランスの大学をそれぞれ卒業した後、外務省の嘱託や外相秘書官を勤めた国際派である(145)。今回、外務省関係者として発議者の一員になったのであろうか。林は反幹部の色彩の強い伯爵グループの中にあって、小笠原と共に幹部派であった。しかし、〈研－公〉提携について林は、水野の盟友小笠原長幹と共に、そして同じく水野の盟友であった大河内正敏（常務委員）とも連絡を取りつつ反対の立場にあった。この時、予算委員長であり東京帝国大学教授でもあった林は、目立った存在であり、研究会の反対派グループが青木、黒田、水野といった幹部派＝推進派グループに取り込まれて行く中で、グループの代表という意味で発議者に挙げられたのかも知れない。

ともかく〈研―公〉接近と外交決議を仕掛けた、水野、福原は発議者として表に出ることはなかった。

ところで二月一六日夜の会合について、水野は懐中手帳に「七名第二回会館会合、常務及江木氏」[146]と記している。この会合で、研究会側の常務委員と茶話会の江木千之のことが話題になった。〈研―公〉有志による会合が開かれる前、すなわち二月一六日の午後、江木は〈研―公〉有志に対し、外交決議案上程に際して自ら賛成演説をしたい旨を申し入れた[147]。右の「常務及江木氏」とは、この江木の行為とそれをめぐる研究会常務委員会における対応を示すものと思われる。記述の如く、常務委員会は外交刷新決議について「賛否両論激烈を極め[148]」、結論を一本化できないまま臨時総会に臨んだのであった。原内閣との提携以来の行きがかりからすれば、茶話会の論客江木千之の賛成演説を常務委員会がそのまま容認することは困難であった。また、江木に賛成演説を認めることは、〈研―公〉有志の「覚書」にも反することであった。かくして、一六日夜の会合はこの江木問題をめぐって紛糾したのである。

ちなみに、翌一七日、水野は、福原、西原そして増田正雄に対し次のように語ったと西原は日記に記している。

「水野子より前夜の三子四男の会合にての船越男の態度と江木氏の賛成演説に対する当初の覚書に基く措置に就き、若し船越氏〔ママ〕の説に聴従せは自ら議員を辞せさるを得す[149]」と。これに対し、茶話会の総会にも出席して、外交刷新決議について了解を求めた船越は、江木の賛成演説を認めるように主張したに違いない。結局、二月一五日午後には〈研―公〉以外の貴族院の全会派が外交刷新決議案について賛成の意思表示をするという、全院一致の流れが出来つつあることを踏まえてか、〈研―公〉有志の会合は江木が賛成演説をすることを了承した[150]。さらに、決議賛成者には各派交渉委員の全てが名前を連ねることとなった。

「覚書」の重要な項目である第六条―「他派の賛成演説は全然許さず」―が無視されたことに対し、自らがその作成に関わった水野は大いに不満であった。結果的に、水野は船越の考えに「聴従」することになった。しかしながら外交決議案の採択を喜びこそすれ[151]、彼が議員を辞することはなかった。

六　むすび

「覚書」別紙決議案をたたき台とした修正案が〈研－公〉共同提案として貴族院本会議に提出されたのは、大正一二（一九二三）年二月一九日であった。「外交刷新」決議案は〈研－公〉両派はもとより、茶話会、同成会などの賛成をも得て、ほぼ全会一致で採択された。すでに見て来た如く、この決議案は、ワシントン会議後の極東の政治状況なかんずく中国におけるナシヨナリズムの昂揚を背景に、いち早く「先帝の偉業」たる「満蒙」権益の保全を唱道したものであった。

一方、水野、福原ら〈研－公〉有志による外交刷新決議採択に向けての動きは、日支郵便条約問題の最硬派である阪谷、江木らを取り込みつつ、争点を外交に限定し、この問題をめぐる対立を政府対貴族院のそれに封じ込めることになった。

しかし、他方でそれは、水野、福原、西原が当初予定したような田中義一を担いでの〈研－公〉提携への動きを頓挫させることになった。水野らの目標は田中を首班とする貴族院内閣を造り出すことであったが、翌年それは第二次山本内閣の後継首班をめぐり再浮上することになる。もっともこの時は、田中を首班とするのではなく、清浦という形ではあった。

ところで、外交刷新決議を採択した第四六議会は、前議会での貴族院で審議未了となった陪審法案と「五校昇格」予算をともに成立させた。後者は前回とは異なり、別立ての追加予算案ではなく、本予算に組み込まれていたため、その分貴族院野党が反対しにくかった面がないでもない。しかし、外交刷新決議の採択が一時的にせよ〈研－公〉提携を可能とし、貴族院の雰囲気を変えたことは事実であろう。ともあれ、原内閣が未解決のまま残した二つの課題は、こうして加藤友三郎内閣の下でひとまず解決されたのである。

(1) 瀧正雄校閲、前田蓮山編修『床次竹二郎伝』(床次竹二郎伝記刊行会刊、一九三九年)六二四〜六二八頁を参照。
(2) 同、六二六頁。
(3) 同、六二六〜六二七頁。
(4) 床次と水野との関係については、水野の回想録である「懐旧録」前篇の「原内務大臣の下に次官を床次に譲り土木局長兼地方局長となる」の項(西尾林太郎・尚友倶楽部編『水野錬太郎回想録・関係文書』〔尚友叢書一〇〕、一五〜一六頁、所収)および右資料集の解説論文・拙稿「官僚政治家・水野錬太郎」第三節「政治家への道」を参照されたい。
(5) 前掲『床次竹二郎伝』六二七頁。
(6) 同、六二七頁。
(7) 同右。
(8) 同、六二六頁。
(9) 同右。
(10) 「水野直日記」大正一一年六月七日の条。
(11) 「水野直懐中日記」大正一一年六月八日の条。
(12) 前掲『床次竹二郎伝』六二〇頁。
(13) 同右。
(14) 「水野直日記」大正一一年六月一〇日および一一日の各条。
(15) 徳川頼倫、蜂須賀正韶に関しては、本書六章を参照されたい。
(16) 衆議院・参議院編刊『議会制度七十年史　貴族院・参議院議員名鑑』の蜂須賀正韶の項を参照。
(17) 小林幸太郎「心にかけた北海道の開拓」(結城温故会編刊『水野直子を語る』〔一九三〇年刊〕、一四七頁、所収)。
(18) 「水野直懐中手帳」大正一一年六月一一日の条。
(19) 前掲「議会制度七十年史　貴族院・参議院議員名鑑」の中島久万吉の項。
(20) 中島久万吉『政界財界五十年』(講談社・一九五一年刊)、一〇八、一一四、一二五〜一二六頁を参照。
(21) 『松本剛吉・政治日誌』大正一一年六月一二日の条。
(22) 大正一一年六月九日付『読売新聞』。
(23) 前掲、「水野直日記」大正一一年六月八日の条。

(24) この点について、本書第五章の註8を参照されたい。

(25) 外国郵便局撤去の議決に関しては、外務省編『日本外交文書 ワシントン会議極東問題』（一九七六年刊）第一編第二章第四節を参照。

(26) 「日本帝国及支那共和国間郵便物交換約定外三約定ノ件ワシントン体制と貴族院審査報告」（国立公文書館所蔵『枢密院旧蔵文書』；2A, 15-13,（枢）F611、所収。

(27) 「上奏並内閣通報自大正十一年至同十五年」（同右；2A, 16-2,（枢）H4 所収。

(28) 近代立法過程研究会編「有松英義履歴」（『国家学会雑誌』第八六巻七・八号、七九頁）。

(29) 日支郵便条約をめぐる内閣と枢密院との対立について論及したものに、本章の元稿となった拙稿「ワシントン体制と貴族院―『外交刷新』決議をめぐって」（『早稲田政治公法研究』第九号、一九八〇年刊）、三谷太一郎「大正期の枢密院」（『枢密院会議議事録―大正編―』全二七巻別冊、一九九〇年）がある。なお、枢密院に関する比較的最近のまとまった研究として、三谷太一郎「明治期の枢密院」（『枢密院会議議事録―明治編―』全一五巻別冊、一九八五年）、由井正臣編『枢密院の研究』（吉川弘文館、二〇〇三年）が挙げられる。

(30) 植原悦二郎「日支外交と枢密院問題」（『太陽』第二九巻二号、大正一二年二月刊、一七頁）。

(31) 同。

(32) 例えば、ロンドン宣言加入（一九一五年）、石井ーランシング協定（一九一七年）、日支軍事協定（一九一八年）がこの例である。

(33) 「倉富勇三郎日記」（国会図書館憲政資料室所蔵）大正一一年一二月二五日の条。

(34) 大正一一年一二月二九日付「上奏案」（「有松英義略歴」大正一一年一二月二九日の条）。

(35) (27)と同一資料。

(36) (26)と同一資料。

(37) The Times, London, October 24, 1921.

(38) ちなみに、インドの史家K・パニカーはワシントン会議を「ヨーロッパ諸国が中国から撤退する最初の重要な段階である」(Panikkar, K. M., Asia and Western Dominance; A Survey of the Vasco Da Gama Epoch of Asian History 1498-1945, unwin university books, 1953, p. 216.）と評している。

(39) 大正一一年一〇月一九日付『東京朝日新聞』、句読点は筆者、以下同じ。

(40) 大正一一年一一月三日付『東京朝日新聞』。

(41) ただ政友会総務小川平吉が、第二次大隈内閣の対中国姿勢には反対だが、満蒙の権益擁護のためにとった「二一箇条要求」の内容は正当である、という趣旨の発言をしている(大正一一年一一月二〇日付『国民新聞』)ことは注目に値する。
(42) 外務省編『日本外交文書、大正一一年第二冊』、一九七六年、二〇〇頁。
(43) 大正一一年一一月二五日付『国民新聞』。
(44) 『大日本帝国議会誌』第一四巻、一〇頁。
(45) 同、一八〜九頁。
(46) 同、六二頁。
(47) 同、九八頁。
(48) 同、六六頁。
(49) 大正一一年一二月二三日付『国民新聞』。
(50) 大正一一年一一月二四日付『国民新聞』。
(51) 大正一一年一二月九日付『東京朝日新聞』。
(52) 大正一一年年一二月二一日付『国民新聞』。
(53) 大正一一年一二月二〇日付『東京朝日新聞』に掲載。
(54) 大正一二年一月二三日付『国民新聞』に掲載。
(55) 阪谷芳郎「貴族院日記」(故阪谷子爵記念事業会編『阪谷芳郎伝』、一九五一年、四九二頁、所収)一九二三年一月六日の条。
(56) 例えば、大正一二年一月一日『読売新聞』は、「昨秋以来の大腸カタルの経過がはかばかしくなく」「寝正月」をきめているが、「今議会にも出席が出来そうにもない」と加藤首相の様子を報じている。
(57) 前掲『阪谷芳郎伝』、四九二頁。
(58) 「日支郵便約定ノ件元審議委員協議会」(前掲『枢密院旧蔵文書』:2A, 15-7,(枢)B8所収)。
(59) 「松本剛吉政治日誌」大正一二年八月二二日の条。
(60) 高橋秀直「山県貴族院支配の構造」(『史学雑誌』第九四編第二号、一九八五、五二頁)。
(61) 「松本剛吉政治日誌」大正一一年六月一〇日の条。
(62) 同、大正一一年六月一二日の条。
(63) 大正一二年二月四日付『大阪朝日新聞』。

(64) 大正一二年二月三日付『大阪朝日新聞』。
(65) 衆議院・参議院編刊『議会制度七十年史・政党会派編』、四六九～四七〇頁。
(66) 大正一二年二月五日付『時事新報』。
(67) 『大日本帝国議会誌』第一四巻、五五一頁。
(68) 前田蓮山「其後の枢密院問題」（『太陽』第二九巻三号、大正一二年三月刊、三六頁）。
(69) 「水野直懐中手帳」大正一一年六月一六日の条。
(70) 大正一一年七月一三日付『読売新聞』。
(71) 同右。
(72) 大正一一年七月一八日付『読売新聞』。
(73) 議会制度審議会・貴族院制度部編・刊『貴族院制度調査資料』（一九三九年刊）所収「華族各爵別戸数累年増加表」参照。
(74) 「協同会員　大正一一年四月一九日」（『水野直日記－大正一一・一二年』の冒頭に所収）。なお、「水野直懐中手帳」大正一一年七月一五日の項には「瓜生男二一五ニテ当選」とある。
(75) 大正一一年七月二三日付『読売新聞』。
(76) 『水野直日記－大正一一・一二年』大正一一年六月一五日の条。ここで言う増田氏とは「西原亀三日記」に増田正雄として出て来るが、いかなる人物か不明である。
(77) 「水野直懐中手帳」大正一一年六月二二日の条。
(78) 「水野直懐中手帳」大正一一年七月一七日の条。
(79) 同、大正一一年七月一九日の条。
(80) 「黒田清輝日記」大正一一年七月二〇日の条。
(81) 同、大正一一年七月二二日の条。
(82) 「水野直懐中手帳」大正一一年七月三〇日の条。
(83) 同、大正一一年七月三〇日の条。
(84) 大正一二年に親和会発足後三度目の補欠選挙があり、会内は候補者を立てるか立てないかで紛糾した。決局この時、研究会の方針もあり、親和会は候補者を立てることが出来なかった。これを不満とした、中川はついに親和会を脱会するに至った。
(85) 山本四郎編『西原亀三日記』（京都女子大学研究叢刊八）大正一一年年一一月二九日の条。

(86) 西原亀三「土佐の守の血を受け継いだ水野さん」(結城温故会編『水野直子を語る』、一九三〇年、九〇頁)。尚、戦後西原は回顧して水野を「多年の盟友」と言い、「わたし同様終始甘んじてかげの舞ばかりやって来たえらい人だった」(北村敬直編『夢の七十余年―西原亀三自伝―』、一九六五年、東洋文庫四〇、二六七頁)と彼を評している。

(87) たとえば、大正八年七月三一日付けで西原は侯爵徳川頼倫に宛て、先日彼が訪問したことをふまえ、協調会設立について次のように「進言」している。「デモクラシーとは反官僚主義に非ずして更にいっそう弘く且つ深き意義有之と同じく我国の労働問題は単に労働者の人格を認め其生活状態を改善する方法を論ずるが如き範囲のみに止まらずと被存候。……今日の労働問題の解決案は先づ資本家階級に対し各自宜敷其分に応じて合理的なる収得に甘んじ濫りに一般消費者、従業者及労働者の利益を犠牲に供して顧みざるが如く傍若無人の挙に出ることなからしむるを以て其の第一義なりと存候」(『西原亀三関係文書』所収「総理進言その他控」に合綴されたタイプ打の文章一六―四)。なお、西原のこのような活動については、季武嘉也『大正期の政治構造』(吉川弘文館、一九九八年)の第三部第三章の「西原亀三と国策研究会」に詳しい。

(88) 「西原亀三日記」大正五年二月二一、二六日の条。

(89) 同、大正九年二月二一日の条。

(90) 「水野直懐中手帳」大正一一年一一月二九日の条。

(91) 「西原亀三日記」大正一〇年七月三日の条。

(92) 同、大正一一年一二月八日の条。

(93) 同、大正一一年一二月一六日の条。

(94) 同、大正一二年一月四日の条。

(95) 同、大正一二年一月一一日の条。

(96) 同、大正一一年一二月二〇日の条。

(97) 同、大正一一年一二月二二日の条。

(98) (33)と同一資料。

(99) 「原敬日記」大正八年四月二三日の条。

(100) 大正一一年三月六日付西原亀三宛坂利八郎書翰(前掲『西原亀三関係文書』所収)。

(101) 同右。

(102) 「満蒙対策申合」(同右)。

(103)　田中義一は日露戦争後の「帝国国防方針」の策定に関与して以来、陸軍の国防政策に深く関わってきた。特に第一次世界大戦勃発後は、積極的な大陸政策推進派として知られた。この点については北岡伸一『大陸政策と日本陸軍』（東京大学出版会、一九七八年）の第三章「大戦期における大陸政策と陸軍」に詳しい。
(104)　川辺真蔵『大乗乃政治家水野直』（水野勝邦刊、一九四一年）、一五六頁。
(105)　結城礼一郎「貴族院物語」（『ダイヤモンド』第二一巻第一四号、一九三三年、所収）三三五頁。
(106)　「西原亀三日記」大正一二年一二月三一日の条。
(107)　例えば、警視庁官房主事として水野に親炙した正力松太郎は、後年当時を回顧して「水野子は常に研究会の為めに動き、恒に研究会将来の為め一身を忘れ、一挙手一投足、総てこれ研究会中心、水野直即研究会の現れだったと思ふ」（前掲『水野直子を語る』、一四三～四頁）と語っている。
(108)　「西原亀三日記」大正一一年一二月一六日の条。
(109)　大正一二年四月七日付都筑馨六宛阪谷芳郎書翰（国立国会図書館憲政資料室所蔵『都筑馨六関係文書』所収）。
(110)　福原俊丸「互選議員の親和団結に尽くした話」（前掲『水野直子を語る』、一三六頁）。
(111)　「西原亀三日記」大正一二年一月一四日の条。
(112)　前掲『阪谷芳郎伝』、四八七頁。
(113)　大正一二年一月一九日付『国民新聞』。
(114)　藤村義朗、池田長康の履歴については、前掲『議会制度七十年史　貴族院・参議院名鑑』ならびに猪野三郎編『大衆人事録・昭和三年版』（帝国秘密探偵社）（『大正人名辞典II』下、一九八九年）をそれぞれ参照。
(115)　「水野直懐中日記」大正一二年一月一四日の条。
(116)　同右。
(117)　同、大正一二年一月二〇日の条。
(118)　「水野直日記」大正一二年一月二〇日の条。
(119)　「西原亀三日記」大正一二年一月二〇、二一日の条。
(120)　「水野直日記」大正一二年一月二一日の条。
(121)　同、大正一二年一月二三日の条。
(122)　「西原亀三日記」大正一二年一月二三日の条。

(123) 同。
(124) 大正一二年一月二三日付『読売新聞』。
(125) 一月二四日に水野邸に福原や池田、西原が集り「互選議員一致に対する諒解点に関し熟議を遂」(「西原亀三日記」大正一二年一月二四日の条)げたり、一月二六日に水野邸に黒田、福原、池田が来邸して会合を持ち(「水野直懐中手帳」大正一二年一月二六日の条)、一月二九日には水野が池田や江木千之と会合をしたりしている(同、大正一二年一月二九日の条)。
(126) 後出の「覚書」に「二月三日夜研公有志間の会合で打合せた……」との記述があり、二月三日に会合が持たれたと思われる。二月八日の会合は水野の懐中手帳によって確認できる。二月九日の会合については、二月一一日付『読売新聞』にそれを確認できる。
(127) 前掲『大乗の政治家水野直伝』、一四八～一四九頁、所載。
(128) この「別紙決議案文」の原案は西原が作成した。すなわち、二月六日、水野邸で福原、西原そして水野が決議案上程に関して協議し、水野は西原に対し決議案文の作成を依頼した。同日、西原が水野に渡した案文は次の通りである。「帝国外交の現状誠に憂慮に堪へさるものあり。須く国際関係の実勢に鑑み人類共存の大義に則り、東洋永遠の平和を目的とする対策を樹立し、以て国民の期待を完ふすべし。是れ刻下緊要の国務なりと認む。右決議す」(「西原亀三日記」大正一二年二月六日の条)。この案文はその冒頭で明らかに政府を批判している。この部分や「人類共存の大義」と「国務」とをさらに水野らが削除して、覚書の別紙案文が出来上ったものと思われる。
(129) 「水野直懐中手帳」大正一二年二月一日の条に「船越(〇〇〔二字不明－西尾註〕邸)」とある。
(130) 「水野直懐中手帳」大正一二年一月二五日の条。
(131) 同、大正一二年一月二六日の条。
(132) 大正一二年二月一〇日付『読売新聞』。
(133) 大正一二年二月一四日付『国民新聞』夕刊。
(134) 大正一二年二月一五日付『読売新聞』。
(135) 同右。なお、この時の七、八名の反対者が誰であるか不明である。
(136) (110)と同じ。
(137) 同右。なお、水野の懐中手帳の二月九日の項には「夜二時中川男来邸」とある。
(138) 「水野直懐中手帳」大正一二年二月三日の条。
(139) 同、大正一二年二月七日の条。

(140) ちなみに、大正一二年二月一六日付『読売新聞』には次のような「両派協定の成文」が掲載されている。「貴族院は国際政局に於ける我国の重大なる地位と責任及び国民経済生存の意義に鑑み対外国策を確立し以て東洋平和の基礎を堅固にする事は緊急なる要務と認む」。
(141) 大正一二年二月一五日付『国民新聞』。
(142) 同右。
(143) 大正一二年二月三日付『読売新聞』。
(144) 大正一二年二月一六日付『読売新聞』。
(145) 前掲『議会制度七十年史　貴族院・参議院議員名鑑』の寺島誠一郎の項を参照。
(146) 「水野直懐中手帳」大正一二年二月一六日の条。
(147) 大正一二年二月一七日付『読売新聞』。
(148) 大正一二年二月一四日付『読売新聞』。
(149) 「西原亀三日記」大正一二年二月一七日の条。
(150) (144)と同じ。
(151) ちなみに、翌二月二〇日、水野は西原邸を訪れ、ビール四ダースを贈り、謝意を表している。「水野子爵は決議案成立に至れる喜びを以て弊邸に来訪せられ、ビール壱函（四打）を贈らる」と、その日の西原の日記にある。

第八章　清浦内閣の成立と研究会——二党制に向けて——

一　はじめに

言うまでもなく、大正一三（一九二四）年一月早々に成立した清浦内閣は大正時代最後の超然内閣であり、その成立が第二次護憲運動を引きおこし、一九二〇年代半ばからおよそ八年間にわたる政党内閣の時代を画したのである。それ故、清浦内閣の成立とその崩壊は、変容しつつあった明治国家における一つの重要な転回点を意味する。にもかかわらず、従来よりこの内閣の成立をめぐる諸事情については、必ずしも十分研究されたわけでもなく、単に貴族院の研究会主導で成立した「反動内閣」もしくは「貴族院内閣」として片付けられ、ややもすれば護憲三派内閣（第一次加藤高明内閣）成立に向けての単なる一里塚として、等閑視されて来たと言えよう。(1)

そこで、本章は、貴族院内閣と称せられる清浦内閣の成立過程を、護憲運動の標的という視点とは別の視点から、すなわち貴族院それもその中心勢力であり、貴族院内閣成立のフィクサーとされる研究会の動向との関りにおいて考察してみることをその課題としたい。

二　後継内閣

虎の門事件の責任をとって、大正一二年（一九二三）年一二月二八日、第二次山本権兵衛内閣は総辞職した。この時、後継内閣の首班候補として、政友会総裁高橋是清（子爵）と枢密院議長清浦奎吾（子爵）とが世上では有力視されていた。片や政党勢力を代表する高橋と他方で閉鎖的ヘゲモニーを担った藩閥官僚勢力の代表者たる清浦とが、その候補者と目されていたのである。虎の門事件直後の政界における両勢力の均衡状態をそれは象徴しているようであった。

ところで、大正一三年一月一日付『東京日日新聞』は、後継首相候補者としてこの他に憲政会総裁加藤高明(子爵)や朝鮮総督斎藤実(男爵)が考えられるが、元老としては急速な政局安定を望んでおり、衆議院の少数派の首領が首班として考慮されたり、わざわざ斎藤が東京に呼び戻されたりはしないであろう、としている。更に同紙は、枢密院議長という要職にあり、これまで数次にわたって内閣更迭に際しての後継首班の斡旋者のひとりであった清浦に大命が降下することはないであろう、とも推測している。事実、清浦自身は「七十五歳にもなる老人が飛び出すといふのは時代錯誤の甚だしいもの」と述べ、自らに大命が降下する可能性については否定的であると共に、「如何なることがあってもわが輩は廟堂には立つまいと堅く決心して(2)」いた。しかし、清浦内閣の出現を予想する論調もまた存在した。例えば、一二月三一日付『大阪毎日新聞』は、後継内閣について第一に考えられるのが中間内閣で、第二が政党内閣であろうが、中間内閣であるとした場合、閲歴声望を尊重する元老方面の意向として結局、清浦が第一候補としてあげられるのではないか、としている。

また、虎の門事件の直後であるだけに、皇太子御成婚や衆議院総選挙を控え、中間内閣待望論が一部の華族議員にあった。研究会の伯爵議員団の中堅・松浦厚(旧平戸藩主家当主)は次のように内大臣平田東助に対し、清浦への大命降下を働きかけている。「……御慶事の挙行を托さるは実に不安に堪へざるもの有之候。出来得べくんば一時政派の関係なき中間内閣を組織するが人心安定の最良策かと存申候。……今日の場合清浦子爵の如き方の御出馬を願上候得ば時局収拾の上に誠に好都合にあらざるかと存候(3)」。松浦は第四六議会における「風教に関する決議」案の採決を欠席するなど、研究会における反幹部派の伯爵議員であったが、虎の門事件に衝撃を受けた彼は、研究会がこの事件について政府の責任を追求できないのであれば、伯爵団は一致して脱会する様申合せたいとも、平田に対し書き送っていた。(4)

さらに、一二月三〇日付『時事新報』は、政友会の内情は二分されているのが実情であり、他方憲政会は衆議院の四分の一以下の勢力でしかない、従って実力のある不偏不党の政治家による選挙が必要であり、その意味で貴族院内閣の出現は止むを得ないと考える人々がおり、彼等は清浦を推している、と報じ、大木遠吉（伯爵、原内閣法相、加藤〔友〕内閣鉄相）、林博太郎（伯爵）、前田利定（子爵、加藤〔友〕内閣逓相）、大河内正敏（子爵）、郷誠之助（男爵）ら研究会の有力者や研究会および政友会と政治的に近い交友倶楽部に所属する水野錬太郎（加藤〔友〕内閣内相）をそれぞれ閣僚候補者として挙げている。大木、前田、水野は清浦に組閣の大命が降下して以後、実際閣僚名簿に載っていたことを考える時、これはその後の清浦貴族院内閣の成立をほぼ的確に予見した、注目すべき報道であった。

また、田健治郎（男爵、元台湾総督）の配下で元老西園寺公望の情報係でもあった政界の通人松本剛吉は、「火保問題」のため、第二次山本内閣農商務大臣を辞職した田に対して、組閣の大命は高橋に降下し、「政友研究二会連合内閣」が組織されるであろうと、一月一日に語っている。(5)すなわち、松本は、第二次山本内閣期の約四か月間にわたって中断されたが、原敬内閣以来三代の内閣によって継続された〈衆議院―政友会、貴族院―研究会〉による政治体制が再現されることを予想したのである。また、政友会自身も高橋総裁への大命降下に対する期待は高く、清浦への大命降下の報がもたらされるや、非改革派すなわち高橋総裁派を中心に会内に大きな動揺を来たしたほどであった。

他方、このように世上で高橋本命説や清浦有力説がまことしやかに論ぜられる一方で、貴族院の一部で田中義一（男爵、原内閣・第二次山本内閣陸相）を次期内閣首班にかつぎ出そうとする動きがあった。研究会の指導者のひとりである水野直（子爵）と彼に非常に近いとされた人々によるものが、それである。すなわち、研究会所属の男爵議員で山口県出身の福原俊丸や男爵議員の院内会派である公正会所属の池田長康（男爵）および水野と田中らが、政界工作のブローカー西原亀三の斡旋で「新内閣の成立に関し方寸の打合」をしたり、「田中内閣の成立に努力することを誓」ったりしている。(6)(7)

一二月三〇日早朝、総辞職発表後の政情報告のため、島田内相秘書官が政府関係者として初めて興津に西園寺公望を訪れた。この島田と入れかわる形で西園寺を訪れたのが、水野および彼と並び称される研究会の領袖青木信光(子爵)である。(8)『時事新報』の記すところによれば、政府関係者の島田を除けば政界関係者で内閣総辞職の公式発表(二九日午後四時)後最初に「西園寺詣」におもむき、四〇分というまとまった時間をかけて面談をしたのが、この水野と青木とであった。この訪問の目的はもとより判然としないが、後継首班奏請に関する西園寺の意向を打診するためであることは容易に推測できよう。あるいは、田中擁立の可能性につき、それなりの瀬踏みがなされたのかも知れない。ちなみに、翌三一日、西原は「青木・水野氏《ママ》西園寺公訪問の状況を水野子より聴取し、田中大将に委曲を報告(9)」している。

既存の山本内閣の崩壊が半ば既定の事実と化した時点で、研究会の幹部が次期政権樹立に向けて積極的な行動をおこしたことは、この第二次山本内閣に先行する加藤友三郎内閣末期にもあった。先にもふれた如く、この加藤(友)内閣は超然内閣ではあったが、上院は研究会、下院は政友会がそれぞれを制し、互いに連携することによって、その政治的基盤が与えられていた。大正一二年八月二三日、かねてから病床にあった加藤首相が重体に陥るや、内閣の内外で司法大臣岡野敬次郎を内閣の首班に擁立することにより、かかる政権の実質的な継続を目指そうとした動きがあった。すなわち、内閣書記官長宮田光雄(元福島県知事、衆議院議員)と研究会所属の勅選議員である法制局長官馬場鍈一らによる内閣存続をはかろうとする画策に、研究会の幹部青木信光と黒田清輝(子爵、帝国美術院々長)とが積極的に呼応していた。(10)これより一か月程前から水野直の周辺では、西原を加えて、福原俊丸に引続き、池田長康の公正会脱会と研究会入会の可否をめぐって議論が繰り返されて来た。それから三週間後、西原はこの頃の水野の政治姿勢について「想ふに水野子は研究会を基礎とする内閣の樹立は〔ママ〕深く覚悟するに至れり[11]」と推測していた。西原の水野に対するこのような感想は、さらにそれから一週間後の加藤首相死去直後の研究会の岡野擁立に向けての動きと無関係ではあるまい。加藤首相死去の翌日、松本剛吉は、「現内閣は数日前より種々なる方策を廻らし、岡野法相を首班とする延長内閣組織の運動を為す者あり、馬場長官、宮田翰長最も熱心に之を策し、研究会幹部亦之に策応せり[12]」と日誌に記している。何故、岡野がかつがれたのか。その理由は明確ではないが、〈政－研〉提携による内閣の継続のために、政友会系勅選議員の院内会派である交友倶楽部に所属する現職閣僚の岡野が注目されたのであろう。

しかるに、組閣の大命は山本に降下し、彼は水交社に陣取って、特定の政治勢力に依拠することなく、また両院の各政党や諸会派に対して等距離を保ちつつ、「中間内閣」を組織したのである。しかし、組閣完了直後における内務省の中核人事が憲政会寄りであったこと、すなわち憲政会系と目された塚本精治と湯浅倉平とをそれぞれ内務次官、警視総監に起用したことや、原内閣以来歴代の内閣によってとられて来た「諒解」もない「中間内閣」本来の態度が、原・高橋・加藤といった三代にわたる内閣の与党であった政友会と研究会とに不快感を与えたことは容易に想像できよう。

ちなみに、第二次山本内閣の最重要課題というべき震災復興計画の策定に関し、政友会と研究会は冷淡であった。通常議会開会に先立ち、一二月一一日に召集された第四七臨時議会において、双方共にそれぞれ「帝都復興計画法案」を強く攻撃し、復興予算を大きく削減したばかりか、いわゆる火保問題で田健治郎農商務大臣を辞任に追いこんだ。青木は、この復興法案を「小〔ママ〕〔書〕生論」であり「我々は組みすることは出来ぬ」とし、間近に迫った第四八議会開会を前に「通常議会は政府の出様如何によりては、われわれも余程考へねばならぬ、多分一波瀾なくて納まるやうにも思はれない[13]」と、山本内閣への敵意をむき出しにしていた。しかしまた、青木は次のようにも考えていた。「研究会の態度は何時もの本領主義により、是を是とし非を非とするものなるが、内閣の顔触れによりて其の取扱ひに多少の手加減あるは免れざる処にして、彼の加藤内閣の如き研究会員にして四名迄も閣僚を出したる場合は是々非々主義の運用に頗る苦心する事なしとせざると共に、現内閣の如き何等引掛りなき内閣に対しては研究会は極めて気楽たり」(14)。要するに、政府の出方次第で研究会は与党にも野党にもなりうるということである。ともあれ、このように青木ら研究会指導者の「引掛り」なき山本内閣に対する失望や反感の大きさは、研究会全体のそれでもあったと思われる。

さて、貴族院における野党である研究会の領袖・青木信光の山本内閣に対する、このような〈強硬姿勢〉に対し、火災保険会社貸付金法案の廃案を策していた政友会幹部の姿勢はさらに強硬であった。

第四七臨時議会の会期末に、研究会の青木、水野は政友会の非改革派＝高橋総裁派（高橋内閣期においては改革〔内閣改造〕派＝高橋総裁派）の総務委員と懇談したが、席上、横田千之助は憲政擁護運動という手段に訴えても、山本内閣を倒壊に追い込もうとする意図があることを示唆した。具体的な日付は不明であるが、水野直はこの懇談会について手帳の末尾に次のように記録している。

会見セル総務

高橋、野田、岡崎、横田、床次、小川、

青木、水野、馬場、宮田

山本、中橋両氏ハ出席セザリシ

横田氏ノ説明

加藤友三郎氏ノ時ハ政友会ヨリ依頼セリ

原氏ノ閣員ニテ政策同一

今日ハ会期終了ニ近ク解散ヲ苦労トセズ
国民ニ基礎ナキ無体内閣
階級打破、憲政擁護運動起来ル
常務委員選ノ必要[15]

右にも述べたように、この〈政－研〉幹部の懇談会への政友会側の出席者は、非改革派に限られ、水野が記しているように山本達雄や中橋徳五郎はもとより元田肇も含まれていない。彼等は高橋内閣末期の改造問題での責任を取らされ、一時除名処分を受けた。その復党が認められた後、一一月に同じく総務委員を一時辞していた野田卯太郎や岡崎邦輔と共に彼等は総務委員に帰り咲いたのであった。また、床次について言えば、彼は改革派に軸足を置きながらも、改革派＝反総裁派と非改革派との間にあって党内融和を模索していた。それ故、彼は改革派からも非難されるなど政友会内部では微妙な立場にあった。[16]

研究会側はどうか。水野は大正一二年一一月より常務委員に復帰していたが、青木は加藤（友）内閣末期の岡野擁立問題の責任をとる形で常務委員を辞していた。加藤（友）内閣の法制局長官であった馬場は勅選議員であり、研究会に所属していたが、常務委員でもなく、ましてや幹部と言われる存在ではなかった。加藤（友）内閣の書記官長であった宮田は、この時政友会所属の衆議院議員（第一四回総選挙で当選、もと貴族院書記官、福島県知事）でしかなかった。宮田は年明けの一月二日に勅選議員に任ぜられ、研究会に入会するものの、いかなる資格でこの席に連なったのであろうか。大正一二年の水野の「懐中手帳」には、加藤（友）内閣崩壊以降も馬場や宮田の名がしばしば出て来る。彼等はいわば水野の側近というべき立場にあったのではないか。それにしても、加藤（友）内閣を支えさらに岡野擁立にも動いた、この二人が、岡野擁立を挫折させた第二次山本内閣排撃を話題とした〈政－研〉幹部懇談会に出席していたことは注目に値する。水野が黒田に代りはしたが、岡野擁立を目指して動いたグループはほぼ不変であった。

ところで、岡崎はこれより一か月ほど前から「閑居士」こと岡野久次郎の仲介で憲政会との提携を極秘裡に進めていた。憲政会党員であった大津淳一郎の大著『大日本憲政史』によれば、岡崎久次郎は第二次山本内閣が成立するや、「刻下の急務は政憲両派の提携を図りて憲政の基礎を確立するに在り」[17]と考えた。彼は、一一月二〇日の高橋への訪問を皮切りに、岡崎邦輔、若槻礼次郎、浜口雄幸、横田千之助、安達謙蔵ら政友会と憲政会との幹部を歴訪し、〈政―憲〉提携を目指し岡崎邦輔と安達謙蔵とが極秘裡に交渉を進めることについて了解を得た。[18]その結果、一二月五日には第一回の岡崎―安達会談が開かれ、一二月一七日の第三回目の会談で来るべき総選挙に向け、政―憲両党は提携をすることでほぼ合意に達した。[19]

それにしてもどうして、政友会の非改造派＝高橋総裁派と憲政会とは、このような提携をしようとしたのか。両者が共通する目標は来るべき総選挙に勝利し、政権を獲得することであり、与党となることであった。この時、両党は共に深刻な内部対立を抱えていた。[20]従って政友会非改造派は改造派を清算するために、憲政会側は与党となることにより、革新倶楽部を含む非政友派との合同を策する合同派の動きを完全に封じ込めるために、お互いの協力を必要としていたのである。

しかし、以上の交渉は極秘裡に進められた。総務委員の山本と中橋が〈政―研〉幹部懇談会に出席しなかったことについて、水野は「山本、中橋両氏出席セザリシ」といささか訝しげにメモに記してはいたが、おそらく、かかる〈政―憲〉提携の動きについて察知するところではなかったと思われる。年が明け、組閣の大命が下った清浦は研究会に協力を依頼したが、青木、水野が率いる研究会側はただちに高橋―横田のルートで政友会側に「提携」を打診している。すなわち研究会の幹部は、原―高橋―加藤(友)と三代の内閣と同様の提携を政友会に対し期待したのであった。しかし、周知の如くその期待は裏切られることとなる。研究会は大正一二年一二月末において、政友会の〈改造―非改造〉双方のグループと関係を維持していたが、改造派をめぐる状況は大きく変化していた。研究会は、山本、中橋ら改造派と共に、かかる状況の変化にとり残されつつあった。

山本内閣総辞職が決定的となるや、研究会領袖による「引掛り」をもつ内閣樹立に向けての工作活動は活発となった。それは決して体系立ってなされたものではなく、各方面に半ば羅列的になされていた。その一つは、先にあげた水野直らによる田中義一擁立工作である。また、清浦と共に本命とみられていた高橋政友会内閣成立に向け、大木遠吉が、政友会総務委員小川平吉に対し「政、研連合」の復活を申し入れていた(21)。しかしながら、小川はこれに「醇々其非を説」いて反対したが、床次竹二郎や「改革派」すなわち山本達男、中橋徳五郎はいづれもそれに賛成し、なかには清浦内閣が成立する場合には入閣しても構わない、とする者がいたようである(22)。後年、小川が認めた手記によれば、こうした「意見は研究会諸氏殊に小笠原伯の目覚ましき活動によりて直ちに興津の元老に伝へられたるは、言ふまでもな(23)」いところであった。

ちなみに『大阪毎日新聞』の記事(24)によれば、一二月二九日の午後二時から三時までの間に、中橋徳五郎、小笠原長幹（伯爵、研究会領袖）そして明治末期から大正初年にかけて研究会の領袖として聞えた正親町実正（伯爵、元賞勲局総裁）がそれぞれ相前後して松方正義と西園寺とを訪問し、各々一〇数分間面談している。連携しての行動であるかまた各々独立したものか定かではないが、少くとも中橋の西園寺訪問は政友会の領袖のひとりである野田卯太郎の勧説によるものであったらしく、政友会の一部は政権の到来を確信しつつ「党内に漸次融和の傾なきにしも非りし(25)」状態にあった。また、先の小川の手記からすれば、あるいはこの時、短時間ながらも小笠原は両元老に対し、高橋か清浦を首班とする政・研連立内閣成立の可能性やその妥当性についていろいろと入説したのであろう。

三　有松英義の政権構想

大正一三年一月一日、清浦に組閣の大命が降下した。「可成選挙は公平を旨とし執行せしめたく、之は矢張り中間内閣でなければならぬ、併し政党を無視せず、政友会を尊重せしめ、政策に依り助けさせるが宜し」[26]との西園寺の意向によるものであった。

清浦は組閣の大命を拝するや、研究会と官界における彼の後輩にあたる枢密顧問官有松英義に協力を要請した。清浦にとって研究会は勅選議員時代に所属し、初期議会から日露戦争期に至る一〇余年にわたってその有力な指導者であったこともあって、同会とは因縁浅からぬものがあった。清浦より協力の要請を受けた研究会側では、一月二日午前に大木遠吉、青木信光、水野直の三領袖が華族会館に集って態度を協議し、それからただちに大木と青木とが枢密院事務局に清浦を訪問した。一月三日付『東京日日新聞』は、この会見における清浦の発言を次のように報じている。

不肖大命を拝したる以上は出来るだけやって見たいと決心してゐる次第であるが、予の組閣方針は近く総選挙を控えてゐるので厳正公平にこれを行ひたい考へであるから政党を基礎とせず、研究会の絶対援護のもとに内閣を組織したいと思ふ。しかして閣員の顔触れ等についても有松英義君だけは入閣せしむる事としたいが、その他の選衡は一切貴会にお任せいたしたい。右様の次第であるから、政友会その他からは勿論入閣せしめぬ事となるから所謂貴族院内閣にいたしたいのであるけれども政友会との関係については自分においても充分諒解につとめたいと考えてゐるが、その点貴会を通じて円滑に連絡をはかるやうに努力してもらひたいから是非充分なる諒解を与へられたい。

要するに清浦は政友会の支持のもとに、研究会を主軸とした貴族院内閣を組織しようとしたのである。同紙によれば、これに対し青木は、「頗る重大問題」として、即答を避け「同志」とも協議してできるだけ早く返事をするよう約束した。しかしながら、大木や青木は、清浦に対してかなり明確に研究会中心の組閣を要求したばかりか、有松が憲政会寄りだとして、その入閣に強い難色を示した。ちなみに、この会談の模様を清浦は有松に対し次のように告げたと有松は記している。すなわち「彼等〔大木、青木－西尾註〕謂宜中心研究会、而行其主義政策、組織内閣宜与研究会相謀、宜使研究会介立内閣及政友会之問以図調和、且有説有松与憲政会相親、有松入閣之可否不能無疑云」(27)。研究会の青木や大木が指摘した如く、有松は山県・桂系の大物官僚として、広く政官界における親憲政会グループの有力者のひとりであった。第二次山本内閣成立直前にも、加藤友三郎首相が死去するや、彼は同じく親憲政会系の平山成信と相前後して西園寺を訪問し、憲政会を政権の座につけるよう申し入れている(28)。しかしまた、他方では彼は、先にもふれた研究会による岡野敬次郎擁立工作に対抗するためであろうか、政友会所属代議士小橋一太（熊本県出身、清浦内閣書記官長）や憲政会系の勅選議員仲小路廉や岡田良平らと清浦内閣成立を策して各方面に奔走していたようである(29)。

さて、清浦から内相として入閣を懇請された有松は、清浦の意を受け、清浦と同郷の小橋と共に政党を排除し貴族院に閣僚を求める組閣人事に着手した。大正一三年一月三日、松本剛吉は後継首班に清浦を奏薦した元老西園寺に対し次のように報告した。

情報及び今朝汽車中にて新聞を見たるに閣僚候補者中有松、岡田、一木、阪谷等の人々あり、殊に有松氏は参謀長を引受け居るものゝ如し、果して事実とせば此は流産に終るならん、全体政党を無視せず組閣すとせば、研究会及び民間の人を入れ、政友会よりは一人も入閣せしめずとするも多数党たる同会を尊重し、政策に依り好感を買ひ組閣せば、流産の憂は免れんも、政友会中改革派に近き有松氏を使ひ、憲政会の党外員たる一木、岡田、阪谷の如き人々を閣臣に列せしめんとするが如きは党状及び政界の空気をしらざるものゝ仕方にて、仮に内閣が出来たりとするも直に波瀾を起して三日天下に終るならんことを恐るゝ(30)。

このように松本が西園寺に報じたところによれば、有松は一木喜徳郎、岡田良平、阪谷芳郎ら官僚出身者で反政友会＝親憲政会、反研究会系の貴族院議員を閣僚に配しつつ、貴族院内閣を組織しようと考えたのである。

ところで、右の松本の西園寺への報告に「政友会中改革派に近き有松氏」とあるように、有松英義は政友会の改革派＝反総裁派と〈近い〉ようであった。彼は、実にこのグループを取り込もうとしていた。一月四日、一たん大命拝辞を決心しながらそれを翻した清浦に入閣を再度切望された有松は、清浦に対して次のように政権構想を献策している。「聞政友会有内訌、今達基極、誠是可乗之機也。宜二分敢其一也。使床次竹次郎〔ママ〕、山本達雄、中橋徳五郎、来投閣下之内閣、其事甚易々、憲政会亦今在窮境、招則必来、宜採若槻礼次郎為大蔵大臣。研究会幸不吝援助、則亦採以入閣益妙[31]」。要するに、衆議院では床次ら改革派の政友会グループと「窮境」にある憲政会とそれぞれ結び、貴族院では茶話会の若槻礼次郎を蔵相として入閣させることにより、研究会の援助を得、その各々を与党化することによって清浦内閣の政治的基盤を形成しようとするものであった。

さて、この構想はどうなるであろうか。これより前、有松は、清浦がもしこの日すなわち四日の午前に、前日に引続いて開催が予定される研究会側との会談で、組閣について研究会からの協力を得られなければ、四日正午を期して、その政権構想の実現を目指して行動を開始する、と清浦に述べている。そして彼は帰宅するや、憲政会の有力者のひとりである江木翼（後の加藤護憲三派内閣書記官長）を招き、この問題について話し合うと共に、休会中の第四八議会への選挙法改正案すなわち普選法案の提出は不可能である点について江木の了解を得た。有松の記すところによれば、江木は大いに喜んで有松のもとを辞去し、その後、この会談をふまえて加藤総裁邸で憲政会幹部会がただちに開かれたのであった。また、有松は床次のもとに金杉英五郎（勅選議員、研究会、もと臨時教育調査会委員、慈恵会医科大学教授）を使者に立て、彼の積極的な協力を依頼し、それを確認した。以上の経緯について有松は以下のように記している。

英義曰、英義以一昨日既与閣下辞別、閣下宜為其所欲為、蹶席而起。既而又願曰、英義辱知遇非一朝、豈忍坐視閣下之困状哉。今朝閣下与研究会相見、議若不合則請一報、英義必赴於閣下之急、唯多方濫試之後、不能奈何。請一報、以正午為期、過期則至微力施無術不可知也。清浦子、英義、既黙諾万一赴援、乃為之備不許躊躇也。帰于家直招憲政会員江木翼、私有所謀、且曰、改正選挙法不能以今期議会、可予求了解者在於此。翼大喜而去。憲政会即時会幹部於加藤高明邸焉。又使金杉英五郎訪政友会改革派床次竹次郎《ママ》、告以英義所説于清浦子、且曰、幸来投於我、宜独断決行、謀之他人既無余地矣。竹次郎《ママ》亦大喜。

有松は、高橋総裁に不満を持つ改革派と一〇年近く政権から遠ざかっていた憲政会とを勧誘すればそれぞれが応じ、その結果を見つつ研究会が援助を申出るであろうと、期待していた。ちなみに、結婚の際、有松を媒酌人とし、その後も彼と交流があった内務官僚長岡隆一郎は、「有松氏は政友会を真二つに割る作戦を樹て、蜘蛛の巣を張ったやうな情報網から刻々の情報を聞いて居られたやうであった」[33]、と後年回想している。

しかし、いくらそれぞれ党内に問題を抱えているとはいえ、政友会の改革派が、普選即行を党議とする憲政会と共に清浦内閣の与党となる可能性があったのだろうか。実は、ほぼ一年前の第四六議会（大正一一年一二月〜大正一二年三月）以来、政友会内にも二六名余りの普選派とも言うべきグループが出来ていた[34]。『国民新聞』は「尠くとも来議会には普選法案を政友会案として提出し一気に両院の通過を図らんと策している」と、このグループについて報じているが、「牧野良三、山口義一、一宮房治郎、川上哲太、清瀬規矩雄、鳩山一郎、上塚司の諸氏廿六名余」のうちの少なくとも牧野、一宮、鳩山は改革派であり、その後の政友本党員であった。清浦内閣成立の前後において、憲政擁護運動開始に走ろうとする非改革派＝総裁派の姿勢を批判しつつ、普選実行の表明を迫る匿名の発言が政友会改革派＝反総裁派の中に散見された[35]。牧野らによる発言であろうか。ともかくも、普選という問題だけに絞れば―普選実現をめぐる主導権争いは別として―、少なくとも政友会改革派の普選推進グループと憲政会との提携は少なくとも不可能ではなかったか、と思われる。

ところが、後述の如く清浦と研究会との間に合意が得られたことによって、有松の政権構想は画餅に終った。同時に、有松の入閣もなくなった。後日、憲政会は革新倶楽部や政友会（非改革派）に先んじて反清浦内閣の峰火を挙げたが、清浦が研究会に組閣を全面的に依存した反面、有松によって提示された憲政会の政権参入構想を、結果的には清浦が半ば無視する形になったことに対する反発もまたその原因のひとつであったか、と思われる。ちなみに、三浦梧楼が松本剛吉に語ったところによれば、憲政会総裁加藤高明と清浦とはもうひとりの元老松方正義を介して親しい間柄にあり、加藤友三郎に組閣の大命が降下する直前に松方は加藤高明に対し大命降下の可能性を示唆し、更に蔵相や海相の人選についても話をしていたわけだが、「其下に清浦といふ小刀細工師が居」(36)るようでもあった。加藤高明個人としても、従来よりこうした行き掛りをもつ清浦に対して政権参加について、少なからず期待していたのではないであろうか。

もっとも、憲政会の側は、有松の要請に対し、直ぐに応ずる状況にはなかった。すでに見たように、第四七臨時議会の会期末すなわち前年の一二月二〇日前後において、憲政会は政友会非改革派＝総裁派に対して政治的パイプを設定していた。それは、山本内閣倒壊を目指し、選挙協力のための提携であったが、山本内閣が崩壊した今、具体的な目標を失いつつも、おそらくパイプだけが存在していた。政友会非改革派とのパイプについて知らされていなかった江木翼が、有松との会談を終え、その結果を憲政会幹部にもたらした時、加藤総裁をはじめとしてその事情を知る若槻ら幹部やそのパイプ設定に向け岡崎と交渉にあたった安達はどのような反応をしたのであろうか。かかるパイプ設定の経緯もあり、憲政会の最高幹部たちは有松の政権構想に対し直ちに乗ることを躊躇したのではないだろうか。

四　研究会内閣

水野直の「大正一二年懐中手帳」の末尾の白地のページに次のようなメモがある。

一、首相　清浦
一、大蔵　勝田
一、農商　前田
一、逓信　小松
一、文部　江木
一、内務　水野
一、外相　藤村
一、司法　鈴木
一、鉄道　大木

清浦子

二日　大命ニヨリ大木、青木　午前十時
枢密院ニテ会見　華族会館
○常務会夜一時迄
無条件、有松
政友会総務ト会見

三日　午前十時　華族会館ニテ返事セシニ
大命御辞退
午后四時、更ニ再ヒ組閣の件
夜常務会ヲ開キシモ決定セズ
清浦子ヨリ意見聞取不決定

四日　午前九時ヨリ常務会ニテ援助ヲ決定
人選午后二時三十分
午后四時常務ニ報告

五日　四日十時四十五分発興津
朝六時着　八時三十分

公爵邸訪問報告

二日夜　高橋邸政友会総務ニ会見ノ前横田氏ヲ永平

倶楽部ニ於テ政友会総務会決定〇〇〔二字不明〕

研究会ヨリ交渉アリタル或ル事項ニ付協議シタルニ結局

未夕党ノ態度ヲ決ス可キ時期ニ到達シ居ラザルモノト

認ムルヲ以テ何等決スル所ナリシニ散会致タリ(37)

このメモは、大正一三年一月二日午前、枢密院事務局で大木と青木とが清浦より組閣につき協力依頼を受けてから、同月五日に水野が元老西園寺に対し組閣の状況について報告するまでの、研究会側の流れを記したものである。その内容については、時刻の記載も含め、いくつかの新聞報道をつき合せて判明することとほぼ一致している。言い換えるならば、このメモの内容は、大正一三年当時の新聞報道のレベルであって、取り立てて機密事項が含まれているわけでない。しかし、何故、水野がこのようなメモを手帳に残したのか、おそらくこのメモは一月五日における西園寺への報告のためのものではなかったか。ちなみに、このメモからすれば水野たちの手が届く所の閣僚人事は一月四日夜には完了し、その時点で、後は陸・海軍大臣を残すのみとなっている。以下、この水野メモに従って組閣の経緯をたどってみることとする。

一月二日、清浦は大木と青木に対し、有松の入閣以外は特に条件をつけず、「その他の銓衡は一切貴会にお任せいたしたい(38)」と組閣について協力を要請した。この要請は直ちに華族会館に待機する研究会幹部に伝えられた。待機していた幹部とは、水野直（常務委員）、大河内正敏（前常務委員）、小笠原長幹（元常務委員）、福原俊丸（常務委員）の四名である。青木は華族会館での会合を早々に切り上げ、永平倶楽部に赴き馬場鍈一、宮田光雄ともども政友会の横田と会見し、再度、清浦内閣について、政友会の姿勢を問うた。

この日の午後、政友会では二時三〇分より赤坂の高橋総裁邸で最高幹部会が持たれた。この会合には床次はもちろん、中橋、山本、元田ら改造派の幹部も出席している。席上、横田は、一日夜、二日朝および同正午に青木、水野から床次と自分とに会見を求めて来たが、床次は病気であったため自分が会見し、本日は青木より「政友会に対する重要なる交渉事項(39)」が提示された、と述べた。ここで「重要なる交渉事項」とは、清浦内閣への閣外協力依頼についてであった(40)。

この日の幹部会では、「研究会と政友会との間になるべく意思の疎隔を来たさぬやうにしたいとの希望は、政友会も研究会の幹部と全く同様であるが、併し交渉事項については未だ党の態度を表明すべき時期に達していない(41)」との結論を得た。この結論は、午後五時に開催された〈政―研〉幹部の会見に先立ち、永平倶楽部において横田より研究会側に伝えられた。このことは右の水野メモにも明らかである。

なお、〈政―研〉幹部の会見であるが、これは研究会側が政友会に申込んだものである。政友会側から高橋総裁と野田、岡崎、床次、小川、横田の各総務委員、研究会側からは青木、水野、大河内の三子爵と馬場、宮田の二人の勅選議員がそれぞれ出席した。第四七臨時議会末における〈政―研〉幹部の会合と比べると、研究会側に大河内が加った位で、他は全く同じであった。要するに、研究会側の政友会に対するパイプは前年末と同様、非改造派＝総裁派に対するそれであった。

この会談は一時間余りで終ったが、結局研究会は政友会より清浦内閣への支持を取りつけることは出来なかった。従って、研究会が政友会の閣外協力を取りつけ、研究会中心内閣として清浦内閣を成立させることは次第に困難になりつつあった。

かくして、華族会館において、一月二日午後一〇時に開催された拡大常務委員会は政友会の「清浦内閣」への去就をめぐり議論が沸騰し、翌三日午前〇時二〇分にまで及んだ。さらに、委員会終了後、小笠原、青木、水野、大河内、酒井、福原らはなおも残って一時過ぎまで話合いを続行した。[42]『東京日日新聞』によれば、この常務委員会では、政友会の意向は、消極的な清浦援護にあるという消極援護論とそうでないとする立場とが拮抗していた。しかし、結局、この拡大常務委員会は前者の見方を前提としつつ、「たとひ清浦子の直系たる有松英義氏がいたとしてもそれによって研究会の立場を失ふやうなことはないと思ふ。それ故に清浦内閣の成立には賛成した方がいい[43]」との結論に達し、三日午前一〇時に、青木と大木が枢密院事務局に清浦を訪ね、研究会としての支持を彼に伝えることとなった。

なお、この拡大常務委員会に出席したのは先述の拡大常務委員会のメンバー、すなわち幹部会のそれと全く同一である。その出席者は、侯爵蜂須賀正韶、伯爵松平頼寿、子爵前田利定、子爵榎本武憲、子爵八條隆正、子爵渡辺千冬、子爵水野直、男爵福原俊丸、男爵郷誠之助、木場貞長、小松謙次郎の各常務委員と伯爵小笠原長幹、子爵酒井忠亮、子爵牧野忠篤ならびに子爵青木信光とであった。

研究会は、子爵議員の院内会派としてその組織が確立して以来、時期によって多少の変動があるものの、七～一二名の常務委員によって構成される常務委員会を会としての制度的な最高意思決定機関として来た。もちろん、それは意思決定に関し平等な権限をもつ委員による合議機関ではあったが、しばしば常務委員ではない会の実力者がその会議に参加することがあった。研究会の内外では、いわばこの拡大常務委員会の会合を「幹部会」と称していた。この場合、その実力者が常務委員会の表決に参加したかどうか定かではない。が、実質的に討議の主導権を彼等が握ったことは疑問の余地がない。小笠原と青木とはこの時水野と並び称される大幹部であったし、牧野は明治四〇年代から昭和初年にかけて何度も常務委員を体験した、いわば大物のひとりであり、この時は政党における政務調査会長にあたる審査長の要職にあった。なお、福原と郷とは、男爵界における反〈公正会＝協同会〉勢力の急先鋒であり、大正一一年からその翌年にかけて、水野と共に反〈公正会＝協同会〉運動の中核としての親和会設立とその拡大に大いに奔走した人物である。(44)

しかし、清浦は一月三日午前、研究会との会見の冒頭で大命拝辞を伝えた。その理由は政友会の去就が未確定であったためであろう。清浦はあっけにとられていた青木、小笠原を尻目に、拝辞の意思を伝達するべく宮中に向った。彼が宮中で平田内相や牧野宮相から翻意するように勧められ、さらに摂政宮は彼に対して「優諚」を与えたといわれる。(45)

かくして清浦は大命拝辞を思い止まりつつ、宮中を退出した。そしてその足で華族会館に直行し、研究会の青木、水野と会見して、再度組閣援助を彼等に依頼した。この清浦の要請を受けて研究会では即日、緊急幹部会が華族会館に召集されその対応について協議した。

さて、一月四日付『東京日日新聞』によれば、三日に行なわれたこの幹部会は、清浦を別室に待機させて、午後三時半（右の水野メモによれば、「午后四時」）から険悪な雰囲気の中で開始された。以下、同紙によってその後の経過と一応の結論をまとめておこう。まず、開会後一時間を経過しても容易に決する模様がなかったので、清浦が自ら席に列し、重ねて大命拝受と組閣方針につき自己の意見を縷々開陳し、その了解を求めた。この時丁度夕食時となったので清浦は幹部会の参加者たちと食事を共にし、更に別室に退いて協議の結果を待った（右の水野メモによれば、夕食をはさんで、幹部会は常務委員会として続行された）。ところが、午後八時四〇分になっても決定をみなかったので、彼はついに華族会館を退出してしまったのである。そして、結局、研究会の幹部会は明日に続行されることで一たん散会することとなった。

また、議論の内容であるが、清浦が大命降下の直後に研究会に対し組閣について協力を求めながらも、大命を拝辞し更にまた拝受するというのは、余りにも無定見であるという意見と援助を拒否して徒に政局を紛糾せしめるのはよくないとの意見が、両論相半ばしていた。

明けて四日午前一〇時三〇分、引続き華族会館において研究会の幹部会が開かれた。一時間余の協議の後、研究会として無条件で清浦の組閣を援助することに決定し、別室に待機していた清浦にその旨が伝えられた。一月五日付『東京日日新聞』によれば、この時研究会は貴族院の各派から閣員を選抜するよう要望したのに対し、清浦は研究会幹部の前で次のように挨拶したという。「今日の場合大命を拝した以上は何としても内閣を組織せねばならないといふ考へを持ったが、これについては貴族院を基礎とし殊にその中心勢力たる研究会の援助がなければ組閣は困難であると考へて援助を乞ふ次第であるが、それに対して各位の尽力をわづらわし、殊に深更に到る迄もお骨折の上遂に援助に決せられましたことは誠に感謝の至りである。ついては閣員の選定についても充分協議をするし又組閣は迅速に運びたいと思ふ。なほ、内閣成立の上は充分意思の疎通を計り各位の御援助を願ふ次第である」。かくして清浦は、「迅速な組閣成就」を条件に、組閣の人事権をほぼ完全に研究会の側に渡してしまったのである。

四日午後、研究会側は、華族会館において大木、青木、水野が閣僚の選考を開始した。右の水野メモによれば、それは午後二時三〇分に開始された。その結果、次のような閣僚名簿が作成され、参考案として別室に待機していた清浦に手渡された[46]。なお、外相と陸海軍大臣については、それぞれ外交官、陸海軍大将・中将から人を出すことが慣例であり、法令上の制度であった。従って、この三大臣について研究会側は特に要求するところがなかったのであろう。

内務大臣　―　水野錬太郎（交友倶楽部）　　大蔵大臣　―　勝田主計（研究会）
司法大臣　―　藤村義朗（公正会）　　文部大臣　―　江木千之（茶話会）
農商務大臣　―　前田利定（研究会）　　逓信大臣　―　小松謙次郎（研究会）

鉄道大臣　―　大木遠吉（研究会）

この研究会案は藤村を除いて後は全て清浦の採用するところとなった。四日夜、清浦の手で決定された閣僚名簿は次の通りである。(47)

内閣総理大臣	子爵	清浦奎吾
外務大臣	男爵	藤村義朗
内務大臣		水野錬太郎
陸軍大臣	陸軍大将	福田雅太郎
海軍大臣	海軍大将	鈴木貫太郎
大蔵大臣		勝田主計
司法大臣	検事総長	鈴木喜三郎
文部大臣		江木千之
農商務大臣	子爵	前田利定
逓信大臣		小松謙次郎
鉄道大臣	子爵	大木遠吉

この名簿にはないが、内閣書記官長は清浦と同郷で、当初より清浦の組閣作業に関って来た小橋一太であった。それにしても、研究会案では藤村は法相に擬せられていたが、いかなる理由で外相に代えられたのであろうか。その理由は必ずしも定かではない。雑誌『太陽』はその理由を「研究会の利害より見て安心して置ける地位」が他に無く、「堅苦しい外交問題に終始せしめて内政問題に対する彼の口を箝し様」としたに他ならない、としている。(48)その当否はにわかに判断できないが、加藤(友)内閣の組閣時に研究会の反幹部派勅選議員を入閣させたことがあった。

このことからすれば、藤村の外相としての入閣の理由として、それは説得的である。しかし、また外相就任は藤村の希望するところでもあったであろう。ちなみに、前章で見たように、藤村は阪谷の下にあって船越と並んで(福原はその後、公正会を退会し、研究会に入会した)公正会の極東委員会の中心人物であった。第四六議会においてワシントン体制の枠組みの中でいかに中国における日本の権益を守っていくかについて貴衆両院で激しく議論されたし、加藤友三郎内閣の下でヨッフェが来日し、経済的にも、政治的にも日露間の国交再開が大いに注目された。この二点が共に極東委員会の重大な関心事でもあったことを考える時、公正会を優遇するためにも、船越か藤村の外相としての入閣が考慮されたとも考えられる。四日午前、清浦が華族会館で研究会側と会談を持つ前に、船越は清浦をその自宅に訪問している[49]。前章でも述べたように、加藤友三郎内閣が成立する直前において、船越は入閣運動をしていたようであった。今回も清浦と同じ山県系官僚であった父(船越衛)を持つ船越は、自らもしくは藤村のための入閣工作をしていたのかも知れない。なお、船越より藤村が優先された理由であるが、それは藤村が清浦と同郷であったということとではないだろうか。

ところで、水野直の懐中手帳の一月三日の欄の余白に次のような記述がある[50]。

首相
一、清浦　一、外務　藤村　一、内務　水野
一、大蔵　勝田　一、司法　江木　一、文部　阪谷
一、農商務　前田　一、逓信　小松　一、鉄道　大木
一、書記官長　福原　一、法制　馬場　一、赤池　警視
一、八条　拓殖局　一、警保　后藤

これは明らかに清浦内閣の閣僚名簿案であり、内閣および内務省の重要ポストの人事構想メモである。これは、

一月二日または三日に水野によって記されたことは確かではあろうが、水野自身のあるいは研究会の一部のグループによる閣僚人事構想として、これが清浦に呈示されたり、常務委員会で話題にされたかどうかは定かではない。しかし、一応これを水野案としておこう。先にふれたように、松本剛吉が西園寺に対し、「各方面の情報」や新聞の「閣僚候補者」から、有松と共に一木や阪谷らが閣僚候補に挙げられているらしいと報じていた。そのことからすれば、この閣僚名簿案が公の場か清浦の周辺で検討されたのかも知れない。あるいは、この一部が新聞に洩れたのかも知れない。

右の「閣僚名簿」案において、最初の一〇名すなわち内閣書記官長までをまず考えてみる。首相の清浦をはじめ、内務、大蔵、農商務、逓信、鉄道の各大臣のポストは、その後の研究会案→清浦案という流れの中で変ることはなかった。最も変ったのは、司法大臣のポストである。水野案→研究会案→清浦案という具合いに示せば、江木千之→藤村義朗→鈴木喜三郎と、そのポストに擬せられた人物が変って行く。どうしてそのようになったか、不明である。同様に文相や外相ポストについては、それぞれ阪谷→江木→江木、藤村→不明→藤村である。これまた、阪谷がいかなる主旨で文相に擬せられ、本人に打診があったかどうか、共に不明である。さらに、文相候補が阪谷から江木に代えられた理由も判然としない。ただ、江木千之はいくつかの県知事を歴任しているが、役人としての出発は文部省出仕であり、そこで普通学務局長にも就任している。そのことが考慮されたのであろうか。そもそも、阪谷芳郎や江木千之は、目賀田種太郎や仲小路廉とともに幸無四派の中にあって、〈政−研〉連立政権に対する強硬な批判者であった。第七章第五節で見た如く、第四六議会において彼等は「外交刷新決議案」がほぼ全会一致で採択される直前まで一貫して政府批判を展開している。その意味では阪谷も江木も政治的立場は同じなのである。が、公正会に割り当てられた閣僚ポストが一つであり、藤村を入閣させるのであれば、必然的に阪谷は入閣の対象から外されることとなる。なお、藤村が外相候補とされた理由は先に述べた通りである。

次に内閣書記官長はどうか。言うまでもなく、それは総理大臣を助け、内閣の庶務全般を統理する、言わば内閣の要のポストである。清浦が大命降下にあたり、同郷の小橋をそのポストに充てようとしたことは容易に理解できよう。では、水野が福原俊丸をそのポストに就けようとしたのはいかなる理由からであろうか。

前章において見たように、水野や西原亀三の周辺では、第四六議会（大正一一年一二月開催）の開催直前より、陸軍大将・男爵田中義一を「華族議員統一」[51]運動の中核に据えようとする動きがあった。「水野子爵邸に於て福原男爵と鼎座し……」[52]と西原が日記に書いているように、水野、福原、西原は外交刷新決議やそれを挺子とした公正会との連携（＝「華族議員統一」）を模索していたのである。その動きは大正一二年七月に「其計画新聞に漏れたる結果、其方針を進む能はず」[53]の状態となりながらも、水野、青木、黒田と福原、池田（長康）の「三子二男の連携」[54]に基き、「時局匡救政局展開の途」を模索すると共に田中を政界に引き出す試みが、その後も継続され大正一二年末に至った。

かくして、第四八議会が開催される直前には、勝田主計、水野、福原、西原の間で、さらには田中を巻き込んで、倒閣に関する話合いがなされた。[55]そして、虎の門事件の責任を取って山本内閣が総辞職を決定するや、西原は田中と「後継内閣の組織に関する方寸を定」[56]めたり、「池田男爵邸にて福原男と鼎座後継内閣に関する意見を交換し、田中内閣の成立に努力することを誓」[57]ったりしている。また、一二月三〇日には水野と青木とが西園寺を訪問し、その結果を西原が水野より聴取し、田中に報じた。ここに明らかなように、福原は水野や西原と共に「田中内閣」構想に最初から関与して来たのである。田中を首班とする貴族院内閣が第二次山本内閣の後継となることはなかったが、清浦への大命降下により、一時的にせよ田中の代りに清浦を急遽首班に据えた水野は、〈田中貴族院内閣〉に準じた〈清浦貴族院内閣〉の書記官長に福原をそのまま据え置いたのではないであろうか。

次に法制局長官に擬せられた馬場鍈一であるが、彼は横田千之助の後を受けて大正一一年三月二八日に高橋内閣の法制局長官に就任している。続く政友会系の加藤（友）内閣においても留任したので、ほぼ一年半の間このポストに就いていたことになる。また、加藤（友）内閣の後継内閣の首班に、第一次、第二次西園寺内閣の法制局長官岡野敬次郎を就けるべく、時の内閣書記官長宮田光雄や青木および黒田と共に奔走していたことは、すでに述べた通りである。また、彼は東京帝国大学法科大学政治学科の卒業生であり、水野直とは同期生である。加藤（友）内閣倒壊後、宮田と共に馬場は水野と頻繁に会合を重ねていることが、水野の手帳から知ることが出来る。以上からすれば、馬場を法制局長官に再度就けようとしたのは水野であったかも知れない。

これに続いて、水野は警視総監、拓殖（事務）局長警保局長の人事構想も持っていたようであった。本来なら選挙を控えた内務省の重要ポストとして、内務次官、警保局長、警視総監の三つが挙げられるが、水野のメモには内務次官はなかった。加藤（友）内閣の折の警視総監で水野錬太郎の配下にあった赤池濃が、再び総監に起用されることになっていた。警保局長は、同様に加藤（友）内閣の際の後藤文夫の再任が予定された。が、実現したのは片一方だけで、赤池警視総監の方であった。なお、研究会常務委員の八条隆正が、中央における植民地経営の要である拓殖事務局（大正一三年一二月、拓殖局）長に擬せられていたようである。京都帝国大学法科大学を卒業した後、大蔵省税務監督局事務官を勤め、貴族院入りをした彼を拓殖事務局長にしたいとする水野の真意は判然としない。(58)しかし、第四六議会貴族院の論戦の中心のひとつが、ワシントン会議後の日本の対中国政策なかんずく、満州の権益についてであった。そのような状況の下で、水野や西原によって田中義一引き出し工作が進められた。前章で見たように田中は水野、西原、福原によって「貴族議員統一」さらには〈貴族院内閣〉の要としての役割を期待されていた。そうして見ると、「八条拓殖事務局長」は〈田中貴族院内閣〉構想の枠組に当初より位置付けられていたのかも知れない。

五　組閣難

一月三日、清浦は再度研究会に組閣協力を申し入れたが、既述の如く、これを受けて開かれたこの日の幹部会は大荒れであったようで、ついに結論を得ることができなかった。こうした事態の中で、清浦は有松より政友会の床次グループや憲政会に援助を依頼するようにとの献策を受ける一方、他方では政友会系の勅選議員で構成される院内会派交友倶楽部所属の水野錬太郎（元加藤友三郎内閣内務大臣）に入閣を求めていた。四日になり、研究会の清浦援助が本決りとなった時点で有松起用が断念されるに至り、清浦は水野を副総理格として入閣するよう更に要請したのである。この計画は研究会幹部の容れるところであった。すでに見たごとく、水野直による「閣僚名簿」の段階より、水野錬太郎を内相に充てることは変ることがなかったのである。従ってそれは彼等によってむしろ強く支持され、水野錬太郎の入閣は研究会を与党とする清浦内閣成立の必要条件として研究会の幹部は考えるに至った。かかる彼等の意向は外相人事に一頓挫を来たした時の態度に明瞭に表われている。一月四日の午後より、「貴族院各派の人材を網羅する[59]」という組閣方針により、青木や大木が作成した研究会案を基礎に、清浦は組閣工作を開始した。こうして出来上った閣僚名簿はすでに掲げた通りである。

しかるに、藤村の外相就任に対し、彼が以前より研究会が支持する政友会の外交方針を貴族院本会議で攻撃したとして、研究会の一部で難色を示す者がいたり、外務省内で大臣は外交官出身者たるべきであるとして、〝部外者〟の大臣就任への強い拒否反応がみられた。そこで清浦や研究会幹部は藤村の外相起用を断念し、前駐仏大使・男爵松井慶四郎に外相就任を要請し、その承諾を得るといった事態が発生した[60]。

しかし、藤村外相の実現が挫折したことは、「貴族院の人材網羅内閣」を目指した研究会幹部に小さからざる衝撃を与えた。ちなみに、研究会は、六日午前に幹部会をその事務所で開き、この問題を討議している。七日付『東京日日新聞』によれば、藤村の処遇をめぐってかなりの激論が展開され、彼に外相以外のポストを与えるか、またはその入閣を見合せるかという両論が相対立した。しかしながら、研究会と公正会との融和のためには、公正会の指導者のひとりである藤村を排斥すべきではない、との意見が勝り、結局「この際は出来得るかぎり会内の閣員が犠牲となって藤村男の入閣を認めた方がよい」[61]ということとなった。先の加藤友三郎内閣期において、研究会と公正会との提携を意図して計画された貴族院の外交決議採択の陰の立役者が、水野直や当時公正会の有力者であった福原俊丸[62]であることを考える時、あるいはこのふたりが積極的に藤村入閣を主張したのではないかと思われる。

それでは、四名の研究会所属の閣僚候補のうちから一体、誰を辞退させるのであろうか。研究会のいわゆる大幹部である大木、青木、水野直は前田を辞退させるべく彼の説得にあたった。が、前田の予想外の抵抗に遭い、ついに大木自身が辞退して、小松を鉄道大臣、藤村を逓信大臣にそれぞれ充てることに落着いた。

ところで、かかる事態を知った水野錬太郎は、大木の代りに自分が辞退したいと言い出した。この藤村処遇と水野入閣をめぐる問題ならびにその決着について、水野自身が清浦内閣成立直後に次の如く記している。長文ではあるが、この問題についてその当事者が問題解決から程無くして記した貴重な記録であることを考慮し、ここに該当箇所の全文を掲げておく。

是に於て藤村を他に廻さゝる可からさるの結果、前記内定閣員の中一人退かさる可からす。研究会の大木、青木、水野氏等は前田子爵を退かしめんとし同子爵に其の意を洩らしたるに、子爵に不平の色あり、到底折合ふ見込なかりしを以て結局大木伯か自ら退き、小松を鉄道に藤村を逓信に廻はすこととしたり。是れより先き余は誰か一人退かさる可からさる場合に立至るへきを知りたるを以て、余自ら之に当らんと欲し、六日正午、小橋一太氏に面会したる際此の意を洩らしたるに、氏は貴君の御辞任は清浦内閣を不成立に至らしむることになる、若し貴君にして退かは自分も亦辞退せんと欲す。併し研究会にては恐らく前田を辞かしむるに纏めるならんと言ひ居りたり。同日正午大木伯、青木、水野両子爵首相邸に来る。清浦子爵及余と共にし、食事を了りたる後、大木伯巻紙に水野内務、松井外務、前田農商務、江木文部、勝田大蔵、鈴木司法、小松鉄道、藤村逓信、宇垣陸軍、村上海軍と書し、是れにて組織成れりとて之を首相及余に示す。余之を見て大木伯の名なきを訝り之を諮る。大木、青木、水野三氏交々答へて曰く。之には種々の経緯あり。結局、大木伯辞退することとなり、漸く纏まり、只今研究会幹部も打揃つて之に満足を表して手を決定し来りしなりと。余之を聞き直ちに口を開きて曰く、然らは余は先つ辞退せん、其の代りに大木伯を入れたし。之ならは円満に治まらん。大木伯の入閣せさることは余は全然不同意なり。若し之を容れられされは余は断然入閣を御断りすと述へ、強硬に之を主張したり。青木、水野両子交々述へて曰く、吾々か是れまてに纏めたのは非常なる苦心の結果なり。実は今日まて此の三日間は不眠の状態にて奔走したり。今日漸く之を纏め一同満足して此の結果を齎らしたるなり。然るに今水野君か辞すると云ふことならは、更らに相談をし代へねはならす、而して円満に纏まるや否や保証し難し。且又貴族院各派より閣員を選出したるに、水野君か辞することになれは交友倶楽部より一人も出ないことになり、甚た面白くないことになる。依て水野君は枉けて之に同意せられんことを望むと纏々苦心の跡を説明せり。余は重ねて曰く、諸君の御尽力は十分感謝するも大木伯入閣せさることは頗る之を遺憾とす。大木伯か居ることは貴族院は兎に角、衆議院の多数党と連絡を取る上に於て最も便利なり、余は伯と共に此の任に当たらんことを期したり。只椅子の繰合せ上一人誰れか退かさる可からすとする以上は自分か退かんことを希望す。余の代りに大木伯か内相の椅子に据れは最も都合良し。余は外に在て全力を尽して大木伯を援助する事を誓ふ。内務のことは総て御膳立をして全力を捧ける故に決して不都合なしと思ふ。是非余の提議を容れられんことを望む。且又交友倶楽部から一人も出ないことになると一言はる如何ゝか交友倶楽部より一人も出なくも差支なし。是れは余か全責任を以て引受ける。正直に云へは、余は此の内閣に入ることは徐り希望して居らす。只四囲の事情止むを得さるか為めに此に至つたのてある。故に一人退くの必要生してとすれは自分をして其の人たらしめよ。余は外に於て必らす援助すへし。大木伯には是非入つて貰ひたしと一層強く力を込て之を主張せり。青木子沸然色を作して曰く水野君かどーしても辞すると云ふならは此の上は自分等の力ては纏めか付かない。

最早吾々は手を引くより外はない。清浦内閣か再ひ流産することになるも止むを得ないと云ひ、卓上に置きたる信玄袋を手にして扉を排して立去らんとせり。此の時まて黙々として一語も発せさりし清浦子は椅子より立て、まー御待ち願ひたい、大木伯の入閣せさるゝことは遺憾千万てあるか人繰の都合上止むを得ない。今水野君か辞するとなれは此の内閣の組織か破るることになり、折角青木、水野両子爵其の他の諸氏の努力も水泡に帰することになる。水野錬太郎君も此の事情を篤と考へられて余り固執しないて是非承諾せられんことを望むと懇々説かれ、青木、水野、大木三氏も代る〳〵事情を述へ、余を慰撫し其の代り吾々は何事かあつても必らす御助けをする。且今後交友倶楽部と研究会の関係か益親密になり将来貴族院の大勢上極めて有利の状勢となるらん。依て是非承認を望むと、胸襟を披き誠意を以て説かれたり。(63)

水野錬太郎が入閣を渋ったのは、大木遠吉への配慮からであった。大木は大隈重信と並んで佐賀閥の総元締とも言うべき大木喬任の嗣子として注目され、政治的にも明治末期から大正中期にかけて伯爵同志会や甲寅倶楽部を組織して山県・桂系の官僚勢力に挑戦した経験の持ち主である。(64) 彼のこうした行動の背後には原敬がいたとされるが、水野が右に指摘する如く、大木は政友会に太いパイプを持ち、研究会と政友会との提携実現に小さからざる役目を果しているのであった。清浦への情誼から、是非清浦内閣の成立を望むことはもちろん、その内閣に堅固な政治的基盤を確保させたいという思いが、研究会の重鎮であり政友会に太いパイプをもつ大木の入閣を実現させたいとの判断を水野錬太郎にさせたものと思われる。

しかし、大木はかかる水野錬太郎の厚意を謝絶した。それは二重の配慮からであった。一つは公正会に対し、また一つは研究会内部特に伯爵団に対するそれであった。まず、前者について述べる。大木は、自らの入閣よりも藤村を入閣させることによって期待できる〈研－公〉融和を優先させたのである。ちなみに、彼は一月一二日「小伯邸」での会合に小笠原と共に参加し、福原が提出した「男爵議員調停案」について審議している。(65) 翌年七月にその実施が予定されている総改選において、〈公正会－協同会〉と〈研究会－尚友会男爵部〉との激突が予想されていた時であった。おそらく、大木の入閣辞退による藤村の入閣は、貴族院内閣の速やかな成立をはかると共に、翌年の男爵議員改選の際の〈研－公〉激突回避に不可欠であると、彼およびその他の研究会幹部が判断したためであろう。後者についてであるが、研究会には伯爵議員を中心として幹部専制に対する反発が小さくなかった。清浦への大命降下を「政界革新の曙光を認め得る事」[66]と手放しで喜ぶ松浦厚（伯爵議員）は、一月五日付けで平田内大臣に宛て、清浦内閣支持という重大問題を少数の幹部が独断で決定して行ったことに対し不満を述べると共に、新内閣に対し伯爵議員団より閣僚を送るつもりがない事を申述べている。「……斯かる重大問題を決するには研究会としては会員全体の意見を徴したる上にて可致筈なるも殆んど少数会員が専断的に之を決行したるに就てハ心平かならざるものと《ママ》有之殊に伯爵議員中より閣員を詮衡するに於ては同爵間将来の融和の為め隔意なき協議を経て可致儀と被存候。若し其運ひ難相成時は此際は寧ろ伯爵議員中より一名も閣員を出さゞる様との宗旨有松英義氏迄申入候者也」[67]。すでに述べた様に、清浦と研究会との合意が得られたことにより、有松は一月四日午前に「清浦内閣」から手を引いている。従って、松浦らの意思が有松や清浦さらには研究会幹部に伝えられたかどうか、不明である。しかし、例えば第五章第五節でも見たように、伯爵議員団において、大木、小笠原ら幹部派に対する松浦ら反幹部派の反発は小さからざるものがあった。清浦内閣支援と組閣のため、幹部専制に一層拍車がかけられた今、清浦内閣支持のための挙党体制を確保するためにも伯爵大木遠吉の入閣を避けるにこした事はなかったのである。おそらく、こうした判断が、大木はもとより子爵議員の研究会幹部に働いたものと思われる。かくして、外相や軍部大臣は別として入閣者の大半は勅選議員となり、有爵議員の入閣は前田利定一名に限られてしまったのであろう。

なお、軍部大臣であるが、陸、海軍ともに、清浦案とは異った人物がそれぞれ就任することとなる。周知の如く、陸相には陸軍中将宇垣一成が、海相には海軍大将村上格一がそれぞれ就任した。

前者について言えば、陸軍部内の対立がそのまま陸相の後任人事に反映されることとなった。すなわち、山県亡き後、陸軍部内は長州系の田中義一グループと薩摩系の上原勇作グループとに二分されていたと言っても過言でない。上原はこの大正一三年に次のようなメモを記している。

一、廿八日に三長官にて打合はせの陸相候補者を一月二日に至り清浦子にすゝむ（三口に分けて有松氏を介して）。

一、五日に至り先つ田中氏の私宅に三長官及ひ研究会の若干を集む。

イ、言を石光氏の政治運動に仮り《ママ》三長官打合はせ候補者採用之目的達成に供せんとす(68)。

これによれば、田中は第二次山本内閣総辞職の直後に三長官会議を招集して後継内閣の陸相候補者を決め、清浦への大命降下の翌日に、有松を介してその候補者を清浦に推薦した。この「三口」には福田雅太郎が含まれることは言うまでもない。この日すなわち二日、「田中内閣」の成立を望み、「努力」した西原亀三は、「田中大将の使として清浦内閣組織事務所なる枢密院事務局に有松英義を訪い、陸軍大臣候補推薦に関し田中大将の意を清浦子へ伝達を求(69)」めたのである。おそらく、この時西原は三長官会議による三名の候補者の名前を有松に伝えたと思われる。

山県の死後、陸軍部内にあって後任の陸相を陸相、参謀総長、教育総監のいわゆる三長官による合議により推薦する事例がその後積み重ねられて行くわけだが(70)、これは上原からすれば、田中が上原グループを抑える手段でしかなかった。五日には田中邸に三長官と研究会の幹部が集まった(71)。ここで、清浦と同郷〈熊本県〉の陸軍中将石光真臣（第一師団長）の「政治運動」を〈口実〉に、研究会側と三長官との合意を受けて清浦と田中との会談がもたれた。石光の「政治運動」とは福田擁立を目的とした石光の動きを指すのであろうか。この会談で「清浦意中之人は上原の言により福田氏なるを(72)」田中は認識したという。福田起用にこだわる清浦に対し、田中はさらに山梨、尾野、町田といった三名の陸軍大将を招致し「石光氏の政治運動、福田氏の不徳を虚構捏造、中傷讒誣口を極めて石光氏之排斥福田氏之就職を妨害すべきものたるを力説した(73)」。

こうして、田中は研究会幹部を巻き込みつつ、自分以外の五人の大将の支持を受けることとなった。その結果、清浦案における「福田陸相」は、その実現が事実上不可能となるに至った。結局、田中陸相の下で次官を勤めた宇垣一成が、田中陸相からはもちろんであろうが、他の二長官すなわち参謀総長河合操、教育総監大庭二郎からも〈切なる勧説〉を受け陸相就任を受諾したことで、この問題に決着がつけられた。[74]

他方海相であるが、松本剛吉によれば清浦は鈴木貫太郎に就任を「謝絶」されたという。[75] 鈴木は大正一三年一月二七日付で連合艦隊司令長官に転出しているが、海軍部内の人事構想のため、彼は海相就任を「謝絶」したのであろうか。結局、一月五日に財部海相が村上格一海軍大将を自らの後任に推薦したことで、村上の海相就任が決定した。[76] 一月六日に、大木、青木、水野直が清浦をその自宅に訪問し、大木が巻紙に記した閣僚名簿を清浦や水野錬太郎に示したということは、大木らが軍部大臣の人事に間接的ながらも関与したことを示すものであろうか。

ともかくも、清浦内閣は、一月六日に大木が清浦や水野錬太郎に対して示した研究会案そのままの閣僚構成で、翌七日に成立することになる。

六　総選挙の衝撃――「新政党」組織計画――

大正一三（一九二四）年一月七日、清浦らは宮中での親任式を終え、清浦内閣が成立した。しかし、未だこの時点でも政友会は水野ら研究会側に対し、新内閣に対する態度を明らかにすることはなかったし、〈政―研〉提携について、研究会に対し意思表示することを避け続けた。この頃、水野直は清浦内閣の下で〈政―研〉提携の再構築に向けて次のように考えていた。

清浦内閣

政友トノ干係ノ円満ニ期スル為メ

一、此際高橋ノ辞職ニ因ル
一、政友会ヲ大ニスル事多数党タルヲ要ス
一、傍観ノ態度
一、身を焼カレル事ノ危キ為メ憲政ト同前
此時ニ政研連合ヲ為スヘシ
大臣病ハ良シ二、三必要(77)

要するに、水野直は高橋を〈政―研〉提携の再構築の障害とみていた。彼を総裁の座から降すことによって、ひとまず内紛に決着をつけたい、と水野は考えていたようである。

しかし、水野はそれで内紛に決着が付くと本当に思っていたのか。高橋が辞職することで、すなわち改革派＝総裁派が全面的に譲歩することで、政友会は分裂を回避できたであろうか。それはともかく、少なくとも水野らにとって、提携する政党勢力は衆議院の多数党でなければならなかった。政友会が多数党であることによって、〈政―研〉提携の再構築がはかられ、以って清浦内閣の支持基盤が造り出される筈であった。それにしても、改革派＝反総裁派と非改革派＝総裁派との対立抗争がピークを迎えつつある時、政友会は分裂せず、多数党であり続けることが可能なのであろうか。しかも水野は、政友会の内訌については、それに介入せず、第三者的な立場をとろうとしていた。それはあたかも「身ヲ焼カレル」危険があるため介入を避け、憲政会同様、内部対立には「傍観ノ態度」をとろうというものであった。

しかし、それは一年半程前における水野の政友会への対応と全く逆であった。第六章第四、五節において見た如く、高橋内閣末期における改造問題に端を発した政友会の内部抗争に対し、青木、水野ら研究会幹部は岡崎邦輔の要請に応えて、その分裂回避に奔走した。政友会側からの調停の依頼や分裂回避のための援助の要請が今回は無かったこともあろうが、今度は研究会側からそのための行動を起こすことはなかった。あたかもそれは、内紛を成り行きに任せ、それが選挙で決着がついた時に「政友会」を「大ニスル事、多数党タル」事を図ればよいとするかのようであった。

しかしまた、水野が傍観を決めたのは、岡崎が分裂回避のために動くことがなかったことによる所も大きいであろう。すでに検討したように、大正一二年一二月下旬には山本内閣打倒のための〈政－憲〉提携のパイプが出来上っており、標的が山本内閣から清浦内閣に代ったにすぎなかった。このパイプを清浦内閣打倒＝護憲運動に使うかどうかについて、清浦内閣成立前後に両者間の話合いが行なわれたかは、資料を欠き定かではない。しかし、第四七臨時議会の会期末を控えて、横田は青木や水野に対し、護憲運動が起る可能性について語ったが、今や横田配下の政友会院外団は護憲運動開始に向けて動き始めていた(78)。そして、左に見る如く、党の分裂回避を第一と考える岡崎の動きも封ぜられつつあった。これに対し、高橋は総裁を辞職するどころか、周知の如く栄爵を捨て一介の「平民」として護憲運動の先頭に立ち、衆議院議員選挙に立候補したのである。高橋総裁の参謀として、横田と共に第二次護憲運動のグランド・デザインを描いた小泉策太郎は、後年その運動の発端について次のように回顧している。

清浦にやらせたところで、前途は知れている。選挙を執行した後適当な時機に、功成り名遂げて円満辞職をする、其間に高橋が腹を切つて、政友会の事情が革まり、与党の形勢を占めた選挙の結果は、無論現在の絶対多数に輪をかける、政・研提携、両院横断、天下何ぞ意の如くならざらんやといふ説教なんだ、大勢はこの打算に傾いている、これをひつくり返すことは、固より容易な業ではない、時に内閣はまだ成立しないが、研究会の幹部が活動し、着々手を伸ばしているから、その成立を疑はない、いまだ意思表示の時機ならずとして、研究会への返答を保留してある政友会も、早晩に態度を決せざるを得ない時が来る、その前に体制を馴致する第一の条件は、同志を糾合することだが、内訌の噴火口でマッチを摺る危険な作業だから、適当の時期まで秘密を保つことが第二の条件となる、この党内閣関係は横田君が担任する、私は党外との交渉を受持ち、高橋さんの帷幄に参画する、大体先づこんなことを協議して横田君が帰つた後に、折よく古島君が来た、木堂の使ひとして、岡崎へ行くんだが、その前にこゝへ寄つてみた、といふ、正月早々、何で慌たゞしく岡崎へ駆けつけるのか、木堂が心配してこゝは一番政友会に奮発してもらはなくてはならない、岡崎とよく相談してみろと言ふから、その使ひに行くといふのだ、その用なら罷めてくれい、どうしてか、どうしてつてお前よく考へてみろ、それは政友会を壊せといふ注文だ、岡崎の宗旨はわかり切つている、実はおれにも考へがあつて、ちやうどお前に逢ひたいと思つていたところだ、今その注文を岡崎の玄関へ持ちこまれては、こつちの仕事がやりにくゝなる、この問答で古島がすぐ悟る、私にも古島の腹が読める、二十年来の素交で、文字通りの莫逆だから、多言を費やさずして互ひに要領を得る、きさまがやるか、やるが当分秘密だよ、木堂だけにして置いてくれい、宜しい、約束だから岡崎へ行くが、茶話にして引き上げる、これで受け渡しが完了する、こんな禅問答で大きな用が片付いたのも、畢竟機運が熟したからであらう、其の日の中に、憲政会の降旗元太郎君にも来てもらつて、三派連合の種子を蒔いた。(79)

小泉が述べる右の最初の数行は、先に見た水野直の政友会に対する姿勢であり、〈政―研〉連立による政権構想でもあった。そして右の末尾の熟した「機運」とは、年末以来の〈政―憲〉パイプである。小泉の述懐に明らかな如く、当面の標的を失くした、このパイプに新たな標的を掲げることによってエネルギーを送りこんだのは政友会の非改革派＝総裁派のリーダーである横田千之助であり、護憲運動についてグランドデザインを描いた小泉策太郎であった。岡崎は山本内閣の後に政権を獲得するため〈政―憲〉パイプを造り上げたわけであるが、党の分裂を賭してまで護憲運動を展開し、清浦内閣を倒すことまで考えなかったのではあるまいか。ちなみに、右に小泉が語る如く、党の分裂回避を最優先とすることを「宗旨」とする岡崎は、そのパイプから外されつつあった。自らが開鑿し

表 6　第48・49議会衆議院政党別議席数

	政友会	憲政会	革新倶楽部	政友本党	その他	合計
大正13年 1 月 31日現在	129	103	43	149	40	464
大正13年 6 月 25日現在	101	155	29	115	64	464

衆議院・参議院編刊『議会制度70年史・政党会派編』477〜481ページより作成

た〈政―憲〉パイプは清浦内閣の成立前後からは、横田や小泉らが握っていたものと思われる。

こうして、政友会改革派は、研究会に対し、清浦内閣への態度を保留しつつ清浦内閣否認の運動を開始しつつあった。清浦内閣が成立して二日後、横田と床次は永平倶楽部で青木や水野と会談したが、この日もその態度を明らかにすることはなかった。席上横田は、「党議決定前に於ける賛否の意見は各自の自由であるから種々の議論が行はれやう。只今日としては何れに決するか判断がつきかねると答へ、懇談を交はす暇もなく立ち別れた」(80)と『読売新聞』は報じている。彼等の態度が明らかになるのは、一月一五日の政友会最高幹部会の席上においてであった。

一月一五日を境に政友会は分裂した。山本、中橋ら改革派＝反総裁派が大挙して脱党し、床次もそれに合流した。これが政友本党である。他方、非改革派＝総裁派は、栄爵を捨てた、平民高橋是清を押し立て、憲政会と革新倶楽部と共に護憲運動を展開した。

言うまでもなく、護憲運動が展開される中で実施された第一五回総選挙は、護憲三派側の勝利に終った。しかし、小会派を別とすれば、すなわち護憲三派とその対抗勢力である政友本党の中で、議席増となったのは憲政会のみで、他はともに解散前と比べて議席を減らしている。大正一三年一月三一日の衆議院解散の時点と大正一三年六月二五日の第四九議会招集日における衆議院の主要な会派の議席数は上の通りである。

ここに明らかなように、圧勝したとは言え、第三党から一躍第一党となった憲政会も安定勢力でもなく、ましてや衆議院の過半数を占める勢力では到底ありえなかったのである。前年末に設定された〈政―憲〉パイプがあればこそ、護憲二派による連立政権が可能であったが、その存在は政界に知られることがない極秘事項であった。それ故、総選挙後の政界の各方面では、この選挙の結果をふまえて、新政権の受皿作りすなわち連立政権構想が練られ、その実現が模索された。総選挙が終了して間もない頃、水野直は手帳に次のようなメモを残している。(81)

超然内閣―「政党内閣」ヘ政党ノ分野、新政党（国策樹立）
　└三派ノ目的ヲ達セリ、此上連合ノ必要ナシ
護憲三派ト本党ノ区別明確ニ入リ居ル（故ニ本党ハ除クモノナリ）
田中男ノ擁立ヲ行フ事ハ不可能ノ事ト信スル
早ク新政党カ出来レハ宣シ
田中男カ加藤内閣ニ潜ム事カ宜シト西公言フ
(一)一時隠退　何レカ可ナリヤ
(二)主モニ〔ママ〕新政党
幕府倒　┌薩（旧憲政）
　　　　└長（新政党）―床次・田中・后藤・牧野・犬養・高橋

水野は今回の護憲運動の本質を捉えていたと言えるであろう。すなわち、彼は今回のそれを「政党内閣」勢力による中間内閣＝超然内閣排除の闘争であると見ていた。それ故、護憲三派が総選挙で勝利し、清浦内閣の退陣がほぼ確実となった時点で、その目的を達成した三派連合の役割は終ったと彼は見るのであった。このような彼の認識は、前年一二月、第四七臨時議会会期末間近の、青木らと共に参加した高橋、横田ら政友会非改革派＝総裁派との会談の折、横田は山本内閣打倒のため憲政擁護運動を展開するつもりであると水野らに語っていたこと、と無関係ではあるまい。

さて、彼は総選挙の帰趨が明らかになった時点で、政界の今後について次のような構想を持つに至った。それは護憲三派を中心とした、政党の非政友本党勢力を、憲政会系と「新政党」系に二分するものであった。「新政党」は政友本党を除く非憲政会系であるから、政友会と革新倶楽部を合同し、それに中間派・無所属を加えて組織しようとするものであったと思われる。ちなみに、五月下旬のメモの一節に「〇新政党－政友 革新〔ママ〕后藤、犬養」[82]とある。

こうして、水野は、後藤新平に田中を加え、さらに床次や牧野伸顕までも加えた、大がかりな新党の樹立を考えに至った。宮相であった牧野が参加する可能性は、もとよりほとんど無いであろうが、ここに水野が牧野を加えようと思うに至った経緯は定かではない。なお、政友本党の中核にいた床次は、五月二七日に松本剛吉に対し「復党声明」をしており、それは水野が知るところであった[83]。周知のように、床次は政友会を脱党して以降、政友本党、〈憲－本〉提携および民政党結成に参加、さらに民政党脱党と、政界を漂流することになるが、総選挙に敗退した政友本党を早くも見限りつつあった。

ところで、加藤友三郎内閣下での第四六議会以来、水野が西原亀三や福原俊丸らと共に進めて来た田中義一擁立運動は、総選挙の結果が明らかになった直後に頓挫した。右の水野のメモからすれば、現状では〈田中内閣〉の可能性がないことを西園寺から示唆されたものと思われる。西園寺は、近々出来るであろう「加藤内閣」に田中を入閣させるよう水野に言ったようだが、水野自身は田中を一時休ませるか、加藤内閣に入閣させるか、あるいは「新政党」に入れるか、大いに悩んでいる。ちなみに、水野の五月二七日付のメモには水野と松本剛吉とが会ったような記述があり、その中に「岡崎邦輔－田中ナレハ可、后藤不可」[84]とある。新政党樹立に向け、その中心に田中か後藤新平を持って来ることに関し、岡崎の反応について松本の意見を水野が訊ねたのであろう。

さて、憲政会総裁加藤高明への大命降下は六月九日である。総選挙の結果が判明してからそれまでの三週間余り、すなわち権力の空白期間において連立政権の模索や政界再編の動きは活発であった。それがいかに活発であり、従って政治状況が流動的であったかは、左の水野のメモにも明らかである。彼は五月末に次のように書き記している[85]。

一、爾来総選挙ノ結果、小党分立何レカ《ママ》〔レモ〕多数党ニ非ス

一、会派連合判明セス

　　一、本党、憲政　二、本党、政友　三、三派　四、全派

この水野のメモは、その三週間余りの間に、政界再編に向けて様々な可能性が模索されたことを示していよう。

しかし、実は総選挙の直前・直後より選挙後の政権の基盤作りを目指して水面下で様々な動きがあった。選挙の結果がほぼ判明した五月一五日、松本は西園寺に対し、政界再編に向けいくつかの動きがあるが、ともに「物になるべき筋合」になく、加藤に大命降下があってしかるべきであろう、と次のように語った。すなわち「過日来、貴族院の水野子抔も参られたる様子にて、研究会方面及び其他三浦子爵方面、政友会、政友本党及び革新倶楽部等の方面で、護憲三派の三首領を除きたる若手連を寄せ集め、其の頭には大木伯、田中大将等を拉し来る説もあるも、此等は到底物になるべき筋合にあらず、政局安定人心の安定を図るには万難を排して第一党たる憲政会総裁加藤高明子に大命の降るのが途なりと思ひます[86]」と。これに対し、西園寺は「私もさう思ふ」と同意すると共に、「仮令中間内閣と雖も大木や田中や上原は全《ママ》るで駄目だぜ、後藤も落第、斎藤も物にならぬと思ふ[87]」と述べ、中間内閣＝超然内閣を止め、加藤高明を次期内閣の首班とする意思を明確にした。

しかし、元老西園寺の意思はともかく、現実には松本が西園寺に対して申述べたように三浦梧楼、政友会、政友本党、革新倶楽部の各方面で大木や田中を担いでの政権構想が少なからず存在したようである。先の水野による新党構想もその一つである。

こうした構想を描く人々は、それぞれの意中の人物が後継内閣の首班たりうる可能性を探るべく、西園寺を訪問

し、面談した。六月三日、松本は西園寺と面談したが、その折、近衛文麿や研究会幹部の話が出たついでに、彼は西園寺に対し彼等と西園寺との間でいかなる会話が交されたのか、と訊ねた。[88] 西園寺はかかる松本の問いに対し、次のように答えている。

一、青木は大木を担ぎ床次と通じ居るものゝやうに思はる。

一、水野は田中を担ぎ横田と通じ居るものゝやうに思はる。

一、近衛は大木でも田中でも構はぬが、先づ福原俊丸等に煽てられ、田中に使はれ居るものゝ如く見受けたり。[89]

要するに、西園寺が松本に語ったところによれば、青木、水野はそれぞれ大木遠吉、田中義一を後継内閣の首班に擬し、それぞれ床次グループ＝政友本党と横田をリーダーとする政友会と連携していた。青木と水野は今までは一身同体で活動して来た。ところが、政友会の分裂と憲政会の総選挙での勝利という事態に直面したふたりの研究会のリーダーは、今二手に分れ、それぞれが分裂した政友会の片方と連携しつつ、かつての〈政－研〉提携による政権の実現を模索していたのである。

ところで、青木による大木内閣構想や水野による新党構想は、総選挙後の、水野のいわゆる「小党分立何れも多数党に非ず」という特殊な状況の中で生れた。従って、かかる構想やそれをめぐる動きは、清浦内閣が退陣し、加藤を首班とする連立内閣が成立する見込が立てば雲散霧消する運命にあった。加藤高明に大命が降下する二日前、西園寺の秘書中川小十郎が宮相牧野伸顕を訪問し、総選挙前後より三〜四週間の政界の動きを報じた。これをふまえ牧野は次のように日記に記している。

一、一方には加藤子の態度不明なる為め改革の方向には不安の気分漲り、其気勢増長して寧ろ憲政内閣反対の陣立を策する連中顕はれ、内外国難来の呼声の下に挙国一致内閣を目論〔む〕ものあり。乃政、本、革を網羅し（憲政除外勿論なり）て内閣を組織するにあり。多分田中義一あたりを荷つぎてなるべし。或は横田辺も無関係にはあらざるべし（中川小十郎の談に、岡崎も此報道を否認せざりしと云ふ）。然るに加藤子が小泉策に、万一自分に台命《（ママ）》下る場合には政、革の満足する様心配すべしとの挨拶ありし為め、此運動は消滅したるなりと（憲政側の話しには、加藤子は如此明確なる言葉は用ひざりしとも云ふ。或は然らん）。あやめ会、さつき会抔も運動の仲間なりしならん。(90)

大正一二年末に出来上った〈政―憲〉パイプは超然内閣を否認し、政党内閣の樹立を目指すためのパイプであった。それは、さらに革新倶楽部を参加させて護憲三派として所期の目的を達成した。すでにみたように、三派のうち憲政会の圧倒的な一人勝ちという形で総選挙が終ったため、おそらく、政友会と革新倶楽部は憲政会に対して疑心暗鬼になっていたのではなかったか。憲政会総裁の加藤が勝利から半月余りたっても政・革両党に何らかの意思表示をしなかったことが、これに輪をかけてしまったのであろう。中川が牧野に語ったところによれば、中間内閣＝超然内閣排除のための〈グランド・デザイン〉を描いた小泉策太郎に対し、加藤高明が連立政権組織の意思確認をしたことによって、政界再編の運動は消滅したのである。

なお、水野が描いた新党構成であるが、当初は政友本党を除くものであった。しかし、当初の〈政―革〉中心によるものから、五月下旬には政友本党も含めるに至ったようである。多数派工作のためであろうか。先の牧野日記の記述に「あやめ会」「さつき会」が出て来たが、水野の懐中手帳によれば、それらは「新党樹立ノ基礎」となるべきものであった。ここにいわゆる「新党樹立ノ基礎」たるグループは、政友会系のあやめ会三〇名、政友本党系のさつき会二七名そして中立二〇名、合計七七名のメンバーを擁するものであった。(91)

七　むすび

以上に見て来たように、清浦貴族院内閣成立の立役者は、青木信光、小笠原長幹、大木遠吉、水野直ら研究会所属の有爵議員グループであった。この内閣成立時に彼等の全てが常務委員として組織運営の制度上の指導者ではなかったが、結局は彼等がいわゆる幹部として常務委員会そのものを牛耳り、会として清浦支援にもって行ったのである。

ところが、その過程は必ずしも単純ではなかった。当初、清浦は憲政会寄りと目された有松英義を内閣の要としつつ、研究会の援助を受けることによって、中間内閣を組織しようとしたのである。この構想は、原内閣以来の〈政友会－研究会〉体制の再構築を目指す研究会の反対にあってつぶれたが、もしある程度成功していたのであれば、あるいは〈政友会改革派・憲政会－研究会〉体制成立へのレールが敷かれたのかも知れない。政友会改革派すなわち後の床次グループと憲政会は、後年合体して民政党となった。政友会改革派の一部はその内味はともあれ普選断行を主張しており、憲政会との協調も不可能ではなかった。大正一三年初頭の時点では未だ機が熟していなかったと言うべきなのであろう。ともあれ、有松の構想は将来の政界再編に向け、一石を投ずるものではなかったか。

結局、有松に代って、内閣の要には、貴族院における親政友会の勅選議員団体である交友倶楽部所属の水野錬太郎が据えられることによって、そしてさらに、原に近かった司法官僚であり、政友会の鳩山一郎の義兄・鈴木喜三郎(のち、政友会総裁)を法相として入閣させることによって、〈政友会－研究会〉体制の再構築が模索された。が、政友会の分裂によって、〈政友本党－研究会〉という如く、それは全く不完全な形でしか実現しなかった。しかもそれは、第二次護憲運動の昻揚と護憲三派内閣の成立(＝政友本党の総選挙での惨敗)によって、その完全な再構築はほぼ不可能となってしまった。

しかし、研究会の幹部がその再構築に向けて奔走していなかったかと言えば、そうではない。むしろ、総選挙後の混沌とした政治状況の中で、水野をはじめ研究会の幹部たちは、後継内閣が超然内閣となる可能性も考慮しつつ、第一党・憲政会に対するに新党を組織し、それと組むことによって〈政友会－研究会〉ならぬ〈新党－研究会〉連

立体制の構築を目指そうとしたのである。(92)

(1) 清浦内閣の成立と退陣および第二次護憲運動の評価について論じたものとして河原宏「第二三代清浦内閣―最後の超然内閣―」（林茂・辻清明『日本内閣史録3』、第一法規出版、一九八一年、所収）がある。その後、本章の元稿となった拙稿「清浦内閣の成立と研究会」（早稲田大学社会科学研究所編刊『社会科学討究』第九七号、一九八八年）が刊行された。それは「有松英義関係文書」や「水野錬太郎関係文書」等を資料として利用している。さらに近年、清水唯一朗「清浦内閣の一考察―貴族院の政治対立」（慶應義塾大学法学部ゼミナール委員会編『政治学研究』第二九号、一九九九年、所収）は、右の拙稿で指摘された、一部の研究会幹部と西原亀三とによる田中義一引出し工作について、拙稿「ワシントン体制と貴族院」（『早稲田政治公法研究』九号、所収）で指摘された貴族院での「外交刷新決議」採択の意義とその政治過程をふまえつつ論じた力作である。一部、「水野直関係文書」が使われている。ところで、季武嘉也氏はその著書『大正期の政治構造』（吉川弘文館、一九九八年刊）において、挙国一致体制という視点から大正期の政治構造を分析しているが、同氏は政党と官僚機構の提携と相互依存による「介在型挙国一致」グループの総結集という側面が清浦内閣成立に見られる（同書、三一四頁）、としている。同時に、氏は、第二次護憲運動は「直結型挙国一致」グループが仕掛けたものであり、清浦内閣期は両グループの対立が顕在化した時期であった（同書、三一四頁）、とする。成程その通りで、氏の見解に対してほぼ同意できるが、二つのグループの違いは政治権力獲得をめぐる手段の違いでしかないのではないか、とも思われる。

(2) 大正一二年一二月三一日付『東京日日新聞』。

(3) 大正一二年一二月二八日付平田東助宛松浦厚書翰〔第二便〕（国会図書館憲政資料室所蔵『平田東助関係文書』所収）。

(4) 同右〔第二便〕（同）。松浦は一二月二八日に平田に宛て二通の書翰を送っている。

(5) 「田健治郎日記」（国立国会図書館憲政資料室所蔵複製本）、大正一三年一月一日の条。

(6) すでに大正一一年一二月から翌年一月にかけて、西原の斡旋で何度か水野直と田中義一とが会談している。この点については、本書第七章第四節を参照されたい。

(7) 「西原亀三日記」大正一二年一二月二九日及び三〇日の条。

(8) 大正一二年一二月三一日付『時事新報』。

(9) 「西原亀三日記」大正一二年一二月一三日の条。

(10) 楚水明「歴代内閣と研究会」(『太陽』大正一三年三月、二三〜二四頁、所収)。
(11) 「西原亀三日記」大正一二年八月一六日の条。
(12) 「松本剛吉政治日誌」大正一三年一月六日の条。
(13) 「山本内閣に対する貴族院有力者数名感想」(水沢市立後藤新平記念館編「後藤新平文書」マイクロフィルムR56、所収)。
(14) 同右。
(15) 「水野直懐中手帳」(大正一二年版)の末尾の余白におけるメモ。なお、大正一三年一月二日、横田千之助は松本剛吉に対し、同様に「仮令改革派が如何なる行動に出づるとも、予は憲政擁護運動をなす故、君止むること勿れ」(「松本剛吉政治日誌」大正一三年一月二日の条)と、語っている。
(16) 升味準之輔『日本政党史論』第五巻(東大出版会、一九七九年刊)、五四頁を参照。
(17) 大津淳一郎『大日本憲政史』第九巻(宝文館、一九二八年刊)、四六六頁。
(18) 「第二憲政擁護運動秘史」(横山勝太郎監修『憲政会史』(憲政会史編纂所、一九二六年刊)付録)六〜七頁。
(19) この時、岡崎(邦)と安達の皮算用では、政友会の「分離派」ないしは「落伍者」を差引いて政－憲両党で二一〇から二二〇名の当選者を出すことが可能であった。それは衆議院の総議席数四六四の過半数に若干及ばない数である。安達の「余程際どい戦になって来る」との認識に対し、岡崎(邦)は「私は政憲の提携に依て総選挙に勝てると思ひます」と応じている(以上、前掲「第二次憲政擁護運動秘史」二〇頁より)
(20) この時の憲政会の内紛については、升味『日本政党史論』第五巻、五五〜五六頁を参照。
(21) 小川平吉「政本合同問題備忘」(岡義武他編『小川平吉関係文書』第一巻、五九七頁)。
(22) 同右。
(23) 同右。
(24) 大正一二年一二月三一日付『大阪毎日新聞』。
(25) 同右。
(26) 「松本剛吉政治日誌」大正一三年一月六日の条。
(27) 「有松英義略歴」(『国家学会雑誌』第八六巻五・六合併号、所載)大正一三年一月二日の条。
(28) 「松本剛吉政治日誌」大正一二年八月二二日の条。
(29) 「山本内閣成立顛末」(『大正デモクラシー期の政治』、二五九頁)。

(30)「松本剛吉政治日誌」大正一三年一月三日の条。
(31)「有松英義略歴」、大正一三年一月四日の条。
(32)同右。
(33)長岡隆一郎『官界二十五年』（中央公論社、一九三九年刊）、二七二頁。
(34)大正一二年二月一〇日付『国民新聞』。
(35)後述の如く、組閣人事の実権が有松から研究会に移った頃、政友会の改革派＝反高橋総裁派はいくつかのグループに分れ、東京府内の各所で会合を持っていた。大正一三年一月五日付『読売新聞』は「憲政擁護より普選が先、政友改革派の主張」と題し、次のように報じている。

「政友会の改革派は四日も各所に十数名宛寄り合ひ夜を徹して党内改革運動の計画をしたが、非改革派の一部が三縁亭内の本部に集合して憲政擁護運動を起さうと云ふ相談をしたと聞き知り之が対策として

一、現在の政友会は憲政擁護運動を起す資格がない。夫は幾多の実証があって世間之を周知して居る。いま政友会が笛を吹いても世間は決して踊り出さぬであろう。

一、政友会は憲政擁護運動を起す前に少なくとも民衆と共に政治をするの観念を有することが必要だ。其の一方法として普通選挙の実行を声明すべきである。

と云ふ意見を交換し種々稟議する所があった」

関東大震災に見舞れて、未だ四か月余りの東京であった。本部建物が倒壊した政友会は、仮本部を芝の三縁亭内に設置していた。この仮本部は専ら総裁派＝非改革派の拠点となりつつあったのに対し、改革派は震災後の厳しい住宅事情の中で倒壊を免れたいくつかの建物に分れて集会を持っていたと思われる。

さて先に述べたように、第四七臨時議会の会期末において、横田千之助は青木や水野らに対し、憲政護憲運動を起してでも山本内閣を倒すことを示唆していた。一月四日に、三縁亭に集った非改革派の党員に対し、横田は護憲運動について語り、彼等を煽ったのであろうか。それはともかく、その後、「殿様内閣」と揶揄された清浦内閣の与党となる政友会改革派（後、政友本党）であるが、普選の必要性とそれが時代の要請であることを理解している人々も少なからずいたのではないだろうか。ちなみに、清浦内閣への対応をめぐり、改革派と非改革派との対立が激化し、政友会の分裂が不可避となりつつあった時点で、大正一三年一月一二日付『読売新聞』は改革派の主張を次のように報じている。「最近の政友会政治上如何なる立場に在ったかを省れば今更憲政擁護を叫ぶ抔実におこがましい次第である。政友会は未だ真に政党政治を要望していない。夫は普通選挙の即行に反対する事によって明らかである。

普通選挙に反対し乍ら特権内閣の政治を忌避しようと云ふのは大なる矛盾である。……吾々は敢て清浦内閣を謳歌しようと云ふのではなく、選挙の公平を標榜して組閣したのだから、一度は総選挙をやらせて見るも可いと思ふのである。公平なる総選挙によって政友会が多数党となれば、政権は当然政友会に渡さるべきである。夫でも尚政権を握って居れば其時こそ憲政擁護を絶叫して一挙に倒壊するが可い。然らずして今日の如く、世論の動き方を見んが為、党議決定以前に他派と結託する抔は不徹底の非難を免れない。吾々は憲政を擁護し度く思ふ。併し之と同時に普選問題の行きがゝりを捨てゝ、即行を天下に声明し而して始めて民衆と共に所謂特権内閣を打破し度いのである」

(36)「松本剛吉政治日誌」大正一二年八月二〇日の条。
(37)「水野直懐中手帳」（大正一二年）末尾の白地ページのメモ。
(38)大正一三年一月三日付『東京日日新聞』。
(39)同右。
(40)同右。
(41)同右。
(42)同右。
(43)同右。
(44)親和会設立については、尚友倶楽部編・刊『貴族院の会派研究会史』明治大正篇（一九八〇年刊）、三五四〜三五六頁を参照されたい。
(45)大正一三年一月五日付『読売新聞』。
(46)同右。
(47)同右。
(48)前掲「歴代内閣と研究会」、二九頁。
(49)同右。
(50)「水野直懐中手帳」大正一三年一月三日の条。ただし、『水野直関係文書』（国立国会図書館憲政資料室所蔵）の中には、大正一三年の懐中手帳が二冊収められている。逓信省簡易保険局のものと第十五銀行のものとがそれである。以下、前者をA、後者をBとして区別する。
(51)「西原亀三日記」大正一二年一月一一日の条。

(52) 同、大正一二年二月五日の条。
(53) 同、大正一二年七月一八日の条。
(54) 同右。
(55) 同、大正一二年一二月一八、二〇、二一日の各条を参照。
(56) 同、大正一二年一二月二八日の条。
(57) 同、大正一二年一二月三〇日の条。
(58) 八條隆正の経歴については、尚友倶楽部編刊『研究会所属貴族院議員録』（一九七八年刊）を参照。
(59) 大正一三年一月六日付『東京日日新聞』。
(60) 松井慶四郎は、後年、自叙伝において、外相就任の事情について次のように述べている。「当時清浦子爵は政友会民政党（ママ、憲政会）と離れて貴族院研究会の有力者等と組閣方につき話を進め、外務大臣に公正会の藤村男爵を擬するに至った。同男はもともと子爵と同郷の関係もありて何等かの椅子を与えねばならぬ間柄であったが、外務省内にあっては、従来畑違いの人を大臣に迎えた事なく甚だこれを喜ばなかった。また西園寺公も余り素人を外相の椅子に据えることを欲しなかった。国際関係上外国に相当信用のある者でなくてはいかぬ。幸い松井が特命でいるからこれにやらせるがよいとのこと（これは後日私が興津を尋ねたとき同公より直接同様の話あり）を松平外務次官（恒雄）を通じ、同官より研究会の青木子爵に話し、遂に清浦子爵より私に直接交渉があった。
当日たしか一月六日午後松平次官、小林情報部長その他相次いで来訪、外から妙な人が来ても困るからぜひ大臣の交渉に応ぜよと薦められ、また伊集院（山本内閣の外相）も私を外相官邸に招き、ぜひ受諾するように懇談あり、私も永らく外務省に勤めた深い因縁あり、遂に受けることにした。しかし清浦内閣も長命覚束ないから、伊集院には二、三ケ月も経ったらまた君に椅子を返すと言って帰ると、清浦子爵より早く来てくれとの使あり、直ちに首相官邸に行くと、ぜひ外務大臣になれとのことであった。そこで私はまず他にモット適当な人はないかたとえば幣原の如き如何と述べたところ、イヤ君が唯一の候補者であると答えられたるにより、しからば甚だ微力果して重任に堪えるかドーかと思うが、首相がよく私を支援してくださるならば、一つ懸命のご奉公を致します。従来外相の常に困難を感じたことは、いわゆる二重外交の弊であって、他からいろいろ外交に関して口を出したり、手を出したりすることが最も面倒になる要因であった。私は到底首相の有力なる後援なくしては仕事をすることむずかしいと所懐を述べたるに、及ばずながら十分尽力すべしとのことゆえ、即座にお受けし、帰途二番町の加藤高明子を訪れたるに、憲政会の連中と相談中の模様と察せられた。しばらくして加藤子爵は出て来られたゆえ、右の経緯を物語たるに、同子爵も外交の経験もなきものを外務大臣にするとの話を聞いていてひそかに心配していたが、マーマー善かったとよく了解せられた。加藤子とは昔から外務省に入る時より永らく懇情を受け、先輩としていろいろお世話にもなりたる間柄ゆえ、一応了解を得置く方正しき筋道なりと考え、清浦子爵の了解をも得て右の行途を内話したる次第である」(『松井慶四郎自叙伝』(刊行社、一九八八年刊、一二七〜一二八頁))。

(61) 大正一三年一月七日付『東京日日新聞』。

(62) この点については、本書第七章第四節および第五節を参照のこと。

(63) 水野錬太郎「清浦内閣成立の回顧—大正一三年一月手記—」(西尾林太郎・尚友倶楽部編『水野錬太郎回想録・関係文書』(尚友叢書一〇)、山川出版社、一九九八年刊、一九四〜一九五頁)。

(64) 「伯爵同志会」の結成とその活動については本書第二章第三〜五節を、「甲寅倶楽部」の結成については同じく第五章第四節をそれぞれ参照されたい。

(65) 「水野直懐中手帳」A大正一三年一月一二日の条。

(66) 大正一三年一月五日付平田東助宛松浦厚書翰(前掲『平田東助関係文書』所収)。

(67) 同右(同)。

(68) 「メモ一、大正(一三)年」(『上原勇作関係文書』(東京大学出版会、一九七六年刊)、六六七頁所収)。なお、このメモは、例えば「石光氏の記録に明らかにして」というように、清浦と同郷で第一師団長・陸軍中将石光真臣の「記録」への論及が数箇所あり、それを参照して書かれたものと思われる。

(69) 「西原亀三日記」大正一三年一月二日の条。

(70) 高倉徹一編『田中義一伝記』(原書房、一九八一年刊)三二九頁。

(71) 清水唯一朗氏によれば、この時、福原が上原の動きをいち早く察知し、田中や研究会常務委員会に報告した(清水、前掲「清浦内閣の一考察」、五〜六頁)という。ただ、その根拠が示されていない。

(72) (68)と同じ。

(73) 前掲「メモ一、大正(一三)年」(前掲書、六六八頁)。

(74) 角田順校訂『宇垣一成日記』第一巻(みすず書房、一九七八年刊)大正一三年一月六日の条。ここで、宇垣は「……且河合、大庭両先輩の勧説も切なりしを以て、利害の外に超越し犠牲的精神を基礎として同日夕刻を承諾したり」と述べている。

(75) 松本剛吉「清浦内閣成立の顚末」(前掲『大正デモクラシー期の政治』、二八九頁)。

(76) 水野「清浦内閣成立の回顧」(前掲書、一九二頁)。

(77) 「水野直懐中手帳」A大正一三年一月五、六日の条。なお、「大臣病」患者のひとりは、入閣することに執着した前田利定であろう。

(78) 大正一三年一月一二日付『読売新聞』は、政友会院外団が憲政会、革新倶楽部の院外団と提携し、憲政擁護運動に着手し、自党員をその運動に参加するように勧誘している、と報じている。また、一月五日午後五時頃、水野錬太郎が床次を訪れた際、床次は「院外団の者等が憲政擁護運動をなすとかにて今日も集りたる様子なるが、幹部のものは誰も行かぬ、横田位が行ったかも知れぬ」と語った（水野「清浦内閣成立の回顧」、前掲書、一九二頁）。

(79) 小泉策太郎『懐往時談』（中央公論社、一九三五年刊、七〇～七二頁）。

(80) 大正一三年一月一〇日付『読売新聞』。また一月六日に水野錬太郎が岡崎を訪ねた際、政友会の態度を質す水野に対し、岡崎は「政友会の態度が如何に決定するや今之を予想することを得ず、只外界の火の燃へ方如何による。火力大いに燃ゆれば政友会も黙視することを得ざるに至らん。本日も安達謙蔵や犬養毅より余に会見を求め居れり」（水野、前掲書、一九五頁）と語っている。

(81) 「水野直懐中手帳」B末尾の白地ページに大正一三年五月八日から五月二三日の間に書かれたと思われるメモ。Bの末尾の白地ページのメモは背表紙（すなわち後）から前ページに向って、大体日毎に記されている。ただし、日付のあるものもあるし、無い部分も少なくない。また、日付の区別が出来ない程、記述が混在している部分も多い。

(82) 同右、末尾の白地ページに大正一三年五月二三日から五月二七日の間に書かれたメモ。

(83) 同右、末尾の白地ページに書かれた大正一三年五月二七日付メモ。なお、床次の政友会復帰希望については、松本剛吉「加藤内閣成立の顚末」（前掲『松本剛吉政治日誌』所収、三一七頁）にも記載がある。

(84) 同右、大正一三年五月二七日付メモ。

(85) 同右、大正一三年五月二七日付の記載から「田邸」の地図および「岡田文相定ム、犬養司法……」の記載のあるページとの間のメモ。第一次加藤内閣成立が六月一一日であるので、五月末から六月初旬にかけてのメモであると推測される。

(86) 「松本剛吉政治日誌」大正一三年五月一五日の条。

(87) 同右。

(88) 同右、大正一三年六月三日の条。なお、五月三一日の総会で、近衛文麿は研究会の常務委員に選ばれた。また、西園寺と近衛との関係や清浦内閣期における近衛については、矢部貞治『近衛文麿』（読売新聞社、一九七六年）のそれぞれ一一〇～一一一頁、一一三～一一六頁に詳しい。

(89) 同右、大正一三年六月三日の条。

(90) 「牧野伸顕日記」大正一三年六月九日の条。

(91)「水野直懐中手帳」B末尾の白地ページのメモ、(85)のメモの記載がある右のページに記載。

(92) ここで新党、水野直のいわゆる「新政党」は田中義一を総裁とする新生・政友会の〈誕生〉へとつながって行くが、かかる田中義一擁立工作については註(1)で挙げた清水「清浦内閣の一考察－貴族院の政治対立」の第三章「清浦内閣の総辞職と田中義一擁立運動」および季武『大正期の政治構造』第三部第三章「田中義一内閣樹立運動」でもそれぞれ論ぜられている。

結語

競争的寡頭制というべき桂園体制は政党勢力と官僚派勢力とが競合しつつ妥協し、交互に政権を担った。かかる桂園体制下にあって、貴族院は官僚勢力に軸足を置いていた。貴族院の最大会派・研究会では三島弥太郎の指導権が確立し、三島は官僚勢力とりわけ山県系のそれが牛耳る幸倶楽部（茶話会、無所属派）と提携しつつ、会派内にイニシアチブを取ったのである。

大正政変以降は、この二つの勢力が相互に乗り入れ、それぞれの勢力の一部が提携して政権を担うようになる。例えば、第一次山本内閣は薩派の官僚勢力と政友会の、その次の第二次大隈内閣は長派＝山県系の官僚勢力と同志会の、続く寺内内閣は長派＝山県系の官僚勢力と政友会の、それぞれ連立政権であった。この時期において、貴族院は茶話会を中心に山県系の官僚勢力と太いパイプを維持しつつ歴代の内閣に対応していた。

しかし、第二次大隈内閣末期から事態は変化し始める。すなわち、研究会内部では、三島の指導体制に対し違和感もしくは不満を持つ「若手勢力」が、ひとつの核を持ちつつ台頭し始めた。それは青木信光、水野直、前田利定らである。青木は三島体制に先立つ堀田体制を支えたひとりであり、三島グループからは疎外されていた。水野は三島体制を支えたが、その敏腕ゆえに却って三島らから警戒されていた。前田は水野と政界における同期生であったが、三島体制の下で水野とは逆の立場を取った。彼等は「減債基金還元」問題を契機に結びつき、続く「簡保」問題への対応を通じてその絆を強固にしていった。彼等に共通するところはひとつ―三島体制への違和感であった。彼等は大河内正敏を加え「四人会」さらにそれを拡大して火曜会を組織し、三島体制への抵抗勢力として、一人また一人と常務委員に就任していった。そしてついに彼等は研究会の実権を掌握するに至ったのである。しかし、依然として研究会は幸倶楽部との提携は継続したのである。

米騒動は〈官僚－政党〉連立政権の無力さを露呈した。それ故に米騒動後、純粋な政党内閣が誕生することとなった。原内閣の誕生を機に研究会指導部は政友会に接近した。そのきっかけは、原の素志である陪審制の実現には政友会と研究会との提携が不可欠ではないか、と水野らは原に申し出た。と同時に研究会は積極的な組織拡大をはかり、子爵議員中心の研究会から一部の侯爵議員、全ての伯爵議員そして多くの多額納税者議員を擁する「大研究会」が出現した。こうして常務委員会の牛耳を取った水野ら火曜会グループは、研究会の提携の対象を幸倶楽部から政友会へと切り替えて行った。しかし他方で、幸倶楽部の側でも大きな変化が進行していた。茶話会、無所属派を始めとして各派に分属していた男爵議員がその統一会派「公正会」を結成したのである。公正会は幸倶楽部に留まったとはいえ、このことによって貴族院における官僚勢力は、さらに幸倶楽部における統制力を低下させていったのである。これに対し、幸倶楽部の中心は公正会に移行していく。

さて、〈政－研〉連立体制が構築されたが、これは明治末期において、政友会東京支部長を勤め、研究会－尚友会に対抗して談話会を組織した、大名華族・秋元興朝が主張した「両院縦断主義」の現実化であった。両院縦断主義とは、立法における分権主義の克服を目指すものである。上下両院を制した政治勢力が政権を担うことにより、国政において強力なリーダシップを振るうことが可能となる。水野ら火曜会のグループは原が指導する政友会にそれを委ねたのである。しかし、研究会内部の官僚勢力の反発は小さくなかった。中橋文相の「二枚舌」問題の処理を巡って会内は分裂し、ついに岡田良平ら官僚派グループは脱会した。

ところで、研究会幹部となった水野が、両院縦断主義をはじめ貴族院について理論上の学習する機会は、少なくとも二回あった。シーメンス事件後の清浦流産内閣組閣の折の、秋元興朝の養嗣子・春朝との会談と第二次大隈内閣末期の大隈首相と研究会幹部との懇談会においてである。彼は前者で両院縦断主義の効用を、後者で貴族院の効用をそれぞれ学んだ。特に後者において、水野は「貴族院カ政治ノ中心、元老ノ病没」と手帳に書付け、今後貴族院が議会政治の後見人としての役割を果たすべきことを自覚するに至る。両者は一見矛盾するが、その後の彼の行動からして、水野はそのどちらかを取るというのではなく、両方をとった。両者を弁証法的に止揚するかどうかは別として、である。

原の横死後も〈政－研〉提携は存続した。すなわち、原内閣の閣僚をそのまま継承した高橋内閣と原内閣の海相であった加藤友三郎を首班とする二代の内閣は、原内閣がやり残した課題の処理に当たった。高等教育機関の充実とワシントン体制の構築をめぐる問題がそれで、貴・衆両院でそれについて激論が戦わされた。貴族院では、かかる二つの問題をめぐる「予算」と「決議」問題で、〈与野党〉間に激しい攻防が戦わされたのである。

ところで、原内閣の時に巨大化した「大政友会」は高橋内閣期に分裂し始める。その末期の内閣改造問題は、党内の総裁派と反総裁派との対立を決定的にした。この時、研究会は、総裁派の岡崎邦輔の依頼で、内閣の延命と分裂回避に乗り出す。延命内閣が政策として掲げ、目指すべく考慮されたのは「教育」と「普選」であつた。後者はその後の三代にわたる中間内閣にそれぞれ継承された。最後の中間内閣である清浦内閣も成立早々、普選案の第四八議会への提出を言明し、内閣の政綱に掲げた。超然内閣である中間内閣の排除を目的として、言い換えれば政党内閣再現のために政友会総裁派の横田千之助らが展開しつつあった護憲運動に対抗して、清浦内閣は「普選」問題に先手を打ったのである。こうして、普選の即行が是か非かという事とその中身が、衆議院議員選挙における政府・与党と護憲三派との大きな争点のひとつとなった。しかし、水野ら研究会の幹部等がその成立に関った清浦内閣は、「貴族院内閣」、「特権内閣」として新聞、雑誌から大いに攻撃されたが、水野らの関心は専ら総選挙後にあった。

すなわち、護憲三派の中核である憲政会の総選挙における独り勝ちという事態を受けて、彼等は政界再編工作に乗り出した。水野以外にも何人かの研究会幹部は、憲政会以外の政党とも接触しつつ、中間内閣の可能性も含めて後継内閣を模索し、その受け皿としての政権構想を描いた。水野自身もそれを構想し、その実現に奔走した。彼は政友会を軸に革新倶楽部や政友本党の床次グループを糾合することを考えていた。そうして出来るであろう、水野のいわゆる「新政党」を憲政会に対抗させようとしたのである。護憲三派内閣の成立はかかる水野構想を一時頓挫させるが、水野が構想する「新政党」はその後ほぼそのまま実現される。すなわち政友会は、大正一四（一九二五）年四月、田中義一を第五代総裁に迎え、その翌年革新倶楽部を吸収、続く七月には加藤高明内閣から離脱し、さらに政友本党から中橋や鳩山ら有力者の復帰を得た。そして田中の総裁就任から四年後、憲政会の後身・民政党を脱党した床次とそのグループが政友会に復帰した。牧野伸顕や後藤新平こそ参加することはなかったが、床次、田中、犬養、高橋は時間差こそあれ、ひとつところに集まり、水野の「新政党」が実現した。しかし、その政党は、憲政会－民政党への対抗上の必要性もあってか、水野や西原が田中義一引き出しの際のスローガンとした「国難克服」を標榜する政党となっていた。

ともあれ、第二次護憲運動の後、「憲政の常道」による政党政治の時代が到来した。すなわち第二次護憲運動は、政友会主導の一党優位政党制を崩壊させ、若干の時間をかけて二党制を創り出した。衆議院を権力基盤としつつ内閣を掌握した与党は、「自制」する貴族院によって、又はその有力会派と提携することによって、帝国議会をも掌握し政党政治を実現させたのである。要するに、大正デモクラシー期の政党政治とは、明治憲法体制における分権主義を政党勢力が克服しようとし、現実にそれが、例えば本書で貴族院について明らかにした如く、その分権主義を何ほどか克服することによった成果なのである。この時、貴族院は、政党政治の実現を必ずしも阻害するものでなく、政党と協同し、むしろそれを側面から支えるものであったと言えるであろう。

あとがき

華族制度や貴族院の研究に着手してかれこれ三〇年になる。もちろんその間いろいろなテーマについて研究してきたが、何れも関心の赴くままで全て中途半端である。そうした中で大学院在籍当初より関心を持ち続けてきたのがこのテーマである。大学院で研究を始めた頃は専ら明治初年から一〇年代の華族の政治的な活動についてであった。指導教授の故林茂先生のご紹介で、今は亡き大久保利謙先生にお会いしたのもこのころである。

大久保先生は週に何回か国会図書館憲政資料室に出勤されており、それ以来私が資料を読んでいる時など折に触れて声をかけていただいた。時には、憲政資料室の片隅の「大久保先生の机」の近くのソファに座らせていただき、いろいろとお教えいただいた。未熟の限りで、明治初年の華族ばかり追っかけていては面白みがないなどと思い始めていた矢先でもあり、ある時大久保先生に明治後半か大正期の貴族院政治史の研究へと移りたいとお話した。すると先生は「ミズノチョク」を知っているか、と言われた。「怪物」つて新聞にありましたが、とお答えしたところ、先生は「息子はそうでないよ、まるで違う……」と、ニヤッとされ、名刺に水野勝邦氏への紹介状を書いてくださった。故水野勝邦氏とは言うまでもなく、貴族院・研究会の領袖水野直の御長男である。翌週、尚友会館に水野先生をお訪ねした。水野先生が大久保先生の名刺を見るなり、「ここが研究会の事務所があった建物です」と静かにそしてジッと私の顔を見ながら言われたのを未だ鮮明に覚えている。

当時、先生は立正大学を定年で辞められ、先年出された『研究会史』の増補改訂に専念しておられた。間もなく、先生は旧著に大幅な増補改訂をされ、上下二冊からなる大著『研究会史』を出版された。貴族院政治史の通史がない今日、貴族院全体に幅広く目配りして書かれたこの二冊は、その役割を果たしつつ今日に至っている。その他、

㈳尚友倶楽部としての仕事ではあるが、水野先生は『貴族院政治年表』、『貴族院の政治団体と会派』、『貴族院子爵議員選挙の内争　付尚友会幹事日誌』など、日本近代政治史研究なかんずく貴族院政治史研究を進める上で不可欠な資料集を編纂・執筆された。こうした出版物を出されるたびに頂戴し、そのたびに苦心談など伺ったものである。ただ、水野直の資料については何故か口が重かった。それでもしつこく伺うと、「んー、ないんだよ。少しはあるが、今一寸とっかかってるんだ」とお答えになるのが常であった。その少しをお見せくだされればいいのに、とその都度思ったものである。今にして思えば、水野先生は自ら父上の資料集を編纂し、それを使って、装いも新たに決定版『研究会史』を著したいと思っておられたのではないだろうか。

それから一、二年ほどして「ワシントン体制と貴族院」という論文を発表して間もなく、東京大学の伊藤隆先生からお電話をいただいた。水野直の日記を共同研究しないか、というお申し出であった。それも、一緒にやらないかというのではなく、是非一緒にやりましょうという、実に丁寧な言葉遣いをされたように思う。私は大いに恐縮したものである。伊藤先生はすでに私の論文を読んでおられ、水野先生からも私のことを聞いているとのことであったが、近代文書を読む訓練もしていない自分は先生の足手まといになるのではと、いったんはお断りした。が、一緒に勉強しましょうとの伊藤先生の一言で、結局お引き受けすることになった。

それから本郷の東大正門前の喫茶店「白十字」を中心に、隔週のペースで「大正一一・一二年水野直懐中手帳」の解読と研究が続けられた。交代で解読し、二人して原文と照合しながら穴を埋めていく作業であった。水野の字はなかなかの癖字で、日本近代史研究の泰斗でそれこそ無数の文書を読んでこられた伊藤先生ですら読めない字もあった。時として、先生がお読みになれなかった字を私が読むと、「ん、君もよく読めるじゃあないか！」とおだてていただいた。先生のこのようなおだてと楽しい雑談とで、私は何とかこの研究会を続けることが出来たのである。ともかく、それはおそらく半年余り続いたように思う。私のホームグランドである高田馬場でも二度ほどやったように記憶している。短い間ではあったが、伊藤先生のおかげで私は近代文書の読み方を教えていただいた。それは、私にとって、とても貴重な時間であった。なお、この「研究会」の成果は、解説論文を付して東京大学社会科学研究所の研究紀要に掲載させていただいた。今回、本書を執筆するため、再度この資料を読むと、二〇年余り前のこの「研究会」を懐かしく思い出す。大正前半の水野日記や水野の懐中手帳を読み進みつつ、この「大正一一・一二年懐中手帳」を読むと、二〇年前の「研究会」では思いもつかなかったことが見えてきたりした。

我々がこの資料を翻刻したことで水野先生の私への姿勢が少し変わってきたように思う。ある日、水野先生から「頼みたいことがあるんだ」とのお電話を頂き、先生を尚友会館にお訪ねした。旧華族会館である霞会館が「華族と貴族院」ということで一冊まとめる企画がある、ぜひ参加してくれないか、ということであった。お引き受けしたのは勿論であるが、この時先生は私に一冊の古びたノートを差出し、「あげるよ」と言われた。思わず両手にとって中を確かめると、なんとそれは我々が翻刻した水野直の懐中手帳を解読した原稿ではないか。各ページには修正や挿入がいくつもあり、張り紙もある。「僕もね少しはやってみたんだぜ……それにしても君は伊藤先生といい仕事をしたよ、よく読んだね、これは君が持っていたほうがいいから」。ノートの各ページには解読不能を示す空欄がいくつかあるにはあったが、しかし、そのノートは完成真近ではないかと思われた。先生はご自分の手でその翻刻を完成したかったに違いない。長年使い込まれていた、そのノートには先生の苦闘の跡が遺されていた。水野先生は最後のところで行き詰って何かの折に伊藤先生にご相談され、資料のコピーを伊藤先生に託されたのであろう。

「少しはある」と言われた水野直関係資料であるが、水野先生はそれから間もなく「親父の手帳があるんだが、役立つだろうか」と言われた。先生は私に見せたいお気持ちを持っておられたようにも思ったが、その時は、とにかく伊藤隆先生に相談され、「あれこれ選択しないで丸ごと国会図書館憲政資料室に入れてください、そこでゆっくり読ませていただきますよ」とお答えしたものである。晩年の水野先生はもはや父上が遺された資料をご自身がいかに使うかでなく、いかにそれを後世に残すかを真剣に考えておられた。「歴史に関心がある娘がいるので、少し手伝わせるよ」とこの頃よく言われたが、その方が上田和子さんであり、現在、会員として尚友倶楽部にあって、貴族院にかかわる近代日本政治史の資料の編纂と刊行にあたっておられる。この上田さんには故水野先生に引き続きお世話になっている。

私が学んだ早稲田大学大学院政治学研究科の指導教員の故林茂先生や兼近輝雄先生はもちろんであるが、当時私がティーチングアシスタントとして勤務した同大学理工学部一般教養科の河原宏先生や大学院終了後四年間嘱託の助手として勤務した早稲田大学社会科学研究所（現、アジア太平洋研究センター）の木村時夫所長をはじめ中村尚美、依田憙家両先生には大変お世話になった。木村、依田、河原の三先生とは二度中国にお供をさせていただき、旅先のゆっくり時間の流れる中で日本近代史、日中関係史についていろいろお教えいただいた。

また、先輩や同期生からも多くのことを学んだ。特に、政治史の先輩の堀真清さんや同期の根本純一君とはよく議論をし、しばしば早稲田界隈や神田の古本屋街に連れ立って出掛けた。堀さんと根本君は軍ファシズム、私は貴族院・華族制度、堀さんと私は出身学部が早稲田、根本君は明治と、それぞれ同じでそれぞれ違うということであったが、よく気があった。早稲田界隈や神田の古書店巡りでは、気が向くと中野、高円寺の古本屋さんにも足を向けていた。本を手に取りながらの「即席学習会」が半日余り繰り広げられることになった。ここで得られたものも、また多い。現在、堀さんは早稲田大学教授、根本君は東京都立高校教諭としてそれぞれ教育の場で大いに活躍しておられる。「周辺のことばっかりやらずに出来るだけ早く本質に手を付けたら？清浦内閣をやりなよ！貴族院の本質が出るだろう、それを抉り出すのが歴史家だよ！」と、堀さんから再三言われたのもこの学習会であった。本書の第八章が「清浦内閣」であるが、「貴族院の本質」を抉り出した自信は全くない。

堀さんの示唆もあり清浦内閣に注目しつつ、資料を集めた。その資料集めの中から水野錬太郎関係文書に行き着いた。故石上良平氏の『政党史論・原敬没後』に水野文相優諚問題に関する一節があり、そこに水野錬太郎の資料が使われていた。何とか石上先生の住所を探し出して問い合わせの手紙を出したところ、早速奥様からご返事をいただいた。先生は既に亡くなっておられることと、成蹊大学時代のゼミ生の祖父と思うから連絡を取って欲しいと、その手紙にあった。水野錬太郎の孫にあたる水野政一氏にお手紙を出したところ、そのお母様・故水野美枝子さんから丁重なご返事をいただいた。あいにく、政一氏はテレビ局の特派員としてヨーロッパに居られるとのことであったが、品川の留守宅におじゃまして、政一氏があらまし整理をされた関係資料を見せていただいた。

美枝子さんは先年亡くなられたが、晩年、足の手術をされるまではとても元気でおられ、モダンな風貌に煙草がよく似合う方であった。資料を見に何度かご自宅に伺ったが、その都度おいしいお茶とお菓子を頂き、一時間、二時間と、お話のお相手をした。「錬太郎は、自分のことを私、俺、僕って言わないの。我輩よ、我輩。いつも。いつもって言えば、いつも本を読んでいたわよ。今の政治家や役人とは随分違うわね、錬太郎は学者政治家ですよ」─この話は何度も彼女から伺った。こうして見せていただいた資料の多くは『水野錬太郎回想録・関係文書』として私の解説論文を付し、尚友叢書の一冊（山川出版社刊）として翻刻・刊行された。また、その資料は一括して国会図書館憲政資料室に寄託されている。

資料に関してもう一つ忘れられないことがある。公正会の中心人物であった阪谷芳郎の「貴族院日記」の所在について、今は亡き阪谷芳直氏（芳郎令孫）にお尋ねしたことがあった。戦後刊行された『阪谷芳郎伝』に「貴族院日記」が引用されているが、国会図書館憲政資料室に所蔵されている「阪谷芳郎関係文書」にはそれがない。お手紙で阪谷氏に問い合わせたところ、間もなく丁重なご返事をいただいた。端正かつ雄渾な字で丁寧に書かれ、内容は簡にして要であった（この「貴族院日記」については本書第五章の註33を参照されたい）。文字は人柄を表すと言われるが、後にお会いして、お手紙をいただいて受けた印象と寸分違わぬ阪谷さんであった。阪谷さんとは尚友倶楽部で時々お話をしたが、兆民の遺児中江丑吉について話題を向けるととたんに口が重くなられた。普通は逆であろう。尊敬する人生の師を語る際、とても慎重であったように思う。また、阪谷さんは敗戦直後、海軍から「古巣」の大蔵省に戻られなかった。このあたりの事情について、御自身が書かれたものを読ませていただいたことがあった私は、さらに突っこんで伺ったことがある。この時も実に慎重なお答えであった。このあたりの事情や父・阪谷希一について、また話したいと言っておられたが、間もなく御病気になられ入院された。三年前、私が韓国にいる時に阪谷さんは亡くなられた。

ともあれ、研究を始めて以来多くの方との出会いがあったし、その方たちから実に多くのことを学ばせていただいた。千田稔氏とふたりで行った「華族研究会」や故坂本多加雄氏と御厨貴氏が主催された「フリートーキングの会」での丁々発止の議論など、思い出は尽きない。以下いちいちお名前を挙げないが、お世話になった方々に心からお礼を申し上げたい。

なお、本書は私が貴族院政治史研究に志して以来、今日に至るまでに発表した以下の七つの論文をいずれも大幅に増補改訂して、一つの章または節として組み立て一冊にまとめたものである。他はいずれも今回書き下ろしたものである。次に、その初出を示しておく。

①「桂園内閣期の貴族院―一九〇八〜一九〇九―」(『早稲田政治公法研究』第一二号、一九八三年、所収)
②「明治期における貴族院有爵互選議員選挙―特に桂園時代における伯爵者の動向を中心として―」(『日本歴史』四四五号、一九八五年、所収)
③「大正七年の貴族院多額納税者議員選挙」(『愛知淑徳大学現代社会学部紀要』第八号、二〇〇二年、所収)
④「原内閣期における貴族院」(『政治経済史学』第二〇五号、一九八三年、所収)
⑤「原内閣期における貴族院の動向―会派『研究会』を中心にして」(『愛知淑徳大学現代社会学部紀要』第九号、二〇〇三

年、所収）
⑥「ワシントン体制と貴族院－『外交刷新決議』をめぐって」（『早稲田政治公法研究』第九号、一九八〇年、所収）
⑦「清浦内閣の成立と研究会」（『社会科学討究』第三三巻第三号、一九八八年、所収）

最後に、以下の方々にお礼を申し上げたい。まず中山研一先生である。中山先生は前任校でご一緒した。先生は刑法がご専門であり、ほぼ毎年一冊本を出しておられる。前任校でのご縁で、今回成文堂をご紹介いただいた。「多くの研究者は一冊は出す、しかし二冊目、三冊目がなかなかでない、それではいけない」、中山先生のお教えであり、「口癖」である。二冊目を出すことをお約束し、実現したいと思う。次に、今回出版をお引き受けいただき、私を担当いただいている土子三男編集部長と篠崎雄彦氏に深く感謝したい。決定稿といいながら、また直す、決定稿の決定稿……随分苛々されたことであろうと思う。また昨年、私のミスで電子化された最終原稿の一部を喪失してしまい、出版が大変遅れてしまった。本当に申し訳ないと思う。

なお、原稿の整理や入力については愛知淑徳大学大学院生浅野昌子さん、同現代社会学部平成一五年度卒業生・砂流陽助君に随分お世話になった。記して謝意を表したい。

また、本書を出版するにあたり、私の勤務校である愛知淑徳大学より平成一六年度研究出版助成金をいただいた。刊行が遅れたことを大学の関係各位にお詫びするしだいである。

平成一六年九月一日

西尾林太郎

著者紹介

西尾林太郎（にしお りんたろう）

1950年愛知県に生まれる。1974年、早稲田大学政治経済学部政治学科卒業。1981年早稲田大学大学院政治学研究科博士後期課程単位取得満期退学。北陸大学法学部助教授を経て、

現在、愛知淑徳大学現代社会学部教授。

専攻は政治学、日本政治史。

主な編著書・論文として、

『水野錬太郎回想録・関係文書』（山川出版社・1998年）

「明治期における貴族院有爵互選議員選挙」日本歴史445号

「原内閣期における貴族院」政治経済史学205号

「清浦内閣の成立と貴族院」社会科学討究第33巻3号

大正デモクラシーの時代と貴族院

平成17年2月1日　初版第1刷発行

著　者　西　尾　林太郎

発行者　阿　部　耕　一

〒162-0041　東京都新宿区早稲田鶴巻町514

発行所　株式会社　成　文　堂

電話 03(3203)9201(代)　Fax(3203)9206

http : //www.seibundoh.co.jp

製版・印刷　藤原印刷　　製本　弘伸製本

☆乱丁・落丁本はおとりかえいたします☆　**検印省略**

ISBN 4-7923-3196-X C3031

定価（本体6000円＋税）